EUROPA-FACHBUCHREIHE
für wirtschaftliche Bildung

Rechtsanwalts- und Notarfachangestellte

Informationsband

2. Ausbildungsjahr

Engel Gansloser Grillemeier Pott Tölle

5. Auflage

VERLAG EUROPA-LEHRMITTEL
Nourney, Vollmer GmbH & Co. KG
Düsselberger Straße 23
42781 Haan-Gruiten

Europa-Nr.: 71873

Autoren

- Günter Engel, 74252 Massenbachhausen
- Joachim Gansloser, 53115 Bonn
- Sandra Grillemeier, 40479 Düsseldorf
- Birgit Kurrle, 73760 Ostfildern (†)
- Elvira Pott, 71336 Waiblingen
- Sophie Tölle, 50997 Köln

Autor bis zur 3. Auflage

- Thomas Cleesattel, 74211 Leingarten

Verlagslektorat

- Anke Hahn

5. Auflage 2025

Druck 5 4 3 2 1

Alle Drucke derselben Auflage sind parallel einsetzbar, da sie bis auf die Korrektur von Druckfehlern identisch sind.

ISBN 978-3-7585-7694-2

Bei Fragen zur Produktsicherheit wenden Sie sich bitte an produktsicherheit@europa-lehrmittel.de.

Umschlag, Satz, Grafiken: Satz+Layout Werkstatt Kluth GmbH, 50374 Erftstadt

Umschlagkonzept: tiff.any GmbH, 10999 Berlin

Umschlagfoto: © Serp – shutterstock.com

Druck: UAB BALTO print, 08217 Vilnius (LT)

Vorwort

Dieses Unterrichtswerk ist ein entwickeltes Lehr- und Lernbuch für die Ausbildungsberufe:

- Rechtsanwaltsfachangestellter und Rechtsanwaltsfachangestellte
- Notarfachangestellter und Notarfachangestellte
- Rechtsanwalts- und Notarfachangestellter und Rechtsanwalts- und Notarfachangestellte
- Patentanwaltsfachangestellter und Patentfachanwaltsangestellte

Die Inhalte sind konsequent auf die **Lernfeldkonzeption** des Lehrplans und die **Vermittlung von beruflichen Handlungskompetenzen** in diesen Berufen ausgerichtet.

Der vorliegende **Informationsband** für das 2. Ausbildungsjahr ist Bestandteil des umfassenden Europa-Programms und wird ergänzt durch das **Arbeitsbuch** mit umfangreichen Lernsituationen und Vertiefungsaufgaben zu jedem Lernfeld. Beide Titel sind an einer Didaktik ausgerichtet, die Handlungsorientierung betont und Lernende zu selbstständigem Planen, Durchführen, Kontrollieren und Beurteilen von Lernsituationen und Arbeitsaufgaben führt. Alle Kompetenzdimensionen werden dabei berücksichtigt. Entsprechend den Vorgaben und Inhalten des Rahmenlehrplans wird hierbei die berufliche Wirklichkeit als Ganzes mit den damit verbundenen ökonomischen, ökologischen, rechtlichen und sozialen Aspekten erfasst.

Der Informationsband zum 2. Ausbildungsjahr umfasst die **Lernfelder 5–10** des Rahmenlehrplans.

Die im **Informationsband** enthaltenen Inhalte sind schülergerecht, klar, übersichtlich und verständlich aufbereitet und dargestellt. Ergänzt durch anschauliche Beispiele, Tabellen, Struktogramme und kurze Zusammenfassungen werden die Lerninhalte verständlich präsentiert. Den einzelnen Lernfeldern sind Aufgaben zugeordnet, um das Verständnis für das Gelernte zu vertiefen. Mit dem **Arbeitsheft** kann der Lernende selbstständig anhand realitätsnaher Lernsituationen und Aufgabenstellungen sein Wissen anwenden. In beide Bände sind kommunikative Aspekte eingeflossen, beispielsweise Fachsprache und Fremdsprache als integrative Bestandteile. Ebenso ist die Informationsverarbeitung im Anwendungszusammenhang dargestellt, sodass die Entwicklung einer ganzheitlichen und prozessorientierten Handlungskompetenz unterstützt wird.

Die **systematisierenden Darstellungen** stellen die zur Bewältigung der Lernsituationen notwendigen Wissensbestände bereit und greifen über die Situationsbezüge hinaus. Hinweise auf die gesetzlichen Bestimmungen sind enthalten und soweit zweckmäßig zitiert.

In diesem Programm erscheint der Englischband **»Legal now!« incl. Hörvorlagen.** »Legal now!« ist ein neu konzipiertes Lehrwerk für den Englischunterricht, das anhand von handlungsorientierten Lernsituationen, deren Inhalte auf die Lernfelder 4 und 9 abgestimmt sind, die Auszubildenden sowohl auf die Abschlussprüfung an der Rechtsanwaltskammer wie auch auf die KMK-Zertifikatsprüfung vorbereitet.

Die Bereiche Rezeption, Produktion, Mediation und Interaktion werden in dem Band »Legal now!« durchgängig berücksichtigt.

Die Neuauflage befindet sich auf dem Rechtsstand **1.6.2025 und berücksichtigt alle Änderungen des KostBRÄG.**

Ihr Feedback ist uns wichtig! Das Autorenteam freut sich über Hinweise, Anregungen und Unterstützung durch Kritik oder zustimmende Kommentare unter lektorat@europa-lehrmittel.de und wünscht erfolgreiches Arbeiten mit dem neuen Werk.

Juli 2025 — Autoren und Verlag

Inhaltsverzeichnis

Lernfeld 10A
Kauf- und Übergabeverträge für Grundstücke vorbereiten und abwickeln 443

LERNFELD 5

Aufgaben im Personalbereich wahrnehmen

1. PERSONALBESCHAFFUNG DURCHFÜHREN

1.1 Personalbestand analysieren

Ausgangspunkt jeder Personalbeschaffung ist eine Analyse des aktuellen Mitarbeiterbestandes. Jedes Unternehmen benötigt eine ausreichende Anzahl an Mitarbeitern mit passender Qualifikation und Erfahrung, die letztlich auch am richtigen Arbeitsplatz eingesetzt werden müssen.

Der Personalbestand bleibt dabei im Laufe der Zeit selten konstant, regelmäßig kommt es zu Ab- und Zugängen. Abgänge sollten dabei möglichst fortlaufend kompensiert werden, damit die geplante Arbeitsmenge bewältigt wird und das Unternehmen dadurch langfristig am Markt bestehen bleiben kann bzw. eine Erhöhung der Produktivität anstreben könnte. Um den hohen Anforderungen gerecht zu werden, muss die Personalabteilung über die Anzahl der Beschäftigten in den einzelnen Abteilungen, aufgeschlüsselt nach Qualifikation, Aufgaben, Entlohnung und Alter, im Bilde sein. Weitere Aspekte, die bei der Personalanalyse berücksichtigt werden können, sind Arbeitszeitmodelle, Betriebszugehörigkeit oder Anzahl der Überstunden.

Nach der ausführlichen Analyse kann beurteilt werden, ob Neueinstellungen, Versetzungen oder Fortbildungsmaßnahmen ergriffen werden müssen – Maßnahmen werden somit planbar.

BEISPIEL

Aus der Personalabteilung der Kanzlei Hauff & Heinle Anwalts GmbH gehen folgende Daten zur Analyse hervor:

Kennzahlen			
	Quartal 1/20xx		
	weiblich	männlich	gesamt
Anzahl der beschäftigten Anwälte	12	8	20
davon Fachanwälte	2	7	9
davon älter als 62 Jahre	4	3	7

davon in Teilzeit beschäftigt	7	0	7
bereits länger als 20 Jahre in der Kanzlei	8	7	15
davon Rechtsreferendare	1	1	2
…			

Analyse der Daten

Situationen:

Maßnahmen:

1. Die Kanzlei beschäftigt derzeit 60 % Frauen und 40 % Männer.

Derzeit sind wohl trotz des Ungleichgewichts keine Maßnahmen notwendig, da 7 der 12 Frauen in Teilzeit beschäftigt sind und dadurch das Ungleichgewicht bei Betrachtung der Anzahl der Stunden weniger ins Gewicht fallen wird.

2. 87,5 % der männlichen Anwälte sind als Fachanwalt ausgebildet, wobei der Anteil bei den Frauen (16,6 %) wesentlich geringer ist.

Mittelfristig muss der Anteil der weiblichen Fachanwälte erhöht werden. Dafür können ggf. gezielt Fördermaßnahmen eingesetzt werden.

3. In den kommenden Jahren gehen 35 % der Anwälte aufgrund ihres Alters in den Ruhestand, da sie bereits heute älter als 62 Jahre sind.

Kurz- und mittelfristig muss dieser Abgang durch Neueinstellungen gedeckt werden. Eine genauere Aufteilung in Vollzeit-/Teilzeitstellen wäre sinnvoll.

4. 58,3 % der weiblichen Anwälte sind in Teilzeit angestellt. Männliche Anwälte sind alle in Vollzeit beschäftigt.

Der hohe Anteil bei den weiblichen Anwälten ist vermutlich auf die Familiensituation bzw. die Altersstruktur zurückzuführen. Um die Altersabgänge aus Punkt 3 zu decken, könnte man weiblichen Anwälten die Übernahme in Vollzeit anbieten.

5. 75 % der Anwälte sind bereits länger als 20 Jahre in der Kanzlei beschäftigt.

Dieser Wert zeigt, dass sich die Anwälte in der Regel in der Kanzlei wohlfühlen. Allerdings lässt sich durch die lange Kanzleizugehörigkeit auch die Altersstruktur der gesamten Kanzlei erahnen. Demnach sind wohl bereits 75 % der Anwälte ca. 50 Jahre und älter.

6. Die Quote der Rechtsreferendare liegt bei 10 %. Mit Übernahme der Referendare kann der Abgang der älteren Mitarbeiter nicht gedeckt werden.

Durch die Erhöhung der Referendarsquote bildet die Kanzlei in Zukunft mehr Anwälte aus und bindet sie gleichzeitig auch langfristig an die Kanzlei.

1.2 Personalbedarf ermitteln

Angesichts zunehmender Fachkräfteengpässe ist es hilfreich, Personalbedarf frühzeitig zu erkennen, um rechtzeitig reagieren zu können. Eine regelmäßige Personalbedarfsplanung dient dazu, sicherzustellen, dass einem Unternehmen gegenwärtig und auch zukünftig ausreichend qualifiziertes Personal zur Verfügung steht und gleichzeitig teure Personalüberhänge vermieden werden können. Die Personalbedarfsplanung ermöglicht es, die richtigen Personen in der richtigen Anzahl und mit den benötigten Qualifikationen auch zur richtigen Zeit am richtigen Ort zu haben.

EXKURS

In kleinen Unternehmen reicht es oftmals schon aus, eine Altersstrukturanalyse durchzuführen, um einen Überblick über den zukünftigen Personalbedarf zu bekommen. Durch die Altersstrukturanalyse ist auf den ersten Blick erkennbar, wo zukünftig personelle Lücken auftreten werden.

Arten des Personalbedarfs

Nach dem Grund für die Einstellung neuer Mitarbeiter unterscheidet man folgende Arten des Personalbedarfs:

Arten des Personalbedarfs		
Ersatzbedarf	Überbrückungsbedarf	Neubedarf
Bereits vorhandene Stellen werden wiederbesetzt (z. B. durch Abgänge oder Todesfälle).	Bei Spitzenbelastungen (z. B. Großauftrag, Saisongeschäft) oder bei befristeten Ausfällen (z. B. Krankheit, Mutterschutz) wird ein zusätzlicher Personalbedarf notwendig.	Zusätzliche Schaffung von Stellen (z. B. Ausweitung des Programms, Gründung einer neuen Niederlassung)

Quantitative Personalbedarfsplanung

Im nächsten Schritt wird der voraussichtliche Personalbedarf für den gewählten Planungszeitraum ermittelt. Dabei wird der Sollbestand ermittelt, also die Summe aller Mitarbeiter, die in der Planungsperiode insgesamt benötigt wird.

Er kann anhand verschiedener Methoden ermittelt werden:

Schätzungsmethode: In Klein- und mittelständischen Unternehmen geschieht dies meist anhand einer einfachen Schätzung durch die Führungskraft. Diese berücksichtigt dabei stets sowohl interne Einflussfaktoren (z. B. Umsatzerwartung, geplante Absatzmenge, Fluktuation) als auch externe Einflussfaktoren (z. B. gesamtwirtschaftliche Entwicklung, Veränderung rechtlicher sowie tarifpolitischer Rahmenbedingungen). Um den Bruttopersonalbedarf zu ermitteln, wird der künftige Personalbestand mit den besetzten Planstellen (Ist-Personalbestand) verrechnet.

Stellenplanmethode: In einigen Organisationen – vor allem im öffentlichen Dienst – wird der Bruttopersonalbedarf aus dem Stellenplan, also der Auflistung aller Stellen in allen Abteilungen, abgeleitet.

Kennzahlenmethode: Die Kennzahlenmethode unterstellt einen Zusammenhang zwischen dem Bruttopersonalbedarf und bestimmten Bezugsgrößen wie Umsatz, Anzahl der Aufträge, Anzahl der Mandanten. Die Multiplikation der Kennzahl mit der Planmenge dieser Bezugsgröße ergibt den Bruttopersonalbedarf.
Beispiel: In einer Kanzlei sind pro Jahr durchschnittlich vier Rechtsanwälte und vier Rechtsanwaltsfachangestellte erforderlich um 1.000 Mandanten zu bearbeiten (Kennzahl: 4 : 1.000). Erwartet die Kanzlei für das Folgejahr 1250 Mandanten, werden fünf Rechtsanwälte und fünf Rechtsanwaltsfachangestellte benötigt (4 : 1.000 × 1.250 = 5). Mögliche Nachkommastellen werden dabei in Teilzeitstellen umgerechnet.

Nachdem der voraussichtliche Personalbedarf ermittelt wurde, werden im nächsten Schritt die zu erwartenden Ab- und Zugänge für den Planungszeitraum betrachtet. Zur Ermittlung des Nettopersonalbedarfs werden die zu erwartenden Abgänge (z. B. durch Pensionierungen, Kündigungen, Elternzeit, Beendigung befristeter Arbeitsverträge, Versetzungen in andere Abteilungen, längere Fortbildungen) hinzugezählt. Personalzugänge z. B. bei Rückkehr aus Elternzeiten, Fortbildungen und Beurlaubungen oder bei Übernahme von Auszubildenden und Rechtsreferendaren, werden abgezogen.

Ermittlung des Personalbedarfs

In der betrieblichen Praxis hat sich unter anderem folgendes Schema bewährt:

Arten des Personalbedarfs

	Bruttopersonalbedarf (Soll-Personalbestand)
–	aktueller Personalbestand (Ist-Personalbestand)
=	**Personalüberdeckung (-)/Personalunterdeckung (+)**
+	voraussichtliche Personalabgänge
–	voraussichtliche Personalzugänge
=	**Nettopersonalbedarf**

Bei der Planung des gegenwärtigen und zukünftigen Personalbedarfs ist der Betriebsrat umfassend zu informieren. Der Betriebsrat kann dem Arbeitgeber darüber hinaus Vorschläge zur Personalplanung und deren Durchführung unterbreiten.

§ 90 BetrVG
§ 92 BetrVG

Qualitative Personalbedarfsplanung

Bei der qualitativen Dimension des Personalbedarfs geht es darum, Anforderungen und Kenntnisse, Fertigkeiten und Verhaltensweisen der Mitarbeiter aus zukünftig zu erledigenden Arbeiten abzuleiten. Es wird dabei konkretisiert, über welche Qualifikationen das Personal verfügen muss. Je schneller sich die betrieblichen Qualifikationsstrukturen dabei ändern, desto mehr Bedeutung kommt einer effizienten Planung des qualitativen Personalbedarfs zu. Deswegen werden in der Praxis sehr häufig Anforderungsprofile erstellt. In einem Anforderungsprofil werden die Anforderungen dokumentiert, die ein Unternehmen an den Mitarbeiter in einer bestimmten Position stellt. Im Idealfall wird das Anforderungsprofil auf Grundlage einer vorhandenen Stellenbeschreibung erstellt. Keinesfalls sollte dabei ungeprüft die Qualifikation des bisherigen Stelleninhabers übernommen werden. Bei der Erstellung von Anforderungsprofilen gibt es keinerlei gesetzliche Bestimmungen.

1.3 *Stellenbeschreibung und Stellenanzeige*

Stellenbeschreibung

Im vorherigen Kapitel wurde die Notwendigkeit eines Anforderungsprofils näher erläutert und dabei auch die Bedeutung einer Stellenbeschreibung aufgezeigt. Die zentrale Funktion der Stellenbeschreibung ist das Regeln und damit das Herstellen von Klarheit für die Beteiligten hinsichtlich der mit dieser Stelle gegebenen Zuständigkeiten und Verantwortlichkeiten. Dabei werden Stellenbeschreibungen nicht auf einzelne Personen zugeschnitten, sondern orientieren sich an Sachanforderungen der Arbeit. Inhalte und Aufbau von Stellenbeschreibungen ergeben sich demnach aus den Ansprüchen, die mit ihnen verfolgt werden.

Eine Stellenbeschreibung sollte folgende Inhalte aufweisen:

› die Tätigkeitsbezeichnung des Stelleninhabers
› die organisatorische Eingliederung des Stelleninhabers in die Gesamtstruktur
› dem Stelleninhaber unterstellte Mitarbeiter
› der Vorgesetzte des Stelleninhabers
› die Vertretung des Stelleninhabers für den Fall der Abwesenheit
› die Entscheidungsbefugnisse und Vollmachten und Ziele

So gesehen regelt die Stellenbeschreibung im Wesentlichen das Aufgabenspektrum, die damit verbundenen Anforderungen, die mit der Stelle verbundene Zielrichtung sowie die Zusammenarbeit mit anderen Stellen. Der Hauptanspruch liegt also darin, den Aufgabenbereich des Stelleninhabers mit seinem Handlungs- und Entscheidungsrahmen klar zu umreißen.

BEISPIEL

Bezeichnung der Stelle:

Büroleiter/-in Referat Familienrecht

Zeichnungsvollmachten:

Bankvollmachten, Unterschriftsvollmachten

Unterstellung:

Unmittelbarer Vorgesetzter der Stelle: Referatsleiter/-in

Überstellung:

Dem Stelleninhaber sind folgende Stellen unterstellt: Auszubildende

Stellvertretung:

Der Stelleninhaber wird unbegrenzt vertreten durch die Referatsleiter/-in.

Aufgaben und Kompetenzen:

Der Stelleninhaber bereitet vor und bearbeitet:

› referatsübergreifende Fälle;
› Personalangelegenheiten;
› die Korrespondenz des Referatsleiters;
› Sitzungen, Besprechungen und Verhandlungen und nimmt auf Anweisung des Referatsleiters daran teil;
› persönliche Aufträge des Referatsleiters nach dessen Weisung;
› Termine außerhalb der Kanzlei inkl. Dienstreisen.

Der Stelleninhaber

› unterstützt die Anwälte bei der Überwachung von Fristen und Terminen;
› verfolgt Termine, die der Referatsleiter anderen Stellen in der Kanzlei gesetzt hat;
› unterstützt die Anwälte bei der Durchführung ihres Berufes;
› führt im Einzelfall auf Anweisung des Referatsleiters komplexe Zwangsvollstreckungsmaßnahmen durch;
› organisiert die Buchhaltung;
› hat nach Maßgabe des Referatsleiters Zugang zu vertraulichen Unterlagen.

Ziele:

Der Stelleninhaber hat seine Aufgaben so wahrzunehmen, dass:

› alle in seinem Bereich liegenden Aufgaben sachlich richtig, termingerecht, zügig und wirtschaftlich erledigt werden;
› der Referatsleiter bei der Wahrnehmung seiner Aufgaben qualifiziert unterstützt und wirksam entlastet wird;
› der Informationsfluss zwischen der Referatsleitung und allen anderen Stellen in der Kanzlei reibungslos funktioniert;
› Termine des Referatsleiters vorbereitet werden und die entsprechenden Unterlagen rechtzeitig zur Verfügung gestellt werden;

BEISPIEL

› der Kanzlei neue Erkenntnisse aus den Bereichen Organisation, Menschenführung und Kanzleimanagement zugänglich gemacht werden.

Der Stelleninhaber hat seine Zusammenarbeit mit anderen Stellen in der Kanzlei so zu gestalten, dass der Informationsfluss jederzeit reibungslos funktioniert und insgesamt eine gute Zusammenarbeit gewährleistet ist.

Stellenanzeige

Eine Stellenanzeige ist ein wirksames Werbemittel eines Unternehmens, wenn es um die Einstellung neuer Mitarbeiter geht. Wenn ein Unternehmen eine Stelle ausschreibt, sollte diese nach Möglichkeit exakt auf eine bestimmte Bewerbergruppe zugeschnitten sein. Ansonsten bewerben sich ggf. ungeeignete Personen oder geeignete Kandidaten bewerben sich nicht. Darum ist es wichtig, das Anforderungsprofil sehr genau zu spezifizieren (siehe vorherige Kapitel). Ziel muss es sein, dass sich der potenzielle Bewerber und das Unternehmen gleichermaßen wohlfühlen, weil sie zusammenpassen. Zudem sollte dem Unternehmen immer bewusst sein, dass eine Stellenanzeige immer auch als Visitenkarte des Unternehmens fungiert.

Für einen guten Aufbau einer Anzeige sind die „Fünf-W-Fragen“ eine gute Hilfe:

WER inseriert und was stellt das suchende Unternehmen dar?	Vorstellung des Betriebs (Name, Adresse, Betriebsform)
WEN sucht das Unternehmen genau?	genaue Beschreibung der angebotenen Stelle (gängige oder amtliche Berufsbezeichnung) unter besonderer Berücksichtigung der Aufgaben
WAS wird seitens des Unternehmens erwartet?	erforderliche Qualifikationen, die der Bewerber mitbringen sollte (Ausbildung, Berufserfahrung, besondere Qualifikationen)
WAS bietet das Unternehmen dem Bewerber?	Leistungen des Betriebes (Hinweis auf Lohn- und Gehaltshöhe, ggf. tarifliches Entgelt, Sozialleistungen, freiwillige Zusatzleistungen wie Erfolgsbeteiligung oder Kinderbetreuung)
WORUM bittet das Unternehmen den Bewerber?	Bewerbungsunterlagen (Lebenslauf, Zeugnisse, Referenzen)

Der Unternehmer sollte bei einer Stellenausschreibung darüber hinaus unbedingt noch Folgendes beachten:

BetrVG
AGG
SGB IX
TxBfG

Mitbestimmungsrecht des Betriebsrates gem. Betriebsverfassungsgesetz (BetrVG)

Existiert in einem Unternehmen ein Betriebsrat, so kann dieser von seinem Initiativrecht gem. § 93 BetrVG Gebrauch machen und eine innerbetriebliche Ausschreibung verlangen. Dies hindert den Arbeitgeber allerdings nicht daran, die Stelle auch extern auszuschreiben. Hat der Unternehmer jedoch eine vom Betriebsrat vorher verlangte Stellenausschreibung nicht oder inhaltlich unrichtig ausgeführt, so kann der Betriebsrat nachträglich die Neubesetzung der Stelle gem. § 99 (2) Nr. 5 BetrVG verweigern. Ein Mitbestimmungsrecht über die persönliche und fachliche Voraussetzung und den Inhalt der Ausschreibung besteht für den Betriebsrat allerdings nicht.

Das Allgemeine Gleichbehandlungsgesetz (AGG)

Das seit August 2006 bestehende Gesetz regelt den Anwendungsbereich des nationalen Antidiskriminierungsrechts. Im Arbeitsrecht dient es insbesondere dem Schutz der Arbeitnehmer vor Benachteiligung wegen des Vorliegens eines sogenannten Diskriminierungsmerkmals. Demnach sind Benachteiligungen wegen

1. des Geschlechts,
2. einer Behinderung,
3. des Alters,
4. der ethnischen Herkunft,
5. der Religion oder der Weltanschauung und
6. der sexuellen Identität verboten.

Im Hinblick auf eine Stellenausschreibung bedeutet dies, dass ein Arbeitsplatz weder öffentlich noch betriebsintern ausgeschrieben werden darf, wenn gegen die Diskriminierungsmerkmale des AGG verstoßen wird. Hierzu existieren allerdings auch Ausnahmen.

BEISPIEL

Das Staatstheater sucht für eine Inszenierung von Romeo und Julia einen männlichen Darsteller für die Rolle des Romeo.

Fließende Deutschkenntnisse für einen Nachrichtenmoderator im Radio oder TV.

Eine nicht neutrale Stellenausschreibung zieht zunächst noch keine unmittelbaren Sanktionen nach sich. Durch eine Klage des abgelehnten Bewerbers der nicht neutralen Stellenausschreibung können letztlich aber Schadensersatz und/oder Entschädigungsansprüche des abgewiesenen Bewerbers resultieren.

© DOC Rabe Media – Fotolia.com

Sonstiges zur Beachtung

Eignet sich der ausgeschriebene Arbeitsplatz auch für die Besetzung mit einem schwer behinderten Mitarbeiter, so ist das Arbeitsamt darüber zu informieren (§ 81 (1) SGB IX). Unterlässt der Unternehmer diese Information, kann er entschädigungspflichtig werden (§ 81 (2) SGB IX).

Eignet sich der Arbeitsplatz auch für Teilzeit, ist der Unternehmer verpflichtet, ihn auch als Teilzeitarbeitsplatz auszuschreiben (§ 7 (1) TzBfG).

1.4 Zusammenfassung und Aufgaben

ZUSAMMENFASSUNG

Teilprozesse der Durchführung der Personalbeschaffung

1. Personalbestand analysieren
2. Personalbedarf ermitteln
   - quantitativ
   - qualitativ
3. Stellenbeschreibung
4. Stellenanzeige

Personalbedarf ermitteln

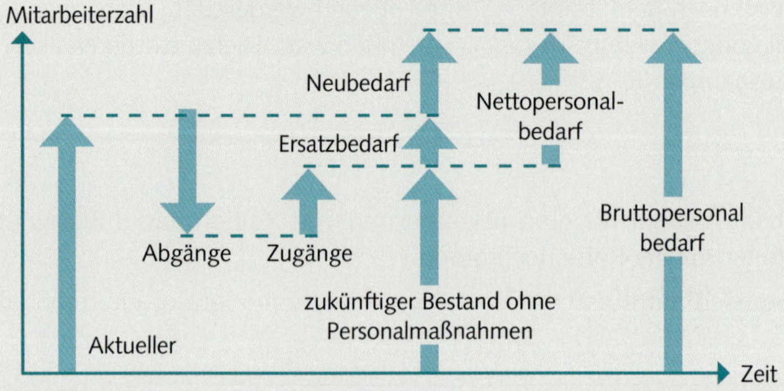

Zur Feststellung des qualitativen Personalbedarfs eignen sich Stellenbeschreibungen.

Für einen gelungenen Aufbau einer Stellenanzeige sollten die „Fünf-W-Fragen" berucksichtigt werden.

AUFGABEN

1. Nennen Sie die 4 Aufgaben der Personalbedarfsplanung.

2. Die Karl-Heinz-Knopf GmbH ist ein Zuliefererunternehmen für die Automobilindustrie mit Niederlassungen in Stuttgart, Leipzig und Wolfsburg. In der Niederlassung in Leipzig arbeiten 300 Mitarbeiter. In Leipzig werden Verkleidungsteile für Konsolen, Armauflagen und Türverkleidungen hergestellt. Das Unternehmen ist derzeit in der Lage, den Personalbestand in der Produktion (nur Standort Leipzig) aufzustocken. Die Abteilung ist gegenwärtig mit 235 Angestellten besetzt. Aufgrund der guten Konjunktur wird mit einem Mehrbestand von 13 Stellen gerechnet. Zudem ist bekannt, dass 2 Mitarbeiterinnen in Mutterschutz gehen und 7 Mitarbeiter in den Ruhestand verabschiedet werden. Herr Müller hatte zudem einen schweren Motorradunfall und fällt für das kommende Geschäftsjahr aus. Drei der 5 Azubis, die nicht in der Stellenberechnung enthalten sind, werden ihre Ausbildung abschließen und vom Unternehmen als Vollzeitkräfte übernommen. Berechnen Sie den Nettopersonalbedarf anhand eines geeigneten Schemas.

3. Erläutern Sie anhand von vier Gründen, weshalb ein Unternehmen Stellenbeschreibungen erstellen sollte.

4. Prüfen Sie die nachfolgende Stellenanzeige auf Vollständigkeit und Richtigkeit.

Die Kanzlei Heickenwälder und Kollegen sucht...

Rechtsanwaltsfachangestellte

Sie möchten in einer renommierten Anwaltskanzlei einsteigen und bringen folgende Qualifikationen mit:

- abgeschlossene Berufsausbildung
- mehrjährige Berufserfahrung
- sehr gute PC-Kenntnisse
- deutsche Staatsangehörigkeit
- Englisch fließend in Wort und Schrift

Wir bieten Ihnen:

- überdurchschnittliche Bezahlung
- flexible Arbeitszeiten
- innerbetriebliche Weiterbildungen

Sofern wir Ihr Interesse geweckt haben, senden Sie uns Ihre Bewerbung mit Lichtbild an: jobs@heickenwaelder.com

2. RECHTLICHE UND SOZIALE RAHMENBEDINGUNGEN FÜR ARBEITNEHMER

2.1 Individualarbeitsrecht

Im Individualarbeitsrecht werden die Rechtsbeziehungen zwischen dem Arbeitgeber und den einzelnen Arbeitnehmern bestimmt. Diese Rechtsbeziehungen können sehr unterschiedlich sein. Hierunter fallen beispielsweise neben dem Abschluss und der Gestaltung des Arbeitsvertrags auch die Frage nach der Arbeitszeit sowie der Beendigung des Arbeitsverhältnisses etwa durch Kündigung oder Aufhebungsvertrag.

MERKE

Unter einem Arbeitnehmer versteht das Bundesarbeitsgericht eine natürliche Person, die aufgrund eines privatrechtlichen Vertrages Arbeit für einen anderen in persönlicher Abhängigkeit leistet (vgl. z. B. BAG v. 20.08.2003 – 5 AZR 610/02).

Arbeitgeber ist, wer mindestens einen Arbeitnehmer beschäftigt. Arbeitgeber kann sowohl eine natürliche als auch eine juristische Person sein.

Um der Fülle von Rechtsfragen gerecht zu werden, hat der Gesetzgeber eine Vielzahl von Rechtsvorschriften erlassen. Neben dem Bürgerlichen Gesetzbuch gehören dazu unter anderem das Kündigungsschutzgesetz, das Mutterschutzgesetz, das Bundesurlaubsgesetz, das Arbeitszeitgesetz, das Berufsbildungsgesetz, das Jugendarbeitsschutzgesetz, das Arbeitnehmerüberlassungsgesetz oder das Arbeitsschutzgesetz.

2.1.1 Wesen des Arbeitsvertrags

Der Arbeitsvertrag ist ein privatrechtlicher, gegenseitiger Austauschvertrag, in dem zwei in etwa gleichwertige Leistungen ausgetauscht werden. Der Arbeitnehmer verpflichtet sich dabei zur persönlichen Leistungserbringung von unselbstständiger Arbeit unter der Leitung und Weisung des Arbeitgebers, wobei sich der Arbeitgeber als Gegenleistung dazu verpflichtet, dem Arbeitnehmer eine Vergütung zu zahlen (sogenannte Hauptpflichten aus dem

Arbeitsvertrag). Arbeitgeber und Arbeitnehmer können Abschluss, Inhalt und Form des Arbeitsvertrags frei vereinbaren, soweit nicht zwingende gesetzliche Vorschriften, Tarifverträge oder Betriebsvereinbarungen entgegenstehen (§ 105 GewO), wobei die Rangfolge der Rechtsquellen zu beachten ist. Der Arbeitsvertrag kommt durch zwei übereinstimmende Willenserklärungen zustande. Obwohl die Schriftform nicht zwingend vorgeschrieben ist, sollten aus Gründen der Beweisbarkeit Arbeitsverträge stets schriftlich geschlossen werden.

Typischerweise handeln die Vertragsparteien den Arbeitsvertrag nicht aus, sondern der Arbeitgeber formuliert diesen vor. Seit 2002 behandeln Gerichte vorformulierte Klauseln in Arbeitsverträgen wie Allgemeine Geschäftsbedingungen (AGB), die durch die §§ 307 ff. BGB geregelt werden. Daraus ergeben sich verschiedene Auswirkungen auf die Ausgestaltung des Arbeitsvertrags. Beispielsweise werden überraschende Klauseln nicht Vertragsbestandteil. Darüber hinaus sind Vertragsregelungen unwirksam, die den Arbeitgeber „entgegen den Geboten von Treu und Glauben unangemessen benachteiligen“. Soweit einzelne Klauseln unwirksam sind, führt dies nicht zur Unwirksamkeit des gesamten Arbeitsvertrags. Anstelle der nicht zulässigen Klausel greifen dann die entsprechenden gesetzlichen Vorschriften, und diese sind meist von Vorteil für den Arbeitnehmer. Daher sollte der Arbeitgeber darauf achten, dass die vorformulierten Klauseln rechtlich sicher sind.

LERNFELD 5

BEISPIEL

© Coloures-pic – Fotolia.com

„Mit der Arbeitsvergütung sind etwaige Überstunden abgegolten.“

Diese oder ähnliche Klauseln sind nach geltendem Recht nicht zulässig, denn für den Arbeitnehmer ist daraus nicht ersichtlich, wie viele Überstunden er in welchem Zeitraum zu leisten hat. Die Vertragsvereinbarung ist nicht klar formuliert, verstößt daher gegen das Transparenzgebot und stellt eine unangemessene Benachteiligung für den Arbeitnehmer dar (vgl. BAG v. 22.02.2012 – 5 AZR 765/10).

Nur bei Diensten höherer Art und/oder einem Gehalt, das über der Beitragsbemessungsgrenze zur Rentenversicherung liegt, ist eine Bezahlung von Überstunden ausgeschlossen. Diese Arbeitnehmer können die Vergütung von Überstunden nur dann verlangen, wenn es vertraglich vereinbart wurde (vgl. BAG v. 17.08.2011, 5 AZR 406/10).

Ausreichend verständlich und damit gültig wäre beispielsweise folgende Formulierung:

„Bis zu 10 Überstunden monatlich sind pauschal mit der Bruttovergütung gemäß § XY dieses Vertrages abgegolten.“

2.1.2 Inhalt des Arbeitsvertrags

Wie bereits erwähnt, gilt für den Arbeitsvertrag grundsätzlich das Prinzip der Vertragsfreiheit. Allerdings dürfen die Vereinbarungen nicht gegen die guten Sitten oder das Gesetz verstoßen.

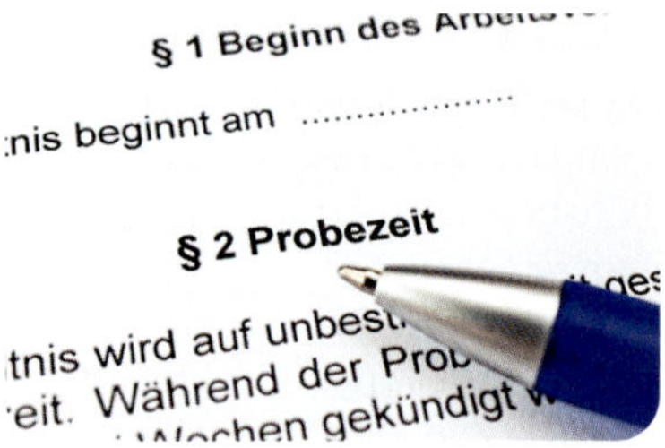

Arbeitnehmer, die über einen längeren Zeitraum als einen Monat eingestellt werden, haben einen Anspruch darauf, dass die wesentlichen Inhalte des Arbeitsvertrags schriftlich niedergelegt werden. Diese Niederschrift ist vom Arbeitgeber zu unterzeichnen und dem Arbeitnehmer auszuhändigen. Die Bundesregierung hat sich im März 2024 darauf geeinigt, dass Arbeitsverträge zukünftig auch in Textform abgeschlossen werden können. Diese Regelung zum digitalen Arbeitsvertrag soll in Kürze Einzug in das Nachweisgesetz finden. Die rechtlichen Regelungen dazu sind in den Paragrafen des Nachweisgesetzes (NachwG) festgehalten.

§ 2 NachwG

In § 2 NachwG ist außerdem ein Katalog von Vereinbarungen aufgeführt, der im schriftlichen Arbeitsvertrag geregelt sein muss. Dies sind insbesondere:

- Name und Anschrift der Vertragsparteien,
- Zeitpunkt des Beginns der Tätigkeit,
- bei befristeten Arbeitsverhältnissen: die vorhersehbare Dauer des Arbeitsverhältnisses,
- der Arbeitsort,
- eine kurze Charakterisierung oder Beschreibung der vom Arbeitnehmer zu leistenden Tätigkeiten,
- die Zusammensetzung und die Höhe des Arbeitsentgelts einschließlich der Zuschläge, der Zulagen, Prämien und Sonderzahlungen sowie anderer Bestandteile des Arbeitsentgelts und deren Fälligkeit,
- die vereinbarte Arbeitszeit,
- die Dauer des jährlichen Erholungsurlaubs,
- die Fristen für die Kündigung des Arbeitsverhältnisses,
- ein in allgemeiner Form gehaltener Hinweis auf Tarifverträge, Betriebs- oder Dienstvereinbarungen, die auf das Arbeitsverhältnis anzuwenden sind.

Die Verletzung der Nachweispflicht durch den Arbeitgeber kann Schadensersatzansprüche des Arbeitnehmers begründen.

2.1.3 Der befristete Arbeitsvertrag

Neben den üblicherweise unbefristet abgeschlossenen Arbeitsverträgen gibt es auch die Möglichkeit, ein Arbeitsverhältnis zu befristen. Die Möglichkeit der Befristung gibt Arbeitgebern bei der Personalplanung mehr Flexibilität.

Arbeitnehmer haben die Chance, über ein befristetes Arbeitsverhältnis in ein unbefristetes zu gelangen.

Bei befristeten Arbeitsverträgen sind jedoch einige rechtliche Problembereiche zu beachten:

Befristung ohne sachlichen Grund

§ 14(2) S.1 TzBfG

Die kalendermäßige Befristung eines Arbeitsvertrags ist ohne Vorliegen eines sachlichen Grundes bis zu einer Dauer von 2 Jahren zulässig. Bis zur Gesamtdauer von 2 Jahren ist zudem die dreimalige Verlängerung des kalendermäßig befristeten Arbeitsvertrags möglich. Demnach muss ein befristetes Arbeitsverhältnis nicht bereits von Beginn an auf 2 Jahre angelegt sein. Neben dieser grundsätzlichen Regelung beinhaltet § 14 TzBfG (Teilzeit- und Befristungsgesetz) noch einige Ausnahmen.

© seen – Fotolia.com

Eine Befristung ohne sachlichen Grund ist dem Wortlaut des § 14 TzBfG nach jedoch nicht zulässig, wenn zu demselben Arbeitgeber zuvor ein unbefristetes oder befristetes Arbeitsverhältnis bestanden hatte, wenn nicht zwischen dem Ende des früheren Arbeitsverhältnisses und dem neuen befristeten Arbeitsvertrag mehr als 3 Jahre liegen (vgl. BAG v. 06.04.2011 – 7 AZR 716/09).

§ 14(2a) TzBfG

In den ersten 4 Jahren nach der Gründung eines Unternehmens ist die kalendermäßige Befristung eines Arbeitsvertrags ohne Vorliegen eines sachlichen Grundes bis zu einer Dauer von 4 Jahren zulässig. Bis zu dieser Gesamtdauer von 4 Jahren ist auch die mehrfache Verlängerung eines kalendermäßig befristeten Arbeitsverhältnisses zulässig.

§ 14(3) TzBfG

Bis zu 5 Jahren ist eine kalendermäßige Befristung ohne Vorliegen eines sachlichen Grundes zulässig, wenn der Arbeitnehmer das 52. Lebensjahr vollendet hat und unmittelbar vor Beginn des befristeten Arbeitsverhältnisses mindestens 4 Monate beschäftigungslos war, Transferkurzarbeitergeld bezogen oder an einer öffentlich geförderten Beschäftigungsmaßnahme teilgenommen hat. Während dieses Zeitraumes ist die mehrfache Verlängerung des Arbeitsvertrags ebenfalls zulässig.

Befristung mit sachlichem Grund

§ 14(1) TzBfG

Ohne die genannten Einschränkungen bei kalendermäßig befristeten Arbeitsverträgen sind überdies Befristungen mit sachlichem Grund möglich. Nach dem Gesetz liegt insbesondere ein sachlicher Grund vor, wenn:

› der betriebliche Bedarf nur vorübergehend besteht,

BEISPIEL

Der Erntehelfer Marko Häring wird während der Erntesaison zur Traubenlese beim Weingut Hirsch in Leingarten befristet angestellt.

› die Befristung im Anschluss an eine Ausbildung oder an ein Studium erfolgt, um den Übergang des Arbeitnehmers in eine Anschlussbeschäftigung zu erleichtern,

BEISPIEL

Eine Anwaltskanzlei entschließt sich angesichts der schwierigen wirtschaftlichen Lage, die ausgelernte Rechtsanwaltsfachangestellte Martina Bäuerle zunächst nur befristet zu übernehmen.

› der Arbeitnehmer zur Vertretung eines anderen Arbeitnehmers beschäftigt wird,

BEISPIEL

Aufgrund einer längeren Krankheit von Frau Hepp wird zur Vertretung Herr Butscher bis zur Genesung befristet eingestellt.

› die Eigenart der Arbeitsleistung die Befristung rechtfertigt,

BEISPIEL

Der Schauspieler Steffen Zwink ist für die gesamte Spieldauer von Jim Knopf und Lukas der Lokomotivführer im Theater Heilbronn angestellt.

› die Befristung zur Erprobung erfolgt,

BEISPIEL

Die Fa. Ebersaki Großhandel KG überträgt dem Angestellten Dominique Blümke vorübergehend die erheblich höher vergütete Position eines Teamleiters. Nach Abschluss eines ca. 18-monatigen Probezeitraumes soll er beurteilt werden.

› in der Person des Arbeitnehmers liegende Gründe die Befristung rechtfertigen,

BEISPIEL

Die ausgebildete Krankenschwester Marion Rauchfuß möchte bis zum Beginn ihres Medizinstudiums im Pflegeheim „Zum Seniorenstift" arbeiten. Ihr Arbeitsvertrag ist für diesen Zeitraum befristet.

- der Arbeitnehmer aus Haushaltsmitteln vergütet wird, die haushaltsrechtlich für eine befristete Beschäftigung bestimmt sind (betrifft Arbeitsvertrag im öffentlichen Dienst) oder
- die Befristung auf einem gerichtlichen Vergleich beruht.

MERKE

- Die Befristung eines Arbeitsvertrags im Anschluss an eine Ausbildung ist nur einmal möglich. Weitere Befristungen können nicht auf diesen Sachgrund gestützt werden (vgl. BAG v. 10.10.2007 – 7 AZR 795/06).
- Befristete Arbeitsverträge mit Sachgrund können, bis auf wenige Ausnahmen, unbegrenzt verlängert werden (vgl. EuGH v. 26.01.2012 – C – 586/10).
- Befristete Arbeitsverträge ohne Sachgrund (kalendermäßige Befristung) dürfen höchstens für die Dauer gem. § 14 TzBfG befristet werden. Grundsätzlich sieht der Gesetzgeber eine maximale Gesamtdauer von 2 Jahren vor.

Zweckbefristung als besondere Befristungsart

Befristungen nach einem bestimmten Zweck des Arbeitsverhältnisses sind ebenfalls zulässig, sofern sich die Dauer der Arbeitsleistung objektiv aus dem Zweck ergibt (Dauer darf sich nicht kalendermäßig bestimmen lassen). Beide Vertragsparteien müssen sich darüber einig sein, dass die Dauer des Arbeitsverhältnisses von seinem Zweck abhängig sein soll. Es muss demnach zweifelsfrei feststellbar sein, bei Eintritt welchen Ereignisses das Arbeitsverhältnis enden soll. Der konkrete Zweck muss deshalb in den Arbeitsvertrag aufgenommen werden.

BEISPIEL

Die Medizinstudentin Marion Rauchfuß pflegt die schwerstkranke Brigitte Schühle. In ihrem Arbeitsvertrag steht, dass das Arbeitsverhältnis mit dem Ableben der Brigitte Schühle endet.

Schriftform als Wirksamkeitsvoraussetzung

§ 14(4) TzBfG

Befristete Arbeitsverträge benötigen zum Wirksamwerden die Schriftform. Mündlich vereinbarte Befristungen sind nichtig wegen Formmangels. Diese rechtliche Bestimmung hat zur Folge, dass bei nur mündlich vereinbarter Befristung ein unbefristetes Arbeitsverhältnis entstanden ist.

Die geforderte Schriftform ist auch dann nicht gewahrt, wenn die Befristung zunächst nur mündlich und erst später nach Arbeitsantritt schriftlich vereinbart wird (vgl. BAG v. 01.12.2004 – 7 AZR 198/04).

Beendigung eines befristeten Arbeitsverhältnisses

§ 15 TzBfG
§ 626 BGB

- Ein kalendarisch befristeter Arbeitsvertrag endet mit Ablauf der vereinbarten Zeitspanne.

MERKE

- Wird ein befristetes Arbeitsverhältnis mit Wissen des Arbeitgebers über den vereinbarten Beendigungszeitraum hinaus fortgesetzt, gilt das Arbeitsverhältnis als auf unbestimmte Zeit verlängert.
- Während des Befristung (egal welche) ist eine ordentliche Kündigung ausgeschlossen.

- Ein zweckbefristeter Arbeitsvertrag endet hingegen mit Erreichen des Zwecks. Allerdings ist der Arbeitgeber verpflichtet, den Arbeitnehmer über die Zweckerreichung schriftlich zu unterrichten. Das Arbeitsverhältnis endet dann frühestens 14 Tage nach der Unterrichtung.
- Ein befristetes Arbeitsverhältnis muss nur dann ordentlich gekündigt werden, wenn dies zuvor einzelvertraglich festgelegt wurde oder im angewendeten Tarifvertrag vereinbart ist. Das Recht zur außerordentlichen Kündigung gem. § 626 BGB bleibt von dieser Regelung unberührt.
- Wenn das Arbeitsverhältnis auf Lebenszeit oder für mehr als 5 Jahre eingegangen wird, kann der Arbeitnehmer nach 5 Jahren, unter Berücksichtigung einer Kündigungsfrist von 6 Monaten, kündigen.

2.1.4 Vertragspflichten aus dem Arbeitsvertrag

2.1.4.1 Haupt- und Nebenpflichten

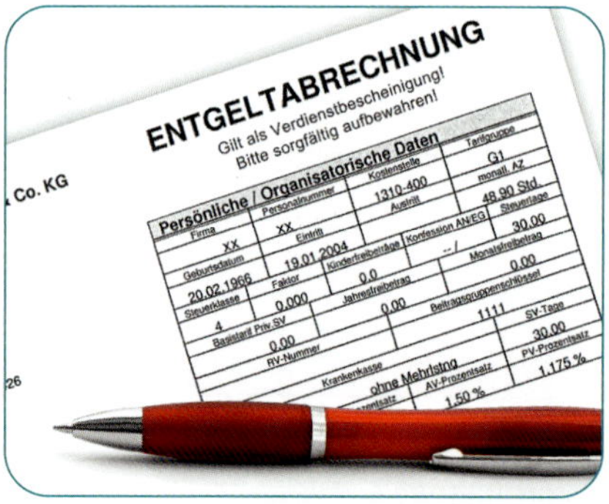

Die Hauptpflichten leiten sich aus § 611 BGB ab. Für den Arbeitgeber ist dies die Pflicht zu vergüten. Die Hauptpflicht des Arbeitnehmers ist die Leistung der versprochenen Dienste.

Hauptpflicht des Arbeitgebers (Vergütungspflicht)

Der Arbeitgeber ist verpflichtet, dem Arbeitnehmer das vereinbarte Entgelt zu bezahlen. Dies muss mit der vertraglich vereinbarten Fälligkeit der Leistung geschehen. Ist keine vertragliche Vereinbarung getroffen worden, so richtet sich die Fälligkeit nach dem Gesetz.

EXKURS

Seit dem 1. Januar 2015 gilt in Deutschland ein gesetzlicher Mindestlohn in Höhe von brutto 8,50 EUR/Stunde. Ausnahmen gibt es bis Ende 2016 für bestimmte Branchen. Der gesetzliche Mindestlohn darf weder im Einzelarbeitsvertrag noch im Tarifvertrag unterschritten werden.

Hauptpflicht des Arbeitnehmers (Dienstpflicht)

Die Dienstpflicht des Arbeitnehmers ist eine höchstpersönliche Verpflichtung und kann nicht auf eine andere Person übertragen werden. Sie wird bestimmt durch den Arbeitsvertrag und wird durch das Weisungsrecht des Arbeitgebers konkretisiert. Der Arbeitnehmer ist hierbei verpflichtet, in Vorleistung zu gehen. Der Arbeitnehmer schuldet dem Arbeitgeber keinen bestimmten Erfolg, sondern lediglich die Erbringung der Arbeitsleistung.

Neben den Hauptpflichten bestehen durch den Arbeitsvertrag zusätzlich weitere Nebenpflichten. Der Arbeitnehmer hat die *„Pflicht zur Förderung des Vertragszwecks und zur Rücksichtnahme der Arbeitgeberinteressen"* (Treuepflicht). Der Arbeitgeber hat die *„Pflicht zur Rücksichtnahme auf die schutzwürdigen Interessen des Arbeitnehmers"* (Fürsorgepflicht).

Nebenpflichten des Arbeitnehmers

Allgemein lassen sich die Treuepflichten so formulieren, dass sich der Arbeitnehmer vertragstreu verhalten muss. Demnach hat er die Interessen des Arbeitgebers zu wahren und seine vertraglichen Verpflichtungen so zu erfüllen, wie das nach Treu und Glauben von ihm erwartet werden kann. Normalerweise beginnt die Treuepflicht mit der Entstehung und endet mit der Beendigung des Arbeitsverhältnisses. Eventuell können aber auch nachwirkende Treuepflichten vereinbart werden.

Nebenpflichten des Arbeitnehmers während des Arbeitsverhältnisses sind insbesondere:

- Mehrarbeit/Überstunden (weitere Infos siehe Exkurs auf der Folgeseite),
- Anzeige- und Nachweispflicht im Krankheitsfall,
- gesetzliches Wettbewerbsverbot,
- Verbot von ruf- und kreditschädigenden Äußerungen,
- Annahmeverbot von Schmiergeldern,
- Sorgfalts- und Schadensabwehrpflicht,
- Verschwiegenheitsverpflichtung und
- Achtung der Persönlichkeitsrechte.

BEISPIEL

Die Rechtsanwaltsfachangestellte Manuela Eberhard betreut bei der Kanzlei Haas Specht & Collegen den Fall Wagner gegen Würz, wobei Wagner ihr Mandant ist und Würz von der Kanzlei Hauff & Heinle Anwalts GmbH vertreten wird. Aufgrund eines guten Vertragsangebots wechselt Manuela Eberhard in die Kanzlei Hauff & Heinle Anwalts GmbH. Arbeitsvertraglich hat sie sich gegenüber Haas Specht & Collegen verpflichtet, nach Kanzleiwechsel Verschwiegenheit zu wahren. Demnach darf sie keine Informationen über den Fall an ihren neuen Arbeitgeber weitergeben.

Möglicherweise können auch vor- bzw. nachvertragliche Treuepflichten bestehen. Dies sind unter anderem:

- Aufklärungspflichten
- Verschwiegenheitspflicht über Geschäftsgeheimnisse und
- Wettbewerbsverbot

EXKURS

Sonderproblem Überstunden

Der Arbeitnehmer ist zu Überstunden nur verpflichtet, sofern dies vertraglich vereinbart wurde. Hat keine vertragliche Vereinbarung stattgefunden, muss der Arbeitnehmer Überstunden nur leisten, wenn es aufgrund seiner Treuepflicht erforderlich ist (z. B. Vertragsstrafe beim Versäumen einer Frist). Die Schutzrechte für Arbeitnehmer müssen allerdings gewahrt werden.

Nebenpflichten des Arbeitgebers

Natürlich hat auch der Arbeitgeber neben seiner Hauptpflicht gewisse Nebenpflichten zu erfüllen. Die Fürsorgepflicht des Arbeitgebers dient dem Schutz des Arbeitnehmers.

Nebenpflichten des Arbeitgebers sind unter anderem:

- Beschäftigungspflicht, sofern keine wichtigen Gründe entgegensprechen
- Schutz des Arbeitnehmers gegen Gefahren für Leben und Gesundheit
- Schutz von Persönlichkeitsbelangen
- Pflicht der Urlaubsgewährung
- ordnungsgemäße Abführung von Lohnsteuer und Sozialversicherung
- Gleichbehandlungspflicht
- Pflicht zur Zeugniserteilung

MERKE

- **Grundsatz:** „Ohne Arbeit kein Lohn"
- **Ausnahme:** „Lohn ohne Arbeit", z. B. bei Urlaub oder Krankheit

2.1.4.2 Arbeitszeit

ArbZG
BetrVG

Die Bestimmungen zur Arbeitszeit ergeben sich für gewöhnlich aus dem Arbeitsvertrag. Bei fehlender Vereinbarung gilt die betriebsübliche Arbeitszeit als

© Pathfinder – Fotolia.com

vereinbart. Sofern ein Tarifvertrag bzw. eine Betriebsvereinbarung besteht, finden diese Vereinbarungen Anwendung. Dann sind auch Abweichungen von den gesetzlichen Bestimmungen möglich (§ 7 ArbZG).

Beim Bestehen eines Betriebsrates besteht für diesen ein erzwingbares Mitbestimmungsrecht im Hinblick auf Beginn und Ende der täglichen Arbeitszeit und der Pausen sowie der Verteilung der Arbeitszeit auf die einzelnen Wochentage (vgl. § 87 (1) Nr. 2 BetrVG).

Gesetzliche Grenze sind die Bestimmungen im Arbeitszeitgesetz (ArbZG), das für alle Arbeitnehmer, die das 18. Lebensjahr vollendet haben, anzuwenden ist.

Die Arbeitszeit der Arbeitnehmer darf gem. § 3 ArbZG grundsätzlich:

› 8 Stunden werktäglich nicht überschreiten.
› Allerdings darf sie auf bis zu 10 Stunden verlängert werden, wenn innerhalb von 6 Kalendermonaten oder innerhalb von 24 Wochen im Durchschnitt nur 8 Stunden werktäglich gearbeitet werden.
› Pausen zählen nur in Ausnahmen zur Arbeitszeit (z. B. im Bergbau unter Tage).

© Gina Sanders – Fotolia.com

Weiterhin müssen folgende Bestimmungen gem. § 4 ArbZG zu den Ruhepausen beachtet werden:

› keine Beschäftigung von mehr als 6 Stunden ohne Ruhepause;
› bei einer werktäglichen Arbeitszeit zwischen 6 und 9 Stunden ist eine im Voraus festgelegte Ruhepause von mindestens 30 Minuten erforderlich;
› bei mehr als 9 Stunden muss die Ruhepause mindestens 45 Minuten betragen;
› gewährt der Arbeitgeber Ruhepausen in mehreren Zeitabschnitten, muss jede Pause mindestens 15 Minuten betragen.

Gem. § 5 ArbZG muss dem Arbeitnehmer nach Beendigung der täglichen Arbeitszeit grundsätzlich eine ununterbrochene Ruhezeit gegeben werden. Die Ruhezeit:

› muss grundsätzlich mindestens 11 Stunden betragen;
› kann für Arbeitnehmer in bestimmten Berufen (z. B. Krankenhäuser) um bis zu eine Stunde verkürzt werden, wenn eine entsprechende Verlängerung einer anderen Ruhezeit gewährleistet wird.

© Gina Sanders – Fotolia.com

Arbeit an Sonn- sowie gesetzlichen Feiertagen ist gem. § 9 ArbZG grundsätzlich verboten, wobei auch hier gem. § 10 ArbZG eine ganze Reihe von Ausnahmen existieren.

Das Arbeitszeitgesetz gilt gem. § 18 ArbZG nicht für leitende Angestellte, Chefärzte sowie Leiter von öffentlichen Dienststellen und deren Vertreter.

2.1.4.3 Zusammenfassung und Aufgaben

ZUSAMMENFASSUNG

Der Abschluss eines Arbeitsvertrags ist an keine Form gebunden. Im Nachweisgesetz ist aber vorgeschrieben, dass der Arbeitgeber spätestens einen Monat nach Arbeitsbeginn die wesentlichen Inhalte gem. § 2 NachwG schriftlich niederlegen, unterzeichnen und dem Arbeitnehmer aushändigen muss.

Seit 2002 werden vorformulierte Vertragsbedingungen in einem Arbeitsvertrag rechtlich wie AGB behandelt. Dementsprechend finden auch die §§ 305 ff. BGB Anwendung.

Es bestehen 2 Möglichkeiten, einen Arbeitsvertrag zu befristen: Die Befristung mit und ohne sachlichen Grund. Befristungen ohne sachlichen Grund sind grundsätzlich auf 2 Jahre begrenzt.

Hauptpflicht des Arbeitgebers	Hauptpflicht des Arbeitnehmers
↓	↓
Vergütungspflicht	Erbringung der Arbeitsleistung

Die Arbeitszeit von 8 Stunden/Tag darf grundsätzlich nur in Ausnahmefällen überschritten werden und muss entsprechend ausgeglichen werden.

Neben den Bestimmungen zur Arbeitszeit sind die gesetzlichen Bestimmungen zur Ruhepause und Ruhezeit einzuhalten.

AUFGABEN

1. Die Anwaltskanzlei Hauff & Heinle Anwalts GmbH möchte die Rechtsanwaltsfachangestellte Maike Unger, wohnhaft Klingenbergerstraße 56, 74080 Heilbronn, zum 01.09.20xx einstellen. Entwerfen Sie einen Arbeitsvertrag für Maike Unger unter Berücksichtigung der gesetzlichen Bestimmungen.

2. Die Kanzlei Haas Specht & Collegen existiert am 31.10. seit 3 Monaten. Aufgrund der unsicheren Mandantenanzahl möchten Sie die Rechtsanwältin Simone Scherer nur befristet einstellen. Zeigen Sie auf, welche Möglichkeiten hierfür bestehen.

3. Tomomi Iwasaki hat in Amsterdam ihr Jurastudium abgeschlossen. Für die renommierte Nürnberger Kanzlei Heickenwälder und Kollegen soll sie eine Zweigstelle in Amsterdam eröffnen. Die Kanzlei möchte das Arbeitsverhältnis allerdings zunächst für 2 Jahre befristen und danach anhand der Mandantenanzahl überlegen, ob die Zweigstelle rentabel ist. Begründen Sie, ob dieses Vorhaben rechtlich zulässig ist.

4. RA Fabian Jutt bekommt von der Kanzlei Schüürmann und Partner einen befristeten Arbeitsvertrag über 14 Monate. Kurz vor Ende des Arbeitsvertrags bekommt Jutt das Angebot, einen weiteren befristeten Arbeitsvertrag über 16 Monate zu unterzeichnen. Bei dem Stellenangebot handelt es sich um eine Krankheitsvertretung von RA Benjamin Mayer. Begründen Sie die Rechtslage.

5. Die Rechtsanwaltsfachangestellte Manuela Spohrer hat gem. § 3 ihres Arbeitsvertrags eine Arbeitszeit von 35 Stunden/Woche zu erbringen. Sie arbeitet allerdings täglich von 8:00 bis 16:00 Uhr. Dabei macht sie zwei 10-minütige Pausen. Begründen Sie, ob dies rechtlich zulässig ist.

6. RA Steffen Zimmer verlangt von Manuela Spohrer, dass sie die nächsten 3 Sonntage aufgrund des hohen Arbeitsaufkommens zwingend in der Kanzlei mitarbeiten muss. Er garantiert ihr einen entsprechenden Ausgleich. Manuela lehnt ab. Beurteilen Sie die Rechtslage.

2.1.5 Beendigung von Arbeitsverhältnissen

Um ein bestehendes Arbeitsverhältnis zu beenden, bedarf es in der Regel einer schriftlichen Kündigung. Darüber hinaus kann das Arbeitsverhältnis auch durch einen Aufhebungsvertrag, einen Auflösungsvertrag oder wie bereits erwähnt durch Zeitablauf bei befristeten Arbeitsverträgen beendet werden. Auch durch den Tod des Arbeitnehmers wird das Arbeitsverhältnis aus der Natur der Sache beendet.

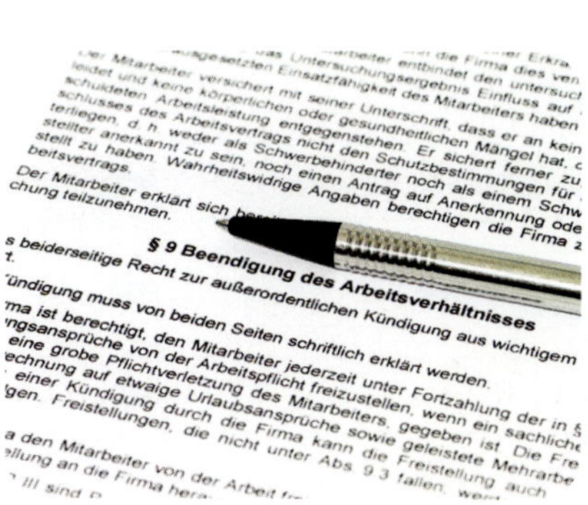

Es wird grundsätzlich zwischen der ordentlichen und der außerordentlichen Kündigung unterschieden.

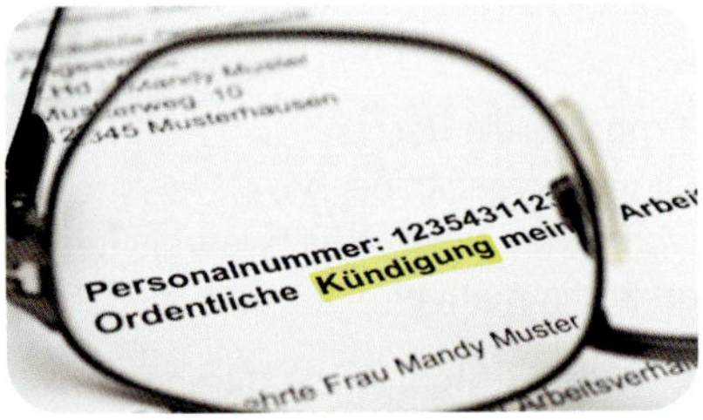

2.1.5.1 Ordentliche Kündigung

Die ordentliche Kündigung wird fristgerecht ausgesprochen. Die Frist beginnt mit dem Zugang der Kündigung. Neben vertraglich vereinbarten Kündigungsfristen sind darüber hinaus auch die gesetzlichen und tariflichen Fristen zu beachten.

Die gesetzliche Kündigungsfrist

§ 622 BGB

Die gesetzliche Kündigungsfrist beträgt grundsätzlich 4 Wochen zum Fünfzehnten oder zum Ende des Kalendermonats. Darüber hinaus existieren für den Arbeitgeber verlängerte Kündigungsfristen, die von der Betriebszugehörigkeit der Mitarbeiter bestimmt werden.

Kündigungsfristen für den Arbeitgeber

Betriebszugehörigkeit	Kündigungsfrist
bis 6 Monate	2 Wochen
bis 2 Jahre	4 Wochen Kündigungsfrist zum 15. oder zum Ende des Kalendermonats
ab 2 Jahre	1 Monat Kündigungsfrist*
ab 5 Jahre	2 Monate Kündigungsfrist*
ab 8 Jahre	3 Monate Kündigungsfrist*
ab 10 Jahre	4 Monate Kündigungsfrist*
ab 12 Jahre	5 Monate Kündigungsfrist*
ab 15 Jahre	6 Monate Kündigungsfrist*
ab 20 Jahre	7 Monate Kündigungsfrist*

** zum Ende eines Kalendermonats*

Die gesetzlichen Kündigungsfristen können einzelvertraglich nicht zum Nachteil des Arbeitnehmers abgekürzt werden. Eine einzelvertragliche Verlängerung der Kündigungsfristen ist allerdings möglich, wenn sie zum Vorteil des Arbeitnehmers sind.

EXKURS

Der europäische Gerichtshof hatte bereits 2010 entschieden, dass der § 622 (2) S.2 BGB von den nationalen Gerichten nicht weiter angewendet werden darf, weil er das europarechtliche Verbot der Altersdiskriminierung missachtet. Obwohl der Paragraf nicht angewendet werden durfte, bestand er weiter fort und wurde 2018 endgültig gestrichen.

Vom Grundsatz der gesetzlichen Mindestfristen gibt es bei einer vereinbarten Probezeit, bei Verweis auf einen Tarifvertrag, bei Aushilfstätigkeit sowie bei Kleinunternehmen Ausnahmen.

Probezeit

Zu Beginn eines Arbeitsverhältnisses ist es Normalität, dass das Arbeitsverhältnis mit einer Probezeit beginnt. Während des Probezeitraums von maximal 6 Monaten kann das Arbeitsverhältnis mit einer Frist von 2 Wochen gekündigt werden (siehe Tabelle Kündigungsfristen für den Arbeitnehmer, Seite 34).

EXKURS

Viele Unternehmen vereinbaren anstelle einer Probezeit ein Probearbeitsverhältnis, in dem sie das Arbeitsverhältnis ohne sachlichen Grund kalendermäßig befristen. Dieses Vorgehen liegt besonders darin begründet, dass befristete Arbeitsverhältnisse automatisch mit Ablauf der Befristung enden, wohingegen bei Arbeitsverhältnissen mit Probezeit eine fristgerechte Kündigung notwendig ist.

2.1.5.2 Außerordentliche Kündigung

Ein Arbeitsverhältnis kann unter bestimmten Voraussetzungen auch fristlos gekündigt werden. Diese Voraussetzungen sind im Einzelnen:

§ 626 BGB

- Ein wichtiger Grund liegt vor.
- Die Weiterbeschäftigung ist unter Prüfung der gegebenen Umstände für den Vertragspartner, der die Kündigung ausspricht, auch für den Zeitraum einer Kündigungsfrist, nicht mehr zumutbar.
- Die Kündigung muss innerhalb von 2 Wochen nach Bekanntwerden des Kündigungsgrundes ausgesprochen werden.

Wichtige Gründe für eine außerordentliche Kündigung aus Sicht...	
des Arbeitgebers sind z. B.:	des Arbeitnehmers sind z. B.:
› strafrechtliche Handlungen des Arbeitnehmers,	› strafrechtliche Handlungen des Arbeitgebers,
› ein erheblicher Missbrauch von vertraulichen Informationen,	› die Verweigerung der Gehaltszahlung,
› wiederholte Störung im Leistungsbereich/Verhalten.	› Anstiftungen zu einer Straftat.

Der wichtige Grund erfordert grundsätzlich kein schuldhaftes, vorwerfbares Verhalten des Arbeitnehmers. Die Unzumutbarkeit der Fortsetzung des Arbeitsverhältnisses für den Arbeitgeber muss dem Arbeitnehmer auch nicht bewusst sein.

Bei einer Pflichtverletzung im Leistungsbereich/Verhalten ist eine **Abmahnung** laut Rechtsprechung regelmäßig erforderlich, es sei denn, die Pflichtverletzung war so schwerwiegend, dass der Arbeitnehmer nicht annehmen durfte, dass der Arbeitgeber sein Verhalten toleriert. Dies ist bei besonders schweren Verstößen, wie eine zulasten des Arbeitgebers begangene Straftat, denkbar.

BEISPIEL

Der Rechtsanwalt Jörn Nonnenmacher kam bereits wiederholt angetrunken zur Arbeit. Gravierende Fehler sind ihm dadurch aber nicht unterlaufen, lediglich die Arbeitsleistung war an diesen Tagen nicht wie sonst. Er sollte vor einer außerordentlichen Kündigung auf jeden Fall eine Abmahnung erhalten, durch die er auf sein Fehlverhalten hingewiesen und aufgefordert wird, es abzustellen. Ansonsten würde die Gefahr bestehen, dass die Kündigung vor Gericht keinen Bestand hat.

Von einer Abmahnung wird gesprochen, wenn der Arbeitgeber in einer für den Arbeitnehmer erkennbaren Weise einen Verstoß gegen arbeitsvertragliche Verpflichtungen rügt. Auf die ausdrückliche Bezeichnung als Abmahnung kommt es nicht an. Bei einer solchen Vorgehensweise kommt der Abmahnung eine Warnfunktion zu. Bei künftigen gleichartigen Pflichtverletzungen werden arbeitsrechtliche Konsequenzen wie die Kündigung angedroht. Es ist ein weit verbreiteter Mythos, dass eine Kündigung erst nach drei Abmahnungen erfolgen kann. Tatsächlich muss der Arbeitgeber sich nicht an eine bestimmte Anzahl von Abmahnungen halten. Es gibt keine gesetzlichen Verjährungsfristen für Abmahnungen. Ob eine Abmahnung nach Ablauf einer bestimmten Zeit wirkungslos wird, hängt von den Umständen des Einzelfalls ab. Inhaltlich muss der Arbeitgeber in der Abmahnung ausdrücklich bezeichnen, welches Fehlverhalten gerügt werden soll, und der Sachverhalt muss richtig dargestellt werden. Ist die Abmahnung aus Sicht des Arbeitnehmers unberechtigt, so hat er die Möglichkeit, Erklärungen zum Inhalt der Personalakte abzugeben („Gegendarstellung“), die auf sein Verlangen der Personalakte beigefügt werden müssen. Ist die Abmahnung unbegründet oder wegen geringfügigen Fehlverhaltens unangemessen, kann ihre Entfernung aus der Personalakte im Klagewege geltend gemacht werden. In Unternehmen, in denen es einen Betriebsrat gibt, kann dieser bei einer mitbestimmungsfreien Abmahnung wegen eines vertragswidrigen Verhaltens beim Arbeitgeber auf Abhilfe hinwirken. Damit kann erreicht werden, dass die Abmahnung zurückgenommen oder zumindest abgeändert wird.

LERNFELD 5

MERKE

Die Abmahnung übernimmt eine Hinweisfunktion, Rügefunktion und eine Warnfunktion.

Eine Angabe der Kündigungsgründe im Kündigungsschreiben ist grundsätzlich nicht erforderlich. Allerdings muss der Arbeitgeber auf Verlangen des gekündigten Arbeitnehmers die Kündigungsgründe unverzüglich schriftlich mitteilen.

§ 626(2) S.2 BGB

Die Kündigungserklärung, unabhängig ob ordentlich oder außerordentlich, ist eine einseitige Willenserklärung, die unabhängig vom Willen des Empfängers ausgesprochen werden kann. Sie muss dem Empfänger lediglich zugehen.

2.1.5.3 Aufhebungsvertrag

Neben der Möglichkeit einer einseitigen Kündigung durch den Arbeitgeber oder Arbeitnehmer besteht die Möglichkeit, das Arbeitsverhältnis einvernehmlich aufzuheben. Dabei sind die Vertragsparteien nicht an Kündigungsfristen gebunden. Im Aufhebungsvertrag sollten folgende Inhalte mindestens geregelt sein (sofern zutreffend):

- Ende des Arbeitsverhältnisses,
- Vereinbarung einer Abfindung,
- Regelungen zum Resturlaub,
- Regelungen zum Arbeitszeugnis,
- Ausscheiden des Arbeitnehmers vor dem vereinbarten Beendigungstermins,
- Nutzung des Dienstwagens während der Freistellung,
- Vereinbarungen zur betrieblichen Altersvorsorge,
- Ausgleichsklausel.

© Pixelot – Fotolia.com

Weiterhin kommt es zu einer Sperrzeit beim Arbeitslosengeld von i.d.R. 12 Wochen, da die Arbeitslosigkeit durch einen Auflösungsvertrag herbeigeführt wurde. Diese Regelung gilt nicht, wenn für den Auflösungsvertrag ein wichtiger Grund vorliegt. Ein wichtiger Grund wäre beispielsweise, wenn eine Kündigung durch den Arbeitgeber mit Bestimmtheit in Aussicht gestellt worden ist.

2.1.5.4 Schriftformerfordernis

Für die Kündigung eines Arbeitsverhältnisses besteht ein Schriftformerfordernis, um die Rechtssicherheit für Arbeitgeber und Arbeitnehmer zu erhöhen. Dies soll Streitigkeiten zwischen den Vertragspartnern vermeiden und somit die Arbeitsgerichte entlasten. Darüber ist neben der Schriftform auch zwingend erforder-

§ 623 BGB

lich, dass der Kündigende eigenhändig unterschreibt. Ausgeschlossen ist die elektronische Kündigung per E-Mail oder Fax. Dies gilt neben der Beendigung durch Kündigung ebenfalls für einen Aufhebungsvertrag und die Befristung von Arbeitsverhältnissen.

2.1.5.5 Zusammenfassung und Aufgaben

ZUSAMMENFASSUNG

Die Kündigung

- … ist eine einseitige empfangsbedürftige Willenserklärung des Arbeitgebers oder Arbeitnehmers mit der Absicht, das Arbeitsverhältnis zu beenden.
- … muss nicht begründet werden. Außer bei einer außerordentlichen Kündigung, wenn der Gekündigte eine Begründung verlangt.
- … muss immer schriftlich erfolgen. Die elektronische Form ist ausgeschlossen.

Ein Auflösungsvertrag ist ein Vertrag zwischen Arbeitnehmer und Arbeitgeber, der das Arbeitsverhältnis zu einem bestimmten Zeitpunkt einvernehmlich beendet.

Bei einer ordentlichen Kündigung sind die entsprechenden gesetzlichen Kündigungsfristen zu beachten.

Für eine außerordentliche Kündigung muss ein wichtiger Grund vorliegen, der die Kündigung rechtfertigt.

Durch eine Abmahnung wird der Arbeitnehmer auf sein Fehlverhalten hingewiesen. Außerdem werden ihm bei weiteren Verfehlungen der gleichen Art Rechtsfolgen angedroht.

AUFGABEN

1. Simone Dietz kündigt während ihrer Probezeit am 2. März 20xx. Begründen Sie, ab welchem Zeitpunkt das Arbeitsverhältnis endet.

2. Isabella Bienias, 32 Jahre alt und seit 9 Jahren in der Kanzlei Haas Specht & Collegen als Rechtsanwältin angestellt, bekommt am 15. Mai ihre Kündigung überreicht. Begründen Sie, ab welchem Zeitpunkt die Kündigung rechtswirksam ist.

3. Ulrike Wagner ist seit 22 Jahren Mitarbeiterin in der Kanzlei Hauff & Heinle Anwalts GmbH. Am 12. Juni teilt sie ihrem Chef Sebastian Hauff in einem persönlichen Gespräch mit, dass sie zum nächstmöglichen Termin die Kanzlei verlassen möchte, um zu ihrem neuen Freund nach Australien zu ziehen. Zeigen Sie auf, ab welchem Zeitpunkt Ulrike Wagner die Kanzlei frühestens verlassen könnte.

4. Begründen Sie, ob es eine Möglichkeit gibt, das Arbeitsverhältnis früher, als in Aufgabe 3 ermittelt, zu beenden.

5. Bei einer Routineuntersuchung wird Thomas Melzl am Werkstor erwischt, wie er im Kofferraum seines Autos wertvolle Lenkräder entwendet. Thomas Melzl soll daher umgehend gekündigt werden. Zeigen Sie auf, bis wann ihm die Kündigung spätestens zugehen muss, wenn der Diebstahl am 02.03.20xx entdeckt wurde.

6. Der verärgerte Personalleiter lässt Thomas Melzl die Kündigung fristgerecht zukommen und kündigt ihm ohne Angabe von Gründen. Melzl akzeptiert die Kündigung ohne Angaben von Gründen nicht und fordert die Nennung der Gründe. Der Personalleiter verweigert. Beurteilen Sie die Rechtslage.

7. Begründen Sie, ob anstelle der außerordentlichen Kündigung von Thomas Melzl eine Abmahnung nicht auch ausreichen würde.

2.1.6 Arbeitszeugnis

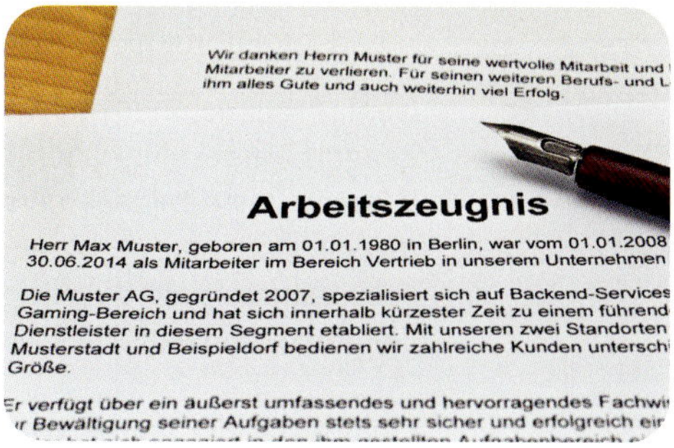

© dessauer – Fotolia.com

Wird ein Arbeitsverhältnis, aus welchem Grund auch immer, beendet, hat der Arbeitgeber die Pflicht, dem Arbeitnehmer ein Arbeitszeugnis auszustellen. Arbeitszeugnisse sind in zweierlei Hinsicht wichtig. Zum einen geben sie Arbeitgebern wichtige Hinweise bei der Beurteilung von Bewerbern, denn Personalentscheider vertreten häufig die Auffassung, dass Vergangenheitswerte auch in die Zukunft übertragen werden können. Zum anderen sind gute Zeugnisse für den Arbeitnehmer von großer Bedeutung, da ein schlechtes Zeugnis das berufliche Weiterkommen erheblich verlangsamen kann.

§ 630 BGB
§ 109 GewO

Der Anspruch auf Zeugniserstellung verjährt grundsätzlich in der regelmäßigen Verjährungsfrist von 3 Jahren, die mit dem Ende des Kalenderjahres zu laufen beginnt, in dem das Arbeitsverhältnis endet. Häufig entfallen diese Ansprüche auch früher, beispielsweise dann, wenn tarifvertraglich oder einzelvertraglich kürzere Fristen vereinbart wurden. Das Bundesarbeitsgericht hat auch schon entschieden, dass 10 Monate nach Beendigung des Arbeitsverhältnisses der Verwirkungstatbestand bereits erfüllt ist, da der Arbeitgeber zumindest noch eine ausreichende Erinnerung an den Arbeitnehmer und seine Leistung haben muss (vgl. BAG v. 11.12.2012 – 9 AZR 227/11).

In der Praxis wird zwischen dem einfachen und qualifizierten Zeugnis unterschieden.

2.1.6.1 Das einfache Arbeitszeugnis

§ 109 (1) S.1 GewO

Das einfache Zeugnis muss mindestens Angaben zu der Person, der Dauer und Art der Tätigkeit beinhalten. Aussagen über die Leistung und die Führung sind im einfachen Zeugnis nicht enthalten.

- Die Angaben zur Person enthalten in der Regel nur Name und Vorname des Arbeitnehmers sowie den ausgeübten Beruf. Anschrift und Geburtsdatum sind nur mit dem Einverständnis des Arbeitnehmers aufzunehmen.
- Die Art der Tätigkeit muss so ausführlich beschrieben sein, dass sich ein Dritter hierüber ein Bild machen kann. Wurden dem Arbeitnehmer Sonderaufgaben anvertraut, sind diese ebenfalls anzugeben.
- Als Dauer der Beschäftigung ist die rechtliche Dauer anzugeben, folglich bis die Kündigung wirksam wird bzw. das Arbeitsverhältnis aufgelöst wird. Kürzere Unterbrechungen wie Krankheit und Urlaub dürfen nicht angegeben werden.

2.1.6.2 Das qualifizierte Zeugnis

§ 109 (1) S.2

Das qualifizierte Zeugnis enthält neben den Angaben des einfachen Zeugnisses auch Angaben

- zur Leistung des Arbeitnehmers
- und zur Führung des Arbeitnehmers.

Dem Arbeitnehmer steht hierbei das Wahlrecht zu, ob er ein qualifiziertes Zeugnis ausgestellt haben möchte oder nicht. Stellt der Arbeitgeber ohne den Wunsch des Arbeitnehmers ein qualifiziertes Zeugnis aus, kann der Arbeitnehmer die Annahme des Zeugnisses verweigern. Wurde allerdings auf Wunsch des Arbeitnehmers ein qualifiziertes Zeugnis ausgestellt, kann er zu einem späteren Zeitpunkt kein einfaches Zeugnis mehr verlangen.

Grundsätze der Zeugniserteilung

Der Inhalt des Zeugnisses muss 2 Grundsätzen gerecht werden:

- dem Grundsatz des Wohlwollens
- sowie dem Grundsatz der Zeugniswahrheit.

Abgeleitet aus dem Grundsatz der Zeugniswahrheit dürfen nur Tatsachen ins Zeugnis aufgenommen werden. Behauptungen oder Annahmen sind ausgeschlossen.

Außerdem ist der Arbeitgeber verpflichtet, den wohlwollenden Maßstab eines verständnisvollen Arbeitgebers anzuwenden, um dem Arbeitnehmer das berufliche Weiterkommen nicht zu erschweren.

Letztlich kann der Grundsatz des Wohlwollens bei der Zeugnisformulierung widersprüchlich zur Zeugniswahrheit sein. Aus diesem widersprüchlichen Verhältnis lässt sich die Problematik bei der Zeugniserstellung leicht erkennen. Das Anliegen des Arbeitnehmers, ein vorteilhaftes Zeugnis ausgestellt zu bekommen, ist gefährdet, wenn er durch das Zeugnis unterbewertet wird. Andererseits soll das Zeugnis auch einen Dritten informieren, der die Einstellung des Arbeitnehmers beabsichtigt. Sein Anliegen, und zwar einen qualifizierten Mitarbeiter zu gewinnen, ist gefährdet, wenn der Arbeitnehmer überbewertet wird.

Daraus ergibt sich als oberster Grundsatz der Zeugniserstellung, der Grundsatz der Zeugniswahrheit. Daraus wiederum ergibt sich, dass das Zeugnis alle Tatsachen und Bewertungen enthalten muss, die für eine Gesamtbeurteilung des Arbeitnehmers ausschlaggebend sind. Das führt allerdings auch dazu, dass einmalige Vorfälle, die für den Arbeitnehmer nicht charakteristisch sind – unabhängig davon, ob sie vorteilhaft oder nachteilig sind – nicht aufgenommen werden dürfen.

EXKURS

Wird das Arbeitsverhältnis mit einem Aufhebungsvertrag beendet, werden in der Praxis regelmäßig Bedingungen über die Erteilung eines qualifizierten Arbeitszeugnisses mit einem bestimmten Inhalt verbindlich im Aufhebungsvertrag vereinbart, die in der Regel vorteilhaft für den weiteren Berufsweg des Arbeitnehmers sind.

Aufbau eines qualifizierten Arbeitszeugnisses

Überschrift	Zeugnis oder Arbeitszeugnis
Einleitung	Name, Eintrittsdatum, zuletzt ausgeübte Tätigkeit
Aufgabenbeschreibung	Tätigkeitsbeschreibung, Verantwortungsbereich, hierarchische Funktion, Vollmachten usw.

Leistungsbeurteilung

- **Auskünfte zur Arbeitsbereitschaft:** Engagement, Motivation, Eigeninitiative usw.
- **Arbeitsbefähigung:** Auffassungsvermögen, Denkvermögen, Flexibilität usw.
- **Arbeitsweise:** Fleiß, Zuverlässigkeit, Sorgfalt usw.
- **Arbeitserfolg:** Arbeitsergebnisse nach Qualität und Quantität, Zielerreichung usw.
- **Führungsleistung:** Führungsqualität, Motivationsfähigkeit usw.
- **Zusammenfassung:** Gesamtbewertung der Leistung

Verhaltensbeurteilung

Sozialverhalten gegenüber Vorgesetzten, Kunden oder Kollegen, Integrität

Schlussabsatz

Grund der Beendigung, Dankes- und Bedauernsformel, gute Wünsche für die Zukunft

Das Zeugnis schließt mit dem Ausstellungsdatum und der Unterschrift des Arbeitgebers.

Standardformulierungen bei der Leistungsbeurteilung

Formulierung	Bedeutung
… hat die ihm übertragenen Leistungen stets zu unserer vollsten Zufriedenheit erledigt.	sehr gute Leistungen
… hat unseren Erwartungen in jeder Hinsicht und in allerbester Weise entsprochen.	sehr gute Leistungen
… hat die ihm übertragenen Leistungen stets zu unserer vollen Zufriedenheit erledigt.	gute Leistungen
… hat unseren Erwartungen in jeder Hinsicht und in bester Weise entsprochen.	gute Leistungen
… bewies Belastbarkeit und Flexibilität in jeder Hinsicht.	befriedigende Leistungen
… besitzt solides Fachwissen in ihrem Fachgebiet.	befriedigende Leistungen

Formulierung	Bedeutung
... hat die ihm übertragenen Leistungen zu unserer Zufriedenheit erledigt.	ausreichende Leistungen
... hat unseren Erwartungen entsprochen.	ausreichende Leistungen
... hat die ihm übertragenen Leistungen im Großen und Ganzen zu unserer Zufriedenheit erledigt.	mangelhafte Leistungen
... hat sich bemüht, seine Aufgaben zu unserer Zufriedenheit zu lösen.	mangelhafte Leistungen

Wichtige Warnsignale:
Wird Selbstverständliches (z. B. Pünktlichkeit) betont, führt dies zu einer Abwertung des Zeugnisses!

Standardformulierungen bei der Verhaltensbeurteilung

Formulierung	Bedeutung
Sein Verhalten gegenüber Vorgesetzten und Kollegen war jederzeit vorbildlich.	sehr gute Leistungen
Ihr Verhalten gegenüber Vorgesetzten und Kollegen war jederzeit einwandfrei.	gute Leistungen
Sein Verhalten gegenüber Vorgesetzten und Kollegen war einwandfrei.	befriedigende Leistungen
Ihr Verhalten gegenüber Kollegen und Vorgesetzten war korrekt und ohne Beanstandung.	ausreichende Leistungen
Es erübrigt sich zu betonen, dass sein Betragen gegenüber den Vorgesetzten und Kollegen unbelastet war.	mangelhafte Leistungen

Wichtige Warnsignale:
Werden im Arbeitszeugnis für die Tätigkeit wichtige Merkmale nicht erwähnt, so deutet dies darauf hin, dass das entsprechende Merkmal beim beurteilten Mitarbeiter fehlt!

Standardformulierungen für den Schlussabschnitt

Formulierung	Bedeutung
… verlässt uns auf eigenen Wunsch. Wir bedauern sein Ausscheiden sehr und wünschen für die Zukunft alles Gute.	die Firma verliert den Mitarbeiter sehr ungern
… wir bedauern, einen so tüchtigen Mitarbeiter, der uns auf eigenen Wunsch verlässt, verlieren zu müssen. Wir danken ihm für die gute Zusammenarbeit und wünschen ihm für den weiteren Lebens- und Berufsweg alles Gute.	die Firma verliert den Mitarbeiter sehr ungern
… verlässt uns auf eigenen Wunsch. Wir bedauern sein Ausscheiden und wünschen für die Zukunft alles Gute.	die Firma verliert den Mitarbeiter ungern
… für seine Mitarbeit bedanken wir uns.	ausreichende Beurteilung

Wichtige Warnsignale:
Werden im Schlussabschnitt eines Arbeitszeugnisses bestimmte Elemente weggelassen, so deutet dies auf eine Abwertung des Arbeitszeugnisses hin (= beredtes Schweigen)!

Die hier gezeigten Formulierungen sollen lediglich das Prinzip der Zeugniscodes verdeutlichen und erheben keinen Anspruch auf Vollständigkeit.

EXKURS

§ 109 (2) GewO

Sogenannte Geheimcodes sind verboten und sind nicht zu vergleichen mit den oben beschriebenen Techniken der Verschlüsselung. Der Unterschied dabei ist, dass eine Verschlüsselung eine schlechte Leistung wohlwollend, höflich umschreibt, während ein Geheimcode ein feststehender Ausdruck ist, der eine andere Bedeutung hat, die aus dem Wortlaut nicht klar ersichtlich ist.

Beispiel für einen Geheimcode:

„Sie hat mit ihrer geselligen Art zur Verbesserung des Betriebsklimas beigetragen" bedeutet „Sie neigt zu übertriebenem Alkoholgenuss".

2.1.6.3 Zusammenfassung und Aufgaben

ZUSAMMENFASSUNG

Arbeitszeugnis

Ein Zeugnis soll möglichst differenziert und objektiv die Leistung, Fähigkeiten und die persönliche Führung eines Mitarbeiters beschreiben.

Grundsatz der Zeugniserstellung

Grundsatz des Wohlwollens ⚡ Grundsatz der Zeugniswahrheit

- → Da diese Grundsätze im Widerspruch zueinander stehen können, hat sich eine Art Zeugniscode durchgesetzt, da es wohl schwierig wird, wohlwollend zu formulieren und dabei mangelhafte Leistung auszudrücken.
- → Die wahren Aussagen eines Zeugnisses können oft nur nach langer Erfahrung im Umgang mit Arbeitszeugnissen erkannt werden.
- → Auch negative Aussagen sind erlaubt und sogar verpflichtend, da der Arbeitgeber ansonsten ggf. sogar schadensersatzpflichtig gegenüber dem zukünftigen Arbeitgeber werden kann (z. B. Untreue des Buchhalters).

Im Regelfall fordert der Arbeitnehmer ein qualifiziertes Arbeitszeugnis, muss dies aber explizit beim Arbeitgeber in Auftrag geben.

AUFGABEN

1. Unterscheiden Sie das einfache vom qualifizierten Zeugnis hinsichtlich des Umfangs und der Aussagekraft.

2. Erläutern Sie die Grundsätze, die bei der Erstellung eines Arbeitszeugnisses beachtet werden müssen.

»

3. Beurteilen Sie folgendes Arbeitszeugnis unter Berücksichtigung der oben genannten Standardformulierungen.

Arbeitszeugnis

Frau Jasmin Rössle war nach ihrer erfolgreich bestandenen Prüfung zur Rechtsanwaltsfachangestellten vom 01.08.2010 bis zum 31.10.20xx in der Kanzlei Haas Specht & Collegen beschäftigt.

Das Aufgabengebiet von Frau Rössle umfasste die persönliche und telefonische Beratung von Mandanten sowie die Berechnung der Gebühren und deren Abrechnung. Darüber hinaus war sie für die Terminkontrolle der gesamten Kanzlei verantwortlich. Einkäufe durfte Frau Rössle bis zu einem Bestellwert von 2.000 Euro ausführen.

Frau Rössle besitzt ein solides Fachwissen in ihrem Fachgebiet. Wir lernten Sie als eine stets pünktliche Mitarbeiterin kennen, die Belastbarkeit und Flexibilität bewies. Frau Rössle hat die ihr übertragenen Aufgaben zu unserer Zufriedenheit erledigt. An firmeninternen Weiterbildungsmaßnahmen hat sie regelmäßig teilgenommen.

Ihr Verhalten gegenüber Vorgesetzten, Kollegen und Mandanten war jederzeit einwandfrei.

Frau Rössle ist zum 31.10.20xx auf eigenen Wunsch aus unserer Kanzlei ausgeschieden.
Wir bedauern ihr Ausscheiden und danken ihr für die guten Leistungen.

gez. RA Thomas Haas — Heilbronn, den 11.11.20xx

2.2 Schutzrechte für Arbeitnehmer

2.2.1 Kündigungsschutz

Gemäß § 1 Abs. 1 KSchG ist eine Kündigung rechtlich nicht wirksam, wenn das Arbeitsverhältnis in demselben Betrieb oder Unternehmen länger als 6 Monate bestand und sie **sozial ungerechtfertigt** ist.

Das Kündigungsschutzgesetz ist gemäß § 23 KSchG in Betrieben anzuwenden, die **regelmäßig mehr als 5 Arbeitnehmer** beschäftigen. Auszubildende werden nicht mitgezählt. Für Arbeitsverhältnisse, die nach dem 31.12.2003 begründet wurden, besteht in Betrieben mit **regelmäßig weniger als 10 Mitarbeitern kein Kündigungsschutz** nach dem Kündigungsschutzgesetz. Das Arbeitsverhältnis muss länger als 6 Monate bestehen, damit das Kündigungsschutzgesetz greift. Eine Kündigung durch den Arbeitgeber muss nicht nur fristgerecht sein, sondern auch begründet werden.

Die Kündigung ist sozial gerechtfertigt, wenn …

Gründe in der Person des Arbeitnehmers liegen

Beispiele:

- Körperliche oder geistige Leistungsdefizite
- Erforderliche Kenntnisse werden nicht erlernt
- Lange Erkrankung, ohne dass baldige Genesung erkennbar ist

Gründe im Verhalten des Arbeitnehmers liegen

Beispiele:

- Verletzung der Schweigepflicht
- Schlechte Arbeitsleistung
- Wiederholte Unpünktlichkeit

und der Arbeitnehmer wegen seines Fehlverhaltens abgemahnt wurde.

Dringende betriebliche Erfordernisse vorliegen

Beispiele:

- Weniger Mandate
- Schließung des Standorts

In diesen Fällen muss immer eine **Sozialauswahl** erfolgen. Existiert ein Betriebsrat, entscheidet dieser mit.

Abmahnung

Eine Abmahnung wirkt wie eine gelbe Karte, die vom Arbeitgeber ausgesprochen wird, wenn das Verhalten des Arbeitnehmers nicht tragbar ist. Sie kann auch gegenüber Arbeitnehmern, für die besonderer Kündigungsschutz gilt, ausgesprochen werden.

© Andrey Kuzmin – Fotolia.com

Gründe für Abmahnungen

- **Verspätungen**
- **Nichtbefolgen von Anweisungen**
- **Nachweispflicht bei Krankheit wird nicht erfüllt**

Zu beachten:
Eine Abmahnung unterliegt keiner Form. Damit sie nachgewiesen werden kann, sollte sie schriftlich mit Datum und Anlass erteilt werden.
Eine Abmahnung genügt, um die Kündigung auszusprechen, wenn derselbe Grund erneut vorliegt.

BEISPIEL

Rechtsanwalt Gerecht ist mit den Leistungen von der Rechtsanwaltsfachangestellten Silke Meier unzufrieden. Bei der Fristenbearbeitung unterlaufen ihr häufig Fehler, obwohl sie eine umfangreiche Einweisung erhalten hat. Rechtsanwalt Gerecht mahnt Frau Meier schriftlich unter Angabe des Grundes sowie

BEISPIEL

des Datums der fehlerhaften Fristermittlung ab. 4 Wochen später unterläuft ihr derselbe Fehler wieder. Rechtsanwalt Gerecht spricht die Kündigung aus. Frau Meier hält diese nicht für rechtens.

Lösung:

Frau Meier hat wiederholt denselben Fehler gemacht. Die Kündigung ist sozial gerechtfertigt, da die Gründe im Verhalten von Frau Meier liegen.

Der besondere Kündigungsschutz gilt für folgende Personen:

Geschützte Personen	Bestimmungen
Schwangere	Während der Schwangerschaft und bis zu 4 Monate nach der Geburt genießen Frauen Kündigungsschutz.
Mütter und Väter	Eltern können während der Elternzeit nicht gekündigt werden. Der Kündigungsschutz beginnt frühestens eine Woche vor der jeweiligen Anmeldefrist (7 oder 13 Wochen) für die Elternzeit.
Mitglieder von Betriebsrat sowie von Jugend- und Auszubildendenvertretung	Eine Kündigung ist nur aus wichtigem Grund möglich. Ansonsten besteht während der gesamten Tätigkeit und bis zu einem Jahr nach Beendigung der Amtszeit Kündigungsschutz.
Freiwillig Wehrdienstleistende	Während des freiwilligen Wehrdienstes ruht das Arbeitsverhältnis. Eine Kündigung ist nicht zulässig.
Schwerbehinderte	Kündigungsschutz bei einem Grad der Behinderung von 50 oder einer Gleichstellung bei einem Grad von 30 gem. § 2 Abs. 2, Abs. 3 SGB IX; das Integrationsamt muss zustimmen.
Auszubildende	Nach der Probezeit kann nur aus wichtigem Grund gekündigt werden.

MERKE

› Kündigungen durch den Arbeitgeber, die die Voraussetzungen des Kündigungsschutzgesetzes erfüllen, können nur dann ausgesprochen werden, wenn sie sozial gerechtfertigt sind.

MERKE

- Sozial gerechtfertigt ist eine Kündigung, wenn die Gründe in der Person oder im Verhalten des Arbeitnehmers liegen oder wenn betriebliche Erfordernisse die Kündigung notwendig machen.
- Eine Abmahnung wirkt bei verhaltensbedingten Gründen wie eine gelbe Karte. Bei einem erneuten Verstoß kann die rote Karte = Kündigung ausgesprochen werden.

Kündigungsschutzklage

Hat ein Arbeitnehmer eine schriftliche Kündigung erhalten, muss er gem. § 4 KSchG innerhalb von 3 Wochen ab der Zustellung beim Arbeitsgericht Klage erheben, wenn er die Kündigung für sozial ungerechtfertigt hält. Versäumt er die 3-Wochen-Frist, gilt die Kündigung. Der Arbeitgeber muss die Gründe für eine sozial gerechtfertigte Kündigung darlegen.

Ablauf der Kündigungsschutzklage

↓

Arbeitnehmer reicht Klage beim zuständigen Arbeitsgericht ein.

↓

Das Gericht setzt einen Gütetermin fest, i. d. R. mit dem Ziel einer Einigung. In der Praxis ist dies häufig eine Beendigung des Arbeitsverhältnisses und der Vereinbarung einer Abfindungszahlung.

↓

Kommt es zu keiner Einigung, bittet das Gericht um schriftliche Darlegung der Kündigungsgründe durch den Arbeitgeber bzw. der Darlegung durch den Arbeitnehmer, weshalb die Kündigung sozial ungerechtfertigt ist.

↓

Der nächste Termin ist der sogenannte Kammertermin, an dem verhandelt und ein Urteil gesprochen wird. Dagegen kann ggf. vor dem Landesarbeitsgericht Berufung eingelegt werden. Gewinnt der Arbeitnehmer, ist die Kündigung unwirksam.

2.2.2 Mutterschutz

Werdende Mütter, die in einem Arbeitsverhältnis stehen, gehören zu einem besonders schutzbedürftigen Personenkreis. Besondere Regelungen zu Kündigungsschutz, Gefahrenschutz, Beschäftigungsverboten und Mutterschaftshilfe finden sich im Mutterschutzgesetz.

Gefahrenschutz

- Gestaltung des Arbeitsplatzes, keine Gefährdung für Mutter und Kind

Beschäftigungsverbote

- grundsätzlich 6 Wochen vor bis 8 Wochen nach der Geburt
- bei schwerer körperlicher Arbeit
- bei Gefahr von Berufskrankheiten
- für Mehrarbeit sowie Sonntags- und Nachtarbeit

LF 1 | 3.3.2

Mutterschutzgesetz

Mutterschaftshilfe

- Anspruch auf ärztliche Betreuung und Hebammendienste
- Anspruch auf Mutterschaftsgeld während der Schutzfrist, Antrag kann
- frühestens 7 Wochen vor dem voraussichtlichen Entbindungstermin gestellt werden.

BEISPIEL

Die Auszubildende Esra Sahin, im fünften Monat schwanger, soll mehrere Kilo schwere Akten in den Keller räumen. Sie weigert sich, worauf ihre Ausbilderin sich bei Rechtsanwalt Gerecht beschwert und die Kündigung verlangt.

Lösung:

Esra kann sich weigern, da das Mutterschutzgesetz schwere körperliche Arbeit für Schwangere verbietet. Die Kündigung ist in ihrem Fall auch nicht rechtsgültig, da Schwangere unter besonderem Kündigungsschutz stehen.

2.2.3 Elternzeit und Elterngeld

Das Bundeselterngeld- und Elternzeitgesetz (BEEG) regelt umfassend die Ansprüche auf Elternzeit und Elterngeld. Zum 01.01.2015 trat das reformierte BEEG in Kraft. Die neuen Regelungen können Eltern erst für Kinder, die ab dem 01.07.2015 geboren wurden, in Anspruch nehmen.

Jedes Elternteil hat gegenüber dem Arbeitgeber bis zur Vollendung des dritten Lebensjahres des Kindes einen Rechtsanspruch auf **Elternzeit,** um sich intensiver um die Betreuung und Erziehung des Kindes kümmern zu können.

© MEV Verlag GmbH

Eltern, deren Kinder ab dem 1. Juli 2015 geboren sind, können die Elternzeit flexibler gestalten. Sie haben die Möglichkeit, die Elternzeit in 3 Blöcke aufzuteilen und 24 Monate statt wie bisher 12 Monate zwischen dem dritten und achten Lebensjahr ihres Kindes zu nehmen. Die **schriftliche Anmeldefrist** für Elternzeit, die vor Vollendung des dritten Lebensjahres des Kindes genommen wird, liegt bei **7 Wochen.** Elternzeit, die zwischen dem dritten und achten Lebensjahr des Kindes beansprucht wird, muss **13 Wochen** vor Antritt beantragt werden. Die Ausweitung hat zum Ziel, dass Eltern dann für ihre Kinder da sein können, wenn diese sie besonders brauchen. Dies sind in der Regel Zeiten der Übergänge wie beispielsweise der Schulbeginn. Aus dringenden betrieblichen Gründen kann der Arbeitgeber den dritten Zeitraum verweigern.

Das **Elterngeld** soll Einkommenswegfall auffangen und Eltern nach der Geburt unterstützen, die für ihr Kind da sein wollen. Für Geburten ab dem 1. April wurden Einsparungen beim Elterngeld vorgenommen. Unter anderem wurden die Einkommensgrenzen für Paare und Alleinerziehende gesenkt, zum anderen können Eltern nur noch einen Monat zeitgleich Basiselterngeld beziehen. Es gilt dann:

Basiselterngeld

- Nur innerhalb der ersten 12 Lebensmonate
- Beide Elternteile können Basiselterngeld nur noch für einen Monat parallel beziehen.
- Eine gemeinsame Betreuung des Neugeborenen durch beide Elternteile im Geburtsmonat ist weiterhin möglich.
- Wenn Eltern mehr als einen Monat gleichzeitig Elterngeld beziehen möchten, muss sich mindestens ein Elternteil für das ElterngeldPlus entscheiden.
- Höhe: mindestens 300 Euro, maximal 1.800 Euro; 65 bis 100 % des Gehaltes vor der Geburt
- Bei Mehrlingsgeburten wird pro Kind ein Zuschlag in Höhe von 300 Euro bezahlt.

ElterngeldPlus

für ab 01.07.2015 geborene Kinder

- Für diejenigen, die während der Elternzeit in Teilzeit arbeiten, beträgt die Elternzeit 28 Monate (seit dem 01.01.2015).
- Der Zeitraum für den Bezug verdoppelt sich. Allerdings nur in maximal halber Höhe des Elterngeldbetrags.
- Arbeiten Mutter und Vater 4 Monate parallel Teilzeit (25–30 Stunden pro Woche), erhält jedes Elternteil als Partnerschaftsbonus 4 zusätzliche ElterngeldPlus-Monate.

Beide Modelle können miteinander kombiniert werden.

Unter www.elterngeld-plus.de kann die zuständige Elterngeldstelle mithilfe der Postleitzahl gesucht werden.

MERKE

Die Elternzeit kann in 3 Abschnitte eingeteilt werden. Insgesamt beträgt sie 36 Monate. Für Kinder, die nach dem 01.07.2015 geboren sind, gilt, dass 24 Monate zwischen dem dritten und achten Lebensjahr genommen werden können. Elternzeit vor Vollendung des dritten Lebensjahres des Kindes muss 7 Wochen

LERNFELD 5

MERKE

vor Antritt dem Arbeitgeber schriftlich mitgeteilt werden. Diese Frist erhöht sich auf 13 Wochen, wenn die Elternzeit zwischen dem dritten und achten Lebensjahr genommen wird.

Das ElterngeldPlus gilt:

für alle Kinder, die ab dem 1. Juli 2015 geboren sind.

für Eltern, die in Teilzeit arbeiten. Das Elterngeld wird nun nicht mehr reduziert. Somit besteht keine Benachteiligung mehr.

LF 2 | 7.6

2.2.4 Den Datenschutz einhalten

Datenschutz-grundverordnung (DSGV)

Bei den im Personalbereich anfallenden Daten handelt es sich um besonders sensible, personenbezogene Daten mit hoher Schutzbedürftigkeit.

Wichtige Daten müssen vor Verlust, Zerstörung und unberechtigtem Zugriff geschützt werden. Die Daten müssen immer richtig und genau vorliegen.

Personenbezogene Daten unterliegen zudem der Europäischen Datenschutz-Grundverordnung (DSGVO) und dem Bundesdatenschutzgesetz.

Das Gesetz regelt,

- was personenbezogene Daten sind,
- was Datenverarbeitung im Sinne der Gesetze bedeutet und
- welche Rechte der Betroffene hat.

Personenbezogene Daten

Personenbezogene Daten sind Einzelangaben über persönliche oder sachliche Verhältnisse einer bestimmten oder bestimmbaren natürlichen Person.

Die Datenschutz-Grundverordnung der EU definiert den Begriff „bestimmbare Person". Danach wird eine Person als bestimmbar angesehen, die direkt oder indirekt identifiziert werden kann. Grundsätzlich gilt, dass alle Informationen, über die irgendwie ein Personenbezug hergestellt werden kann, auch unter den Begriff der personenbezogenen Daten fallen. Klar zuzuordnen sind z. B. der Name, die Telefonnummer sowie die Personalnummern. Aber auch andere Daten, wie z. B. Kfz-Kennzeichen oder die Anschrift, zählen zu den personenbezogenen Daten. Selbst weniger eindeutige Informationen lassen u. U. einen Personenbezug zu (z. B. Arbeitszeit).

Datenverarbeitung

Die DSGVO regelt den Umgang mit personenbezogenen Daten für den Bereich der Verarbeitung dieser Daten. Verarbeitung im Sinne des Gesetzes umfasst das

- Erheben, Erfassen und Ordnen von Daten,
- Speichern (Aufnahme und Aufbewahren von Daten auf einem Datenträger zum Zweck der Nutzung),

- Verändern und Anpassen (inhaltliche Umgestaltung gespeicherter Daten),
- Übermitteln, Auslesen, Abfragen, Verwenden und Offenlegen (Weitergabe an Dritte oder Einsichtnahme bzw. Abruf durch Dritte),
- Löschen oder Vernichten (Unkenntlichmachen) gespeicherter Daten oder Entfernen von Daten vom Datenträger sowie das
- Sperren (Kennzeichnung zur Verhinderung weiterer Nutzung oder Verarbeitung) von Daten.

Die Verarbeitung personenbezogener Daten ist nur zulässig, wenn

- der Betroffene zustimmt,
- eine Rechtsvorschrift sie gestattet oder
- die Verarbeitung zur Durchführung oder Beendigung eines rechtsgeschäftlichen oder rechtsgeschäftsähnlichen Schuldverhältnisses mit dem Betroffenen erforderlich ist.

BEISPIEL

Die Rechtsanwaltskanzlei Huber und Partner speichert folgende Daten aus dem Personalbereich:

1. Daten der Gehaltsabrechnung der letzten Jahre
2. Daten über die Abmahnung der Mitarbeiterin Paulus
3. Private Adressdaten aller Mitarbeiter
4. Krankheitszeiten der Mitarbeiter
5. Familienstand der Mitarbeiter
6. Konfession der Mitarbeiter
7. Telefonnummern von Partnern und Freunden der Mitarbeiter
8. Autokennzeichen der Mitarbeiter

Lösung:

1. Die Speicherung von Abrechnungsdaten ist vorgeschrieben (Steuer- und Sozialversicherungsrecht).
   Zudem werden diese Daten aus betrieblichen Gründen benötigt (Abwicklung der arbeitsvertraglichen Pflichten, Beweisgründe).
   Diese personenbezogenen Daten dürfen verarbeitet (gespeichert) werden.
2. Diese personenbezogenen Daten werden aus betrieblichen Gründen (Pflichten aus dem Arbeitsvertrag, Kündigung) benötigt und dürfen deshalb verarbeitet (gespeichert) werden.
3. Diese Daten werden aus betrieblichen Gründen (Anschreiben, Zusendung von Korrespondenz u. Ä.) benötigt und dürfen erhoben werden.
4. Diese Daten werden aus betrieblichen Gründen (Arbeitsfähigkeit, Urlaubsanspruch u. Ä.) benötigt.
   Die Daten sind auch für die Sozialversicherung relevant (Lohnfortzahlung).
   Eine Verarbeitung ist erlaubt.

BEISPIEL

5. Der Familienstand muss aufgrund steuerlicher Vorschriften (Lohnsteuerklasse) festgehalten werden.
   Eine Speicherung ist zulässig.
6. Vergleiche Nr. 5
7. Weder eine Rechtsvorschrift, noch eine betriebliche Notwendigkeit besteht für Verarbeitung (Speicherung) dieser Daten. Eine Verarbeitung wäre nur mit Zustimmung der Betroffenen möglich.
8. Vergleiche Nr. 7. Eine betriebliche Notwendigkeit könnte aber notwendig sein, wenn bestimmte Parkplätze für die entsprechenden Autos reserviert werden und dies kontrolliert werden müsste.

Sind Daten über eine Person verarbeitet worden (z. B. Mitarbeiter, Mandanten), haben die betroffenen Personen Rechte aufgrund des Datenschutzgesetzes.

Rechte des Betroffenen

- Die Speicherung von Daten muss dem Betroffenen grundsätzlich mitgeteilt werden **(Recht auf Mitteilung).**
- Der Betroffene muss Auskunft darüber erhalten, welche Daten zu welchem Zweck gespeichert werden und an wen die Daten regelmäßig weitergegeben werden **(Recht auf Auskunft).**
- Unrichtige Daten müssen berichtigt werden **(Recht auf Berichtigung).**
- Überflüssige und bestrittene Daten sind zu löschen oder zu sperren **(Recht auf Löschung und Recht auf Sperrung).** Dieses Recht umfasst auch das Recht auf Vergessenwerden, d. h., öffentlich gemachte Daten müssen einschließlich aller Links gelöscht werden.
- Der Betroffene hat das Recht eine Kopie der personenbezogenen Daten zu erhalten und diese selbst weiterzugeben **(Recht auf Datenübertragung).**

Der Datenschutz verlangt, dass die personenbezogenen Daten vor Missbrauch zu schützen sind (technische Umsetzung). Zudem muss die Einhaltung des Datenschutzes durch interne Kontrollinstanzen (z. B. Datenschutzbeauftragter) überwacht werden.

MERKE

Der **Datenschutz** dient dem Schutz personenbezogener Daten vor unberechtigter Datenverarbeitung.

Die **Datensicherung** sorgt dafür, dass Daten sicher verwahrt werden.

2.2.5 Zusammenfassung und Aufgaben

ZUSAMMENFASSUNG

Schutzvorschriften für Arbeitnehmer sind immer dann vorgesehen, wenn besonders schutzwürdige Bereiche des Arbeitslebens betroffen sind. Zu diesen Bereichen zählt:

Der Kündigungsschutz

im Wesentlichen für Mütter, Eltern und Auszubildende. Hält ein Arbeitnehmer eine Kündigung für sozial ungerechtfertigt, kann er innerhalb von 3 Wochen nach Zustellung der Kündigung beim Arbeitsgericht Kündigungsschutzklage erheben.

Der Mutterschutz

wobei das Hauptaugenmerk auf dem Schutz vor beruflichen Belastungen während der Schwangerschaft liegt. Zudem wird auch die Mutterschutzfrist vor und nach der Geburt geregelt.

Das Bundeselterngeld- und Elternzeitgesetz (BEEG)

Eltern werden bei der Betreuung der Kinder unterstützt.

Der Datenschutz

hier insbesondere der Schutz personenbezogener Daten, wie sie im Bereich des Personalwesens bearbeitet werden. Dazu gehört u. a. das Gehalt.

AUFGABEN

1. Überprüfen Sie, ob in den folgenden Fällen rechtmäßig gehandelt wurde.

a. Dem Betriebsrat Hans Alt wurde wegen häufigen Zuspätkommens gekündigt.

b. Frau Fritz wurde während der Elternzeit aus betrieblichen Gründen gekündigt.

c. Die 19-jährige Auszubildende Sandra Lustig, in der 35. Schwangerschaftswoche, muss wegen des hohen Arbeitsanfalls in einer Woche täglich eine Überstunde machen.

2. Der Rechtsanwaltsfachangestellte Sebastian Emsig beantragt 7 Wochen vor Antritt eine zweimonatige Elternzeit, um seine 14 Monate alte Tochter Emma betreuen zu können. Sein Arbeitgeber lehnt die Elternzeit aus dringenden betrieblichen Gründen ab.

2.3 Betriebliche Mitbestimmung

2.3.1 Einführung

© bluedesign – Fotolia.com

Die Mitbestimmung ist ein Teil gelebter Demokratie am Arbeitsplatz. Ihre Entwicklungsgeschichte lässt sich bis in die erste Hälfte des 19. Jahrhunderts zurückverfolgen. Die beginnende Industrialisierung Mitte des 19. Jahrhunderts schaffte in den Fabriken unmenschliche Arbeits- und Lebensbedingungen. Erst allmählich entwickelte sich aus dem Unmut der Arbeiter das Bewusstsein, gemeinsam (im Kollektiv) die Arbeiterinteressen gegenüber den Fabrikherren stärker vertreten zu können. Dass Arbeiter ihre Rechte kollektiv bündeln, geltend machen und durchsetzen können, ist noch heute ein Grundpfeiler der Wirtschaftsordnung im Grundgesetz. Damit die Interessenvertretung der Beschäftigten auch über die Jahrzehnte gewährleistet war und Entscheidungen in den Unternehmen auf der Höhe der Zeit getroffen werden konnten, haben sich die Mitbestimmungsgesetze immer wieder an die Veränderungen in der Arbeitswelt angepasst und bis heute überdauert. Zuletzt wurde das Betriebsverfassungsgesetz von 1972 mit der Reform von 2001 an die sozialen und wirtschaftlichen Veränderungen in Deutschland angepasst.

Stand 05/2020

Orientiert an den Herausforderungen einer sich wandelnden Arbeitswelt, ist das Betriebsverfassungsgesetz die Grundlage für Arbeitnehmerinnen und Arbeitnehmer, in Unternehmen und Betrieben gestaltend mitzuwirken.

Das Betriebsverfassungsgesetz regelt dabei die Zusammenarbeit zwischen Arbeitgeber, Belegschaft, Betriebsrat, Gewerkschaften und Vereinigungen der Arbeitgeber. Das Gesetz gibt dem Betriebsrat weitgehende Rechte. In Betrieben ohne Betriebsrat können diese Rechte zugunsten der Arbeitnehmer allerdings nicht ausgeübt werden.

§ 1 (1) BetrVG
§ 5 BetrVG

Der Betriebsrat kann gewählt werden, wenn der Betrieb in der Regel mindestens 5 ständig wahlberechtigte Arbeitnehmer, von denen 3 wählbar sind, beschäftigt. Diese Bestimmung besagt, dass die Regelungen des BetrVG nur zugunsten von Arbeitnehmern angewendet werden können. Arbeitnehmer im Sinne des BetrVG sind Arbeiter, Angestellte und Auszubildende. Nicht als Arbeitnehmer angesehen werden beispielsweise leitende Angestellte oder Mitglieder der Organe bei Kapitalgesellschaften. Dies bringt besonders bei Kündigungen Streitpotenzial mit sich.

BEISPIEL

Bei der Kündigung eines normalen Angestellten muss der Betriebsrat vor Ausspruch der Kündigung angehört werden, andernfalls ist die Kündigung unwirksam. Da das BetrVG bei einem leitenden Angestellten nicht angewendet wird, ist eine Anhörung im Vorfeld nicht erforderlich (vgl. § 102 BetrVG).

Da die betriebsverfassungsrechtlichen Bestimmungen die Entscheidungsmacht des Arbeitgebers mehr oder weniger weitreichend einschränken, ist die Abneigung vieler Arbeitgeber gegen eine Mitarbeitervertretung nach wie vor groß. Nur in rund 10% der betriebsratsfähigen Betriebe der Privatwirtschaft gibt es einen Betriebsrat.

vgl. Trötscher, Fella (2016): Betriebsratsgremien und Betriebsräte in Deutschland

2.3.2 Der Betriebsrat

2.3.2.1 Wahl des Betriebsrats

Wie bereits erwähnt erfolgt die Wahl eines Betriebsrats optional in allen Betrieben der privaten Wirtschaft, wenn sie ständig mindestens 5 wahlberechtigte Arbeitnehmer beschäftigen, von denen 3 wählbar sind.

Die Amtszeit der Betriebsräte beträgt 4 Jahre. Die regelmäßigen Betriebsratswahlen finden zwischen dem 1. März und dem 31. Mai statt. Findet die Wahl außerhalb des Zeitraums für regelmäßige Betriebsratswahlen statt (z. B. bei Neugründung, wenn zuvor noch kein Betriebsrat existiert hat), soll der Betriebsrat grundsätzlich bei der nächsten regelmäßigen Betriebsratswahl neu gewählt werden. Beträgt die Amtszeit des Betriebsrats bis zu diesem Zeitraum indes weniger als ein Jahr, wird der Betriebsrat erst bei den übernächsten regelmäßigen Betriebsratswahlen neu gewählt.

§ 13 BetrVG
§ 21 BetrVG

BEISPIEL

Vom 1. März 2026 – 31. Mai 2026 finden die nächsten regelmäßigen Betriebsratswahlen statt.

Wird in einem Unternehmen vor dem 1. März 2023 ein Betriebsrat gewählt, wird der Betriebsrat im Zeitraum der nächsten regelmäßigen Betriebsratswahl (1. März 2026 – 31. Mai 2026) neu gewählt.

Wird in einem Unternehmen nach dem 1. März 2023 ein Betriebsrat gewählt, wird der Betriebsrat im Zeitraum der übernächsten Betriebsratswahl (1. März 2030 – 31. Mai 2030) neu gewählt. Die Amtszeit beträgt dann etwas länger als 4 Jahre.

Stand 05/2020

§ 24 BetrVG
§ 25 BetrVG

Die Mitgliedschaft im Betriebsrat erlischt, wenn

- die Amtszeit abgelaufen ist,
- das Betriebsratsamt niedergelegt wird,
- das Arbeitsverhältnis beendet wird,
- die Wählbarkeit verloren geht oder
- der Betriebsrat aufgrund einer gerichtlichen Entscheidung aufgelöst oder ein Betriebsrat aus dem Gremium ausgeschlossen wird.

Scheidet ein Mitglied des Betriebsrats aus einem der genannten Gründe aus, rückt ein Ersatzmitglied nach.

§ 14 BetrVG
§ 16 BetrVG
§ 18 BetrVG
§ 19 BetrVG

Die Wahl erfolgt geheim und unmittelbar. Für die Wahl ist ein Wahlvorstand zu ernennen, der das Wahlverfahren einleitet, durchführt und das Wahlergebnis feststellt. Die Betriebsratswahl ist ein wesentliches Element der Betriebsverfassung. Bei Verstoß gegen Wahlvorschriften kann die Wahl beim Arbeitsgericht angefochten werden.

§ 7 BetrVG

Wahlberechtigung (aktives Wahlrecht)

Das aktive Wahlrecht besitzen alle Arbeitnehmer, die das 16. Lebensjahr vollendet haben, auch, wenn sie noch in der Berufsausbildung sind.

MERKE

Leitende Angestellte sind weder wahlberechtigt noch wählbar.

Werden Mitarbeiter von einem anderen Arbeitgeber überlassen (z. B. Leiharbeitnehmer), müssen diese mindestens bereits 3 Monate im Unternehmen sein, um das aktive Wahlrecht zu erlangen.

§ 8 BetrVG
§ 14(2) AÜG

Wählbarkeit (passives Wahlrecht)

Wählbar ist, wer das 18. Lebensjahr vollendet hat und mindestens 6 Monate dem Betrieb angehört. Leiharbeitnehmer können nach Arbeitnehmerüberlassungsgesetz (AÜG) trotz Besitzes des aktiven Wahlrechts nicht gewählt werden.

EXKURS

Der Betriebsrat hat während seiner Amtszeit besonderen Kündigungsschutz und kann nur außerordentlich gekündigt werden. Bereits diese Tatsache verhindert, dass Leiharbeitnehmer im Entleiherbetrieb als Betriebsrat gewählt werden können.

§ 9 BetrVG

2.3.2.2 Zusammensetzung des Betriebsrats

Die Zahl der Betriebsratsmitglieder richtet sich nach der Größe der Belegschaft. Die entsprechende Betriebsratsgröße kann folgender Tabelle entnommen werden:

Betriebsgröße		Betriebsratsgröße
5–20	wahlberechtigte Arbeitnehmer	1 Person
21–50	wahlberechtigte Arbeitnehmer	3 Mitglieder
51–100	wahlberechtigte Arbeitnehmer	5 Mitglieder
101–200	Arbeitnehmer	7 Mitglieder
201–400	Arbeitnehmer	9 Mitglieder
401–700	Arbeitnehmer	11 Mitglieder
701–1000	Arbeitnehmer	13 Mitglieder
1001–1500	Arbeitnehmer	15 Mitglieder
1501–2000	Arbeitnehmer	17 Mitglieder
2001–2500	Arbeitnehmer	19 Mitglieder
2501–3000	Arbeitnehmer	21 Mitglieder
3001–3500	Arbeitnehmer	23 Mitglieder
3501–4000	Arbeitnehmer	25 Mitglieder
4001–4500	Arbeitnehmer	27 Mitglieder
4501–5000	Arbeitnehmer	29 Mitglieder
5001–6000	Arbeitnehmer	31 Mitglieder
6001–7000	Arbeitnehmer	33 Mitglieder
7001–9000	Arbeitnehmer	35 Mitglieder
9000+	Arbeitnehmer	für je angefangene weitere 3.000 Arbeitnehmer + 2 Mitglieder

Die Betriebsräte setzen sich stets aus einer ungeraden Zahl von Mitgliedern zusammen, damit es bei Abstimmungen im Betriebsrat nicht zu einer Stimmgleichheit kommen kann. Besonders ist auch, dass das Gesetz in den ersten 3 Staffelstufen auf die Zahl der wahlberechtigten Arbeitnehmer eingeht. Für größere Betriebe kommt es nur noch auf die Zahl der Arbeitnehmer insgesamt an, unabhängig davon, ob sie wahlberechtigt sind oder nicht. Damit sind beispielsweise auch Arbeitnehmer, die noch nicht 16 Jahre alt sind, mitzuzählen.

© Coloures-pic – Fotolia.com

Entgegen der früheren Rechtsprechung zählen die Leiharbeitnehmer bei allen Grenzschwellen im Entleiherbetrieb mit (vgl. BAG v. 13.03.2013 – 7 ABR 69/11).

Die gesetzliche Regelung der Betriebsratsgröße ist zwingend. Abweichende Regelungen in Tarifverträgen oder Betriebsvereinbarungen sind nicht zulässig (Ausnahmen sind gem. § 3 BetrVG möglich).

§ 11 BetrVG

Eine weitere Ausnahme würde vorliegen, wenn nicht genügend wählbare Arbeitnehmer vorhanden sind. Dann ist auf die nächstniedrigere Stufe abzustellen. Gleichermaßen wird vorgegangen, wenn sich zu wenige bereit erklären, bei der Wahl zu kandidieren bzw. ihr Mandat nicht annehmen. Der Rückgang auf die nächstniedrigere Stufe führt vor allem auch dazu, dass der Betriebsrat stets eine ungerade Anzahl an Mitgliedern haben wird.

BEISPIEL

In einem Unternehmen sind 150 Arbeitnehmer beschäftigt. Da sich die Arbeitnehmerschaft allerdings aus sehr vielen Leiharbeitnehmern, neu eingestellten Arbeitnehmern sowie einer hohen Anzahl an Minderjährigen zusammensetzt, sind nur 6 Arbeitnehmer wählbar. Der Betriebsrat wäre per Gesetz aber aus 7 Mitgliedern zu besetzen. Gem. § 11 BetrVG muss nun die nächstniedrigere Stufe der Tabelle zugrunde gelegt werden. Daraus ergibt sich, dass der Betriebsrat 5 Mitglieder haben wird. Es können also nicht alle 6 wählbaren Arbeitnehmer in den Betriebsrat gewählt werden.

2.3.2.3 Aufgaben des Betriebsrats

§ 80 (1) BetrVG

Eine der wichtigsten Aufgaben des Betriebsrates ist es, darüber zu wachen, dass die zugunsten von Arbeitnehmern erlassenen Gesetze, Verordnungen etc. auch eingehalten werden. Außerdem hat er die Interessen der Arbeitnehmer und der Jugend- und Auszubildendenvertretung (JAV) gegenüber dem Arbeitgeber zu vertreten, Anregungen aus der Belegschaft zu prüfen und an den Arbeitgeber weiterzuleiten. Weitere Aufgaben sind in § 80 (1) BetrVG definiert.

2.3.2.4 Zusammenarbeit zwischen Arbeitgeber und Betriebsrat

§ 2 BetrVG
§ 74 (1) BetrVG

„Arbeitgeber und Betriebsrat arbeiten [...] vertrauensvoll [...] und zum Wohle der Arbeitnehmer und des Betriebs zusammen". So wird die Zusammenarbeit im Betriebsverfassungsgesetz beschrieben. Damit ist in erster Linie gemeint, dass die Austragung von Konflikten nicht durch offene Auseinandersetzung erfolgen soll, sondern durch ständigen Dialog. Auf beiden Seiten muss bei einem Konflikt der Wille zur Einigung bestehen. Eine Besprechung zwischen Betriebsrat und Arbeitgeber soll mindestens einmal pro Monat stattfinden.

2.3.2.5 Rechte des Betriebsrats

© 3dkombinat – Fotolia.com

Der Betriebsrat besitzt eine ganze Reihe an Beteiligungsrechten, die er in seiner Arbeit im Unternehmen einsetzen und auch durchsetzen kann. Die Rechte unterscheiden sich allerdings in ihrer Wirkung, denn je nach Angelegenheit sind seine Rechte unterschiedlich stark ausgeprägt. Besonders bei sozialen und personellen Angelegenheiten reichen seine Rechte sehr weit, in wirtschaftlichen Angelegenheiten sind sie weniger stark ausgeprägt.

Die Rechte des Betriebsrats in sozialen Angelegenheiten

Der Betriebsrat hat in sozialen Angelegenheiten weitgehende Mitbestimmungsrechte. Mitbestimmung bedeutet immer, dass der Arbeitgeber ohne Einigung mit dem Betriebsrat nicht wirksam handeln kann.

§ 87 BetrVG
§ 88 BetrVG
§ 89 BetrVG

Der Betriebsrat hat u. a. in den folgenden Angelegenheiten erzwingbare Mitbestimmungsrechte:

- Ordnung des Betriebs und Verhalten der Mitarbeiter
- Arbeitszeit einschließlich Pausenregelungen
- vorübergehende Verkürzung oder Verlängerung der betriebsüblichen Arbeitszeit
- Auszahlung der Entgelte
- Aufstellung von Urlaubsgrundsätzen und des Urlaubsplans
- Anwendung technischer Einrichtungen, die den Arbeitnehmer überwachen sollen
- Regelungen über die Verhütung von Arbeitsunfällen sowie Berufskrankheiten und Gesundheitsschutz
- Sozialeinrichtungen betreffende Maßnahmen
- Lohngestaltung, Entlohnungsgrundsätze, Entlohnungsmethoden

© Brian Jackson – Fotolia.com

Neben der erzwingbaren Mitbestimmung können durch freiwillige Betriebsvereinbarungen weitere Regelungen getroffen werden. Zu den sozialen Angelegenheiten zählen auch der Arbeitsschutz und der betriebliche Umweltschutz.

Die Rechte des Betriebsrats bei der Gestaltung von Arbeitsplätzen

§ 90 BetrVG

Hier hat der Betriebsrat Informations- und Beratungsrecht. Das Gesetz sieht vor, dass der Arbeitgeber den Betriebsrat über die Planung

- von Neu-, Um- und Erweiterungsbauten,
- von technischen Anlagen,

- von Arbeitsverfahren und Arbeitsabläufen oder
- der Arbeitsplätze

rechtzeitig informiert und mit ihm gemeinsam über diese Vorhaben berät.

Das Recht des Betriebsrats in allgemeinen personellen Angelegenheiten

§ 92 BetrVG

Bei der Personalplanung hat der Betriebsrat ein Informationsrecht. Der Arbeitgeber muss darüber hinaus über die erforderlichen Maßnahmen im Hinblick auf Art und Umfang sowie über die Vermeidung von Härten mit dem Betriebsrat beraten.

Des Weiteren kann der Betriebsrat dem Arbeitgeber in diesen Angelegenheiten Vorschläge zur Sicherung und Förderung der Beschäftigung machen.

§ 93 BetrVG

Weiterhin kann der Betriebsrat verlangen, dass zu besetzende Stellen innerhalb des Betriebs ausgeschrieben werden.

§ 94 BetrVG

Die Zustimmung des Betriebsrats benötigt der Arbeitgeber, wenn er Personalfragebögen oder allgemeine Beurteilungsgrundsätze verwenden möchte.

§ 95 BetrVG

Die Zustimmung benötigt der Arbeitgeber auch bei Richtlinien über die personelle Auswahl bei Einstellungen, Versetzungen, Umgruppierungen und Kündigungen.

Die Rechte des Betriebsrats bei personellen Einzelmaßnahmen

§ 99 BetrVG

In Unternehmen, die in der Regel mehr als zwanzig wahlberechtigte Arbeitnehmer angestellt haben, muss der Arbeitgeber den Betriebsrat vor jeder Einstellung, Eingruppierung, Umgruppierung und Versetzung unterrichten.

Der Betriebsrat kann die Zustimmung verweigern, wenn

- die personelle Maßnahme gegen ein Gesetz, eine Verordnung, eine Unfallverhütungsvorschrift oder gegen Bestimmungen des Tarifvertrages, einer Betriebsvereinbarung oder gegen eine gerichtliche Entscheidung verstoßen würde;
- der Arbeitgeber gegen § 95 BetrVG verstoßen würde;

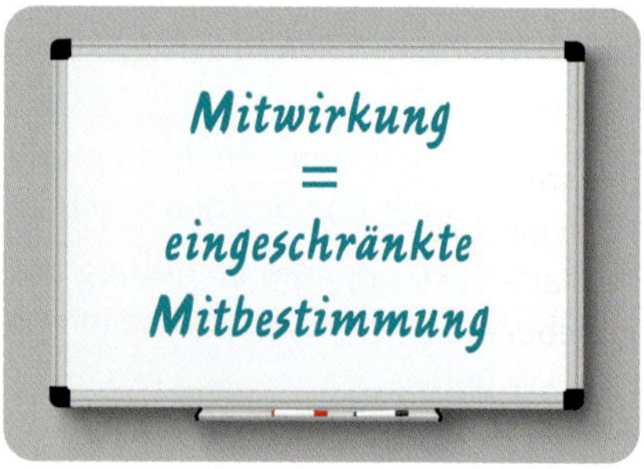

BEISPIEL

Beabsichtigt ein Arbeitgeber, Leiharbeitnehmer dauerhaft anzustellen verstößt er gegen die Regelungen des § 1 (1) S. 2 AÜG. In diesem Fall kann der Betriebsrat die Zustimmung verweigern (vgl. BAG v. 10.07.2013 – 7 ABR 91/11).

- die begründete Besorgnis besteht, dass aufgrund der personellen Maßnahme Arbeitnehmer gekündigt werden oder andere Nachteile daraus haben;
- der Arbeitnehmer selbst durch die personelle Maßnahme benachteiligt wird, ohne dass dies gerechtfertigt ist;

BEISPIEL

Als Nachteil gilt u.a. bereits, wenn bei einer unbefristeten Einstellung ein gleich geeigneter Arbeitnehmer mit bereits bestehendem befristeten Arbeitsverhältnis nicht berücksichtigt worden ist.

- der Arbeitgeber gegen § 93 BetrVG verstößt;
- die begründete Besorgnis besteht, dass ein aussichtsreicher Bewerber oder Arbeitnehmer den Betriebsfrieden stören würde, weil er beispielsweise gesetzeswidrig handelt.

BEISPIEL

Der aussichtsreiche Bewerber Heinrich H. ist hoher Parteifunktionär bei einer rechtsextremistischen Partei. Der Betriebsrat hat berechtigte Zweifel daran, ob dieser Bewerber ins Unternehmen passt, da von ihm ggf. rassistische oder fremdenfeindliche Äußerungen zu erwarten sind.

Allerdings muss auch beachtet werden, dass nicht gegen das Antidiskriminierungsgesetz verstoßen wird.

Im Falle der Verweigerung der Zustimmung muss der Betriebsrat dem Arbeitgeber dies innerhalb einer Woche unter Angabe der Gründe schriftlich mitteilen. Kommt der Betriebsrat dieser Pflicht nicht oder verspätet nach, gilt die Zustimmung als erteilt.

Die Rechte des Betriebsrats bei wirtschaftlichen Angelegenheiten

§ 106 BetrVG
§ 107 BetrVG
§ 108 BetrVG
§ 109 BetrVG
§ 110 BetrVG

In wirtschaftlichen Angelegenheiten hat der Betriebsrat weder ein Mitwirkungs- noch ein Mitbestimmungsrecht. Er hat keine Möglichkeiten die wirtschaftlichen Vorhaben des Arbeitgebers zu verhindern, sondern wird nur informiert und darf gegebenenfalls beraten.

Wirtschaftliche Angelegenheiten können u.a. sein:

- die wirtschaftliche und finanzielle Lage des Unternehmens;
- die Produktions- und Absatzlage;
- Rationalisierungsvorhaben;
- Einschränkung oder Stilllegung von Betrieben oder Teilen davon;
- die räumliche Verlegung von Betrieben oder Teilen davon;
- der Zusammenschluss oder die Spaltung von Unternehmen oder Betrieben;
- die Änderung der Betriebsorganisation oder des Betriebszwecks.

Der Wirtschaftsausschuss besteht aus 3 bis 7 Mitgliedern, wobei darunter mindestens ein Betriebsratsmitglied sein muss. Er trifft sich in der Regel einmal im Monat.

Der Wirtschaftsausschuss muss den Betriebsrat im Anschluss an jede Sitzung unverzüglich informieren.

Sind in einem Unternehmen mehr als einhundert Mitarbeiter beschäftigt, muss ein Wirtschaftsausschuss gebildet werden. Diesen muss der Arbeitgeber stets rechtzeitig über wirtschaftliche Angelegenheiten umfassend informieren.

Sofern aufgrund der Betriebsgröße kein Wirtschaftsausschuss gegründet werden muss, wird der Betriebsrat anstelle des Ausschusses über die wirtschaftlichen Angelegenheiten vom Arbeitgeber informiert.

2.3.3 Die Betriebsversammlung

§ 42 BetrVG
§ 43 BetrVG
§ 44 BetrVG
§ 45 BetrVG

Die regelmäßige Betriebsversammlung dient der Aussprache zwischen Betriebsrat und Arbeitnehmer und ist vom Betriebsrat mindestens einmal pro Kalendervierteljahr einzuberufen. Sie setzt sich aus den Arbeitnehmern des Betriebs zusammen und ist in ihrer Durchführung nicht öffentlich. Für eine Betriebsversammlung kommen u.a. tarifpolitische, sozialpolitische, umweltpolitische und wirtschaftliche Themen in Betracht. Aber auch Fragen zur Förderung der Gleichstellung von Mann und Frau oder der Vereinbarung von Familie und Beruf sind denkbar.

© Kasto – Fotolia.com

Die regelmäßige Betriebsversammlung soll grundsätzlich während der Arbeitszeit stattfinden. Die Teilnahme an den Versammlungen sowie ggf. anfallende Wegezeiten sind den Arbeitnehmern wie Arbeitszeit zu vergüten. Sonstige Betriebsversammlungen finden außerhalb der Arbeitszeit statt, ein Anspruch auf Arbeitsentgelt besteht dabei dann nicht.

Der Arbeitgeber hat mindestens einmal im Jahr in einer Betriebsversammlung über das Personal- und Sozialwesen zu berichten. Dabei soll unter anderem die wirtschaftliche Lage und über die vergangene und zukünftige Entwicklung des Betriebs berichtet werden. Allerdings nur soweit, dass nicht Betriebs- und Geschäftsgeheimnisse gefährdet werden.

2.3.4 Die Betriebsvereinbarung

§ 77 BetrVG

Die Betriebsvereinbarung ist das wichtigste Regelungsinstrument innerhalb der Betriebsverfassung. Sie muss schriftlich zwischen Arbeitgeber und Betriebsrat abgeschlossen werden und dient in erster Linie der Umsetzung der Mitbestimmungsrechte. In ihr werden betriebsinterne Regelungen beschlossen. Für die Umsetzung der Betriebsvereinbarung ist der Arbeitgeber zuständig. Er muss die Vereinbarung auch an geeigneter Stelle im Betrieb öffentlich zugänglich machen.

Tarifvertragliche Regelungen wie Arbeitsengelte oder Arbeitszeit dürfen grundsätzlich nicht Gegenstand einer Betriebsvereinbarung werden, es sei denn, der Tarifvertrag lässt dies ausdrücklich zu. Darüber hinaus darf der Arbeitnehmer durch die Betriebsvereinbarung nicht schlechter gestellt werden als durch einen bestehenden Tarifvertrag oder durch das Gesetz.

Wenn in der Betriebsvereinbarung nichts anderes vereinbart wurde, kann diese mit einer Frist von 3 Monaten gekündigt werden. Ansonsten endet die Betriebsvereinbarung automatisch mit Zeitablauf.

2.3.5 Zusammenfassung und Aufgaben

ZUSAMMENFASSUNG

Betriebsrat

Vertretungsorgan der Arbeitnehmer (AN) gegenüber dem Arbeitgeber (AG)

Gesetzliche Grundlage

Betriebsverfassungsgesetz

Wahl des Betriebsrats

- in Betrieben mit mindestens 5 wahlberechtigten AN und mindestens 3 wählbaren AN
- Amtsdauer beträgt 4 Jahre
- Wahlberechtigt sind alle AN über 16 Jahre. Leiharbeiter müssen zudem mindestens 3 Monate im Betrieb sein → **aktives Wahlrecht**
- wählbar sind alle wahlberechtigten AN über 18 Jahre, die länger als 6 Monate im Unternehmen sind. Ausgeschlossen sind Leiharbeiter → **passives Wahlrecht**

Aufgaben des Betriebsrats u. a.:

- Überwachung von Gesetzen, Tarifverträgen etc. zugunsten des AN
- Beantragung von Maßnahmen im Sinne des AG (z. B. Pausenregelungen)
- Förderung der Gleichberechtigung
- Aufnahme und Weiterleitung von Anregungen
- Förderung besonderer Personengruppen

Betriebsversammlung

dient dem Austausch von Informationen zwischen AG und AN sowie AN und Betriebsrat und kommt i.d.R. viermal im Jahr zusammen.

Rechte des Betriebsrats

Die Rechte des Betriebsrats unterscheiden sich in ihrer Wirkung nach Mitwirkungsrechten (Informations-, Vorschlags-, Anhörungs- und Beratungsrecht) sowie Mitbestimmungsrechten (Initiativ- und Zustimmungsverweigerungsrecht).

Betriebsvereinbarung

In ihr werden betriebsinterne Regelungen zwischen Betriebsrat und Arbeitgeber schriftlich geschlossen.

AUFGABEN

1. Die 18-jährige Sofia Theodoridis macht eine Ausbildung zur Rechtsanwaltsfachangestellten in der Kanzlei Hauff & Heinle Anwalts GmbH. Die Kanzlei hat 22 Mitarbeiter beschäftigt. Darunter sind auch 4 Auszubildende über 16 Jahre.

a. Begründen Sie, ob die Voraussetzungen für die Wahl eines Betriebsrats bei der Kanzlei Hauff & Heinle Anwalts GmbH erfüllt sind.

b. Begründen Sie, aus wie vielen Mitgliedern der Betriebsrat bestehen würde, vorausgesetzt die Gründung kann unabhängig Ihrer Antwort aus a) erfolgen.

c. Begründen Sie, ob die folgenden Mitarbeiter wahlberechtigt und/oder wählbar sind:
   1. Jeanette Röhrig, 21 Jahre, 4 Monate im Betrieb
   2. Leiharbeiter Achmet Yglür, 25 Jahre, seit 11 Monaten im Betrieb
   3. Sandra Gottwik, 17 Jahre, seit 8 Monaten im 1. Lehrjahr

2. Rechtsreferendar Claudius Friz findet morgens vor der Kanzlei Heickenwälder und Kollegen nur sehr selten einen Parkplatz. Von dieser Tatsache gefrustet, sucht er den Betriebsrat auf und schildert sein Leid. Er fordert einen Parkplatz für jeden Mitarbeiter. Fällt dieses Problem in den Aufgabenbereich des Betriebsrats? Begründen Sie Ihre Antwort!

3. Zeigen Sie auf, in welchen Angelegenheiten der Betriebsrat die stärksten und die schwächsten Beteiligungsrechte besitzt, und begründen Sie dies.

4. Besonders mittelständische Unternehmen verfügen häufig nicht über einen Betriebsrat, obwohl sie per Gesetz dazu berechtigt wären. Diskutieren Sie mögliche Gründe, warum häufig auf dieses Recht verzichtet wird.

»

5. Beurteilen Sie, welche Rechte dem Betriebsrat in den folgenden Fällen zustehen. Begründen Sie Ihre Entscheidung anhand des BetrVG.

a. Wolfgang Rauchfuß aus der Buchhaltung soll ab kommendem Monat im Vertrieb arbeiten, obwohl das überhaupt nicht seiner Qualifikation entspricht. In der Buchhaltung fehlt es derzeit allerdings an Beschäftigung.

b. Wegen starker Umsatzeinbußen während der schlechten Konjunkturphase soll im kommenden Jahr das Personal um 15 % abgebaut werden.

c. Tamara Korb wird aufgrund von Körperverletzung (sie hat ihrer Kollegin aus Eifersucht Abführmittel in den Kaffee gekippt) außerordentlich gekündigt.

d. Die Kanzlei Haas Specht & Collegen beschließt, die Pausenräume zu verkleinern.

2.4 Tarifvertragsrecht

2.4.1 Sozialpartner

§ 2 (1) TVG

Als Tarifvertragsparteien kommen grundsätzlich nur Gewerkschaften, einzelne Arbeitgeber sowie Vereinigungen von Arbeitgebern in Betracht. Tarifverträge können demnach nur von diesen Parteien abgeschlossen werden, wobei der Abschluss eines Tarifvertrags auch zu den satzungsmäßigen Aufgaben der Tarifpartner gehören muss (Tariffähigkeit).

Darüber hinaus hat sich das Bundesverfassungsgericht bereits mehrfach mit der Frage beschäftigt, was eine Vereinigung von Arbeitnehmern zur tariffähigen Gewerkschaft macht. Danach muss eine Gewerkschaft:

- Arbeitnehmerinteressen wahrnehmen,
- freiwillig gegründet worden sein,
- überbetrieblich organisiert sein,
- den Willen haben, Tarifverträge abzuschließen,
- einen spürbaren Druck auf die Verhandlungspartner ausüben können und
- gegnerfrei sein.

MERKE

Tariffähigkeit ist das Recht der Arbeitgeber, mit Gewerkschaften und Arbeitgeberverbänden Tarifverträge abzuschließen.

EXKURS

Eine Gewerkschaft ist gegnerfrei, wenn sie keinem Einfluss der Gegnerseite unterliegt. Angehörige der Gegnerseite (Arbeitgeberverband oder Arbeitgeber) dürfen in der Gewerkschaft keine Mitgliedschaft haben. Zudem darf zu ihnen auch kein Abhängigkeitsverhältnis bestehen.

Die Gewerkschaften sind gem. Art. 9 III GG Vereinigungen der Arbeitnehmer zur Wahrung und Förderung der Arbeits- und Wirtschaftsbedingungen. Das Recht, Vereinigungen bilden zu können, ist ausdrücklich im selben Artikel festgehalten. Demnach ist das Tarifvertragsrecht sogar grundgesetzlich legitimiert.

Die Tarifzuständigkeit ergibt sich aus der jeweiligen Satzung des Verbandes. Der Geltungsbereich wird dabei räumlich, betrieblich, fachlich und persönlich festgelegt. Die Überschreitung der Tarifzuständigkeit führt zur Ungültigkeit des Tarifvertrags.

LF 5 | 2.3.4 ▶

Info

Die Vertragsparteien eines Tarifvertrages werden in den Lehrbüchern oft unterschiedlich bezeichnet. Die gängigsten Bezeichnungen lauten Sozialpartner, Tarifvertragsparteien/Tarifparteien oder Tarifpartner. Diese werden in diesem Kapitel gleichbedeutend verwendet.

2.4.2 Wesen des Tarifvertrags

Rechtliche Grundlage für den Abschluss von Tarifverträgen ist das Tarifvertragsgesetz (TVG). Danach regelt der Tarifvertrag die *„Rechte und Pflichten der Tarifvertragsparteien und enthält Rechtsnormen, die den Inhalt, den Abschluss und die Beendigung von Arbeitsverhältnissen sowie betriebliche und betriebsverfassungsrechtliche Fragen ordnen können."*

Ein Tarifvertrag legt also konkrete Arbeitsbedingungen (z. B. Entgelt, Arbeitszeit, Urlaub) für die Berufsgruppen eines Wirtschaftszweiges einheitlich und für eine bestimmte Dauer fest.

Die Tarifpartner haben dabei das Recht, selbstständig und ohne Einmischung des Staates einen Tarifvertrag vereinbaren zu dürfen (Tarifautonomie).

§ 8 TVG

Des Weiteren muss der Tarifvertrag schriftlich abgeschlossen und im Betrieb öffentlich zugänglich gemacht werden.

Tarifverträge sind Kollektivverträge und beinhalten als solche verbindliche Vorgaben für individuelle Arbeitsverträge.

Bei Tarifverträgen können folgende Unterscheidungen vorgenommen werden:

MERKE

Tarifautonomie besagt, dass die Sozialpartner ohne Einmischung des Staates Tarifverträge aushandeln dürfen.

Flächentarifvertrag
Tarifvertrag zwischen Gewerkschaft und Arbeitgeberverband für ein umfassendes Tarifgebiet.

Anerkennungstarifvertrag
Tarifvertrag zwischen einer Gewerkschaft und einem Arbeitgeber, der nicht in einem Arbeitgeberverband organisiert ist, aber den Flächentarifvertrag als gültig anerkennt.

Haustarifvertrag
Tarifvertrag zwischen Gewerkschaft und einem konkreten Arbeitgeber, der nur für einen bestimmten Betrieb/ein bestimmtes Unternehmen gilt.

Ergänzungstarifvertrag
Tarifvertrag, der zusätzlich zum Flächentarifvertrag unternehmensspezifische Absprachen regelt. So muss das Unternehmen nicht sofort einen Haustarifvertrag abschließen.

EXKURS

Es besteht die Möglichkeit, Tarifverträge allgemeinverbindlich zu erklären, wenn dies im öffentlichen Interesse ist. Werden Tarifverträge allgemeinverbindlich erklärt, gelten diese dann für alle Arbeitnehmer und Arbeitgeber des Tarifgebiets. Die Allgemeinverbindlichkeitserklärung erfolgt durch das Bundesministerium (für Arbeit und Soziales) im Einvernehmen mit dem Tarifausschuss.

§ 5 TVG

2.4.3 Geltungsbereich des Tarifvertrags

Hierbei geht es um die Frage der Anwendung des Tarifvertrags auf das jeweilige Arbeitsverhältnis. Der Geltungsbereich lässt sich dabei wie folgt untergliedern:

§ 3 TVG

räumlicher Geltungsbereich
Der Tarifvertrag bezieht alle Unternehmen ein, deren Betriebsstätte in dem im Tarifvertrag bezeichneten Gebiet liegt. Dies könnte beispielsweise ein Bundesland, ein Bezirk, eine Region oder auch nur ein bestimmtes Unternehmen sein.

fachlich-betrieblicher Geltungsbereich

Der Tarifvertrag hat nur einen bestimmten fachlichen Geltungsbereich. Er gilt beispielsweise nur für einen bestimmten Industriezweig. Den Geltungsbereich bestimmen dabei insbesondere die Produktion und der überwiegende Betriebszweck. Bei Mischbetrieben zählt die überwiegende Tätigkeit der Arbeitnehmer.

persönlicher Geltungsbereich

Der Tarifvertrag gilt grundsätzlich für alle tarifgebundenen Personen.

zeitlicher Geltungsbereich

Der Tarifvertrag hat eine vereinbarte Dauer, wobei ein neuer Tarifvertrag grundsätzlich nicht in die Laufzeit des alten Tarifvertrags fallen darf.

MERKE

Nur Mitglieder der jeweiligen Gewerkschaft haben einen Rechtsanspruch auf die tarifvertraglichen Vereinbarungen!

Auszug aus einem Tarifvertrag

§ 1

Geltungsbereich

Der Tarifvertrag gilt:

Räumlich:

für das Land Baden-Württemberg mit den Tarifgebieten Nordwürttemberg/Nordbaden, Südwürttemberg-Hohenzollern und Südbaden;

Fachlich:

für alle Betriebe, die selbst oder deren Inhaber Mitglieder des Verbandes der Metall- und Elektroindustrie Baden-Württemberg e.V., Stuttgart sind;

Persönlich:

für alle Beschäftigte in diesen Betrieben, die Mitglied der IG-Metall sind.

Nicht als Beschäftigte im Sinne dieses Tarifvertrags gelten die Vorstandsmitglieder und gesetzlichen Vertreter von juristischen Personen und von Personengesamtheiten des privaten Rechts, ferner die Geschäftsführer und deren Stellvertreter, alle Prokuristen und leitenden Angestellten im Sinne des § 5 Abs. 3 BetrVG.

[...]

Schlussbestimmungen

1. Dieser Tarifvertrag tritt mit Beginn der Einführungsphase des Tarifvertrags in Kraft.
2. Dieser Tarifvertrag kann erstmals zum Ende der Einführungsphase mit 3-Monatsfrist gekündigt werden.

BEISPIEL

Bei Arbeitgeberverbänden ist die Tarifzuständigkeit auf einen Teil der Mitglieder des Verbandes beschränkt. Deshalb sind die tarifvertraglichen Ansprüche gegenüber nicht-tarifgebundenen Mitgliedern ausgeschlossen, da diese nicht in den persönlichen Geltungsbereich des Tarifvertrags fallen oder der Arbeitgeberverband für diese Mitglieder im Hinblick auf den Abschluss eines Tarifvertrags nicht zuständig ist.

2.4.4 Tarifvertragsarten

Im Tarifvertrag werden die wichtigsten Rahmenbedingungen für die Arbeit festgelegt. Dabei existieren unterschiedliche Arten von Tarifverträgen, in denen u.a. Folgendes geregelt wird:

Lohn- und Gehaltstarifvertrag

- Höhe der Löhne, Gehälter, Ausbildungsvergütungen
- Höhe der Zulagen und Zuschläge
- Laufzeit: mindestens ein Jahr

Lohn- und Gehaltsrahmenvertrag

- Grundsätze der Entlohnung: Zeitlohn, Akkordlohn, Prämienlohn
- Einstufung der Arbeitnehmer in die verschiedenen Lohn- und Gehaltsgruppen nach ihren Tätigkeitsmerkmalen
- Laufzeit: mehrere Jahre

Manteltarifvertrag

- allgemeine Arbeitsbedingungen wie Arbeitszeit, Urlaubszeiten, Urlaubsgeld, Mehrarbeit und Überstundenzuschläge, Schicht-, Sonn- und Feiertagszuschläge
- Laufzeit: mehrere Jahre

Betriebliche Sondertarifverträge/Sondertarifvertrag

- Zahlung von vermögenswirksamen Leistungen
- Verdienstsicherung für ältere Arbeitnehmer
- Zahlung von Weihnachtsgeld
- Laufzeit: mehrere Jahre

2.4.5 Wirkung von Tarifverträgen

§ 4 TVG

Die Bestimmungen in Tarifverträgen gelten unmittelbar wie objektives Recht zwischen den Parteien des Tarifvertrags. Dadurch sind tarifwidrige Vereinbarungen auch nichtig.

Eine Ausnahme von dieser Regelung ist nur in 2 Fällen möglich. Einerseits kann der Tarifvertrag dies durch Öffnungsklauseln erlauben. Andererseits kann eine Änderung der tariflichen Regelungen jederzeit erfolgen, wenn sie zugunsten des Arbeitnehmers ist (Günstigkeitsprinzip). So können beispielsweise Effektivlohn und Tariflohn auseinanderliegen, wenn der Effektivlohn höher ausfällt.

Öffnungsklauseln erlauben es den Tarifparteien, für eine bestimmte Zeit ein „Fenster" in den Tarifvertrag zu setzen, welches es den Tarifparteien ermöglicht, bestimmte Inhalte anders zu regeln, als dies eigentlich im Tarifvertrag vereinbart wurde.

BEISPIEL

Beispiele für Öffnungsklauseln:

1. Verlängerung der Wochenarbeitszeit von 36 bzw. 37,5 Stunden auf bis zu 40 Stunden mit entsprechenden Einkommensanpassungen (zuschlagsfrei) bei hoher Beschäftigung.
2. In Unternehmen mit bis zu einschließlich 20 Beschäftigten können, zur Sicherung der Beschäftigung, die Gehalts- und Lohnbezüge der Arbeitnehmer einschließlich der Auszubildenden um 10 % unterschritten werden.

© JiSign – Fotolia.com

Alle vom Tarifvertrag erfassten Arbeitsverhältnisse sind während der tariflichen Laufzeit gleich geregelt. Tarifverträge führen demnach zu einer Typisierung von Arbeitsverträgen (Ordnungsfunktion des Tarifvertrags).

Des Weiteren werden Arbeitnehmer durch den Tarifvertrag gegen einseitige Festlegungen der Arbeitsbedingungen durch den Arbeitgeber geschützt, da tarifvertragliche Regelungen nicht unterschritten werden dürfen (Schutzfunktion des Tarifvertrags).

Während der Laufzeit des Tarifvertrags herrscht absolute Friedenspflicht. Die Tarifpartner dürfen während der Laufzeit keine Arbeitskampfmaßnahmen zur Verbesserung des Tarifvertrags durchführen. Dies gilt auch, wenn bereits vor Ende eines Tarifvertrags über den neuen Tarifvertrag verhandelt wird. Die Friedenspflicht endet normalerweise 4 Wochen nach Ablauf des Tarifvertrags (Friedensfunktion des Tarifvertrags).

Info

Die Friedenspflicht bezieht sich allerdings nur auf die Inhalte des aktuell gültigen Vertrags. Dort nicht geregelte Dinge können durchaus Gegenstand von Arbeitskampfmaßnahmen werden.

Endet ein Tarifvertrag in zeitlicher, räumlicher oder fachlich-betrieblicher Hinsicht, wirken Tarifvertragsbestimmungen nach, damit das Arbeitsverhältnis seine Regelungsinhalte behält. Eine Nachwirkung kann allerdings durch den Tarifvertrag auch ausgeschlossen werden.

2.4.6 Entstehung eines Tarifvertrags

Nach der Beendigung des Tarifvertrags (in der Regel schon etwas früher) treten die Gewerkschaft und der Arbeitgeberverband zu Tarifverhandlungen zusammen. Hierbei erläutern die Gewerkschaften ihrem Verhandlungspartner ihre Forderungen. Die Arbeitgeber unterbreiten ein Angebot. In der Regel weichen Forderung und Angebot in dieser Phase noch stark voneinander ab. Bereits jetzt kommt es meist zu ersten legalen Warnstreiks. Durch die kurzen Warnstreiks signalisieren die Arbeitnehmer ihre Entschlossenheit. Ziel der weiteren Verhandlungen ist es also, einen akzeptablen Kompromiss zu finden. Scheitern die Verhandlungen dauerhaft, kommt es zur Schlichtung.

Info

Warnstreiks sind ein Druckmittel der Arbeitnehmer, wenn auf ihre Forderungen in den Verhandlungen nicht eingegangen wird. Warnstreiks finden deshalb typischerweise während der Verhandlungen statt und sind nur von kurzer Dauer.

Wenn alle Verhandlungsmittel ausgeschöpft sind, dann setzt das Allgemeine Schlichtungsverfahren ein. Hierbei wird versucht, die festgefahrenen Verhandlungen wieder in Gang zu bringen und zu einer Einigung zu kommen. Die Schlichtung dient zur Erhaltung des Arbeitsfriedens und zur Verhinderung von Arbeitskämpfen.

© fotomek – Fotolia.com

In der Regel sind die Schlichtungsstellen mit Beisitzern von Arbeitgeber und Arbeitnehmern und einem neutralen Vorsitzenden besetzt. Sie erarbeiten einen Einigungsvorschlag, der von den Tarifparteien angenommen oder abgelehnt werden kann. Im Falle der Annahme kommt es zu einem Abschluss eines neuen Tarifvertrags, im anderen Falle gilt die Schlichtung als gescheitert.

© ufotopix10 – Fotolia.com

Mit dem Scheitern der Schlichtung erlischt die Friedenspflicht der Tarifparteien und es können nunmehr Arbeitskampfmaßnahmen eingeleitet werden.

Bevor zum Streik aufgerufen wird, muss die Gewerkschaft noch eine Urabstimmung durchführen. Hierbei müssen alle Gewerkschaftsmitglieder in einem bestimmten Tarifgebiet auf einem Stimmzettel ankreuzen, ob sie für oder gegen einen Arbeitskampf sind. Voraussetzung für die Durchführung eines Streiks ist, dass sich mindestens 75 % der betroffenen Gewerkschaftsmitglieder für Streikmaßnahmen entscheiden. Stimmen weniger als 75 % für einen Streik, gehen die Verhandlungen in die nächste Runde und der Streik bleibt aus.

Der Streik ist das wichtigste Arbeitskampfmittel der Arbeitnehmer. Zum Streikaufruf sind allein die Gewerkschaften berechtigt. Auf den Streik der Arbeitnehmer können die Arbeitgeber mit der Aussperrung reagieren.

Info

Aussperrung ist die planmäßige Nichtzulassung mehrerer Arbeitnehmer zur Arbeit unter Verweigerung der Lohnzahlung. Die Aussperrung kann die Reaktion des Arbeitgebers auf einen Streik sein.

Parallel zu den Arbeitskampfmaßnahmen werden Verhandlungen zwischen den Tarifvertragsparteien geführt. Sie zielen auf eine Beendigung des Arbeitskampfes ab. Voraussetzung hierfür ist eine Annäherung der kämpfenden Parteien und die Erzielung eines Kompromisses. Die Bereitschaft hierfür ist in dieser Phase des Arbeitskampfes bei beiden Parteien relativ groß. Denn der Streik verursacht hohe Kosten durch Produktionsausfall. Die Arbeitnehmer beziehen während des Arbeitskampfs kein Entgelt, sondern werden aus den Streikkassen der Gewerkschaft versorgt. Bei einer Aussperrung erleiden die Ausgesperrten Einkommensverluste, da sie während der Aussperrung ebenfalls kein Entgelt erhalten.

Info

Streikgeld aus den Streikkassen gibt es nur für Gewerkschaftsmitglieder. Das Streikgeld wird sowohl an Streikende als auch an Ausgesperrte bezahlt. Wie hoch das Streikgeld ist, regeln die Gewerkschaften in ihren Satzungen. Im Schnitt sind es zwei Drittel des Bruttoeinkommens. Nach einem Urteil des Bundesfinanzhofes ist das Streikgeld steuerfrei und unterliegt nicht dem Progressionsvorbehalt.

In dieser Phase des Arbeitskampfes setzt häufig die besondere Schlichtung ein. Die besondere Schlichtung wird während eines laufenden Arbeitskampfes durchgeführt. In einem letzten Versuch sollen die festgefahrenen Verhandlungen wieder in Gang gebracht werden.

Info

Bei der Durchführung der Arbeitskampfmaßnahme muss im Hinblick auf die Intensität der **Grundsatz der Verhältnismäßigkeit** gewahrt werden.

Kommt bei den Tarifverhandlungen eine Einigung zustande, so ist eine erneute Urabstimmung zur Beendigung des Streiks notwendig. Zum Abschluss eines neuen Tarifvertrags kommt es, wenn bei der Urabstimmung mindestens 25 % der gewerkschaftlich organisierten Arbeitnehmer für die Annahme des Verhandlungsergebnisses und damit für die Beendigung des Streiks stimmen.

2.4.7 Beendigung eines Tarifvertrags

Ein Tarifvertrag endet

- entweder mit Ablauf der Zeit, für die der Tarifvertrag geschlossen wurde;
- wenn beide Seiten ihn freiwillig beenden;
- wenn eine Vertragspartei unter Einhaltung der vereinbarten Kündigungsfrist kündigt;
- wenn eine Vertragspartei aus wichtigem Grund außerordentlich kündigt.

Spätestens mit Beendigung des Tarifvertrags treten die Tarifpartner in Tarifverhandlungen.

2.4.8 Zusammenfassung und Aufgaben

ZUSAMMENFASSUNG

Tarifvertrag

Kollektiver Arbeitsvertrag, der die Rechte und Pflichten der Tarifvertragsparteien regelt.

Schriftform

Der Tarifvertrag muss schriftlich fixiert und im Betrieb ausgelegt werden.

Tarifvertragsparteien

Gewerkschaften, Arbeitgeberverbände oder Arbeitgeber

Geltungsbereich

fachlich-betrieblich, persönlich, räumlich, zeitlich

Tarifvertragsarten

Lohn- und Gehaltstarifvertrag, Lohn- und Gehaltsrahmentarifvertrag, Manteltarifvertrag, Tarifvertrag für sonstige Leistungen

Wirkung

Die Tarifpartner sind an die Rechtsnormen des Tarifvertrags, die den Inhalt, den Abschluss oder die Beendigung von Arbeitsverhältnissen ordnen, unmittelbar und zwingend gebunden. Nach dem Günstigkeitsprinzip dürfen lediglich Regelungen zugunsten des Arbeitnehmers getroffen werden. Andere Abweichungen sind ungültig, sofern sie nicht ausdrücklich durch eine Öffnungsklausel im Tarifvertrag gestattet sind.

Dauer des Tarifvertrags

Der Tarifvertrag endet mit Ablauf der Dauer, für die er vereinbart wurde. Bei einem unbefristeten Tarifvertrag endet er durch Kündigung. Nach dem Grundsatz der Nachwirkung gilt der Tarifvertrag so lange, bis eine andere Vereinbarung getroffen wird.

Wichtige Begriffe des Tarifvertragsrechts

Tarifautonomie

grundgesetzlich geschütztes Recht der Tarifpartner, Tarifverträge frei auszuhandeln, ganz ohne staatlichen Einfluss.

Tarifbindung

Tarifgebunden sind die Mitglieder der Tarifvertragsparteien und der Arbeitgeber. Die Tarifgebundenheit bleibt bestehen, bis der Tarifvertrag endet.

Tariffähigkeit

Recht von Arbeitgebern, Gewerkschaften und Arbeitgeberverbänden Tarifverträge abzuschließen.

Ablauf oder Kündigung eines alten Tarifvertrags

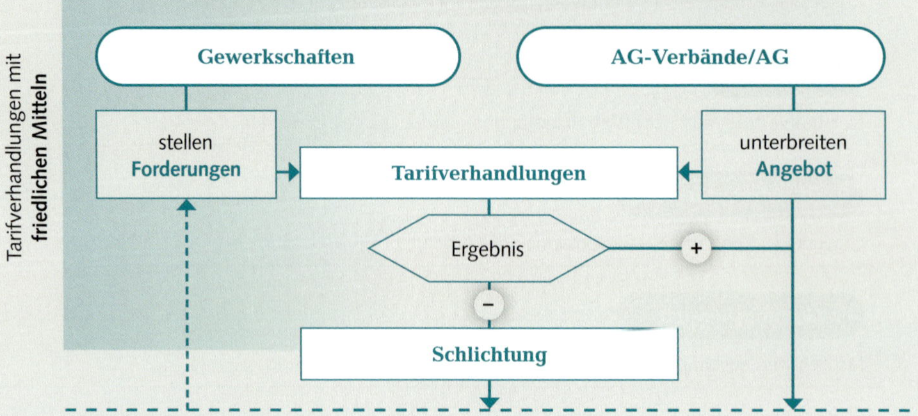

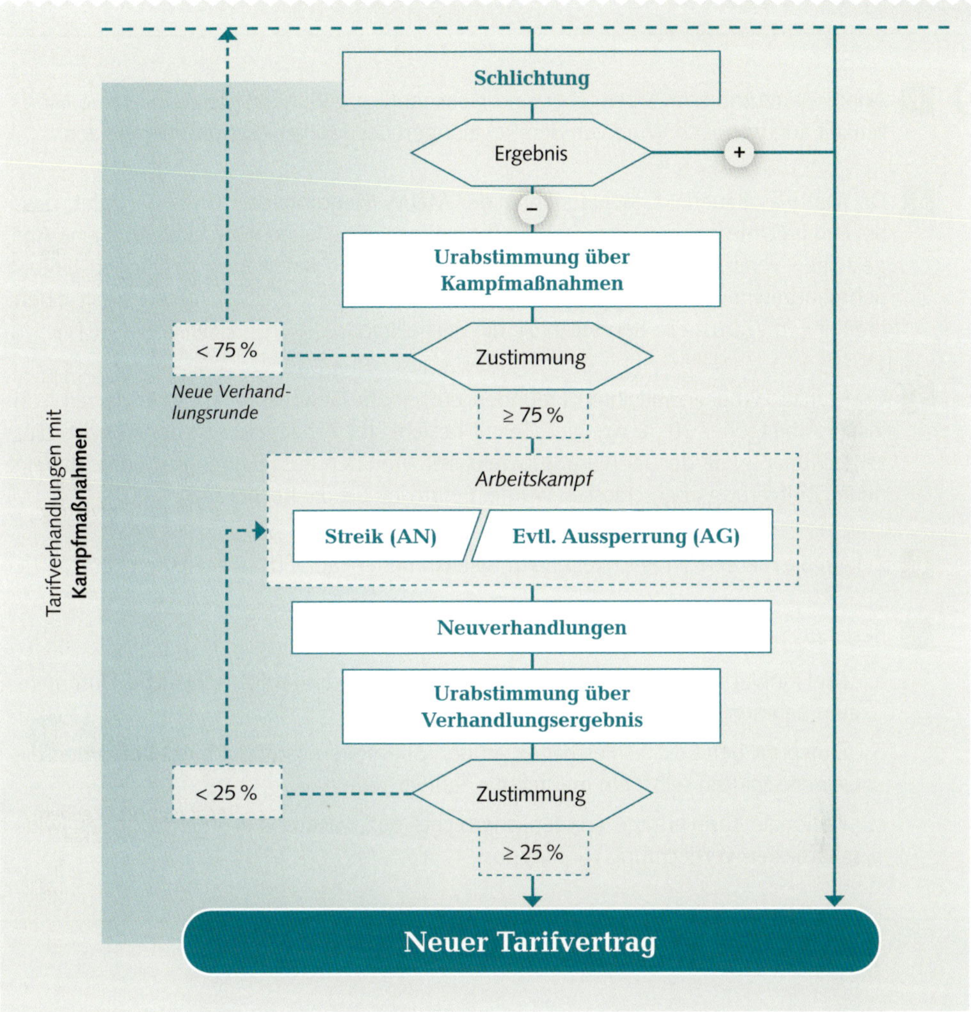

AUFGABEN

1. Nennen Sie 4 tarifvertragliche Inhalte, die häufig Bestandteil von Tarifverträgen sind.

2. Tobias Blinzinger erzählt seinem Freund Oliver Rodewald, dass sein Arbeitgeber deutlich mehr Lohn bezahlt, als das im Tarifvertrag vereinbart ist. Rodewald ist der Meinung, dass der Arbeitgeber nicht von den tariflichen Bestimmungen abweichen dürfte. Beurteilen Sie die Rechtslage.

»

3. Andre Würz und sein Arbeitgeber sind nicht tariflich gebunden. Zeigen Sie eine Möglichkeit auf, wie auch Würz von den Regelungen des Tarifvertrags profitieren kann.

4. Dr. Matthias Bäuerle, Geschäftsführer der M&M Medizinbedarf GmbH, erzählt, dass bei ihm im Unternehmen trotz übertariflicher Bezahlung keine Ruhe einkehrt. Seine Angestellten verlangen trotz laufenden Tarifvertrags eine Beteiligung der hohen Unternehmensgewinne. Um ihren Forderungen Ausdruck zu verleihen, treten sie in einen dreitägigen Warnstreik. Beurteilen Sie die Rechtslage.

5. Constanze Hepp erzählt ihren Freunden auf einem Geburtstag, dass sie derzeit von ihrem Arbeitgeber 20 % weniger Gehalt bezieht. Ihr Arbeitgeber ist der Ansicht, dies sei rechtmäßig, da der Tarifvertrag bereits seit Monaten ausgelaufen ist und noch kein neuer Tarifvertrag abgeschlossen wurde. Beurteilen Sie die Rechtslage.

6. Zeigen Sie mehrere Möglichkeiten auf, wie ein neuer Tarifvertrag entstehen kann.

7. Beziehen Sie zu folgenden Aussagen Stellung:

a. „Die Tarifverträge müssen stärker Rücksicht auf wirtschaftlich schwache Unternehmen nehmen."

b. „Durch ihr beharrliches Festhalten an den überholten Tarifstrukturen gefährden die Gewerkschaften selbst am meisten die Tarifverträge."

c. „Nationale Tarifverträge werden angesichts der wachsenden internationalen wirtschaftlichen Verflechtung wirkungslos."

2.5 Arbeitsplatz gestalten

2.5.1 Wichtige Vorschriften

Die Arbeitsumgebung in einer Kanzlei zu gestalten, ist eine wichtige Aufgabe für einen Rechtsanwalt und seine Mitarbeiter. Die Vorschriften für die Gestaltung einer Arbeitsumgebung findet man in Gesetzen, Verordnungen, Vorschriften, staatlichen Regeln und Richtlinien.

Wichtige Vorschriften für die Gestaltung einer Arbeitsumgebung

Gesetze

- Arbeitsschutzgesetz (ArbSchG)
- Arbeitssicherheitsgesetz (ASiG)
- Produktsicherheitsgesetz (ProdSG)
- Gesetz über die elektromagnetische Verträglichkeit von Betriebsmitteln (EMVG)

Verordnung und Vorschriften

- Arbeitsstättenverordnung (ArbStättV)
- Betriebssicherheitsverordnung (BetrSichV)
- Bildschirmarbeitsverordnung (BildscharbV)
- Unfallverhütungsvorschriften (UVV)

Richtlinien und staatliche Regeln

- Arbeitsschutzrahmenrichtlinie
- Arbeitsstättenrichtlinie
- Bildschirmrichtlinie
- Richtlinie über die elektromagnetische Verträglichkeit
- Technische Regeln für Arbeitsstätten

Nachfolgend wird im Einzelnen auf das Arbeitsschutzgesetz, auf die Arbeitsstättenverordnung, auf die technischen Regeln für Arbeitsstätten, auf die Bildschirmarbeitsverordnung und auf die Unfallverhütungsvorschriften näher eingegangen.

2.5.1.1 Arbeitsschutzgesetz

Das Arbeitsschutzgesetz (ArbSchG) ist die **Rechtsgrundlage** für den Arbeits- und Gesundheitsschutz in allen Unternehmen. Dieses Gesetz trat am 21. August 1996 in Kraft und setzte die EU-Richtlinien zum Arbeitsschutz um. Auf dieses Gesetz wird in den einzelnen Verordnungen und Normen immer wieder zurückgegriffen.

Das ArbSchG regelt die Rechte und Pflichten der Arbeitgeber und der Beschäftigten. Durch dieses Gesetz sollen die Sicherheit und der Gesundheitsschutz der Beschäftigten gewährleistet und verbessert werden.

Die allgemeinen Grundsätze des Arbeitsschutzes finden sich in der folgenden Norm wieder:

§ 2 ArbSchG

Der Arbeitgeber hat bei Maßnahmen des Arbeitsschutzes von folgenden allgemeinen Grundsätzen auszugehen:

1. Die Arbeit ist so zu gestalten, dass eine Gefährdung für Leben und Gesundheit möglichst vermieden und die verbleibende Gefährdung möglichst gering gehalten wird;
2. Gefahren sind an ihrer Quelle zu bekämpfen;

3. bei den Maßnahmen sind der Stand der Technik, Arbeitsmedizin und Hygiene sowie sonstige gesicherte arbeitswissenschaftliche Erkenntnisse zu berücksichtigen;
4. Maßnahmen sind mit dem Ziel zu planen, Technik, Arbeitsorganisation, sonstige Arbeitsbedingungen, soziale Beziehungen und Einfluss der Umwelt auf den Arbeitsplatz sachgerecht zu verknüpfen;
5. individuelle Schutzmaßnahmen sind nachrangig zu anderen Maßnahmen;
6. spezielle Gefahren für besonders schutzbedürftige Beschäftigtengruppen sind zu berücksichtigen;
7. den Beschäftigten sind geeignete Anweisungen zu erteilen;
8. mittelbar oder unmittelbar geschlechtsspezifisch wirkende Regelungen sind nur zulässig, wenn dies aus biologischen Gründen zwingend geboten ist.

2.5.1.2 Arbeitsstättenverordnung und technische Regeln für Arbeitsstätten

Die Arbeitsstättenverordnung (ArbStättV) gibt Zielvorgaben an die Betreibung von Arbeitsstätten und wird konkretisiert durch die Technischen Regeln für Arbeitsstätten (ASR). In den ASR finden sich ausformulierte Maßnahmen hierzu. Weiterhin dienen diese als Hilfe zur Gestaltung des Arbeitsraums.

Inhalte der ASR sind z. B.:

› ASR A1.2 Raumabmessungen und Bewegungsflächen,
› ASR A1.6 Fenster, Oberlichter, lichtdurchlässige Wände,
› ASR A1.8 Verkehrswege,
› ASR V3a.2 Barrierefreie Gestaltung von Arbeitsstätten,
› ASR V3.4 Beleuchtung,
› ASR A3.5 Raumtemperatur,
› ASR A3.6 Lüftung,
› ASR A4.2 Pausen- und Bereitschaftsräume.

BEISPIEL

Beispiel zum Inhalt der ASR A1.2 Raumabmessungen und Bewegungsflächen

Als Richtwert des Flächenbedarfs bei Gestaltung von Büroräumen gibt die ASR A1.2 Raumabmessungen und Bewegungsflächen für die verschiedenen Büroformen je Arbeitsplatz an.

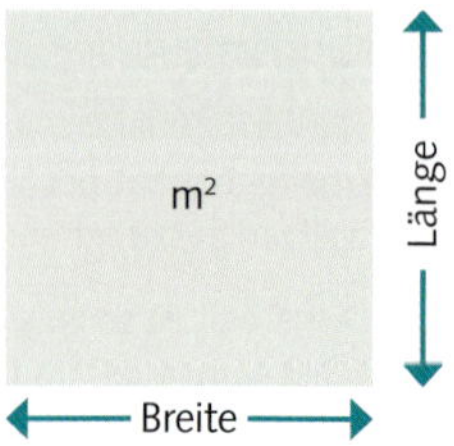

BEISPIEL

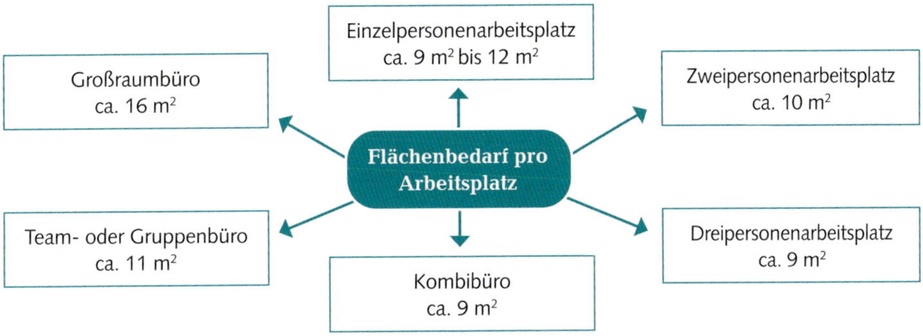

2.5.1.3 Bildschirmarbeitsverordnung

Die Bildschirmarbeitsverordnung (BildscharbV) ist die geltende Norm für die Sicherheit und den Gesundheitsschutz bei der Arbeit an Bildschirmgeräten. Durch die Verordnung vom 4. Dezember 1996 muss jeder Arbeitgeber die Arbeitsbedingungen in Verbindung mit § 5 ArbSchG sowie die Sicherheits- und Gesundheitsbedingungen regelmäßig ermitteln und beurteilen. Die Organisation der Arbeitsplätze muss gewährleisten, dass die tägliche Arbeit an Bildschirmgeräten regelmäßig durch andere Tätigkeiten oder Pausen unterbrochen werden kann, um die Belastungen der Beschäftigten zu senken.

Detaillierte Anforderungen an Bildschirmgeräte und Tastaturen, sonstige Arbeitsmittel, Arbeitsumgebung und das Zusammenwirken von Mensch und Arbeitsmittel werden im Anhang der BildscharbV erläutert.

§ 5 ArbSchG

2.5.1.4 Unfallverhütungsvorschriften

Die Unfallverhütungsvorschriften (UVV) der Berufsgenossenschaften ergänzen und konkretisieren vorhandene Gesetze und Verordnungen. Der Geltungsbereich erstreckt sich auf alle Unternehmen und gesetzlich unfallversicherte Personen. Die Regelungen dienen dem Gesundheitsschutz der Beschäftigten und zeigen auf, welche Einwirkungen und gesundheitlichen Gefahren am Arbeitsplatz vorherrschen und wie man in der täglichen Büropraxis präventiv dagegen vorgehen kann.

2.5.2 Ergonomische und ökologische Arbeitsumgebung

2.5.2.1 Ergonomische Arbeitsumgebung

Der Begriff „Ergonomie“ setzt sich zum einen aus den griechischen Wörtern „ergon“, was so viel bedeutet wie „Arbeit“, und „nomos“, was so viel bedeutet wie „Gesetz“ bzw. „Regel“, zusammen.

Der Nutzen einer ergonomischen Arbeitsumgebung kommt nicht nur den Beschäftigten zugute, sondern auch indirekt dem Arbeitgeber.

Vorteile für Beschäftigten und Arbeitgeber sind z. B.:

- optimierte Arbeitsabläufe,
- Verringerung des Krankenstandes,
- Steigerung der Leistungsfähigkeit,
- niedrigere Arbeitsbelastung,
- besseres Betriebsklima,
- größere Zufriedenheit bei der Arbeit.

MERKE

Unter **Ergonomie** versteht man, dass optimale Arbeitsbedingungen (z. B. Arbeitsabläufe, Umgebung) und die psychischen Fähigkeiten der Mitarbeiter in Einklang gebracht werden.

Ergonomie am Arbeitsplatz

Aufgrund der Tatsache, dass die meiste Arbeitszeit in der täglichen Büropraxis sitzend am Computer verbracht wird und dies zu vielen gesundheitlichen Beschwerden führt, hat das richtige Sitzen, verbunden mit dem Stellplatz des Monitors, der Tastatur und der Maus, am Arbeitsplatz eine große Bedeutung.

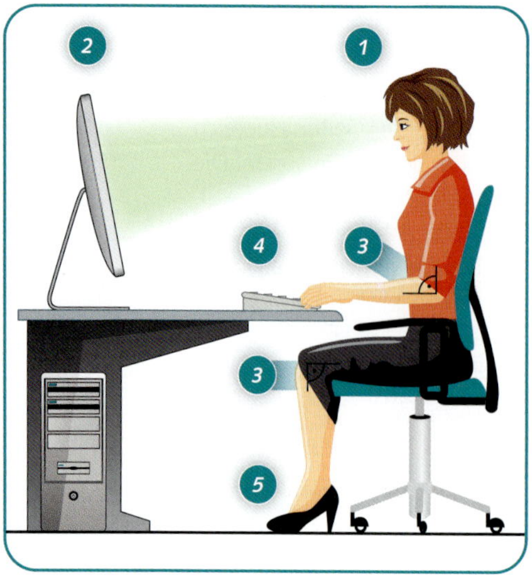

1. Der Monitorabstand sollte ungefähr 50 cm bis 60 cm vom Kopf betragen.
2. Die oberste Zeilenreihe des Monitors sollte sich leicht unterhalb der Augenhöhe befinden.
3. Die Stuhlhöhe sollte so gewählt werden, dass sich die Beine und Arme in einem rechten Winkel befinden.
4. Die Tischhöhe sollte 72 cm betragen oder so angepasst werden, dass sich Maus und Tastatur auf einer Höhe mit Ellenbogen und Handflächen befinden.
5. Die Füße sollten eine feste Auflage zum Boden haben; auch ein Fußhocker ist eine gute Möglichkeit.

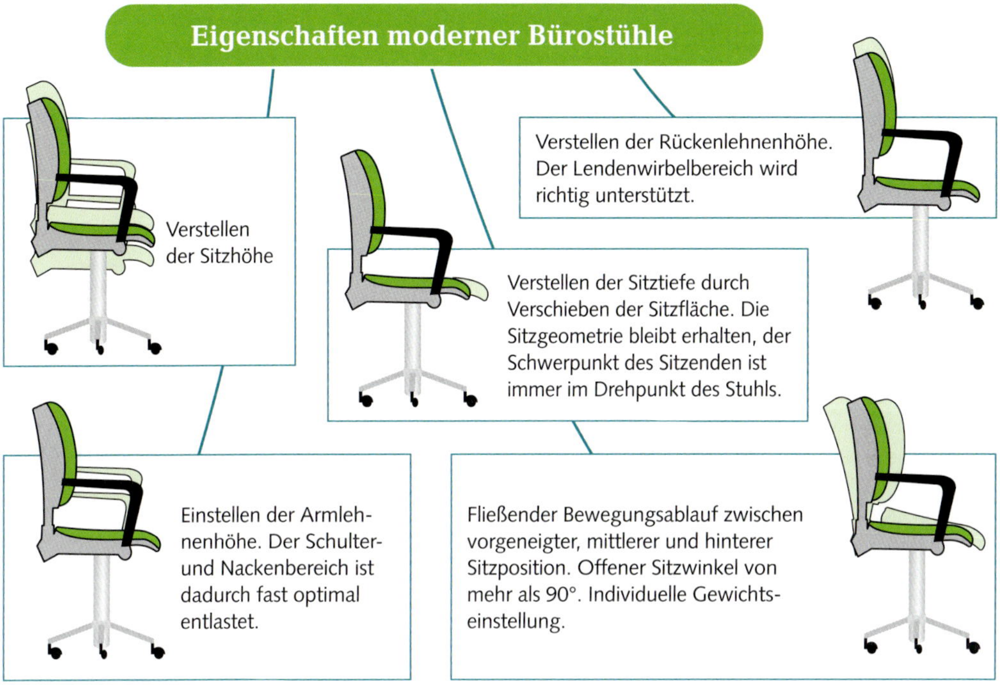

Zum ergonomischen Sitzen gehört ein moderner Bürostuhl mit variablen Einstellmöglichkeiten für die individuelle Anpassung an den jeweiligen Benutzer.

Der moderne Bürostuhl sollte folgende Eigenschaften besitzen:

- verstellbare Sitzhöhe und Sitztiefe,
- verstellbare Rückenlehne und Armlehnen,
- neigbare Rückenlehne,
- individuelle Gewichtseinstellung.

Wichtig ist, dass der Bürostuhl richtig für den Arbeitsplatz und vor allem für den Schreibtisch eingestellt werden kann.

Die Arbeitsmittel sollten auf dem Schreibtisch so verteilt werden, dass der Arbeitnehmer jedes benötigte Arbeitswerkzeug (Tastatur, Maus, Akten, Stifte, Papier usw.) mit dem individuellen Radius seiner Arme erreichen kann.

Die Tastatur ist das bedeutendste Eingabegerät für den Computer. Diese sollte unter ergonomischen Gesichtspunkten ausgewählt werden. Wichtige Anforderungen an diese sind:

© camera-me – Fotolia.com

- matte, nichtspiegelnde Oberfläche,
- variable Neigungseinstellung,
- getrennte Einheit vom Computer,
- ausreichend Platz zur Auflage der Hände,
- sich vom Untergrund abhebende Beschriftung.

Das richtige Sitzen am Arbeitsplatz darf nicht unterschätzt werden. Die nachfolgende Übersicht verdeutlicht falsches und richtiges Sitzen.

Falsches und richtiges Sitzen am Arbeitsplatz

› Sitzhöhe zu hoch › Sitzhöhe nicht ausgenutzt › keine Abstützung der Lendenwirbelsäule durch die Rückenlehne	› Sitzfläche nicht ausgenutzt › Sitzhöhe zu hoch › Rückenlehne zu hoch › keine Abstützung der Lendenwirbelsäule durch die Rückenlehne	› keine Abstützung der Lendenwirbelsäule durch die Rückenlehne; Rundrücken belastet Bandscheiben einseitig Folge: schwere Beeinträchtigung, z. B. Bandscheibenvorfall › Sitzhöhe zu hoch › Sitzfläche nicht ausgenutzt	› Rückenlehne zu hoch und nicht dynamisch eingestellt › Sitzhöhe zu niedrig › Sitzfläche nicht ausgenutzt

Sitzhöhe einstellen	Sitzfläche ausnutzen	Rückenlehne einstellen	Dynamisch sitzen

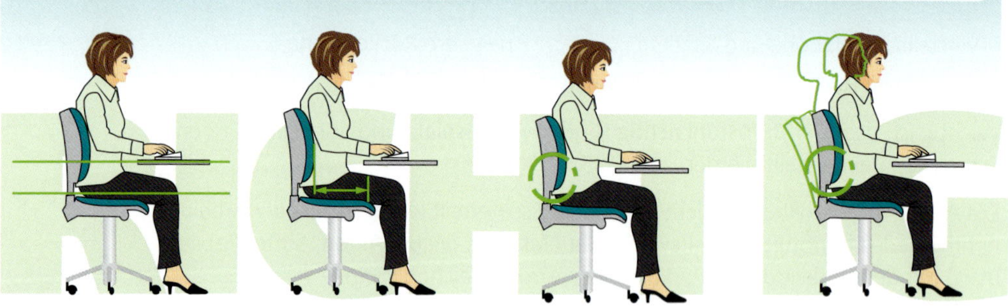

› Sitzhöhe richtig einstellen, Unterarme parallel mit Tischfläche und Oberschenkel im Winkel von 90° › Sitzfläche voll ausnutzen › Rückenlehne exakt einstellen	› Sitzfläche voll ausnutzen Die anatomisch geformte Sitzfläche muss ganz ausgenutzt werden, damit die Rückenlehne stützen kann. › Sitzhöhe richtig einstellen › Rückenlehne exakt einstellen	› Lehnenhöhe exakt einstellen; Höhe der Rückenlehne so einstellen, dass auch bei wechselnder Oberkörperhaltung der Lendenwirbelbereich gestützt ist › Sitzhöhe richtig einstellen › Sitzfläche voll ausnutzen	› Dynamisch sitzen. Dynamische Rückenlehne frei benutzbar; passt sich den unterschiedlichen Sitzhaltungen an, stützt die Lendenwirbelsäule › Sitzhöhe richtig einstellen › Sitzfläche voll ausnutzen

2.5.2.2 Ökologische Arbeitsumgebung

Neben der Ergonomie am Arbeitsplatz sollte auch der ökologische Aspekt im Büro berücksichtigt werden. Keineswegs stehen wirtschaftliche Gesichtspunkte gegen den ressourcenschonenden Einsatz von Einrichtungsgegenständen oder Betriebsmitteln. Nachhaltiger Gebrauch von Ressourcen beginnt schon beim Erwerb.

Nachhaltiger und ökologischer Wegweiser für den Einkauf:

- Auswahl von langlebigen Produkten,
- schadstoffarme Herstellung,
- keine bis geringe Emissionen beim Gebrauch,
- lange Lebensdauer,
- geringer Energieverbrauch,
- Reparierbarkeit,
- Wiederverwendbarkeit und Fähigkeiten zum Recycling.

Verschiedene Label dienen der Orientierung zur ökologischen Nutzung und Herstellung

Beschreibung	Label
Der Blaue Engel ist wohl das bekannteste Umweltzeichen und dient als Wegweiser für den Einkauf. Produkte werden mit diesem Label ausgezeichnet, wenn z. B. keine bedenklichen Schadstoffe verwendet werden. Zusätzlich lässt sich schnell an der Unterschrift erkennen, welche Schwerpunkte dieses Produkt berücksichtigt: schützt die Umwelt und die Gesundheit, schützt das Klima, schützt die Ressourcen und schützt das Wasser.	DER BLAUE ENGEL JURY UMWELTZEICHEN schützt UMWELT und GESUNDHEIT; DER BLAUE ENGEL JURY UMWELTZEICHEN schützt das KLIMA; DER BLAUE ENGEL JURY UMWELTZEICHEN schützt die RESSOURCEN; DER BLAUE ENGEL JURY UMWELTZEICHEN schützt das WASSER
Das TCO-Prüfsiegel bringt zum Ausdruck, dass ökologische, soziale und wirtschaftliche Belange bei IT-Produkten und deren Produktion berücksichtigt werden. Die zertifizierten Produkte erfüllen z. B. Kriterien in Bezug auf Arbeitssicherheit, Ergonomie, Emission, Produktlebensdauer, Recycling.	TCO CERTIFIED
Das Siegel Geprüfte Sicherheit (GS-Zeichen) wird von einer staatlichen Prüfstelle (z. B. TÜV, VDE) vergeben. Es kennzeichnet Produkte, die die gesetzlichen Anforderungen nach dem Produktsicherheitsgesetz erfüllen. Durch dieses Zeichen ist der Käufer sicher, dass er schadstoffarme, bruchsichere und elektrisch einwandfreie Produkte erwirbt.	GS geprüfte Sicherheit
Das QUALITY OFFICE-Label ist ein Qualitätszeichen, das alle Kriterien einer zeitgemäßen Büroeinrichtung berücksichtigt. Durch dieses Label werden Funktionen, Ergonomie und Ökologie bescheinigt. Alle Produkte, die dieses Zeichen tragen, haben grundsätzlich auch das GS-Zeichen.	QUALITY OFFICE

2.5.3 Zusammenfassung und Aufgaben

ZUSAMMENFASSUNG

Wichtige Vorschriften zur Arbeitsumgebung

- Für die Gestaltung einer Arbeitsumgebung gibt es Gesetze, Verordnungen, Vorschriften, staatliche Regeln und Richtlinien, die eingehalten werden müssen.
- Das Arbeitsschutzgesetz regelt die Rechte und Pflichten des Arbeitgebers und der Beschäftigten und ist die rechtliche Grundlage für den Arbeits- und Gesundheitsschutz.
- Die Raumabmessung muss je nach Büroform $9\ m^2 - 16\ m^2$ nach den Regeln für Arbeitsstätten betragen.
- Die Bildschirmarbeitsverordnung legt fest, dass die Arbeitsplätze so zu gestalten sind, dass die Arbeit am Bildschirm regelmäßig durch andere Tätigkeiten unterbrochen werden kann.
- In den Regeln für Arbeitsstätten sind Maßnahmen zur Gestaltung des Arbeitsraums formuliert.
- Die Unfallverhütungsvorschriften ergänzen und konkretisieren vorhandene Gesetze und Verordnungen.

Die Arbeitsumgebung gestalten

Ergonomische und ökologische Arbeitsumgebung

- Farben können Büroformen durch die richtige Wahl positiv beeinflussen.
- Die Raumtemperatur im Büro sollte zwischen 21 °C bis 22 °C liegen und hat großen Einfluss auf das Wohlbefinden und die Gesundheit eines Menschen.
- Der nachhaltige und der ökologische Umgang mit den endlichen Ressourcen schützt die Ökologie.
- Das ergonomische Sitzen unterstützt die Leistungsfähigkeit des Beschäftigten und wirkt präventiv gegen gesundheitliche Beschwerden.
- Kurzfristiges Stoßlüften (3 bis 10 Minuten) ist eine wirksame Methode zur Regulierung der relativen Luftfeuchtigkeit.
- In Abhängigkeit vom Büroraum und der Arbeitsaufgabe müssen Mindestwerte für die Beleuchtung eingehalten werden.
- Durch den Erwerb ruhiger technischer Geräte, schalldämmender Materialien usw. wird die Lautstärke im Raum minimiert.

AUFGABEN

1. Erstellen Sie eine Übersicht über die wichtigsten Gesetze, Verordnungen und Vorschriften für die Gestaltung einer Arbeitsumgebung.
2. Erläutern Sie die Bedeutung des Arbeitsschutzgesetzes.
3. Erläutern Sie die Bedeutung der Technischen Regeln für Arbeitsstätten.
4. Erstellen Sie einen kurzen Vortrag zur Raumabmessung und zur Bewegungsfläche für Büroräume. Nutzen Sie hier auch die ASR A1.2.
5. Erläutern Sie die Ergonomie am PC-Arbeitsplatz.
6. Erläutern Sie die Bedeutung des Labels „Blauer Engel".
7. Nennen Sie 5 Geräuschquellen im Büro.

3. ASPEKTE DER PERSONALENTWICKLUNG

3.1 Arbeitszufriedenheit und Motivation

© Trueffelpix – Fotolia.com

Zufriedene und motivierte Mitarbeiter tragen zur erfolgreichen Arbeit in Betrieben bei. Motivation und Arbeitszufriedenheit sind nicht isoliert zu betrachten, sondern greifen ineinander. Das Zusammenspiel wird durch verschiedene Faktoren wie

- die Entlohnung,
- die Verantwortung für die eigene Arbeit,
- einen angemessenen Handlungsspielraum sowie

- die eigene Einstellung zur Arbeit mit Visionen und Zielen sowie
- die Teilnahmemöglichkeit an Fortbildungsveranstaltungen

beeinflusst.

Diese Faktoren lassen sich untergliedern in Rahmenbedingungen, die das Arbeitsumfeld bestimmen, sowie in solche, die sich direkt auf die geleistete Arbeit beziehen oder daraus resultieren.

Arbeitsumfeld

- Arbeitsbedingungen, Arbeitsplatzgestaltung
- Entlohnung
- Führungsstil
- Arbeitsplatzsicherheit
- Beziehungen zu Kollegen und Vorgesetzten
- usw.

Aus der Arbeit

- Vielfältigkeit der Aufgabe
- Feedback über die erbrachte Arbeit
- Anerkennung und Wertschätzung
- in der Arbeit wird Sinn erkannt
- Selbstständigkeit, Autonomie
- usw.

Die Rahmenbedingungen sind Grundlage für Arbeitszufriedenheit.
Motivation entsteht aus der Tätigkeit selbst und der erlebten Sinnhaftigkeit.

Die Entwicklung von Ideen und Visionen für die Arbeit erfordert ein Umfeld, welches die Bedürfnisse der Mitarbeiter wahrnimmt, und bereit ist, diese auch zu berücksichtigen. Dies kann beispielsweise durch Beteiligungs- und Mitbestimmungsmöglichkeiten erreicht werden. Darüber hinaus benötigen Mitarbeiter auch entsprechendes Fachwissen, weshalb die Teilnahme an Fort- und Weiterbildungsmaßnahmen ermöglicht werden muss.

LF 1 | 4

3.2 *Konfliktlösestrategien und Kommunikation*

In einem Betrieb treffen die unterschiedlichsten Ansprüche und Persönlichkeiten aufeinander. Gemeinsam ist allen, dass zum Wohl des Betriebs gearbeitet werden soll und muss. Bei der Durchsetzung der unterschiedlichen Interessen kann es zu Spannungen und Konflikten kommen, die gelöst werden müssen.

Strategie	mögliche Auswirkungen
Unterwerfen/Nachgeben	Der Agierende fühlt sich ohnmächtig, den anderen ausgeliefert.
Vermeidung	Negatives Verhalten verfestigt sich. Eine Lösung des Konflikts erfolgt nicht.
Durchsetzen/Vernichten	Das Gegenüber sinnt auf Revanche. Der Konflikt wird weiter getragen.
Feilschen/Kompromiss	Hierbei entsteht eine Patt-Situation. Zumindest einer der Beteiligten muss von seiner Position abweichen. Ein Konflikt könnte wieder aufleben.
Kooperation	Die Bedürfnisse aller Beteiligten werden berücksichtigt. Gemeinsam wird das angestrebte Ziel festgelegt und nach einer gemeinsamen Lösung gesucht. Hier wird auch von einer Win-win-Situation gesprochen.

Die Strategie der Kooperation bildet die Grundlage für ein gutes Arbeitsklima, da die Bedürfnisse und Ziele der Mitarbeiter bei dieser Vorgehensweise berücksichtigt werden.

Wie verbale Kommunikation die Konfliktlösestrategie der Kooperation unterstützen kann, soll am Modell der gewaltfreien Kommunikation nach Marshall B. Rosenberg in aller Kürze vorgestellt werden.

Vier Schritte der gewaltfreien Kommunikation und mögliche Formulierungen:

1.	**SITUATION UND BEOBACHTUNG** ohne Bewertung und Deutung	(1) Wenn ich sehe/höre… (2) Wenn du siehst/hörst…
2.	**GEFÜHLE** ohne Vorwurf	(1) dann fühle ich mich… (2) dann fühlst du dich
3.	**BEDÜRFNISSE** Was brauche ich?	(1) weil ich das Bedürfnis … nach habe (2) weil du brauchst…
4.	**BITTE/WUNSCH** konkret, handlungsorientiert	(1) und bitte ich dich, … zu tun. Bist du dazu bereit? (2) und bittest du mich deshalb…

Alle Botschaften mit der Ziffer (1) verstehen sich aus der Perspektive des Sprechenden. Ihr vorrangiges Merkmal sind die ICH-Botschaften. In manchen Gesprächssituationen ist allerdings auch eine Spiegelung der Gefühlswelt des Gegenübers notwendig. In dieser Gesprächssituation werden Beobachtungen auf empathische Art und Weise wiedergegeben. Kommunikation gelingt und trägt zur Konfliktlösung bei, wenn der Gesprächspartner ernst genommen und respektiert wird.

3.3 Zusammenfassung und Aufgaben

ZUSAMMENFASSUNG

Arbeitszufriedenheit, Motivation, die Anwendung von Konfliktlösestrategien und gelingende Kommunikation sind nicht getrennt voneinander zu betrachten. Sie werden in einem Betriebsklima wirksam, welches den Mitarbeitern Freiräume zur Entfaltung von Ideen, Mitbestimmungsmöglichkeiten und Unterstützung in Form von Fort- und Weiterbildung bietet.

AUFGABEN

1. Frau Jung, Mitarbeiterin der Kanzlei Schmidt und Partner, schildert ihrer Freundin Johanna Klug die Zustände an ihrem Arbeitsplatz: „Der Chef ist nie da, keiner sieht, wie viel ich arbeite und was ich alles organisiere. Eine gemeinsame Mittagspause ist nicht drin. Jeder erledigt nur seine Arbeit. Zeit für Fortbildungen bleibt natürlich auch nicht. Wir bringen uns das Wichtigste selbst bei. Spaß und Freude an der Arbeit haben wir alle nicht. Wir fragen uns dafür, warum wir das für so einen Hungerlohn machen."

   Notieren Sie, was Sie dem Chef von Frau Jung empfehlen, um die Zufriedenheit der Mitarbeiter zu steigern.

2. Marc Eifrig, Auszubildender im zweiten Lehrjahr, hat erfahren, dass die neue Auszubildende Marisa Sander 50 Euro mehr Ausbildungsvergütung erhält als er selbst. Dies liegt daran, dass die Rechtsanwaltskammer die Empfehlungen für die Ausbildungsvergütung erhöht hat. Marc möchte seinen Ausbilder um eine Erhöhung bitten.

   Erstellen Sie eine Gesprächsskizze.

4. AN DER ENTGELTABRECHNUNG MITARBEITEN

4.1 Entgeltsysteme

Arbeitsentgelt (Arbeitslohn) ist die vertraglich geschuldete Gegenleistung des Arbeitgebers für die Arbeitsleistung des Arbeitnehmers. Dabei kann die Entlohnung in unterschiedlichen Verfahren ermittelt werden.

Entgeltsysteme

Zeitlohn

Die Entlohnung erfolgt nach der Dauer der Arbeitszeit, unabhängig von der erbrachten Leistung.

(z. B. Stunden- oder Monatslohn)

Leistungslohn

Die Entlohnung erfolgt in Abhängigkeit der erbrachten Leistung.

(z. B. Akkordlohn ist abhängig von der tatsächlich gefertigten Stückzahl je Zeiteinheit)

Im Bereich der Büroarbeit, wie der von Rechtsanwalts- und Notarfachangestellten, erfolgt die Entlohnung immer in Form des Zeitlohns (Monatsgehalt).

4.2 Gesetzliche Lohnabzüge

Das Arbeitsentgelt von Arbeitnehmern unterliegt den Bestimmungen des Steuer- und Sozialversicherungsrechts. Diese Vorschriften verpflichten die Arbeitgeber, Steuern und Sozialversicherungsbeiträge der Arbeitnehmer einzubehalten und direkt an das Finanzamt und die Sozialversicherungsträger abzuführen.

Gesetzliche Lohnabzüge

Steuern des Arbeitnehmers

- Lohnsteuer
- Solidaritätszuschlag
- Kirchensteuer

Solidaritätszuschlag wird ab 2021 i.d.R. nicht mehr erhoben

Beiträge des Arbeitnehmers zur gesetzlichen Sozialversicherung

- Krankenversicherung
- Rentenversicherung
- Arbeitslosenversicherung
- Pflegeversicherung

4.3 Entgeltabrechnung

Das Entgelt der Arbeitnehmer wird in Form des Bruttoentgeltes (Bruttoarbeitslohn, Bruttogehalt) zwischen dem Arbeitgeber und dem Arbeitnehmer vereinbart. Die Höhe richtet sich dabei nach tarifvertraglichen Vorgaben und dem individuell ausgehandelten Arbeitsentgelt. Vom Bruttoentgelt werden aber Teile vom Arbeitgeber an das Finanzamt, die Sozialversicherungsträger u.a. abgeführt, sodass der Auszahlungsbetrag, über den der Arbeitnehmer frei verfügen kann, sich um diese Größen verringert.

BEISPIEL

Die Rechtsanwaltsfachangestellte Kirsten John vereinbart mit ihrem Arbeitgeber, dem Rechtsanwalt Dr. Schmidt (Dr. Schmidt, Geber & Partner), ein Bruttogehalt in Höhe von 2.600,00 Euro. Frau John hat einen Bausparvertrag, auf den sie vermögenswirksam 40,00 Euro pro Monat ansparen will. Der Arbeitgeber übernimmt hiervon 20,00 Euro. Frau John ist ledig und hat keine Kinder. Frau John ist bei einer Krankenkasse versichert, die keinen Zusatzbeitrag erhebt. Frau John gehört der Evangelischen Landeskirche Baden-Württemberg an.

Beispiel einer Gehaltsabrechnung

Steuer und Sozialversicherungswerte gelten für das Jahr 2020

1	**Bruttoentgelt (Bruttolohn/Bruttogehalt)**		2.600,00 Euro
2	+ vermögenswirksame Leistungen des Arbeitgebers		20,00 Euro
3	**Steuer- und sozialversicherungspflichtiges Bruttoentgelt**		2.620,00 Euro
4	– Lohnsteuer		317,75 Euro
	– Kirchensteuer	8 %	25,34 Euro
5	– Arbeitnehmeranteil Krankenversicherung	7,3 %	191,26 Euro
	– Arbeitnehmeranteil Rentenversicherung	9,3 %	244,97 Euro
	– Arbeitnehmeranteil Arbeitslosenversicherung	1,2 %	31,44 Euro
	– Arbeitnehmeranteil Pflegeversicherung	1,525 % + 0,25 % = 1,775 %	46,50 Euro
6	**Nettoentgelt (Nettolohn/Nettogehalt)**		1.764,05 Euro
7	– vermögenswirksame Anlage		40,00 Euro
8	– Vorauszahlungen		0,00 Euro
9	**Auszahlungsbetrag**		1.724,05 Euro

Auf den Solidaritätszuschlag wurde verzichtet, da er ab 1.1.2021 i.d.R nicht mehr erhoben wird.

1 Bruttoentgelt

Das Bruttoentgelt (Bruttogehalt/Bruttolohn) ist das mit dem Arbeitgeber vereinbarte regelmäßige Entgelt, das im Arbeitsvertrag festgelegt ist. Dieser Betrag stellt für den Arbeitgeber Personalaufwand dar.

2 Vermögenswirksame Leistungen des Arbeitgebers

5. VermBG

© MEV Verlag GmbH

Arbeitnehmer können vermögenswirksam und damit staatlich gefördert Geld anlegen (z. B. Bausparen). Die staatliche maximal geförderte Summe beträgt 40,00 Euro pro Monat. Diesen Beitrag können der Arbeitgeber, der Arbeitnehmer oder beide gemeinsam aufbringen. Wenn der Arbeitgeber einen Teil der vermögenswirksamen Anlagen übernimmt, gehört dieser Teil zum steuer- und sozialversicherungspflichtigen Bruttogehalt.

3 Steuer- und sozialversicherungspflichtiges Bruttoentgelt

Das Bruttoentgelt kann sich durch Leistungen des Arbeitgebers erhöhen, insbesondere um die Arbeitgeberanteile zu den vermögenswirksamen Anlagen. Denkbar wäre auch noch die Hinzurechnung von Sachleistungen, die der Arbeitgeber gewährt (z. B. Überlassung eines PKW). Das steuer- und sozialversicherungspflichtige Bruttoentgelt ist die Berechnungsgrundlage für die Steuer- und Sozialversicherungsabzüge.

4 Abgaben an den Staat

© MEV Verlag GmbH

Der Arbeitnehmer muss von seinem steuerpflichtigen Bruttogehalt Lohnsteuer, Kirchensteuer und den Solidaritätszugschlag entrichten. Diese Beträge werden vom Arbeitgeber bei der Entgeltabrechnung einbehalten und an das Finanzamt abgeführt.

› Lohnsteuer

Die Höhe der Lohnsteuer richtet sich nach der Höhe des steuerpflichtigen Bruttoentgelts und nach der Steuerklasse.

Lohnsteuerklassen

Steuerklasse I	ledige, geschiedene, verwitwete oder in einer eingetragenen Lebenspartnerschaft lebende Arbeitnehmer, die nicht in Klasse II oder III fallen
Steuerklasse II	ledige, geschiedene und verwitwete Arbeitnehmer, die mindestens ein Kind haben, das in ihrem Haushalt lebt, sowie Verwitwete, die nicht in die Steuerklasse III fallen

Steuerklasse III	verheiratete bzw. verpartnerte Arbeitnehmer, wenn der Ehegatte/ Lebenspartner nicht Arbeitnehmer ist oder wenn der Ehegatte/ Lebenspartner die Steuerklasse V gewählt hat, sowie verwitwete Arbeitnehmer für das auf den Todesfall des Ehegatten folgende Jahr
Steuerklasse IV	verheiratete bzw. verpartnerte Arbeitnehmer, wenn die Ehegatten/ Lebenspartner beide Arbeitslohn beziehen und nicht die Kombination der Klassen III und V gewählt haben (Kombination IV und IV)
Steuerklasse V	verheiratete bzw. verpartnerte Arbeitnehmer, wenn der andere Ehegatte/Lebenspartner die Steuerklasse III gewählt hat (Kombination III und V)
Steuerklasse VI	zweite oder weitere steuerpflichtige Arbeitsverhältnisse

Aufgrund der Gehaltshöhe und der Steuerklasse kann die anfallende Kirchensteuer der Steuertabelle (Monatstabelle) entnommen werden.

	Lohnsteuer nach Steuerklassen (in Stufen)				
Lohn/Gehalt bei €	**I/IV**	**II**	**III**	**V**	**VI**
2.613	316,33	271,58	89,83	601,16	635,50
2.616	317,00	272,25	90,30	602,33	636,50
2.619	317,75	273,00	91,00	603,16	637,33
2.622	318,41	273,66	91,50	604,16	638,50

› Kirchensteuer

Kirchensteuerpflichtig ist, wer einer Kirche oder einer Glaubensgemeinschaft angehört, die Kirchensteuer erhebt. In Deutschland sind dies vor allem die beiden großen Kirchen, die römisch-katholische und die evangelische. Andere Glaubensgemeinschaften können grundsätzlich auch Kirchensteuer erheben, wenn sie Körperschaften des öffentlichen Rechts sind. Glaubensgemeinschaften in der Rechtsform eines Vereins können keine Kirchensteuer erheben.

Die Kirchensteuersätze der katholischen und evangelischen Kirche betragen 9 % von der Lohnsteuer. In den Bundesländern Baden-Württemberg und Bayern werden nur 8 % Kirchensteuer erhoben.

Die Kirchensteuer wird vom Arbeitgeber zusammen mit der Lohnsteuer an das Finanzamt abgeführt. Die Finanzämter leiten die Kirchensteuer weiter.

› Solidaritätszuschlag

Zusätzlich zur Lohnsteuer erhebt der Staat seit 1991 eine Ergänzungsabgabe zu unterschiedlichen Steuern (Einkommensteuer, Körperschaftsteuer). Die Höhe des Solidaritätszuschlags beträgt 5,5 % der Lohnsteuer. Der Solidaritätszuschlag wird ab dem Jahr 2021 im Regelfall nicht mehr erhoben.

LERNFELD 5

5 Arbeitnehmeranteile zur Sozialversicherung

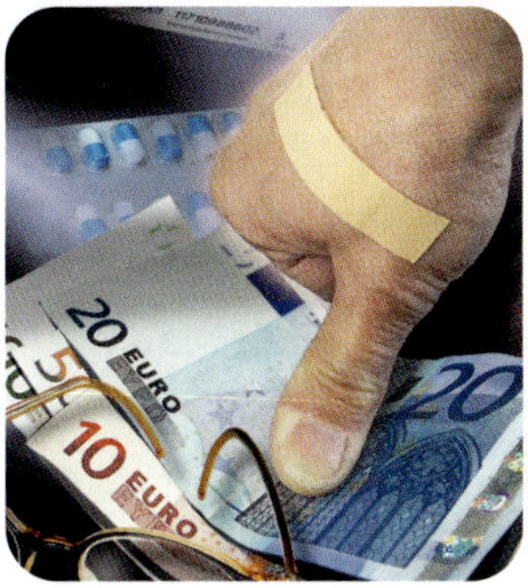

© MEV Verlag GmbH

Der Arbeitnehmer muss von seinem sozialversicherungspflichtigen Bruttogehalt Beiträge zur Kranken-, Renten-, Arbeitslosen- und Pflegeversicherung bezahlen. Diese Beträge werden vom Arbeitgeber bei der Entgeltabrechnung einbehalten und an die Krankenkasse abgeführt. Die Krankenkasse leitet die Beiträge zur Renten- und Arbeitslosenversicherung an die entsprechenden Sozialversicherungsträger weiter. Die Pflegekassen sind den Krankenkassen angegliedert. Zusätzlich zu den Arbeitnehmerbeiträgen zur Sozialversicherung muss auch der Arbeitgeber Beiträge zur Sozialversicherung leisten. Die Arbeitgeberanteile stellen für den Arbeitgeber Personalaufwand dar. Neben den Anteilen zur Kranken-, Renten-, Arbeitslosen- und Pflegeversicherung trägt der Arbeitgeber die Beiträge zur gesetzlichen Unfallversicherung allein.

siehe auch Exkurs „Gesetzliche Sozialversicherung"

› Krankenversicherung

In Deutschland ist es Pflicht, krankenversichert (in der gesetzlichen bzw. privaten Krankenversicherung) zu sein. Die Versicherung übernimmt Kosten, die durch eine Krankheit entstanden sind. Arbeitnehmer müssen in der gesetzlichen Krankenversicherung versichert sein, sofern ihr jährliches Bruttoarbeitsentgelt die Jahresarbeitsentgeltgrenze (2022: 58.050,00 Euro) nicht übersteigt. Die Beiträge des Arbeitnehmers zur gesetzlichen Krankenversicherung betragen 7,3 % (Stand: 2022) des sozialversicherungspflichtigen Bruttogehalts, höchstens 7,3 % von der Beitragsbemessungsgrenze (BMG 2022: 4.837,50 Euro). Der Arbeitgeber trägt zusätzlich 7,3 % (Stand: 2022) Arbeitgeberanteil zur Krankenversicherung. Krankenkassen können Zusatzbeiträge erheben, die dann vom Arbeitnehmer und vom Arbeitgeber in gleicher Höhe erbracht werden müssen.

BEISPIEL

Folgende Arbeitnehmer beziehen ein monatliches sozialversicherungspflichtiges Bruttogehalt in Höhe von:

a) Frau Müller: 2.800,00 Euro

b) Frau Maier: 5.300,00 Euro

Beide Frauen sind in der gesetzlichen Krankenversicherung versichert. Ihre Krankenkassen erheben keinen Zusatzbeitrag.

1. Wie hoch ist ihr Krankenkassenbeitrag?
2. Wie hoch ist der Beitrag für den jeweiligen Arbeitnehmer, den die Krankenkasse vereinnahmt?

Lösung:

1. Arbeitnehmerbeiträge zur Krankenversicherung

a) Frau Müller: 7,3 % von 2.800,00 Euro = 204,40 Euro

b) Frau Maier: 7,3 % von 4.837,50 Euro (BMG) = 362,81 Euro

BEISPIEL

2. Gesamtbeitrag zur Krankenversicherung (Arbeitnehmer- und Arbeitgeberanteil)

a) Frau Müller:
AN-Beitrag 204,40 + AG-Beitrag 204,40 = Gesamtbeitrag 408,80 Euro

b) Frau Maier:
AN-Beitrag 362,81 + AG-Beitrag 362,81 = Gesamtbeitrag 725,62 Euro

Anmerkung: Frau Maier könnte von der gesetzlichen in die private Krankenversicherung wechseln.

› Rentenversicherung

Die gesetzliche Rentenversicherung ist für alle Arbeitnehmer eine Pflichtversicherung und dient insbesondere der Altersvorsorge (Rente). Der Arbeitnehmerbeitrag beträgt 9,3 % (Stand: 2022) des sozialversicherungspflichtigen Bruttoentgelts, höchstens 9,3 % von der Beitragsbemessungsgrenze (BMG 2022: West-Bundesländer 7.050 Euro, Ost-Bundesländer 6.750 Euro).

› Arbeitslosenversicherung

Auch die gesetzliche Arbeitslosenversicherung ist eine Pflichtversicherung für alle Arbeitnehmer. Ihre Hauptleistung besteht in der Gewährung von Arbeitslosengeld. Die Bundesagentur für Arbeit bietet darüber hinaus Beratungsleistungen und andere Leistungen für Arbeitsuchende. Der Beitragssatz für Arbeitnehmer beträgt 1,2 % des sozialversicherungspflichtigen Bruttoentgelts (Stand: 2022) und wird maximal von der Beitragsbemessungsgrenze erhoben. Die Bemessungsgrenzen entsprechen denen der Rentenversicherung. Der Arbeitgeber bezahlt den gleichen Satz wie der Arbeitnehmer.

› Pflegeversicherung

Die gesetzliche Pflegeversicherung ist eine Pflichtversicherung und erbringt Leistungen, wenn der Versicherte pflegebedürftig ist. Der Beitragssatz beträgt generell 1,525 % vom sozialversicherungspflichtigen Bruttoentgelt (Stand: 2022) für Arbeitnehmer wie für Arbeitgeber. Für kinderlose Versicherte ab dem 23. Lebensjahr erhöht sich der Beitrag um 0,25 % für den Arbeitnehmer (Arbeitgeberanteil bleibt gleich). Eine Besonderheit bildet das Bundesland Sachsen. In Sachsen gilt ein Beitragssatz in Höhe von 2,025 % bzw. 2,050 % für Kinderlose. Der Arbeitgeberbeitrag für Sachsen beträgt 1,025 %.

6 7 8 9 vom Nettogehalt zum Auszahlungsbetrag

Nachdem vom Bruttoentgelt die Steuer- und Sozialversicherungsbeiträge abgezogen wurden, ergibt sich das Nettogehalt. Das Nettogehalt entspricht meist nicht dem Auszahlungsbetrag. Wenn ein Arbeitnehmer vermögenswirksam spart, dann muss der Arbeitgeber diesen Sparbetrag an das Institut abführen, mit dem der Arbeitnehmer einen Sparvertrag abgeschossen hat. Denkbar wäre auch, dass der Arbeitnehmer bereits einen Vorschuss auf sein Gehalt erhalten hat. Dadurch würde sich sein Auszahlungsbetrag ebenfalls verringern.

MERKE

Das **Bruttoentgelt** wird durch Steuern und Sozialversicherungsbeiträge des Arbeitnehmers verringert.

Die einbehaltenen Steuern des Arbeitnehmers führt der Arbeitgeber an das **Finanzamt** ab. Das Finanzamt leitet die Kirchensteuer an die Kirchen weiter.

Die einbehalten Sozialversicherungsbeiträge führt der Arbeitgeber, zusammen mit den Arbeitgeberanteilen zur Sozialversicherung, an die **Krankenkassen** ab. Die Krankenkassen verteilen die Gelder an die anderen Träger der Sozialversicherung.

Der Aufwand **(Personalkosten),** die ein Arbeitnehmer für den Arbeitgeber verursacht, setzt sich zusammen aus Bruttoentgelt + Arbeitgeberbeiträge zur Sozialversicherung. Dabei ist zu beachten, dass die Beiträge zur gesetzlichen Unfallversicherung vom Arbeitgeber allein getragen werden.

EXKURS

Gesetzliche Sozialversicherung

(Werte Stand 2022)

	Träger	Hauptleistungen	Beiträge Beitragsbemessungsgrenzen
Kranken-versicherung	Krankenkassen	Übernahme von Arzt-, Zahnarzt-, Krankenhaus-, Entbindungs-kosten u. a.	14,6 % Zusatzbeiträge sind möglich AN: 7,3 % – AG: 7,3 % Bem.grenze: 4.837,50 Euro
Pflege-versicherung	(Pflege-) Krankenkassen	Übernahme von Sachleistungen und Pflegegeld bis zu festgeleg-ten Höchstbeträgen bei häus-licher oder stationärer Pflege	3,05 % AN: 1,525 % – AG: 1,525 % + 0,25 % für Kinderlose Bem.grenze: 4.837,50 Euro für Sachsen gelten Sonder-regelungen
Renten-versicherung	Deutsche Renten-versicherung	Zahlung von Renten, Übernahme von Reha-Kosten und Kosten für Fördermaßnahmen	18,6 % AN: 9,3 % – AG: 9,3 % Bem.grenze: 7.050 Euro West 6.750 Euro Ost
Arbeitslosen-versicherung	Bundesagentur für Arbeit	Zahlung von Arbeitslosengeld, Übernahme beruflicher Aus-, Fortbildungs- und Umschulungs-kosten, Berufsberatung, Arbeits-vermittlung	2,4 % AN: 1,2 % – AG: 1,2 % Bem.grenze: 7.050 Euro West 6.750 Euro Ost
Unfall-versicherng	Berufs-genossen-schaften	Zahlung von Renten- und Heil-behandlungen, Unfallverhütung	AG trägt Beiträge allein, Höhe richtet sich nach Gefahren-klassen und Betriebsgröße

4.4 Zusammenfassung und Aufgaben

ZUSAMMENFASSUNG

Entgeltabrechnung

steuer- und sozialversicherungspflichtiges **Bruttoentgelt**	→	Aufwand für den AG
– Steuerabzüge (LSt, KiSt, SoliZ)	→	Finanzamt
– Sozialversicherungsbeiträge AN	→	Sozialversicherungsträger
= **Nettolohn**	→	(Zwischensumme)
– Vermögenwirksame Anlage	→	z. B. Bausparkasse
= **Auszahlungsbetrag**	→	Arbeitnehmer

Die Höhe der Lohnsteuer richtet sich nach der Steuerklasse.

Die Höhe der Sozialversicherungsbeiträge richtet sich nach dem steuerpflichtigen Bruttoentgelt.

Neben dem Arbeitnehmer leistet auch der Arbeitgeber Beiträge zur Sozialversicherung (Unfallversicherung trägt der AG allein).

Personalaufwand des Arbeitgebers = Bruttoentgelt + Arbeitgeberbeiträge zur Sozialversicherung.

(Solidaritätszuschlag wird ab 2021 i.d.R. nicht mehr erhoben.)

AUFGABEN

1. Welche Lohnsteuerklasse kommt in den folgenden Fällen infrage?

a. Auszubildende Maria Bühler, 17 Jahre, ledig

b. Uta Uller, 43 Jahre, verheiratet

c. Tina Dickel, 40 Jahre, verwitwet, ein Kind

2. Berechnen Sie die Gehaltsauszahlungsbeträge in folgenden Fällen!

a. Auszubildende Martha Müller, 3. Lehrjahr, Bruttogehalt 650,00 Euro, römisch-katholisch (Hessen), keine vermögenswirksame Spareinlage, Krankenkasse erhebt keinen Zusatzbeitrag

b. Angestellte Petra Hardwig, Bruttogehalt 1.800,00 Euro, verheiratet, Steuerklasse IV, 1 Kind, evangelisch (Bayern), vermögenswirksame Sparanlage bei der Bausparkasse Schwäbisch Hall (40 Euro), AG-Anteil zum vermögenswirksamen Sparen 10 Euro, die Krankenkasse erhebt einen Zusatzbeitrag in Höhe von 0,6 %.

	Lohnsteuer in Steuerklasse				
Lohn/Gehalt bei €	I/IV	II	III	V	VI
536,99	0,00	0,00	0,00	49,83	61,91
545,99	0,00	0,00	0,00	50,83	62,91
554,99	0,00	0,00	0,00	51,91	64,00
563,99	0,00	0,00	0,00	52,91	65,00
572,99	0,00	0,00	0,00	53,91	66,00
581,99	0,00	0,00	0,00	55,00	67,08
590,99	0,00	0,00	0,00	56,00	68,08
599,99	0,00	0,00	0,00	57,08	69,16
608,99	0,00	0,00	0,00	58,08	70,16
617,99	0,00	0,00	0,00	59,16	71,25
626,99	0,00	0,00	0,00	60,16	72,25
635,99	0,00	0,00	0,00	61,25	73,33
644,99	0,00	0,00	0,00	62,25	74,33
653,99	0,00	0,00	0,00	63,25	75,33
662,99	0,00	0,00	0,00	64,33	76,41

»

Lohn/Gehalt bei €	Lohnsteuer in Steuerklasse				
	I/IV	II	III	V	VI
1.796,99	161,50	133,75	0,16	372,16	402,00
1.805,99	163,50	135,66	1,16	374,83	404,66
1.814,99	165,41	137,58	2,16	377,50	407,33
1.823,99	167,41	139,50	3,33	380,16	410,00
1.832,99	169,41	141,50	4,33	383,00	412,66

3. Ein Ehepaar steht vor der Entscheidung, zwischen der Lohnsteuerkombination IV/IV und der Kombination III/V zu wählen.
Unter welchen Voraussetzungen raten Sie zur Wahl der Kombination IV/IV?

4. Eine Arbeitnehmerin möchte die Kirchensteuer einsparen. Ist dies möglich? Was muss sie gegebenenfalls hierfür unternehmen?

5. Nennen Sie die Zweige der Sozialversicherung, die bei der Gehaltsabrechnung einbezogen werden und beschreiben Sie deren Hauptaufgaben.

6. Wie hoch sind in den Fällen a. bis c. die Beiträge einer Arbeitnehmerin zu den gesetzlichen Sozialversicherungszweigen Kranken-, Pflege-, Renten- und Arbeitslosenversicherung? Gehen Sie dabei davon aus, dass die Arbeitnehmerin keine Kinder hat und dass die Krankenkasse keine Zusatzbeiträge erhebt, bei einem steuer- und sozialversicherungspflichtigen monatlichen Bruttolohn in Höhe von

a. 3.000,00 Euro

b. 5.100,00 Euro

c. 7.200,00 Euro

Verwenden Sie die aktuellen Beitragssätze.

LERNFELD 6

Geschäftsprozesse erfassen, kontrollieren und bewerten

1. WERTSTRÖME IN DER KANZLEI

1.1 Einführung

© Gina Sanders – Fotolia.com

Durch den Verkauf der erbrachten Dienstleistung erhält eine Kanzlei einen Geldwert in Form eines Honorars. Die Honorare nutzt die Kanzlei dazu, alle anfallenden Auszahlungen leisten zu können. Dem Güterstrom steht somit ein Geldstrom gegenüber.

Um diese Gegenseitigkeit aufrechtzuerhalten, muss die Kanzlei geeignete Lieferer auswählen (z. B. Mitarbeiter) und Mandanten finden.

Durch den Geld- und Güterstrom kommt es zu einer ständigen Veränderung des Vermögens (z. B. Bankguthaben) und der Schulden (z. B. offene Rechnung für Kopierpapier). Vorgänge, die Geld- und Güterströme hervorrufen, werden Geschäftsvorfälle genannt. In der Kanzlei verursachen die Geschäftsvorfälle Betriebseinnahmen und Betriebsausgaben.

LF 6 | 2 ▸

1.2 Darstellung der Wertströme

Wertströme in Form von Güter- und Geldströmen können auf unterschiedliche Art und Weise entstehen. Im Mittelpunkt der Betrachtung steht die Kanzlei. Diese nimmt im wirtschaftlichen Verkehr eine Rolle wie beispielsweise ein Unternehmen ein. Es kommt zu Geschäftskontakten mit Kunden (z. B. Mandanten), mit Geldgebern (z. B. Bank) oder mit Lieferern (z. B. Mitarbeiter). Die Wertströme lassen sich wie in folgendem Modell darstellen:

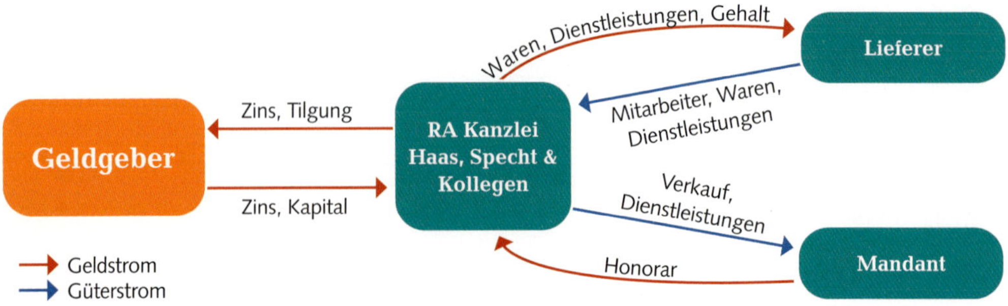

2. ERFOLGSERMITTLUNG MITHILFE DER EINNAHMEN-ÜBERSCHUSSRECHNUNG

2.1 Rechtsgrundlagen und Ordnungsmäßigkeit der Buchführung

AO
EStG
UStG
EStDV
LStDV
BRAO
DONot

Vorschriften über die Buchführung der Rechtsanwälte und Notare sind insbesondere in der Abgabenordnung (AO), dem Einkommensteuergesetz (EStG), dem Umsatzsteuergesetz (UStG), der Durchführungsverordnung zur Einkommensteuer (EStDV), in der Lohnsteuerdurchführungsverordnung (LStDV) und in der Bundesrechtsanwaltsordnung (BRAO) bzw. der Dienstordnung für Notare (DONot) zu finden.

EStG

Da Rechtsanwälte und Notare freiberuflich tätige Personen sind, gelten nicht dieselben Vorschriften des Handelsrechts, wie für Kaufleute. Bei der Buchführung und der Gewinnermittlung haben die Rechtsanwälte und Notare jedoch das Wahlrecht, die Gewinnermittlung nach den Vorschriften für Kaufleute (EStG § 4 Abs. 1) durch Betriebsvermögensvergleich durchzuführen oder den Gewinn durch eine Einnahmen-Überschussrechnung (EStG § 4 Abs. 3) zu ermitteln. Eine Ausnahme gilt für Rechtsanwälte und Notare, die ihre Kanzlei in der Rechtsform einer GmbH führen. Für eine GmbH ist zwingend das Handelsrecht maßgebend und damit die Buchführungspflicht. Ohne die Durchführung einer der beiden Gewinnermittlungsmethoden würde der Gewinn durch das Finanzamt geschätzt werden.

Die Buchführung und die damit verbundene Gewinnermittlung werden von der Finanzverwaltung nur anerkannt, wenn die Regeln der Ordnungsmäßigkeit der Buchführung eingehalten werden. Bei Verstoß gegen die Ordnungsmäßigkeit kann das Finanzamt den Gewinn ebenfalls durch Schätzung festlegen. Der Gewinn ist Grundlage für die Besteuerung der Einkommen der Rechtsanwälte und Notare nach dem Einkommensteuergesetz.

© Gina Sanders – Fotolia.com

LERNFELD 6

Ordnungsmäßigkeit der Buchführung

- Buchungen und alle sonstigen erforderlichen Aufzeichnungen müssen vollständig, richtig, geordnet und zeitgerecht vorgenommen werden.
- Kassenbuchungen (Einnahmen und Ausgaben) sollen täglich durchgeführt werden (Kassenbuch).
- Inhalte, die korrigiert werden müssen, dürfen nicht unleserlich gemacht werden (z. B. Radieren, Übermalen). Die ursprünglichen, korrigierten Inhalte müssen auch nach Korrektur noch leserlich sein (einfaches Durchstreichen, Stornobuchung).
- Buchungsbelege (z. B. Quittungen, Rechnungen, Gehaltslisten, Kassenberichte, Bankauszüge) sind zehn Jahre aufzubewahren.

2.2 Methoden der Gewinnermittlung

Die Ermittlung des Erfolgs (Gewinn) dient grundsätzlich als Basis für die Ermittlung von Steuern. Die Inhaber oder Partner einer Rechtsanwaltskanzlei haben Anspruch auf diesen Gewinn. Der Gewinnanteil des Anwalts oder Notars stellt Einkünfte aus selbstständiger Arbeit dar und ist damit bei jedem Anwalt oder Notar einkommensteuerpflichtig.

2.2.1 Vergleich der Einnahmen-Überschussrechnung und der Gewinnermittlung durch Betriebsvermögensvergleich

Freiberufler haben die Möglichkeit, zwischen der Einnahmen-Überschussrechnung und der Gewinnermittlung durch Betriebsvermögensvergleich als Methode der Erfolgsermittlung zu wählen. Die Gewinnermittlung durch Betriebsvermögensvergleich ist wesentlich aufwendiger und erfordert eine genaue Aufzeichnung der Geschäftsfälle (Buchführung).

Die Gewinne der Rechtsanwälte und Notare dienen zur Berechnung ihrer individuellen Einkommensteuerschuld. Es handelt sich dabei um Einkünfte aus selbstständiger Arbeit, unabhängig davon, welche Gewinnermittlungsart gewählt wurde.

Gewinnermittlungsarten nach dem Einkommensteuergesetz

Betriebsvermögensvergleich

Gewinnermittlung nach § 4 Abs. 1 EStG

Diese Gewinnermittlungsmethode kann freiwillig durch den Praxisinhaber gewählt werden. Für Kanzleien in der Rechtsform der GmbH ist diese Methode Pflicht.

Voraussetzung

Buchführung mit der Erstellung einer
- Bilanz und einer
- Gewinn- und Verlustrechnung (doppelte Buchführung)

Berechnung des Erfolgs

  Erträge
– Aufwendungen
= Betriebsergebnis (Gewinn oder Verlust)

bzw.

  Betriebsvermögen zu Jahresbeginn
– Betriebsvermögen am Jahresende
= Reinvermögen (Gewinn/Verlust)

Forderungen und Verbindlichkeiten werden berücksichtigt.

Umsatzsteuerbeträge aus Ein- und Ausgangsrechnungen haben keinen Einfluss auf den Gewinn oder Verlust.

Einnahmen-Überschussrechnung

Gewinnermittlung nach § 4 Abs. 3 EStG

Wenn nicht die Gewinnermittlungsmethode nach § 4 Abs. 1 EStG gewählt wurde, muss der Gewinn auf Basis dieser vereinfachten Methode ermittelt werden.

Voraussetzung

Mindestaufzeichnung

LF 6 | 2.2.2

Berechnung des Erfolgs

  Betriebseinnahmen
– Betriebsausgaben
= Gewinn oder Verlust

Forderungen und Verbindlichkeiten werden nicht berücksichtigt.

Umsatzsteuerbeträge aus Ein- und Ausgangsrechnungen wirken sich auf den Erfolg aus.

Wird der Gewinn durch keine der beiden Methoden ermittelt, schätzt das Finanzamt den Gewinn.

Im Folgenden wird von der Gewinnermittlung durch Einnahmen-Überschussrechnung ausgegangen.

2.2.2 Gewinnermittlung durch Einnahmen-Überschussrechnung (EÜR)

Da Freiberufler nicht verpflichtet sind, Bücher zu führen und Abschlüsse zu machen, können sie ihren Jahreserfolg vereinfacht durch eine Einnahmen-Überschussrechnung (EÜR) ermitteln. Um den Überschuss feststellen zu können, müssen jedoch Mindestaufzeichnungen über die Betriebseinnahmen und Betriebsausgaben durchgeführt werden. Auf Verlangen der Steuerbehörde müssen die Betriebseinnahmen und -ausgaben erläutert und glaubhaft gemacht werden können. Grundlage dafür ist die Sammlung der Belege.

Mindestaufzeichnungen

- **Abschreibungsübersicht**
  Erstellen einer Abschreibungsübersicht
- **Umsatzsteuersätze**
  Einnahmen und Ausgaben getrennt nach Umsatzsteuersätzen aufzeichnen
- **Anlegerverzeichnis**
  Abnutzbare und nicht abnutzbare Wirtschaftsgüter des Anlagevermögens in ein Anlegerverzeichnis aufnehmen
- **Personalkosten und Personaldaten**
  Aufzeichnung von Personalkosten und Personaldaten
- **Geringwertige Wirtschaftsgüter**
  Geringwertige Wirtschaftsgüter (zwischen 150,00 und 1.000,00 Euro) in einem besonderen Verzeichnis auflisten
- **Betriebsausgaben**
  Nicht oder beschränkt abziehbare Betriebsausgaben getrennt von den anderen aufzeichnen

LF 6 | 5 Auf getrennten Listen oder Konten sind Einnahmen und Ausgaben getrennt nach Umsatzsteuersätzen aufzuzeichnen.

BEISPIEL

Beratungshonorare netto	90.000,00 Euro
Autorenhonorare netto	15.000,00 Euro
Vereinnahmte Umsatzsteuer 19 %	17.100,00 Euro
Vereinnahmte Umsatzsteuer 7 %	1.050,00 Euro

› Abnutzbare und nicht abnutzbare Wirtschaftsgüter des Anlagevermögens (Grundstücke und grundstücksgleiche Rechte) sind in ein Anlagenverzeichnis aufzunehmen.

Auszug Steuerformular Anlage AVEÜR

BEISPIEL

Gruppe/ Bezeichnung des Wirtschaftsguts	Anschaffungs-/ Herstellungskosten/ Einlagewert EUR | Ct	Buchwert zu Beginn des Gewinnermittlungszeitraums EUR | Ct	Zugänge EUR | Ct	Sonderabschreibung nach § 7g Abs. 5 und 6 EStG EUR | Ct	AfA/ Auflösungsbetrag EUR | Ct	Abgänge (insgesamt Übertrag in Zeile 35 der Anlage EÜR) 3) EUR | Ct	Buchwert am Ende des Gewinnermittlungszeitraums EUR | Ct
Grundstücke und grundstücksgleiche Rechte Grund und Boden	100 ,	101 ,	102 ,			105 ,	106 ,
Gebäude	110 ,	111 ,	112 ,		114 ,	115 ,	116 ,
Andere (z. B. grundstücksgleiche Rechte)	120 ,	121 ,	122 ,		124 ,	125 ,	126 ,
Summe					190 , (Übertrag in Zeile 28 der Anlage EÜR)		

› Für die Abschreibung von abnutzbaren Anlagegütern ist eine Abschreibungsübersicht zu erstellen, aus der sich Anschaffungsdatum, Kaufpreis und Abschreibungsdauer bzw. in Anspruch genommene AfA-Beträge (AfA = Abschreibungen) ersehen lassen.

Auszug Steuerformular Anlage AVEÜR

BEISPIEL

Bewegliche Wirtschaftsgüter (ohne GWG) Kraftfahrzeuge	400 ,	401 ,	402 ,	403 ,	404 ,	405 ,	406 ,
Büroausstattung	410 ,	411 ,	412 ,	413 ,	414 ,	415 ,	416 ,
Andere	420 ,	421 ,	422 ,	423 ,	424 ,	425 ,	426 ,
Summe				480 , (Übertrag in Zeile 31 der Anlage EÜR)	490 , (Übertrag in Zeile 30 der Anlage EÜR)		

MERKE

EStG

Abschreibungen bilden den „Werteverzehr" bzw. die Abnutzung eines Vermögensgegenstandes im Rechnungswesen ab und verteilen die Anschaffungs- bzw. Herstellungskosten von Anlagevermögen auf die Jahre der Nutzung.

Abschreibungen mindern als Aufwand den Gewinn des Unternehmens.

Im Steuerrecht werden Abschreibungen als **Absetzung für Abnutzung,** kurz AfA, bezeichnet (vgl. § 7 EStG).

Die AfA wird zeitanteilig (pro Monat) ab Datum der Anschaffung berechnet (pro rata temporis).

BEISPIEL

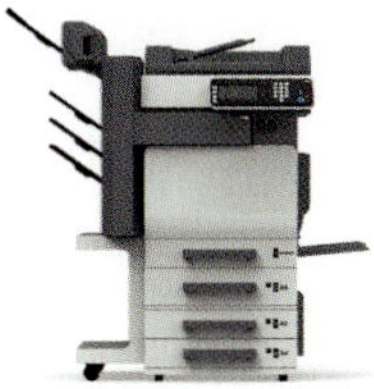
© nerthuz – Fotolia.com

Ein Anwaltsbüro erwirbt am 1. Januar 2020 einen Kopierer für netto 5.000,00 Euro (Anschaffungskosten, netto ohne Umsatzsteuer) mit einer geschätzten Nutzungsdauer von 5 Jahren.

Der Abschreibungsplan verteilt den „Werteverzehr" (z.B. Verschleiß, Abnutzung) linear auf die Geschäftsjahre der Nutzung („pro rata temporis": zeitanteilig), d.h. 2020 bis 2024 mit jährlichen gewinnmindernden Abschreibungen von 1.000,00 Euro.

LERNFELD 6

BEISPIEL

Wäre die Anschaffung z. B. im Juli 2020 erfolgt, dürften für das Jahr 2020 nur für 6 Monate abgeschrieben werden, die AfA würde dann im Jahr 2020 nur $\frac{(1.000 \times 6)}{12}$ = 500,00 Euro betragen.

- Nicht oder beschränkt abziehbare Betriebsausgaben wie z. B. Aufwendungen für Bewirtungen, Geschenke an Geschäftspartner, ein häusliches Arbeitszimmer usw. müssen auch getrennt von den anderen Betriebsausgaben aufgezeichnet werden.
- Geringwertige Wirtschaftsgüter (GWG), deren Anschaffungs- oder Herstellungskosten zwischen 150,00 Euro und 1.000,00 Euro betragen, müssen in einem besonderen Verzeichnis aufgelistet werden.

EStG

MERKE

Geringwertige Wirtschaftsgüter (GWG) sind nach § 6 Abs. 2 EStG abnutzbare bewegliche Wirtschaftsgüter des Anlagevermögens, die einer selbstständigen Nutzung fähig sind.

Für GWG sind drei Abschreibungsmöglichkeiten vorgesehen:

- Die Abschreibung jedes einzelnen Wirtschaftsgutes über die Nutzungsdauer (§ 7 EStG)
- Die Sofortabschreibung für alle GWG bis zu einem Nettoanschaffungsbetrag (ohne Umsatzsteuer) in Höhe von 800,00 Euro (§ 6 Abs. 2 EStG).
- Die Sammelabschreibung (Pool-Abschreibung) für alle GWG zwischen 150,00 Euro und 1.000,00 Euro (§ 6 Abs. 2a EStG). Die Wirtschaftsgüter werden zusammengefasst und der Gesamtbetrag wird über 5 Jahre abgeschrieben.

BEISPIEL 1

Ein Anwaltsbüro erwirbt am 1. Januar 2022 einen Drucker für netto 360,00 Euro.

Das Büro hat folgende Möglichkeiten, den Aufwand gewinnmindernd als Abschreibungen geltend zu machen.

1. Verteilung der AfA auf die Nutzungsdauer (hier 3 Jahre). Im Jahr 2022 und in den Jahren 2023 und 2025 könnten damit je 120,00 Euro als Abschreibungen geltend gemacht werden.
2. Sofortige Abschreibung als Geringwertiges Wirtschaftsgut, d. h., im Jahr 2022 würde AfA in Höhe von 360,00 Euro angesetzt werden.
3. Aufnahme in einen Sammelposten mit anderen Wirtschaftsgütern mit einem Anschaffungswert zwischen 150,00 Euro und 1.000,00 Euro. Dieser gesamte Posten würde über 5 Jahre abgeschrieben werden, also in 2022 ein Fünftel des Sammelpostenwertes.

BEISPIEL 2

Ein Anwaltsbüro erwirbt am 1. Januar 2022 einen Scanner für netto 120,00 Euro.

Das Büro hat folgende Möglichkeiten, den Aufwand gewinnmindernd als Abschreibungen geltend zu machen.

1. Verteilung der AfA auf die Nutzungsdauer (hier 3 Jahre). Im Jahr 2022 und in den Jahren 2023 und 2024 könnten damit je 40,00 Euro als Abschreibungen geltend gemacht werden.
2. Sofortige Abschreibung als Geringwertiges Wirtschaftsgut, d. h., im Jahr 2022 würde AfA in Höhe von 120,00 Euro angesetzt werden.

Eine Abschreibung über den Sammelposten wäre nicht erlaubt, da der Wert des Scanners unter 150,00 Euro liegt.

› Aufzeichnung von Personalkosten:
Der Praxisinhaber muss über jeden Arbeitnehmer Aufzeichnungen führen, die neben den Personaldaten (z. B. Name, Steuerklasse) auch das Bruttogehalt und die Abzüge sowie das Datum der Gehaltszahlung enthalten.

Zahlungsprinzip (Zufluss- und Abflussprinzip)

EStG

Bei der Einnahmeüberschussrechnung werden die Betriebseinnahmen und die Betriebsausgaben nach den Grundsätzen des Zufluss- und Abflussprinzips (§ 11 EStG) erfasst. Betriebseinnahmen dürfen erst dann erfasst werden, wenn sie zugeflossen sind. Betriebsausgaben werden dem Kalenderjahr der Zahlung zugeordnet. Eine Ausnahme bilden regelmäßig wiederkehrende Einnahmen und Ausgaben. Wenn diese 10 Tage vor oder 10 Tage nach dem 31.12. geflossen sind, müssen sie in dem Jahr erfasst werden, in das sie wirtschaftlich gehören. Das gilt z. B. für:

› Miet- oder Pachteinnahmen
› Lohn- und Gehaltszahlungen

BEISPIEL

In einem Anwaltsbüro finden folgende Geschäftsfälle statt.

1. Mietzahlung für den Dezember wird am 8. Januar des Folgejahres geleistet.
2. Gehaltszahlung an die Angestellten für Januar erfolgt am 30. Dezember des Vorjahres.
3. Mieteinnahme für eine vermietete Garage wird vom Mieter am 12. Januar überwiesen, betrifft aber die Dezembermiete des Vorjahres.

BEISPIEL

Lösungen:

1. Ausgabe für das alte Jahr, da die Zahlung in die Zehn-Tage-Regelung fällt. Die Ausgabe betrifft das alte Jahr.
2. Ausgabe für das neue Jahr, da die Zahlung in die Zehn-Tage-Regelung fällt und die Ausgabe wirtschaftlich das neue Jahr betrifft.
3. Einnahme für das neue Jahr. Es handelt sich zwar um eine regelmäßig wiederkehrende Einnahme, allerdings ist die Zehn-Tages-Frist verstrichen.

2.2.2.1 Betriebseinnahmen

Betriebseinnahmen sind alle **Geldeingänge,** die der Kanzlei im Laufe eines Wirtschaftsjahres (i.d.R. Kalenderjahr) zugeflossen sind. Als **Zuflusszeitpunkt** gilt der Zeitpunkt, an dem das Geld in bar oder als Bankgutschrift eingegangen ist.

Betriebseinnahmen

Vergütungen	Entgelt nach RVG bzw. KostO für die anwaltliche oder notarielle Tätigkeit.
Auslagen	Ersatz für Fahrkosten, Postgebühren, Dokumentenerstellung u.Ä.
Verwahrgebühren	Vergütung für den Empfang, Verwahrung und Weiterleitung von Fremdgeld.
Hilfsgeschäfte	Einnahmen, die nicht zu den Haupt- oder Nebentätigkeiten gehören, wie z. B. Mieteinnahmen, Zinserträge, Verkauf von Büroeinrichtungsgegenständen.
Nebentätigkeiten	Einnahmen, die nicht aus der Haupttätigkeit als Rechtsanwalt oder Notar, sondern aus einer zusätzlich ausgeübten Tätigkeit erzielt werden, wie z. B. Dozententätigkeit, Insolvenzverwaltung, Treuhänder, Testamentsvollstreckung, Aufsichtsratstätigkeit.

Als Einnahmen werden auch die vereinnahmten **Umsatzsteuer**beträge erfasst. Keine Einnahmen dagegen sind Geldbeträge, die der Kanzlei durch Aufnahme von Darlehen zufließen, sowie Geldbeträge, die im Namen und auf Rechnung eines anderen vereinnahmt wurden (z. B. auf Anderkonten).

Bei der kalendermäßigen Zuordnung der Einnahmen gilt das Zufluss-Prinzip unter Beachtung der Zehn-Tages-Frist.

2.2.2.2 Betriebsausgaben

Betriebsausgaben sind alle **Geldausgänge,** die von der Kanzlei im Laufe eines Wirtschaftsjahres (i. d. R. das Kalenderjahr) verursacht und gezahlt wurden. Als **Abfluss**zeitpunkt gilt der Zeitpunkt der Geldübergabe an den Empfänger oder der Zeitpunkt der Überweisung an den Empfänger.

Betriebsausgaben

Personalkosten

Hierzu gehören:

- Bruttogehälter der Angestellten
- Ausbildungsvergütungen der Auszubildenden
- Sozialversicherungsbeiträge des Arbeitgebers

Verwaltungskosten

Beispiele für die Verwaltungskosten sind Aufwendungen für den Bürobedarf (z. B. Schreibwaren, Papier, Stifte, Vordrucke, Postgebühren), für Fachbücher, für Reparaturen von EDV-Anlagen oder Versicherungen wie z. B. die Einbruchdiebstahlsversicherung.

Raumkosten

Beispiele für Raumkosten sind Miete, Strom-, Wasser- und Heizungskosten sowie Aufwendungen für Reinigung und Instandhaltung oder für Müllabfuhr.

Kraftfahrzeugkosten

Für Kraftfahrzeuge, die betrieblich genutzt werden, fallen Versicherung, Steuern, Reparaturen und Betriebskosten (Kraftstoff, Öl, Inspektionen) an.

Zinsen

Zu den Zinsaufwendungen gehören die gezahlten Zinsen für Darlehen und die sonstigen Kosten, die die Bank in Rechnung stellt.

Die gezahlten Umsatzsteuerbeträge aus Eingangsrechnungen stellen Betriebsausgaben dar.

Keine Ausgaben dagegen sind Geldbeträge, für die Rückzahlung (Tilgung) von Darlehen oder die Weiterleitung von Fremdgeldern (z. B. über Anderkonten). Auch die Entnahme von Geld durch den Kanzleiinhaber stellt keine Betriebsausgabe dar.

Bei der kalendermäßigen Zuordnung der Ausgaben gilt das Zufluss-Prinzip unter Beachtung der Zehn-Tages-Frist.

Besonderheit Anlagegegenstände

Ebenfalls keine Ausgabe stellt die Anschaffung von Anlagegegenständen dar. Gewinnmindernd als Aufwand wirkt sich aber die Abschreibung der Wirtschaftsgüter aus. Der Aufwand wird also auf die Nutzungsdauer verteilt. Eine Besonderheit spielen dabei die Geringwertigen Wirtschaftsgüter.

© arsdigital – Fotolia.com

Beim Anlagevermögen muss zwischen abnutzbarem und nicht abnutzbarem Vermögen unterschieden werden. Nur die abnutzbaren Gegenstände dürfen abgeschrieben werden.

Anlagevermögen

Anlagevermögen sind Teile des Vermögens eines Unternehmens, die nicht zur Veräußerung bestimmt sind, sondern längerfristig dem Unternehmen dienen sollen.

nicht abnutzbares Anlagevermögen

z. B.
- Grundstücke
- Beteiligungen
- Finanzanlagen

- keine Betriebsausgabe
- keine Erfolgswirksamkeit

abnutzbares Anlagevermögen

z. B.
- Gebäude
- Fuhrpark (Kfz)
- Büroeinrichtungen und Geräte (z. B. PC, Schreibtisch)

- Betriebsausgabe in Form der Abschreibung (AfA)
- Erfolgswirksamkeit: AfA stellt eine Betriebsausgabe dar und mindert den Gewinn

2.3 Erfassung der Geschäftsfälle bei der Einnahmen-Überschussrechnung

Die Einnahmen-Überschussrechnung erfordert keine buchhalterische Erfassung der Geschäftsfälle. Allerdings ist eine laufende Erfassung der Betriebseinnahmen und -ausgaben sinnvoll und erleichtert die Erstellung der Einnahmen-Überschussrechnung.

Eine einfache Aufzeichnung der laufenden Geschäftsfälle kann nach folgendem Schema mit Beispielen erfolgen.

		Jahr	Monat					
Beleg	Datum	Transaktion in Euro	Betriebseinnahmen in Euro			Betriebsausgaben in Euro		
			netto	USt	gesamt	netto	USt	gesamt
1	02.01.	Kauf Aktenkoffer				100,00	19,00	119,00
2	15.01.	Anschaffung PKW Preis: 20.000,00 + 3.800,00 USt					3.800,00	3.800,00
3	18.03.	Honorar Fall Weber 5.000,00 + 950,00 USt	5.000,00	950,00	5.950,00			
4	14.04.	Darlehen Tilgung 500,00 Zins 50,00				50,00		50,00
5	16.06.	Anzahlung eines Klienten	1.000,00	190,00	1.190,00			
		usw.						
	31.12.	AfA PKW Nutzungsdauer: 5 Jahre Ansch.wert: 20.000,00 AfA 4.000,00				4.000,00		4.000,00

Wenn der Gewinn nach § 4 Abs. 3 EStG durch den Überschuss der Betriebseinnahmen über die Betriebsausgaben berechnet wird, muss die EÜR nach amtlichem Datensatz durch Datenfernübertragung an das Finanzamt übermittelt werden. Für die Datenübermittlung wurde das Formular „Anlage EÜR" entwickelt. Dieses Formular sieht eine standardisierte Aufschlüsselung der Betriebseinnahmen und -ausgaben vor.

1 Name des Steuerpflichtigen bzw. der Gesellschaft/Gemeinschaft/Körperschaft
2 Vorname
3 (Betriebs-)Steuernummer

Anlage EÜR
Bitte für jeden Betrieb eine gesonderte Anlage EÜR übermitteln!
77 19 1
99 15

Einnahmenüberschussrechnung
nach § 4 Abs. 3 EStG für das Kalenderjahr 2019
4 davon abweichend 131 Beginn T T M M 2022 132 Ende T T M M J J J J
5 Art des Betriebs 100
6 Rechtsform des Betriebs
7 Einkunftsart 103 Land- und Forstwirtschaft = 1, Gewerbebetrieb = 2, Selbständige Arbeit = 3
8 Betriebsinhaber 104 Stpfl./Ehemann/Person A (Ehegatte A/Lebenspartner[in] A)/Gesellschaft/Körperschaft = 1, Ehefrau/Person B (Ehegatte B/Lebenspartner[in] B) = 2, Beide Ehegatten/Lebenspartner[innen] = 3
9 Wurde im Kalenderjahr/Wirtschaftsjahr der Betrieb beendet? 111 Veräußert oder Aufgabe = 1 (Bitte Zeile 102 beachten) Unentgeltliche Übertragung = 2
10 Wurden im Kalenderjahr/Wirtschaftsjahr Grundstücke/grundstücksgleiche Rechte entnommen oder veräußert? 120 Ja = 1 oder Nein = 2

Das Finanzamt fordert dabei die Summen aus den folgenden **Einnahmen** (gekürzt):

- Umsatzsteuerpflichtige Einnahmen
- Umsatzsteuerfreie Einnahmen
- vereinnahmte Umsatzsteuer
- vom Finanzamt erstattete Umsatzsteuer

Dem gegenübergestellt werden folgende **Ausgaben** (gekürzt):

- bezogene Fremdleistungen
- Ausgaben für eigenes Personal
- Absetzung für Abnutzung (AfA)

- Raumkosten und sonstige Grundstücksaufwendungen
- sonstige unbeschränkt abziehbare Betriebsausgaben (z. B. Aufwendungen für Telekommunikation, Reisekosten, Miete, Werbekosten, Schuldzinsen)
- gezahlte Vorsteuerbeträge (Umsatzsteuer auf Eingangsrechnungen)
- Kraftfahrzeug- und andere Fahrtkosten

Aus der Differenz zwischen Einnahmen und Ausgaben ist der Erfolg (Gewinn oder Verlust) zu ermitteln.

BEISPIEL

Für die Anwaltskanzlei Maier und Maier soll aus folgenden Aufzeichnungen eine Einnahmen-Überschuss-Rechnung erstellt werden (ohne amtliches Formular). Alle Beträge enthalten die gesetzliche Umsatzsteuer.

Allgemeine Verwaltungskosten	30.000,00 Euro
Personalkosten	80.000,00 Euro
Kfz-Kosten	20.000,00 Euro
Mieterträge	30.000,00 Euro
Zinsaufwendungen	5.000,00 Euro
Vergütungen	300.000,00 Euro
Kosten für Reinigung der Kanzleiräume	20.000,00 Euro

Lösung:

Betriebseinnahmen		
Vergütungen	300.000,00 Euro	
Mieterträge	30.000,00 Euro	330.000,00 Euro
Betriebsausgaben		
Verwaltungskosten	30.000,00 Euro	
Personalkosten	80.000,00 Euro	
Kfz-Kosten	20.000,00 Euro	
Raumkosten	20.000,00 Euro	
Zinsaufwendungen	5.000,00 Euro	155.000,00 Euro
Betriebsergebnis (Gewinn)		175.000,00 Euro

Das amtliche Formular erfordert den Ausweis der den Mandanten berechneten Umsatzsteuer aus Ausgangsrechnungen sowie der gezahlten Umsatzsteuer (Vorsteuer) aufgrund von Eingangsrechnungen.

BEISPIEL

Für die Anwaltskanzlei Maier und Maier soll aus folgenden Aufzeichnungen eine Einnahmen-Überschussrechnung erstellt werden (ohne amtliches Formular). Es wird ein Umsatzsteuersatz von 19 % unterstellt.

BEISPIEL

Aufwand/Erträge/Geschäftsfälle		Nettobetrag	USt	Bruttobetrag
1	Allgemeine Verwaltungskosten	30.000,00	5.700,00	35.700,00
2	Personalkosten	80.000,00		80.000,00
3	Kfz-Kosten, davon ohne USt Steuern/Versicherungen 3.000,00	23.000,00	3.800,00	26.800,00
4	Mieterträge	30.000,00		30.000,00
5	Zinsaufwendungen	5.000,00		5.000,00
6	Vergütungen/Honorare	450.000,00	85.500,00	535.500,00
7	Kosten für Reinigung der Kanzlei	20.000,00	3.800,00	23.800,00

Weiterhin müssen folgende Geschäftsfälle noch berücksichtigt werden:

8	Anschaffung eines Aktencontainers netto 130,00 + 19 % USt 24,70 = 154,70	130,00	24,70	154,70
9	Anschaffung eines Druckers netto 800,00 zzgl. 19 % USt 152,00 = 952,00 (Nutzungsdauer: 3 Jahre) Es besteht bereits ein Sammelposten für GWG für das laufende Jahr (Bestand bisher 9.200,00 Euro)	800,00	152,00	952,00
10	Anschaffung eines Kopierers netto 3.500,00 + 665,00 USt = 4.165,00 (Nutzungsdauer: 7 Jahre)	3.500,00	665,00	4.165,00
11	AfA für die älteren Anlagegüter: 8.000,00 Euro			

Lösung:

Einnahmen-Überschussrechnung
(Zusammenfassung entsprechend dem amtlichen Formular)

Betriebseinnahmen

Honorare 6	450.000,00	
Mieterträge 4	30.000,00	
vereinnahmte USt 6	85.500,00	565.500,00

Betriebsausgaben

Allgemeine Verwaltungskosten 1	30.000,00	
Personalkosten 2	80.000,00	
Kfz-Kosten 3	23.000,00	
Raumkosten 7	20.000,00	
Zinsaufwendungen 5	5.000,00	
bezahlte Umsatzsteuer (Vorsteuer) (1 5.700,00 + 3 3.800,00 + 7 3.800,00 + 8 24,70 + 9 152,00 + 10 665,00)	14.141,70	

BEISPIEL

AfA Abschreibung		
Geringwertige Wirtschaftsgüter:		
(8 unter 150,00 Euro)	130,00	
AfA Sammelposten laufendes Geschäftsjahr:		
9.200,00 + 9 neu 800,00 =		
10.000,00 – AfA auf 5 Jahre		
10.000,00 : 5 = 2.000,00	2.000,00	
AfA Anlagegüter aus Vorjahren: 11		
8.000,00		
für Kopierer: 10		
3.500,00 : 7 = 500,00	8.500,00	182.771,70
steuerpflichtiger Gewinn		**382.728,30**

2.4 Zusammenfassung und Aufgaben

ZUSAMMENFASSUNG

Erfolgsermittlung als Grundlage der Besteuerung von Rechtsanwälten/Notaren

Betriebsvermögensvergleich	**Einnahmen-Überschussrechnung**
Gewinnermittlung auf Grundlage der doppelten Buchführung	Gewinnermittlung auf Grundlage der Mindestbuchführung

- Rechtsanwälte und Notare haben ein Wahlrecht zwischen den Gewinnermittlungsarten.
- Kein Wahlrecht besteht für Kanzleien in der Rechtsform der GmbH, für sie besteht volle Buchführungspflicht.

Einnahmen-Überschussrechnung (EÜR)

Betriebseinnahmen
– Betriebsausgaben
= Gewinn/Verlust

Wichtige Besonderheiten bei der EÜR

- Der Anschaffungswert eines Anlagegutes verursacht keine Betriebsausgabe.
- Der Kauf eines Anlagegutes verursacht Betriebsausgaben durch die Umsatzsteuer und die Abschreibung (AfA).
- Bei Vermögensgegenständen des Anlagevermögens gelten die steuerrechtlichen Vorschriften über die Geringwertigen Wirtschaftsgüter (GWG).
- Umsatzsteuer auf Eingangsrechnungen werden als Betriebsausgabe erfasst.
- Umsatzsteuer auf Ausgangsrechnung stellt eine Betriebseinnahme dar.
- Einnahmen und Ausgaben sind nach dem Zuflussprinzip auf die Wirtschaftsjahre anzurechnen, eine Ausnahme stellen regelmäßige Zahlungen dar, die innerhalb der Zehn-Tages-Frist erfolgen.

AUFGABEN

1. Welchem Kalenderjahr (altes oder neues) sind die folgenden Zahlungen zuzuordnen?

a. Kauf von Büromaterial am 15.12. altes Jahr, Zahlung am 7.1. des neuen Jahres
b. Zahlungseingang für Januar-Miete am 08.01.
c. Zahlungseingang für Januar-Miete am 15.12. Vorjahr
d. Zahlungseingang für Januar-Miete am 22.12. Vorjahr
e. Zahlung eines Fachbuches, Rechnung vom 22.12. am 10.01. Folgejahr
f. Gehaltszahlung für das Januar-Gehalt unserer Mitarbeiter am 15.12. altes Jahr
g. Gehaltszahlung für das Januar-Gehalt unserer Mitarbeiter am 15.01. Folgejahr
h. Gehaltszahlung für das Januar-Gehalt unserer Mitarbeiter am 24.12. altes Jahr
i. Gehaltszahlung für das Januar-Gehalt unserer Mitarbeiter am 24.01. Folgejahr

2. Wie werden folgende Geschäftsfälle im Rahmen einer Einnahmen-Überschussrechnung behandelt (Betriebseinnahme/Betriebsausgabe/keine BE oder BA)? Ordnen Sie die Fälle folgendem Schema zu und tragen Sie die Beträge in die Spalten ein!

Fall	keine BE und keine BA	BE	BA

»

a. Kauf von Bürobedarf für 100,00 Euro + 19,00 Euro USt
b. Gehaltszahlung an Mitarbeiter 12.000,00 Euro
c. Darlehensaufnahme, Darlehensbetrag 25.000,00 Euro
d. Zinszahlung für das Darlehen: 100,00 Euro
e. Tilgungsrate für das Darlehen: 500,00 Euro
f. Kauf eines Faxgerätes: 116,00 Euro + 19 % USt
g. Kauf eines Schreibtisches: 500,00 Euro + 19 % USt
h. Kauf eines neues Pkw (Geschäftswagen): 30.000,00 Euro + 19 % USt (Nutzungsdauer 5 Jahre)
i. Anzahlung eines Klienten: 1.190,00 Euro, einschließlich 19 % USt
j. Honorarabrechnung: 5.000,00 Euro + 19 % USt
k. Mietzahlung an den Vermieter der Kanzleiräume: 3.000,00 Euro
l. Mietzahlung für die Wohnungsmiete des Kanzleiinhabers: 1.000,00 Euro

3. Errechnen Sie den Gewinn bzw. Verlust nach der Einnahmen-Überschuss-Rechnung. Verwaltungskosten (netto) 70.000,00 Euro; Mieteinnahmen 10.000,00 Euro, vereinnahmte USt 57.000,00 Euro, Personalkosten 100.000,00 Euro, Honorar (netto) 300.000,00 Euro, bezahlte USt 13.300,00 Euro, Raumkosten 7.000,00 Euro

3. BELEGE BEARBEITEN

3.1 Belege verwalten

Grundsätzlich hat ein Rechtsanwalt oder Notar alle Belege zu erfassen und aufzubewahren, damit er gegenüber dem Finanzamt den tatsächlich erwirtschafteten Gewinn geltend machen kann. Dies gilt auch, wenn er seine Geschäfte nach den Regelungen der Einnahmen-Überschussrechnung erfasst. In diesem Fall der Geschäftsaufzeichnung gelten Einnahmen erst dann als solche, wenn das Geld entweder in bar oder auf dem Bankkonto eingegangen ist. Für die Ausgaben gilt ebenfalls, dass vor der Erfassung die Zahlung erfolgt sein muss. Aus diesem Grund wird vom Zufluss- und Abflussprinzip gesprochen. Damit eine korrekte Erfassung möglich ist, sollten die Belege in zeitlicher Abfolge sortiert werden. Unterschieden wird auch, wie die Belege bezahlt wurden.

© Tran-Photography – Fotolia.com

Belege

Barbeleg	alle Rechnungen und Quittungen, die bar bezahlt wurden	Nach Datum sortieren, der neueste Beleg kommt nach oben.
Bankbeleg	alle Einnahmen und Ausgaben, die über das Bankkonto gelaufen sind	Zuerst nach Kontonummer sortieren, da häufig mehrere Konten geführt werden. Anschließend nach Nummer des Auszugs sortieren, der neueste Auszug kommt nach oben. Alle Rechnungen werden hinter dem jeweiligen Kontoauszug einsortiert.
Rechnungen Kreditkartenzahlung	alle Rechnungen, die von der Kanzlei mit Kreditkarte bezahlt wurden (Ausgaben)	Sortieren der Einzelbelege in chronologischer Reihenfolge und als Kreditkartenabrechnung zusammenzählen.

Die **Aufbewahrungsfrist** für die Belege beträgt **zehn Jahre** und beginnt ab dem Ende des Jahres zu laufen, in dem die Rechnung gestellt wurde.

3.2 *Belege erfassen*

Häufig wird ein Softwareprogramm verwendet, in dem die Belege erfasst werden. Unabhängig von dem verwendeten Programm müssen zwei Konten, ein Buchungstext (Grund des Geschäftsfalls), der Umsatzsteuersatz sowie der Betrag einschließlich Steuer (brutto) angegeben werden.

Wird kein Softwareprogramm verwendet, wird auf dem Zahlungsverkehrskonto der Bruttobetrag angegeben, auf dem zweiten Konto der Nettobetrag und auf einem dritten Konto die erhaltene (= Vorsteuer) oder gezahlte Umsatzsteuer.

Alle **Barbelege** werden unter dem **Konto Barbelege/Kasse,** alle **Bankbelege** unter dem **Konto Bank** erfasst. Somit ist ein Konto bekannt. Das zweite Konto hängt davon ab, ob ein **Einnahme- oder Ausgabebeleg** erfasst werden soll. Bei einem Geldeingang ist das zweite Konto ein Erlöskonto, z. B. Honorar. Bei einer Zahlung bezieht sich das zweite Konto auf eine Ausgabe, z. B. Bürobedarf.

Auszug von Konten, die ein Rechtsanwalt oder Notar benötigt.

Kontenart	Kontenbezeichnung
Finanzkonten	› 10 Kasse › 12 Bank › 13 Anderkonto › 17 Fremdgeld
Einnahmen	› 8001 Honorar › 8080 Einnahmen aus Nebentätigkeit › 81 Umsatzsteuer
Ausgaben	› 41 Personalkosten › 49 Allgemeine Verwaltungskosten › 4000 Vorsteuer

BEISPIEL 1

Mandant Meier überweist das Honorar in Höhe von 476,00 Euro einschließlich Umsatzsteuer auf das Bankkonto von Rechtsanwalt Gebhard.

Hier liegt ein Bankbeleg vor. Der Zahlungseingang wird auf einem Kontoauszug ersichtlich. Hinter diesen Kontoauszug wird eine Kostenrechnung angeheftet. Die betroffenen Konten: das Konto **12 Bank für den Zahlungseingang** und das Konto **8001 Honorar für den Zahlungsgrund,** Buchungstext: Kostenrechnung.

BEISPIEL 2

Die Kanzlei Gebhard hat Kopierpapier gekauft und bar 238,00 Euro brutto bezahlt.

In diesem Fall muss ein Barbeleg erfasst werden. Betroffene Konten: Konto **10 Kasse für den Zahlungsausgang** und Konto **49 Allgemeine Verwaltungskosten für den Zahlungsgrund bzw. die Art der Ausgabe,** Buchungstext: Kauf von Büromaterial.

MERKE

Bei der Erfassung der Belege müssen unabhängig von einem Buchführungsprogramm die Konten in einer bestimmten Reihenfolge erfasst werden. Diese Reihenfolge wird von den Regeln der doppelten Buchführung bestimmt.

Die linke Seite eines Kontos wird als SOLL-Seite, die rechte als HABEN-Seite bezeichnet.

Gebucht wird immer **SOLL an HABEN.**

Bei Kassen- und Bankkonto wird ein Zuwachs immer auf der SOLL-Seite und ein Abgang immer auf der HABEN-Seite erfasst.

Geldeingang → **SOLL bei Kasse/Bank**

Geldabgang → **HABEN bei Kasse/Bank**

Daraus ergibt sich, dass die Beträge bei dem zweiten Konto immer auf der entgegengesetzten Seite zu Kasse/Bank erfasst werden müssen.

Gebucht wird sowohl bei Zahlungseingängen als auch bei Zahlungsausgängen immer auf drei Konten.

Zahlungseingang → **Kasse/Bank Bruttobetrag** ▼ **Erlöskonto Nettobetrag**
Umsatzsteuer

Zahlungsausgang → **Ausgabe-/Aufwandskonto Nettobetrag** ▼ **Kasse/Bank Bruttobetrag**
Vorsteuer

BEISPIEL

Auswirkungen dieser Buchführungsregel auf die obigen Beispiele:

Zu Beispiel 1: Bank nimmt zu → Buchung im SOLL

12	Bank	476,00 Euro	an	8001 81	Honorar Umsatzsteuer	400,00 Euro 76,00 Euro

Zu Beispiel 2: Kasse nimmt ab → Buchung im HABEN

49 4000	Allg. Verw.-kosten Vorsteuer	200,00 Euro 38,00 Euro	an	10	Kasse	238,00 Euro

EXKURS

Buchführung

Führt der Rechtsanwalt eine ordnungsgemäße Buchführung durch, erstellt er eine **Bilanz.**

Die Bilanz ist eine Kurzfassung des Inventars in Kontenform.

Die Bilanz ermöglicht in übersichtlicher Form das Verhältnis zwischen Vermögen und Schulden zu überschauen. Sie enthält auf der linken Seite die Vermögensteile, auf der rechten Seite die Schulden (= Eigenkapital + Fremdkapital). Beide Seiten der Bilanz (ital. bilancia = Waage) weisen daher die gleichen Summen auf.

Die Vermögenswerte sind Aktiva, die Kapitalwerte sind Passiva.

Aktiva — **Bilanz**	**Passiva**
Diese Seite erfasst die Formen des Vermögens.	Diese Seite erfasst die Quellen des Kapitals.
Mittelverwendung	Mittelherkunft
Beispiele: Praxisausstattung, Kfz, Bank, Kasse	Beispiele: Eigenkapital, Darlehen, Fremdgeld

Bestandskonten

Bestandskonten weisen die Bestände an Vermögen und Kapital des Unternehmens auf und erfassen die Veränderungen dieser Bestände aufgrund von Geschäftsfällen. Diese Konten werden in der Bilanz erfasst.

Man spricht von aktiven und passiven Bestandskonten, je nachdem, auf welcher Bilanzseite sie stehen.

Die linke Seite eines Kontos wird mit SOLL (S), die rechte Seite mit HABEN (H) bezeichnet.

SOLL (S)	**HABEN (H)**
Auf der linken Seite der Bilanz stehen die **Aktivkonten.** Bei ihnen stehen die Anfangsbestände (AB) auf der Sollseite, weil sie sich auf der **linken (SOLL-) Seite** der Bilanz befinden.	Auf der rechten Seite der Bilanz stehen die **Passivkonten.** Bei ihnen stehen die Anfangsbestände (AB) auf der Habenseite, weil sie sich auf der **rechten (HABEN-) Seite** der Bilanz befinden.

- **Mehrungen** stehen auf der Seite der Anfangsbestände (AB), weil sie diese Bestände vergrößern.
- **Minderungen** stehen auf der entgegengesetzten Seite.
- Saldiert man nun die Minderungen mit den Beträgen der anderen Seite, so erhält man den Schlussbestand (SB), sodass jedes Konto wie eine kleine Waage am Ende auf beiden Seiten (SOLL und HABEN) mit gleicher Summe abschließt.
- Aktiv- und Passivkonten sind Bestandskonten, da sie i. d. R. einen Anfangs- und einen Schlussbestand haben und sich in der Bilanz wiederfinden.

Der Buchungssatz

Der Buchungssatz ist die kürzeste Anweisung zur Verbuchung eines Geschäftsfalles. Dabei gilt:

Buchungssatz

1. zuerst das Konto, auf dem der Betrag im SOLL steht
2. dann der Betrag
3. dann das Konto, auf dem der Betrag im HABEN steht
4. dann der Betrag

Der Buchungssatz lautet immer(!): **SOLL an HABEN**

1. Sowohl auf der SOLL- als auch auf der HABEN-Seite können mehrere Konten betroffen sein.
2. Die Betragssumme der SOLL-Seite muss immer mit der Betragssumme auf der HABEN-Seite übereinstimmen.

Erfolgskonten (= Aufwands- und Ertragskonten)

Jeder Werteverzehr an Gütern und Diensten in einem Unternehmen wird als **Aufwand** bezeichnet. **Aufwendungen vermindern das Eigenkapital und werden auf den Aufwandskonten im Soll gebucht.**

Alle Wertzuflüsse, die den Erfolg eines Unternehmens erhöhen, werden als **Erträge** bezeichnet. **Erträge erhöhen das Eigenkapital und werden auf den Ertragskonten im Haben gebucht.**

Aufwands- und Ertragskonten sind **Unterkonten** des Kontos Eigenkapital. Eigenkapital ist ein Passivkonto, welches im SOLL abnimmt und im HABEN zunimmt. Daher wird

- auf den Aufwandskonten die **Minderung** des Eigenkapitals **im SOLL** und
- auf den Ertragskonten die **Mehrung** des Eigenkapitals **im HABEN** gebucht.

Abgeschlossen werden die Konten über das **Sammelkonto Gewinn- und Verlustkonto (GuV).** Die Buchungssätze lauten:

- **GuV an Aufwandskonten**
- **Ertragskonten an GuV**

Das GuV-Konto wird über das Eigenkapital (EK) abgeschlossen. Dafür lauten die Buchungssätze:

Buchungssätze

- **GuV an EK**: wenn die Erträge größer als die Aufwendungen sind (in diesem Fall erhöht ein Gewinn das Eigenkapital)
- **EK an GuV**: wenn die Erträge kleiner als die Aufwendungen sind (in diesem Fall vermindert ein Verlust das Eigenkapital)

Vor einer Buchung müssen folgende **4 Fragen** beantwortet werden:

- **Welche Konten sind betroffen?**
- **Handelt es sich um ein Aktiv- oder Passivkonto oder um ein Erfolgskonto?**
- **Wie ändern sich die Bestände auf diesen Konten? (+/–)**
- **Auf welcher Kontenseite wird gebucht?**

4. FREMDGELDER VERWALTEN

Bei Rechtsanwälten und Notaren gehen häufig Gelder von Dritten ein, die nicht zum Vermögen der Kanzlei gehören. Diese Gelder müssen weitergeleitet und ggf. verwahrt werden. Sie werden als Fremdgeld bezeichnet. Da das Fremdgeld den Rechtsanwälten und Notaren nicht zusteht, haben sie bis zur Weiterleitung gegenüber den Berechtigten eine Verbindlichkeit (Schuld). Die Fremdgelder sind auf gesonderten Bankkonten zu verwahren. Das dafür verwendete Bankkonto heißt Anderkonto.

Fremdgeld bei einem Rechtsanwalt kann z. B. sein:

- Unterhaltsforderungen
- Gelder in Vormundschaftssachen
- Gelder aus Nachlässen
- Gelder aus Zwangsvollstreckungsmaßnahmen

Fremdgeld bei einem Notar kann z. B. sein:

- Kaufpreis im Rahmen eines Grundstückskaufvertrags

EXKURS

Verwahrung im Notariat

Fremdgelder müssen im Notariat im Verwahrungs- und Massenbuch festgehalten werden.

Verwahrungs- und Massenbuch sind Verzeichnisse über die Aufbewahrung und Weitergabe von Geld, Wertpapieren und Kostbarkeiten an Dritte. Dieses Fremdgeld wird auf einem Notaranderkonto verwahrt.

Eingetragen wird ein Verwahrungsgeschäft.

Verwahrungsgeschäft

Verwahrungsbuch		Massenbuch
Alle Hinterlegungsgeschäfte werden zeitlich fortlaufend eingetragen.		Für jedes Geschäft wird ein eigenes Kontenblatt geführt.
Einnahmen – Ausgaben	=	Summe aller noch laufenden Geschäfte

Alle abgeschlossenen Geschäfte werden **rot** durchgestrichen.

Diese doppelte Aufzeichnung ermöglicht jederzeit eine gute Kontrolle über laufende und abgeschlossene Verwahrgeschäfte.

Die Verwahrung darf nur aufgrund einer schriftlichen Verwahrungsanweisung erfolgen.

Die Hinterlegung von Geld erfolgt auf einem Notaranderkonto. Für jede Masse wird ein eigenes Notaranderkonto geführt. Über Notaranderkonten darf nur der Notar oder sein amtlich bestellter Vertreter verfügen.

Zusätzlich muss der Notar eine Anderkontenliste = Liste aller Anderkonten für jede Masse führen.

BEISPIEL

Bei Rechtsanwalt Gebhard gehen in der Vormundschaftssache Mauz ./. Mauz 2.400,00 Euro zur Verwahrung auf dem kanzleieigenen Bankkonto ein.

Lösung:

Der Betrag steht der Kanzlei nicht zu, weshalb die 2.400,00 Euro auf ein gesondertes Konto eingezahlt werden müssen = **Anderkonto** („anderes" Bankkonto). Zunahme des Anderkontos im SOLL.

MERKE

Fremdgeld und eigenes Vermögen sind voneinander getrennt zu verwahren.
Die Verwahrung des Fremdgeldes erfolgt auf dem sogenannten Anderkonto.

BEISPIEL

Bei Rechtsanwalt Gebhard gehen auf dem Bankkonto 3.990,00 Euro ein. Darin ist eine Unterhaltsforderung in Höhe von 2.800,00 Euro enthalten. Die Weiterleitung kann nicht sofort erfolgen. Rechtsfachwirtin Müller bereitet die Belege für die Buchhaltung vor.

Lösung:

Frau Müller hält den Zahlungseingang gemäß der Belegerfassung fest. In einem zweiten Schritt muss sie die 2.800,00 Euro auf 13 Anderkonto umbuchen, da die Unterhaltsforderung der Kanzlei nicht zusteht und das fremde Vermögen vom eigenen Vermögen getrennt werden muss.

Zahlungseingang:

Bankkonto nimmt im SOLL zu, das Erlöskonto Honorar, die Umsatzsteuer und das Fremdgeld sind somit im HABEN zu erfassen.

12 Bank	3.990,00 Euro	an	17	Fremdgeld	2.800,00 Euro
			8001	Honorar	1.000,00 Euro
			81	Umsatzsteuer	190,00 Euro

Umbuchung:

13 Anderkonto	2.800,00 Euro	an	12	Bank	2.800,00 Euro

4.1 Zusammenfassung und Aufgaben

ZUSAMMENFASSUNG

Belege

Belege von eingehenden Zahlungen und Auszahlungen werden in zeitlicher Reihenfolge abgeheftet.

Belege

Bei der Erfassung der Belege sind auf jedem Beleg der Bruttobetrag, der Nettobetrag und die Umsatzsteuer (= Zahlungseingang) bzw. die Vorsteuer (= Zahlungsausgang) zu vermerken.

Fremdgeld

Fremdgeld gehört nicht zum Vermögen der Kanzlei und muss an einen Dritten weitergeleitet werden. Wird Fremdgeld nicht unmittelbar weitergeleitet, wird es vom eigenen Vermögen getrennt auf dem sogenannten Anderkonto verwahrt.

AUFGABEN

1. Die Rechtsanwaltskanzlei Gebhard erhält von dem Büroausstatter Kurz eine Rechnung für Druckerpapier in Höhe von 595,00 Euro brutto. Frau Muster überweist den Rechnungsbetrag termingerecht. Erfassen Sie die für die Rechnung erforderlichen Konten mit den zugehörigen Beträgen.
2. Mandant Frisch überweist die gestellte Kostenrechnung in Höhe von 800,00 Euro netto zuzüglich Umsatzsteuer. Erfassen Sie die Konten mit den jeweiligen Beträgen.
3. Notar Gründlich erhält zur Verwahrung und späteren Weiterleitung den Kaufpreis in Höhe von 195.000,00 Euro aus einem Grundstückskaufvertrag auf das Anderkonto. Erfassen Sie die Konten mit den jeweiligen Beträgen.

5. UMSATZSTEUER UND ZAHLLAST

5.1 Das Wesen der Umsatzsteuer

5.1.1 Grundlagen

Die Umsatzsteuer stellt die größte Steuereinnahme des Staates dar und fällt immer dann an, wenn ein Unternehmer

§ 1 (1) UStG

- sonstige Leistungen und Lieferungen
- im Inland
- gegen Entgelt
- im Rahmen des Unternehmens
erbringt oder

- Privatentnahmen von Gegenständen oder Leistungen zur privaten Nutzung tätigt sowie
- bei der Einfuhr von Gegenständen oder beim innergemeinschaftlichen Erwerb.

§ 2 UStG
Nr. 7008 VV RVG

Anwalt und Notar sind im Sinne des UStG als Unternehmer anzusehen, da sie als Selbstständige nachhaltig zur Erzielung von Einnahmen tätig werden. Dadurch sind beide grundsätzlich verpflichtet, ihre erbrachten Leistungen der Umsatzsteuer zu unterwerfen und an das Finanzamt abzuführen. Die auf die Vergütung entfallende Umsatzsteuer darf der Anwalt seinen Mandanten weiterbelasten. Das gilt sowohl für die gesetzliche als auch für die vereinbarte Vergütung.

Info

Die Umsatzsteuer wird auch als Mehrwertsteuer bezeichnet und ist eine Verbrauchssteuer, die der Endverbraucher einer Ware oder Dienstleistung tragen muss. Dadurch, dass nur der Mehrwert versteuert wird, sind Unternehmen von einer Umsatzsteuerbelastung wirtschaftlich freigestellt.

5.1.2 Steuersätze

§ 12 UStG

Das Umsatzsteuergesetz sieht zwei Steuersätze vor. Der Regelsteuersatz beträgt derzeit 19 %[1]. Dieser Steuersatz ist für alle Waren und Dienstleistungen anzuwenden, die nicht mit dem ermäßigten Steuersatz besteuert werden oder steuerfrei sind.

Der ermäßigte Steuersatz beträgt 7 % und gilt beispielsweise für Grundnahrungsmittel, Kaffee, Bücher, Zeitungen, schriftstellerische Tätigkeiten, Personenbeförderungskosten oder Übernachtungskosten im Hotelgewerbe.

[1] *Beide Steuersätze Stand 01/2022*

EXKURS

Bahn, Bus oder Taxifahrten innerhalb einer Gemeinde oder außerhalb der Gemeinde bis zu einer Fahrtstrecke von 50 km unterliegen dem ermäßigten Steuersatz. Fahrten außerhalb der Gemeinde über 50 km unterliegen dem Regelsteuersatz.

BEISPIEL

RA Sebastian Hauff ist neben seiner Tätigkeit als Anwalt noch als Buchautor für den Verlag Europa-Lehrmittel tätig. Die Umsätze, die er durch den Verkauf der Bücher erzielt, unterliegen dem ermäßigten Steuersatz von derzeit 7 %.

Steuerfrei hingegen sind beispielsweise Kreditzinsen bei Banken oder Vermietungen von Räumen (wenn der Mieter ein Unternehmer ist, kann der Vermieter entscheiden, ob er das Mietentgelt um 19 % USt erhöht oder nicht).

5.2 Ermittlung der Umsatzsteuerzahllast

5.2.1 Besteuerung der erbrachten Leistung

Rechtsanwaltliche Leistungen werden, bis auf sehr wenige Ausnahmen (sonstige Betriebseinnahmen), als „sonstige Leistungen" im Sinne des UStG betrachtet und mit 19 % USt ausgewiesen. Wenn beispielsweise der Mandant das anwaltliche Honorar bezahlt, hat der Anwalt eine Leistung erbracht. Das bezahlte Honorar inkl. Umsatzsteuer stellt damit eine Betriebseinnahme dar. Bezugsgröße ist der auf der Ausgangsrechnung ausgewiesene Rechnungsbetrag.

MERKE

Die Steuer, die der Anwalt von seinen Mandanten erhält, ist die Umsatzsteuer.

◂ LF 6 | 2

5.2.2 Vorsteuerabzug und Umsatzsteuerzahllast

Wie bereits erwähnt, soll der Unternehmer nicht durch die Umsatzsteuer belastet werden. Aus diesem Grund können die Unternehmen die von ihnen entrichtete Umsatzsteuer (Vorsteuer) vom Finanzamt ersetzt bekommen. Er verrechnet dann die ihm vom anderen Unternehmen in Rechnung gestellte Umsatzsteuer mit der eigenen Umsatzsteuerschuld.

Voraussetzungen für die Entstehung der Vorsteuer sind:

- Lieferung/sonstige Leistung eines anderen Unternehmens (z. B. Lieferant von Kopierpapier);
- Leistung für das eigene Unternehmen (z. B. für die RA Kanzlei);
- Eine Rechnung mit gesondertem USt-Nachweis gem. § 14 UStG ist erforderlich.

Die Rechtsfolge daraus ist, dass die ausgewiesene Umsatzsteuer als Vorsteuer abzugsfähig ist. Die Eingangsrechnung inkl. Vorsteuer stellt zunächst allerdings eine Betriebsausgabe dar. Bezugsgröße ist dabei der auf der Eingangsrechnung ausgewiesene Rechnungsbetrag.

Behandlung der Umsatzsteuer bei der EÜR

Ein Anwalt erzielt eine Leistung in Höhe von 1.000,00 Euro. Da diese Leistung der Umsatzsteuer unterliegt, bekommt er vom Mandanten 1.119,00 Euro auf sein Konto überwiesen. Demnach fließen ihm 1.119,00 Euro zu, er ist aber nur um 1.000,00 Euro bereichert. Die 190,00 Euro leitet der Anwalt eigentlich nur weiter an das Finanzamt. Der Anwalt wird daher durch die Umsatzsteuer keine Bereicherung erfahren. Da bei der EÜR das Zuflussprinzip aber ernst genommen wird, fließen dem Anwalt im ersten Moment 1.119,00 Euro zu – die Betriebseinnahme ist dann auch in dieser Höhe auszuweisen. In dem Moment, in dem der Anwalt die 190,00 Euro an das Finanzamt überweist, stellt das aber auch eine Betriebsausgabe dar. Unter dem Strich verbleibt dem Anwalt also lediglich die Einnahme in Höhe seiner erbrachten Leistung (1.000,00 Euro).

Der Unternehmer ermittelt die Zahllast wie folgt:

	Umsatzsteuer nach Ausgangsrechnung →	Umsatzsteuer aus dem steuerpflichtigen Umsatz
–	**Umsatzsteuer nach Eingangsrechnung** →	Umsatzsteuer aus dem Bezug von Waren und Dienstleistungen
=	**Zahllast**	

MERKE

- Ist die Zahllast > 0, muss der Unternehmer den ermittelten Betrag an das Finanzamt abführen. Dadurch entstehen Betriebsausgaben!
- Ist die Zahllast < 0, bekommt der Unternehmer den ermittelten Betrag vom Finanzamt wieder zurück. Dadurch entstehen Betriebseinnahmen!

5.3 Umsatzsteuervoranmeldung

Die ermittelte Zahllast wird an das Finanzamt überwiesen. Sofern der Anwalt keine Dauerfristverlängerung hat, muss die Umsatzsteuervoranmeldung bis zum 10. des Folgemonats in elektronischer Form an das Finanzamt übermittelt werden. Die abzuführende Umsatzsteuer muss er selbst berechnen. Am Ende des Kalenderjahres hat der Rechtsanwalt dann bis zum 31.05. des Folgejahres Zeit, als Ergänzung eine Umsatzsteuerjahreserklärung abzugeben.

Info

Dauerfristverlängerung
Das Finanzamt muss die Frist auf Antrag des Unternehmers einen Monat verlängern. Die Fristverlängerung gilt für das jeweilige Jahr.

5.4 Zusammenfassung und Aufgaben

ZUSAMMENFASSUNG

Für die umsatzsteuerpflichtigen Umsätze gilt:

ermäßigter Steuersatz: 7 %

- Lebensmittel
- Zeitungen
- Theaterkarten
- Hotelkosten
- Beiträge/Artikel eines Anwalts oder Notars zu einer Fachzeitschrift

allgemeiner Steuersatz: 19 %

- Honorare
- Geschäftsessen
- Dienstwagen
- Büroausstattung
- Geschäftsreisen

Ermittlung der Umsatzsteuerzahllast

	Umsatzsteuer
–	Vorsteuer
=	Umsatzsteuer-Zahllast

AUFGABEN

1. Nennen Sie die Voraussetzungen zur Umsatzsteuerpflicht.
2. Folgende Daten aus dem Kassenbuch der Kanzlei Heickenwälder und Kollegen liegen vor. Ermitteln Sie die Zahllast.

   Bankgutschriften:

Mandant überweist Honorar (brutto):	28.769,25 Euro
Mandant überweist Honorar (brutto):	1.784,21 Euro

   Bankbelastung:

Lastschrift Simone Scherer (brutto)	5.000,00 Euro
Lastschrift Würz Duo Schwaigern (brutto)	78,50 Euro
Rechnung PC-Welt (brutto)	7.500,00 Euro

3. Zeigen Sie auf, welche gesetzlichen Bestimmungen zur Fälligkeit bei der Umsatzsteuervoranmeldung beachtet werden müssen.

LERNFELD 7

Wirtschaftliche Einflüsse auf betriebliche Entscheidungen beurteilen

1. WIRTSCHAFTLICH HANDELN

1.1 Grundlagen des Wirtschaftens

1.1.1 Wirtschaften und Wirtschaftssubjekte

© BillionPhotos.com – Fotolia.com

Im täglichen Leben nehmen wir ständig am Wirtschaftsgeschehen teil und handeln wirtschaftlich, indem wir kaufen, dabei Preise vergleichen, Waren nach unseren Bedürfnissen und im Rahmen unseres Geldvermögens auswählen und sie bezahlen.

Die Wirtschaftslehre unterstellt, dass rational entschieden wird. Dies ist eine Modellvorstellung des menschlichen Handelns. In der Realität handeln Menschen nicht immer vernunftbetont. Es wird unterstellt, dass planmäßig gehandelt wird, d. h. auf ein bestimmtes Ziel gerichtet, nicht absichtslos oder spielerisch. Weiterhin geht die Wirtschaftstheorie davon aus, dass das menschliche Handeln auf Effizienz ausgerichtet ist, d. h., man versucht immer, ein möglichst günstiges Verhältnis zwischen Mitteleinsatz (Aufwand), z. B. Geld, Arbeitszeit oder Rohstoffe, und dem Ergebnis (Nutzen), z. B. Gewinn, anzustreben.

MERKE

Wirtschaften ist planvolles menschliches Handeln, das durch vernünftiges (rationales) Entscheiden über knappe Mittel zur Befriedigung von Wünschen (Bedürfnissen) führen soll.

Diejenigen, die wirtschaftlich handeln, werden als **Wirtschaftssubjekte** oder Wirtschaftseinheiten bezeichnet.

MERKE

Wirtschaftssubjekte (Wirtschaftseinheiten) nennt man die kleinste, selbstständig wirtschaftende Einheit (z. B. ein Haushalt, ein Unternehmen).

1.1.2 Bedürfnisse, Güter, Knappheit

Bedürfnisse

Die Antriebsfeder des wirtschaftlichen Handelns stellen die Bedürfnisse dar. Bedürfnisse sind Wünsche (Mangelerscheinungen), die der Mensch befriedigen möchte.

Die Menge und die Vielfalt menschlicher Bedürfnisse sind unbegrenzt. In einzelnen Bereichen kann eine Sättigung erreicht werden, aber es gibt immer unbefriedigte Wünsche. Will man die Bedürfnisse in eine Ordnung bringen, gibt es verschiedene Möglichkeiten der Einteilung. In der traditionellen Volkswirtschaftslehre wurden die Bedürfnisse in Existenzbedürfnisse, Kulturbedürfnisse und Luxusbedürfnisse unterteilt.

Aussagefähiger ist jedoch die Einteilung nach der Dringlichkeit der Bedürfnisbefriedigung.

MERKE

Ein **Bedürfnis ist** das Gefühl eines Mangels, mit dem Streben, diesen Mangel zu beseitigen.

„Ein jeder Wunsch, wenn er erfüllt, kriegt augenblicklich Junge.“
(Wilhelm Busch)

Bedürfnisarten

Primärbedürfnisse
(Lebensnotwendige) Bedürfnisse, die befriedigt werden müssen (z. B. Essen, Trinken, Schlafen, Wohnen, Kleidung)

Sekundärbedürfnisse
Bedürfnisse, die vom Einkommen, vom sozialen Umfeld und von sonstigen Faktoren abhängen (z. B. Markenkleidung, Auto)

Grundbedürfnisse
natürliche Bedürfnisse (z. B. Essen, Trinken, Wohnen, Kleidung)
Gesundheit, Bildung, Erwerbstätigkeit u. a.

gesellschaftliche Bedürfnisse
Bedürfnisse, die durch die Gesellschaft geprägt werden (z. B. durch Mode, durch Zeitgeist, durch Industriegesellschaft, durch Informationsgesellschaft)

Abraham Maslow (1908-1970) stellte die Bedürfnisstruktur in Form einer Pyramide dar **(Maslowsche Bedürfnispyramide).** Die Pyramide zeigt, wie die menschlichen Bedürfnisse stufenweise ansteigen. Wenn die Bedürfnisse einer unteren Stufe befriedigt wurden, erlangen die Bedürfnisse der nächsten Stufe an Bedeutung.

Maslowsche Bedürfnispyramide

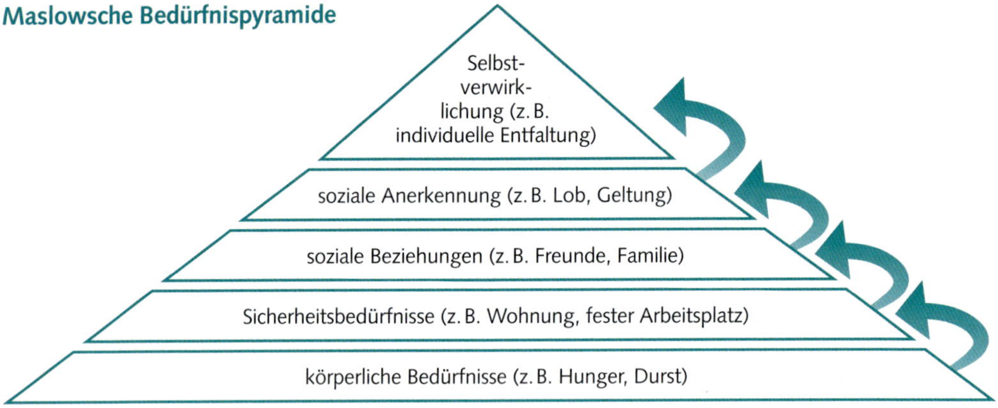

Bedarf und Nachfrage

Werden Bedürfnisse in Beziehung zum Einkommen und Güterpreisen gesetzt, bleibt eine geringere Menge an Bedürfnissen übrig. Die Wünsche sind größer als die Möglichkeit, diese befriedigen zu können.

MERKE

Ein Bedürfnis, das mit Kaufkraft (Geld) verbunden ist, nennt man **Bedarf.**

Nur wenn auch Bedarf für ein Gut besteht, sind Unternehmen bereit, dieses Gut anzubieten. Nur wenn die Möglichkeit besteht, dass jemand für ein Gut Geld ausgeben kann, wird es produziert.

Während die Bedürfnisse unbestimmt und begrenzt sind, ist der Bedarf konkret. Wenn der Bedarf am Markt wirksam wird, spricht man von **Nachfrage.**

BEISPIEL

Bedürfnis: Die Berufsschülerin Maria hat Lust, ein Eis zu essen.

Bedarf: Maria überlegt, wo das Eis günstig zu erwerben ist, und prüft, ob sie genügend Geld dafür hat.

Nachfrage: Maria geht in die Eisdiele und bestellt einen Früchtebecher für 8 Euro.

MERKE

Güter sind Mittel zur Befriedigung wirtschaftlicher Bedürfnisse.

Güter

Zur Befriedigung der wirtschaftlich bedingten Bedürfnisse dienen **Güter.**

Manche Güter stehen in unbegrenzter Menge zur Verfügung und für ihre Gewinnung ist keine wirtschaftliche Anstrengung notwendig. Diese freien Güter sind jedoch sehr selten. Eventuell könnte man noch die Luft als ein freies Gut bezeichnen. Ein Merkmal der **freien Güter** ist, dass sie keinen Preis haben. Alle anderen Güter werden als **wirtschaftliche Güter** bezeichnet. Sie sind nicht in unbegrenzter Menge vorhanden und haben einen Preis **(knappe Güter).** Für das Wirtschaften kommen nur die knappen Güter in Betracht.

Zu den Gütern gehören neben den **materiellen Gütern** (Sachgüter, Waren) auch die **immateriellen Güter** (Dienstleistungen), die z. B. ein Rechtsanwalt oder Notar anbietet.

Güter, die in den Haushalten verbraucht werden, bezeichnet man als **Konsumgüter.** Güter, die in Unternehmen zur Erzeugung anderer Güter eingesetzt werden, nennt man **Produktionsgüter.** Die Unterscheidung bezieht sich auf den Ort, an dem das Gut verwendet wird (Haushalt oder Unternehmen).

BEISPIEL

Ein Kühlschrank in einem Haushalt stellt ein Konsumgut dar, da er nicht zur Produktion dient.

Ein Kühlschrank in einem Getränkemarkt oder in einem anderen Betrieb stellt ein Produktionsgut dar. Er dient zur Erbringung einer Dienstleistung oder zur Erstellung eines Produkts.

Güter, die nur einmal verwendet werden können, weil sie bei der Verwendung untergehen, werden als **Verbrauchsgüter** bezeichnet. Können Güter wiederholt verwendet werden, sind es **Gebrauchsgüter.**

BEISPIEL

Verbrauchsgüter: Lebensmittel, Wandfarben, Strom

Gebrauchsgüter: PC, Telefon, Auto

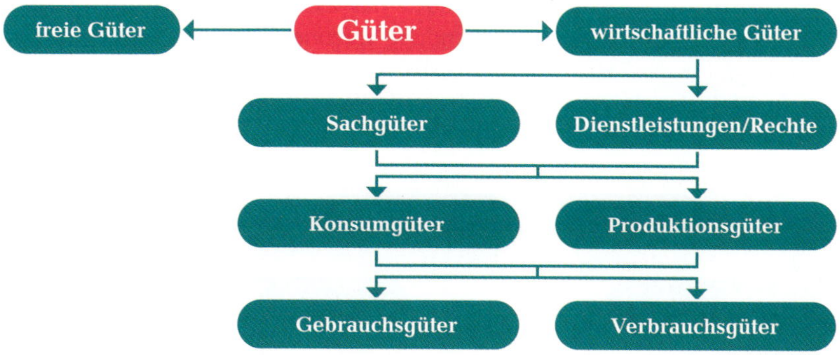

Knappheit

Die für die Güterherstellung eingesetzten Mittel (z. B. Rohstoffe, Arbeitskraft, Maschinen) werden als **Produktionsfaktoren** bezeichnet. Die Menge der zur

Verfügung stehenden Produktionsfaktoren ist begrenzt, die Produktionsfaktoren sind grundsätzlich **knapp.** Deshalb können wirtschaftliche Güter nur in begrenzter Menge hergestellt werden.

Zusammenhang Wirtschaften – Bedürfnisse – Güter

1.1.3 Ökonomisches und ökologisches Prinzip

Ökonomisches Prinzip

Das Spannungsverhältnis zwischen der grundsätzlichen Knappheit der Produktionsfaktoren und Güter und der Unbegrenztheit der Bedürfnisse zwingt uns, wirtschaftlich zu handeln. Um dieses Spannungsverhältnis zu entschärfen und ein höchstmögliches Maß an Bedürfnisbefriedung zu erzielen, muss der Einsatz knapper Güter effizient erfolgen. Es wird unterstellt, dass nur vernünftige Entscheidungen getroffen werden, die auch das Ziel verfolgen, möglichst keine Verschwendung vorzunehmen. Unter dieser Voraussetzung gibt es zwei Handlungsmöglichkeiten, zwei Ausprägungen des **ökonomischen Prinzips** (Wirtschaftlichkeitsprinzip, Rationalprinzip).

BEISPIEL

Maximalprinzip in Unternehmen:
Ein Unternehmen setzt die vorhandenen Produktionsmittel (Maschinen, Arbeitskräfte, Rohstoffe u. a.) so ein, dass ein höchstmöglicher Gewinn erzielt wird (Gewinnmaximierung).

Minimalprinzip in Unternehmen:
Ein Industrieunternehmen versucht, ein bestimmtes Produkt (z. B. ein Auto) mit geringstmöglichen Kosten herzustellen (Kostenminimierung).

Maximalprinzip in Haushalten:
Ein Konsument (Haushalt) versucht, mit gegebenem Einkommen einen höchstmöglichen Nutzen (z.B. Wohnen, Versorgung der Familie, Urlaub u.a.) zu erzielen (Nutzenmaximierung).

Minimalprinzip in Haushalten:
Ein Konsument (Haushalt) versucht durch Preis- und Qualitätsvergleich für die benötigten Güter (z.B. Einkauf von Butter und Brot) den geringstmöglichen Geldbetrag auszugeben (Ausgabenminimierung).

Das ökonomische Prinzip gilt in jeder Wirtschafts- und Gesellschaftsordnung, denn ansonsten würde es zur Verschwendung knapper Mittel kommen. Dieses Prinzip findet als allgemeingültiges Rationalprinzip in nahezu allen Lebensbereichen Anwendung (Grundsatz des vernünftigen Handelns).

BEISPIEL

Was ist falsch an folgendem Handeln?
Der Schüler H. will mit der geringstmöglichen Vorbereitungszeit bei der nächsten Klassenarbeit in der Berufsschule die beste Note („sehr gut") schreiben.

Lösung:
Es ist unsinnig, da die geringste Vorbereitungszeit null Minuten betragen würde.

Wie muss er sinnvoll vorgehen?
Mit der festgelegten Vorbereitungszeit die dadurch bestmöglich erreichbare Note schreiben.

Ökologisches Prinzip

In den letzten Jahrzehnten ist das ökologische Bewusstsein in der Bevölkerung stark gewachsen. Deshalb werden zunehmend auch ökologische Aspekte beim wirtschaftlichen Handel berücksichtigt. Entscheidungen werden sowohl vom ökonomischen als auch vom **ökologischen Prinzip** beeinflusst.

MERKE

Ökologisches Prinzip: Bei allen (wirtschaftlichen) Handlungen soll die Umweltbelastung auf ein Minimum reduziert werden. Die Handlungen sollen ökologisch nachhaltig sein.

Ökologische Nachhaltigkeit beschreibt den weitsichtigen und rücksichtsvollen Umgang mit natürlichen Ressourcen. Es soll verhindert werden, dass bestimmte Ressourcen unwiderruflich zerstört oder unbrauchbar gemacht werden.

BEISPIEL

Ökologisch sinnvolles Verhalten zeigt sich z. B. durch

- die Verwendung von umweltfreundlichen Produktionstechniken,
- die Produktion und Verwendung von umweltfreundlichen Produkten (z. B. Verwendung von Mehrwegflaschen, Produkten mit weniger Verpackung),
- den sparsamen Verbrauch von nicht erneuerbaren Rohstoffen und Energien (z. B. stromsparende Geräte verwenden, keine Stand-by-Schaltung über Nacht),
- das Recycling von gebrauchten Rohstoffen (z. B. Verwendung von Altpapiercontainern, weniger Dokumente drucken und kopieren).

Verhältnis zwischen ökonomischem und ökologischem Prinzip

Das ökologische Prinzip kann allerdings auch unwirtschaftlich sein, weil bei Beachtung der Umweltschädlichkeit höhere Kosten entstehen können. Dadurch kann es zu einem Konflikt zwischen den ökonomischen und den ökologischen Zielen eines Unternehmens kommen. Unternehmen versuchen aber in der Regel, sowohl ökonomisch als auch ökologisch sinnvoll zu handeln. Bei langfristiger Betrachtung wird die Berücksichtigung der ökologischen Ziele oft wichtiger sein als die der ökonomischen.

BEISPIEL

Der aktuelle Preis für Strom aus Wasserkraft ist meist teurer als der herkömmliche Strom aus Atomkraft, Öl, Kohle oder Gas. Ein Unternehmen muss sich entscheiden, ob es die Mehrkosten aufwenden will oder nicht. Langfristig sind die Vorkommen der herkömmlichen Energieträger jedoch endlich. Somit kann es sein, dass langfristig kein Zielkonflikt zwischen Ökologie und Ökonomie besteht.

Da der Staat langfristig gesehen die Umwelt und die Lebensbedingungen erhalten muss, greift er häufig zugunsten der Umwelt in die ökonomischen Entscheidungen ein.

BEISPIEL

Durch Umweltgesetze verbietet der Staat z. B. die Verwendung bestimmter Stoffe oder Verfahren (z. B. Verbot bestimmter chemischer Stoffe oder Ausstieg aus der Atomenergie) oder er besteuert umweltfreundliche Produkte günstiger (z. B. Autos mit geringerem Schadstoffausstoß). Der Staat hilft auch umweltfreundliche Entscheidungen zu treffen, indem er über die Umweltbelastung aufklärt (z. B. Broschüren) oder umweltfreundliche Produkte subventioniert (z. B. Zuschuss für die Erzeugung von Solarenergie).

1.1.4 Zusammenfassung und Aufgaben

ZUSAMMENFASSUNG

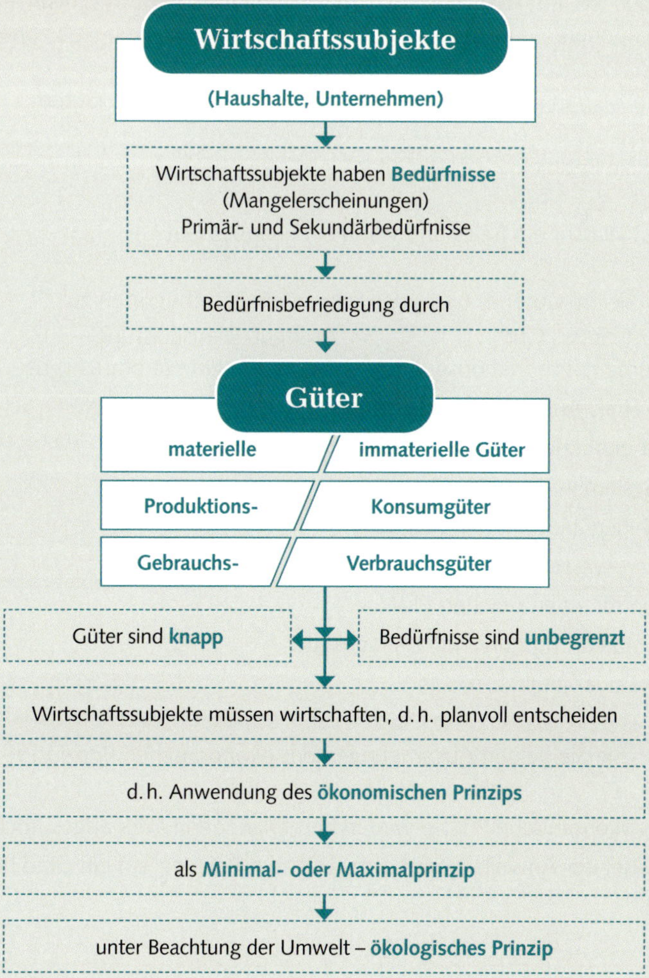

AUFGABEN

1. Warum ändern sich die Bedürfnisse des Menschen von Zeit zu Zeit? Geben Sie dazu zwei Beispiele.

2. Grenzen Sie die Begriffe Bedürfnis, Bedarf und Nachfrage gegeneinander ab.

3. Grenzen Sie Primär- und Sekundärbedürfnisse gegeneinander ab.

4. Erklären Sie die Maslowsche Bedürfnispyramide.

5. Begründen Sie, auf welche Weise Unternehmen das Bedürfnis nach ihren Gütern wecken können.

6. Erläutern Sie den Unterschied zwischen freien und knappen Gütern.

7. Nennen Sie Beispiele für freie Güter.

8. Wann ist Wasser ein freies und wann ein knappes Gut?

9. Ordnen Sie die Güter a) bis h) den folgenden Güterbegriffen zu:

› freies/knappes Gut
› Sachgut/Dienstleistung
› Konsumgut/Produktionsgut
› Gebrauchsgut/Verbrauchsgut

a. Auto eines Außendienstmitarbeiters
b. privat genutzter PC
c. DV-System in einer Kanzlei
d. Geschirrspülautomat im Restaurant
e. Leitungswasser
f. Benzin für einen privaten PKW
g. Anlageberatung durch ein Kreditinstitut
h. DVD-Player in einer Schule

10. Erläutern Sie die beiden Ausprägungen des ökonomischen Prinzips.

11. Welches ökonomische Prinzip wird in den folgenden Fällen angesprochen?

a. Der Chef der Anwaltskanzlei ordnet an, die Heizung um ein Grad herunterzudrehen.

»

b. Beim Versand von Dokumenten soll die billigste Versandart gewählt werden.
c. Aus einem Stoffballen sollen in einer Kleiderfabrik möglichst viele Kleider herausgeschnitten werden.
d. Die Mitarbeiter sollen an diesem Tag so viele Briefe wie möglich schreiben.
e. Mit dem Firmenwagen soll so gefahren werden, dass der Benzinverbrauch möglichst gering ist.
f. Mit einem Werbeetat von 10.000 Euro sollen möglichst viele Werbeappelle erfolgen.
g. Ein Rechtsanwalt sucht für eine ausgeschriebene Stelle, für die ein fester Tariflohn bezahlt wird, die beste Bewerberin aus.
h. Mit einer Tonne Stahl sollen möglichst viele Werkzeuge gefertigt werden.
i. Der Rechtsanwalt Paulsen beauftragt seine Büroleiterin, das Büromaterial vom billigsten Anbieter zu kaufen.

12. Begründen Sie, warum die Formulierung „mit geringstmöglichen Mitteln den größtmöglichen Erfolg erreichen" nicht dem ökonomischen Prinzip entsprechen kann.

13. Warum muss man wirtschaften und das ökonomische Prinzip anwenden?

14. Begründen Sie, warum neben dem ökonomischen Prinzip auch die Anwendung des ökologischen Prinzips notwendig ist.

15. Beschreiben Sie das Verhältnis zwischen dem ökonomischen und dem ökologischen Prinzip.

LERNFELD 7

1.2 Produktionsfaktoren

1.2.1 Wirtschaftliche Produktion und Produktivität

© sergbob – Fotolia.com

Zur Herstellung von Konsum- und Produktionsgütern müssen Güter (Einsatzgüter) planvoll kombiniert werden. Das Verhältnis von Güterausstoß (Output) zu Gütereinsatz (Input) gilt als Messgröße für die **Produktivität.**

MERKE

$$\textbf{Produktivität} = \frac{\text{Produktionsergebnis (Output)}}{\text{Gütereinsatz (Input)}}$$

Je größer die Produktivitätszahl, desto wirtschaftlicher wurde produziert.

MERKE

Wirtschaftliche Produktion bedeutet: Herstellung und Bereitstellung von Gütern durch **Kombination** von Einsatzgütern.

1.2.2 Volkswirtschaftliche Produktionsfaktoren

Die zur Produktion notwendigen Einsatzgüter bezeichnet man als **Produktionsfaktoren.**

In der Volkswirtschaftslehre wird die Vielzahl von möglichen Einsatzgütern zu drei Produktionsfaktoren zusammengefasst.

Der Einsatz dieser Güter, die selbst nicht in die Produktion eingehen, führt zur Herstellung von Konsum- und Produktionsgütern.

MERKE

Als volkswirtschaftliche **Produktionsfaktoren** unterscheidet man:

- **Boden** (Natur)
- menschliche **Arbeit**
- **Kapital** (erstellte Hilfsmittel)

Dabei gelten **Boden** (Natur) und menschliche **Arbeit** als **originäre (ursprüngliche)** Produktionsfaktoren. Diese Produktionsfaktoren findet man immer vor. Beim dritten Produktionsfaktor, dem **Kapital,** handelt es sich um für die Produktion erstellte Hilfsmittel (produzierte Produktionsmittel), wie z. B. Werkzeuge und Maschinen. Das Kapital wird mithilfe der ursprünglichen Produktionsfaktoren erstellt. Deshalb bezeichnet man diesen Produktionsfaktor als **abgeleiteten (derivativen)** Produktionsfaktor.

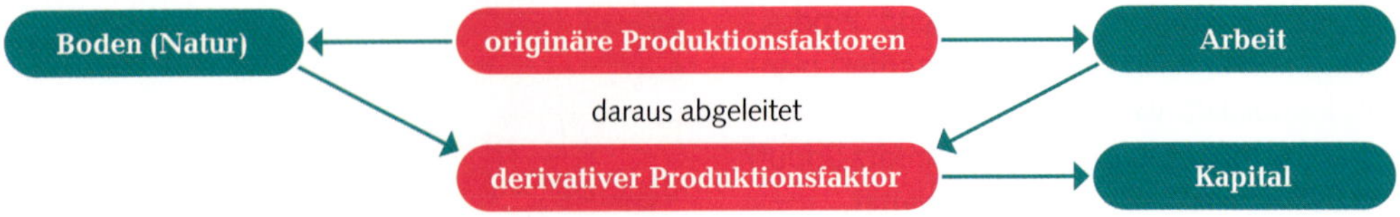

Produktionsfaktor Boden (Natur)

Die Verwendung des Begriffs Boden ist historisch zu sehen und stammt aus der landwirtschaftlich geprägten Gesellschaft des 18. Jahrhunderts. Die heutige Nutzung des Bodens ist vielfältiger, so dass der Begriff **Natur** zeitgemäßer für diesen Produktionsfaktor ist.

MERKE

Der Produktionsfaktor **Boden** ist im weitesten Sinne die zu wirtschaftlichen Zwecken genutzte Natur, d.h. alle natürlichen Ressourcen (z.B. Bodenfläche, Bodenschätze, Gewässer, Klima).

LERNFELD 7

Mit den natürlichen Ressourcen kann nicht mehr, wie in der Vergangenheit geschehen, verschwenderisch umgegangen werden. Diese Ressourcen sind endlich und in vielen Bereichen droht die Erschöpfung der Ressourcen. Nicht alle diese natürlichen Ressourcen sind erneuerbar (regenerierbar).

BEISPIEL

- nicht regenerierbare natürliche Ressourcen sind z.B. Kohle, Mineralien, Öl
- bedingt regenerierbare natürliche Ressourcen sind z.B. Wälder, Tierbestände

Der Boden (Natur) kann wirtschaftlich verschieden genutzt werden.

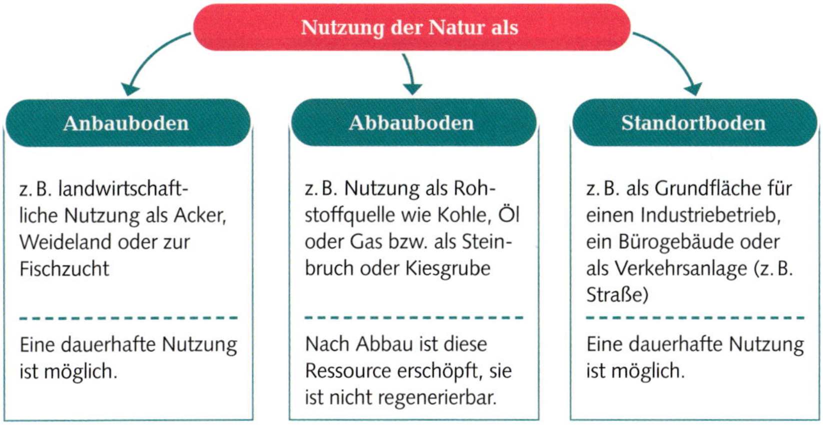

Produktionsfaktor Arbeit

Zum Produktionsfaktor Arbeit zählt jegliche Art menschlicher Arbeit, die zur Produktion von Gütern zur Verfügung steht. Die Arbeit ist auf die Einkommenserzielung zur individuellen Bedarfsdeckung ausgerichtet.

MERKE

Arbeit im volkswirtschaftlichen Sinne ist jede auf ein wirtschaftliches Ziel gerichtete Tätigkeit.

In den Produktionsfaktor Arbeit gehen die Fähigkeiten des Menschen in unterschiedliche Weise ein.

Unterscheidungsmöglichkeiten der Erwerbstätigkeit

- **nach der Beanspruchung der Kräfte und Fähigkeiten**
  - körperliche Arbeit
  - geistige Arbeit
- **nach der damit verbundenen Entscheidungsmöglichkeit**
  - leitende (dispositive) Arbeit
  - ausführende (exekutive) Arbeit
- **nach der Art der benötigten Ausbildung/Qualifikation**
  - ungelernte Arbeit
  - angelernte Arbeit
  - gelernte Arbeit
- **nach dem Grad der Selbstständigkeit**
  - selbstständige Tätigkeit
  - unselbstständige Tätigkeit
- **nach der Einbeziehung in die Sozialversicherungspflicht**
  - sozialversicherungspflichtige Tätigkeit
  - nichtsozialversicherungspflichtige Tätigkeit

Die Erwerbsarbeit umfasst entgeltliche, selbstständige oder unselbstständige Arbeit, die auf die Güterherstellung und Güterbereitstellung gerichtet ist. Das Entgelt hierfür wird in der Volkswirtschaftslehre üblicherweise als Lohn bezeichnet.

Ein Teil der Erwerbstätigen versucht sich der Belastung durch Steuern und Sozialabgaben zu entziehen und weicht in die Schattenwirtschaft (Schwarzarbeit) aus. Die offizielle Statistik zum Arbeitsmarkt kann nur den „offiziellen Arbeitsmarkt" erfassen.

Die Quantität des Arbeitspotenzials einer Volkswirtschaft wird durch die Erwerbsquote ausgedrückt.

MERKE

$$\text{Erwerbsquote} = \frac{\text{Erwerbspersonen (= Erwerbstätige und Erwerbslose)}}{\text{Wohnbevölkerung}} \times 100\ \%$$

Die Erwerbsquote in der Bundesrepublik Deutschland lag im Jahr 2014 bei 54,2 %.

Quelle: Das Statistikportal de.statistik.com

Statistisch nicht erfasst wird die neben der Erwerbsarbeit bestehende Eigenarbeit und die Gemeinschaftsarbeit.

BEISPIEL

- Eigenarbeit: z. B. Selbstversorgung, Hausarbeit, Heimwerker
- Gemeinschaftsarbeit: z. B. Freundschaftsdienst, Nachbarschaftshilfe, Ehrenamt

Produktionsfaktor Kapital

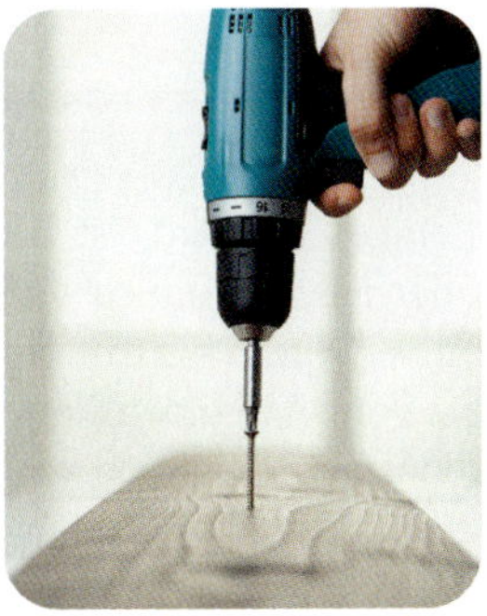

Der volkswirtschaftliche Begriff Kapital darf nicht verwechselt werden mit dem umgangssprachlichen Kapitalbegriff in der Bedeutung von Geld.

MERKE

Der Produktionsfaktor Kapital im volkswirtschaftlichen Sinn umfasst alle Produktionsmittel, die bei der Gütererzeugung eingesetzt werden.

Es kann zwischen Geld- und Sachkapital unterschieden werden. Sachkapital umfasst insbesondere die materiellen Güter, die hergestellt worden sind, um mit ihrer Hilfe andere Güter zu produzieren (produzierte Produktionsmittel).

In einer modernen Geldwirtschaft erfolgt die Kapitalbildung zwar mithilfe der originären Produktionsfaktoren, aber über die Bildung von Geldkapital.

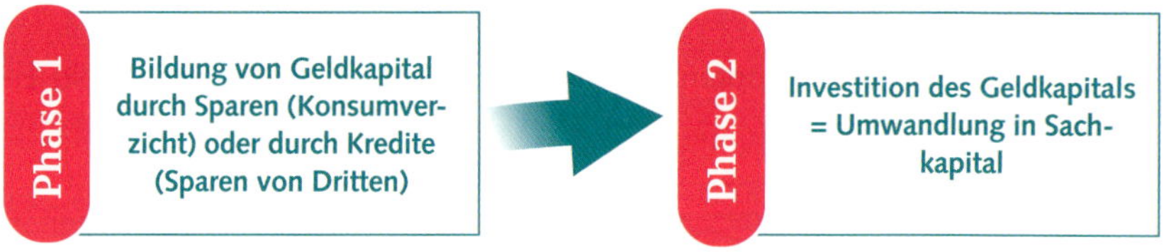

1.2.3 Kombination der Produktionsfaktoren

Die Produktion von Gütern erfordert je Güterart einen unterschiedlichen Einsatz der Produktionsfaktoren. Es gibt **arbeitsintensive** Produktionsweisen, die einen hohen Einsatz des Produktionsfaktors Arbeit erfordern, und es gibt **kapitalintensive** Produktionsweisen, bei denen hauptsächlich der Produktionsfaktor Kapital eingesetzt wird.

BEISPIEL

- arbeitsintensive Produktion: z. B. Tätigkeit der Rechtsanwälte, Notare und anderer freier Berufe
- kapitalintensive Produktion: z. B. Herstellung von Aluminium

MERKE

Der Produktionsprozess erfolgt durch die Kombination der Produktionsfaktoren Boden, Arbeit und Kapital.

In welchem Umfang der jeweilige Produktionsfaktor eingesetzt wird, ist oft technisch bedingt. Allerdings hängt die Kombination der Faktoren auch von deren Preis ab. Wenn z. B. die menschliche Arbeit sehr teuer wird, versucht der Unternehmer die Arbeit durch technische Mittel (Einsatz von Maschinen), also Kapital, zu ersetzen. Die Unternehmer ersetzen Produktionsfaktoren durch kostengünstigere Produktionsfaktoren (Substitution) und suchen die kostengünstigste Faktorkombination, die **Minimalkostenkombination.**

BEISPIEL

Kombination von Produktionsfaktoren in einer Anwaltskanzlei

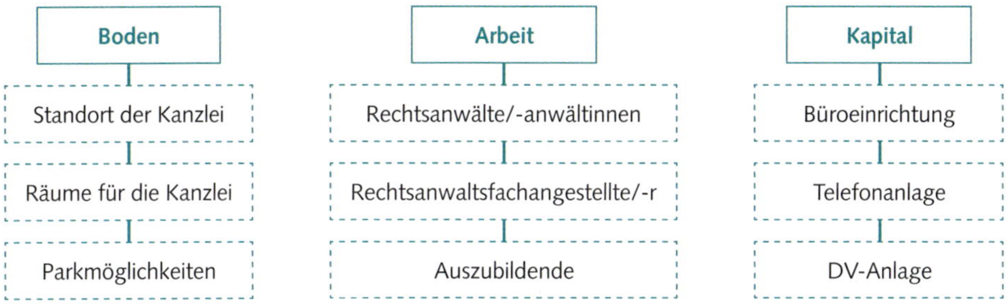

LERNFELD 7

1.2.4 Betriebswirtschaftliche Produktionsfaktoren

Im Gegensatz zur Volkswirtschaftslehre werden in der Betriebswirtschaftslehre vier Produktionsfaktoren voneinander unterschieden.

MERKE

Betriebswirtschaftliche Produktionsfaktoren

dispositiver Faktor: › leitende Arbeit

Elementarfaktoren: › ausführende Arbeit › Betriebsmittel › Werkstoffe

Die Betriebswirtschaftslehre spaltet die menschliche Arbeit in **ausführende** und **leitende Arbeit** auf. Der Produktionsfaktor leitende Arbeit ist für die Kombination der Elementarfaktoren zuständig.

Der Produktionsfaktor **Werkstoffe** setzt sich aus den Roh-, Hilfs- und Betriebsstoffen zusammen.

© donatas1205 – Fotolia.com

Der Produktionsfaktor **Betriebsmittel** (z. B. Maschinen, Werkshallen) entspricht den produzierten Produktionsmitteln (Kapital) der Volkswirtschaftslehre.

1.2.5 Zusammenfassung und Aufgaben

ZUSAMMENFASSUNG

Bei der Güterproduktion wird die Einhaltung des ökonomischen Prinzips angestrebt, d. h. ein günstiges Verhältnis zwischen Output und Input (hohe **Produktivität**).

Der Input zur Produktion wird als **Produktionsfaktor** bezeichnet.

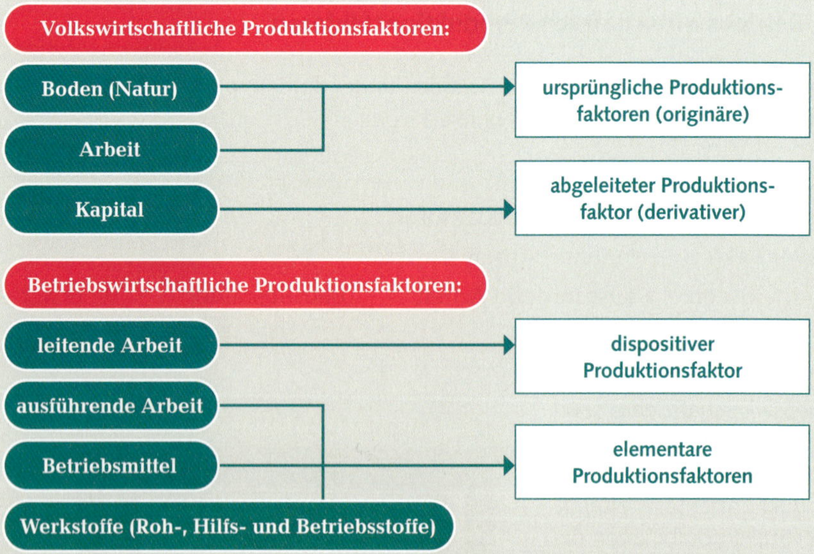

Bei der Güterproduktion werden die Produktionsfaktoren kombiniert. Es wird die Kombination der Produktionsfaktoren gesucht, die die geringsten Kosten verursacht **(Minimalkostenkombination).**

AUFGABEN

1. Beschreiben Sie die volkswirtswirtschaftlichen Produktionsfaktoren.
2. Welcher Zusammenhang besteht zwischen Gütereinsatz, Produktionsfaktoren und Güterausbringung?
3. Wie entsteht der Produktionsfaktor „Kapital“?
4. In welchen unterschiedlichen Formen kann der Produktionsfaktor „Boden“ genutzt werden?
5. Warum wird der Produktionsfaktor „Kapital“ als derivativer (abgeleiteter) Produktionsfaktor bezeichnet?

1.3 Arbeitsteilung

Die zur Bedürfnisbefriedigung dienenden Güter durchlaufen während ihrer Herstellung meist verschiedene Wirtschaftsbereiche. Die einzelnen Bereiche haben sich auf die Erstellung bestimmter Güter oder Bearbeitungsschritte von Gütern spezialisiert. Dadurch wirken in der Regel mehrere Unternehmen bei der Gütererstellung zusammen. Die Herstellung erfolgt arbeitsteilig.

Die Hauptstationen der volkswirtschaftlichen Arbeitsteilung bilden die Kette:

Urproduktion – **Weiterverarbeitung** – **Handel** – **Endverbraucher**

So wird z. B. für die Möbelherstellung von der Urproduktion Eisenerz, Rohöl und Holz gewonnen, aus denen dann in verschiedenen Stufen Eisenteile, Lacke und Bretter gefertigt werden, die dann in der Möbelfabrik zu einem Möbelstück zusammengesetzt werden. Der Handel (Möbelgroß- und Möbeleinzelhandel) bringt das Wirtschaftsgut dann zum Verbraucher.

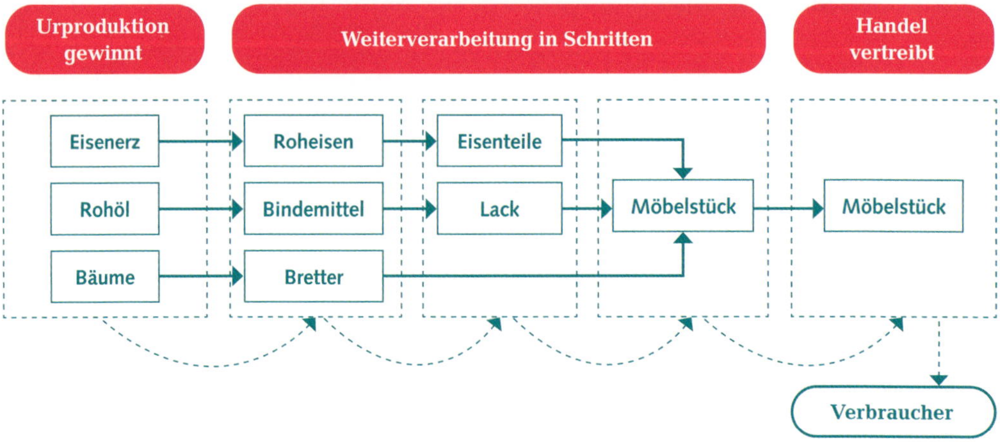

Zum reibungslosen Ablauf des Waren- und Geldstroms ist neben dem **primären Sektor** (Urerzeugung) und dem **sekundären Sektor** (Weiterverarbeitung) der **tertiäre Sektor** (Dienstleistungen) für die Volkswirtschaft immer wichtiger geworden.

Zum **Dienstleistungsbereich** gehören der Handel, die Kreditinstitute, Versicherungen, aber auch die staatlichen Einrichtungen und die Selbstständigen in Freien Berufen. Zu den Freien Berufen gehören auch die **Rechtsanwalts- und Notariatskanzleien.**

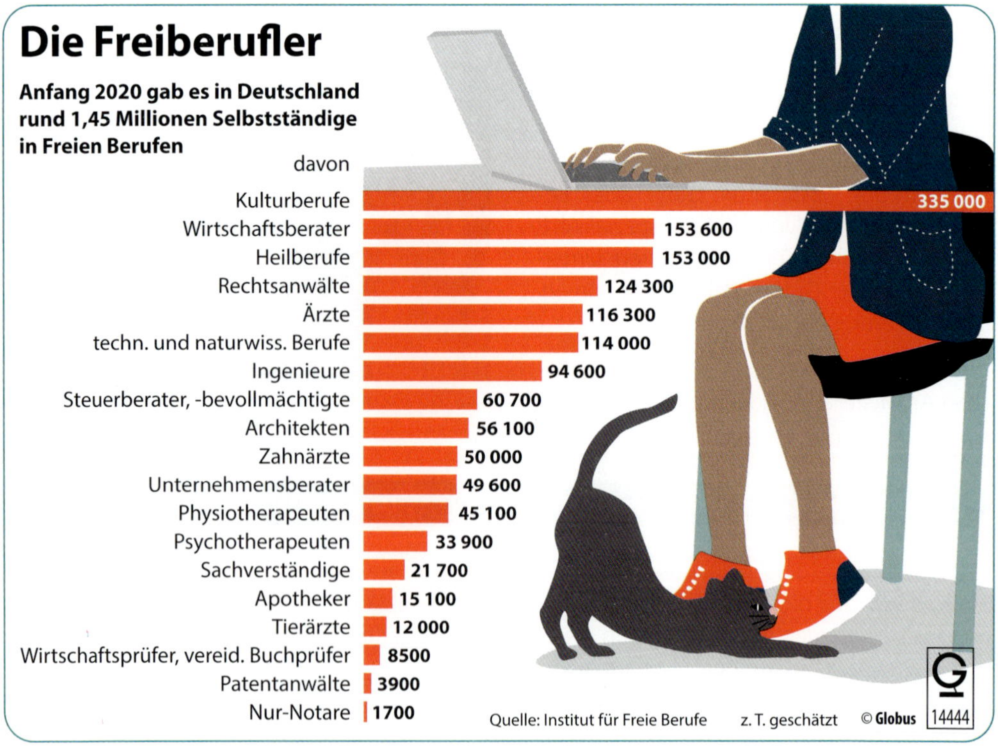

Arbeitsteilung gab es schon in der frühesten Menschheitsgeschichte, z. B. in der Sippe oder Familie. Die Gewinnung von Lebensmitteln, die Herstellung von Werkzeugen und anderes wurden schon früh durch spezialisierte Familien- oder Sippenmitglieder übernommen. Es wurden zunächst nur Güter für den Eigenbedarf erzeugt oder gewonnen. Typisch für diese Stufe der Arbeitsteilung ist die Arbeitsteilung zwischen Mann (Jagd) und Frau (Herstellung von Essen und Kleidung).

MERKE

Unter volkswirtschaftlicher Arbeitsteilung versteht man die Spezialisierung der Unternehmen auf die Produktion bestimmter Güter.

Mit Beginn des Tauschhandels wurde die Arbeitsteilung weiter vorangetrieben, es entstanden Berufe. Durch neue Techniken und die Weiterentwicklung des Wissens und der Fertigkeiten wurden aus den Urberufen immer mehr spezialisierte Berufe. Die Spezialisierung erhöhte zunehmend die Produktivität.

Die höchste Stufe der Arbeitsteilung bildet die **Arbeitszerlegung.** Die Arbeiten werden in kleinste Schritte zerlegt, die dann von einem Arbeitnehmer wiederholt ausgeführt werden (z. B. Zusammensetzen eines Türschlosses am Fließband bei der Autoproduktion).

MERKE

Unter Arbeitsteilung versteht man die organisatorische Zerlegung einer Arbeitsaufgabe in mehrere Teilaufgaben und deren Zuweisung an einzelne Arbeitsausführende.

Arbeitsteilung findet zunehmend auch auf internationaler Ebene statt. Die Arbeitsteilung zwischen Ländern kann durch natürliche Gegebenheiten (z. B. wegen Rohstoffvorkommen oder Klima) bedingt sein. Häufig führt auch der unterschiedliche Entwicklungsstand einzelner Volkswirtschaften zu unterschiedlichen Produktionskosten, sodass lohnintensive Tätigkeiten in Ländern mit niedrigerem Lohnniveau durchgeführt werden. So werden beispielsweise Jeans überwiegend in China und Indien produziert.

1.3.1 Zusammenfassung und Aufgaben

ZUSAMMENFASSUNG

Arbeitsteilung

- dient der Verbesserung der Gütererzeugung durch Spezialisierung.
- erfolgt in Haushalten, Unternehmen (betriebliche Arbeitsteilung), innerhalb einer Volkswirtschaft (Urproduktion – Verarbeitung – Handel und Dienstleistung) sowie international zwischen Ländern.

AUFGABEN

1. Wie vollzog sich historisch gesehen die Arbeitsteilung?
2. Was ist der Hauptgrund für die Arbeitsteilung?
3. Nennen Sie drei Gründe für die internationale Arbeitsteilung.
4. Begründen Sie, warum durch die Arbeitsteilung eine gegenseitige wirtschaftliche Abhängigkeit entsteht.
5. Welche positiven und negativen Auswirkungen hat die Arbeitsteilung für die Arbeitnehmer?

1.4 Ziele setzen

© MEV Verlag GmbH

1.4.1 Zielbegriff

Wirtschaftliches Handeln einer Unternehmung ist immer zielgerichtetes Handeln. Wirtschaften muss sich an Zielen orientieren.

MERKE

Ziele sind Vorstellungen über einen erstrebenswerten künftigen Zustand. Dieser soll durch Handlungen erreicht werden. Die Formulierung der Ziele und die Auswahl der sich zur Zielerreichung ergebenden Handlungsalternativen sind zentrale Führungsaufgaben der Unternehmensleitung.

Häufig wird die Gewinnmaximierung als alleiniges Ziel eines Unternehmens bezeichnet. In der Realität wird die Zielsetzung vom internen und externen Umfeld beeinflusst, sodass am Ende des Zielbildungsprozesses kein Monoziel, sondern ein Zielbündel steht. Die Unternehmensziele werden z. B. von Mitarbeitern (die Forderungen stellen) oder durch den Staat (durch Gebote, Verbote und Steuern) beeinflusst. Letztendlich hat auch die öffentliche Meinung starken Einfluss auf die Zielbildung von Unternehmen.

1.4.2 Aufgaben von Zielen

Ziele stellen ein zentrales Element zur aktiven Führung und Steuerung eines Unternehmens dar. Mithilfe klarer Vorgaben darüber, was mit der Tätigkeit erreicht werden soll, kann das Unternehmen gesteuert werden. Die Leistungen werden messbar. Durch Vorgabe von Zielen können Soll-Ist-Vergleiche durchgeführt werden. Bei Abweichungen können im nächsten Schritt die Ursachen hierfür gesucht und entsprechende Maßnahmen zur Verbesserung eingeleitet werden. Die Beurteilung der Leistung der Mitarbeiter ist durch die Messbarkeit der Zielerreichung möglich. Sind die Ziele realistisch gesetzt und mit den Mitarbeitern vereinbart, können Ziele motivierend wirken.

1.4.3 Zielarten

Kein Unternehmen kann langfristig überleben, wenn das oberste Ziel, die Gewinnerzielung, nicht erreicht wird. Diese Zielsetzung findet ihre Ausgestaltung auch in Zielen wie Umsatzsteigerung, Wachstum oder Zahlungsfähigkeit.

Wirtschaftliche Ziele können aber nur erreicht werden, wenn auch die Zielvorstellungen anderer interner und externer Interessengruppen, wie z. B. Mitarbeiter oder Öffentlichkeit, in Form von sozialen und ökologischen Zielen in das Zielbündel aufgenommen werden.

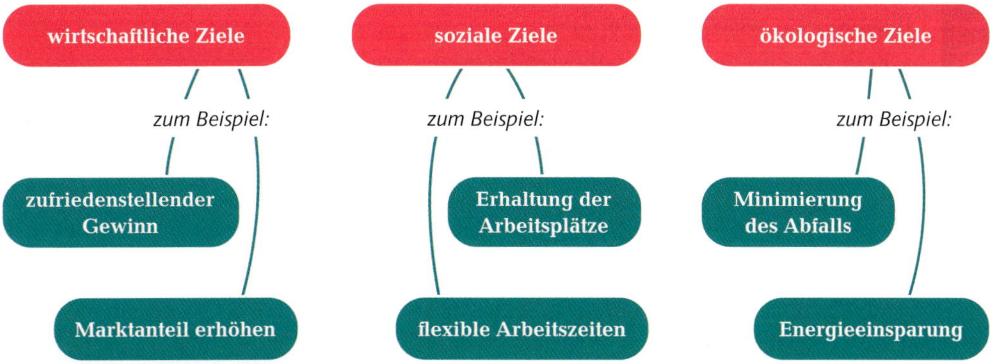

Wirtschaftliche Ziele

Anhand von wirtschaftlichen Zielen kann der wirtschaftliche Erfolg eines Unternehmens gemessen werden. Maßstäbe hierfür sind z. B. die Produktivität, Wirtschaftlichkeit, Rentabilität und Liquidität.

Produktivität:

Messzahl für die Beziehung zwischen dem erzielten Ergebnis und den eingesetzten Mitteln (Output : Input)

z. B. Arbeitsproduktivität

$$= \frac{\text{Produktionsergebnis}}{\text{Arbeitseinsatz}}$$

Wirtschaftlichkeit:

Messzahl, die das Verhältnis der in Geld bewerteten Leistung zu den eingesetzten Kosten ausdrückt; es wird erkennbar, in welchem Ausmaß die Leistung (in Euro) die Kosten (in Euro) überdeckt.

z. B. Wirtschaftlichkeit

$$= \frac{\text{Leistung}}{\text{Kosten}}$$

Rentabilität:

Messzahl, die ausdrückt, mit welchem Prozentsatz sich das eingesetzte Kapital verzinst hat

z. B. Eigenkapitalrentabilität

$$= \frac{\text{Gewinn} \times 100}{\text{Eigenkapital}}$$

Liquidität:

Messzahl, die ausdrückt, ob das Unternehmen den fälligen Zahlungsverpflichtungen nachkommen kann

z. B. Liquidität 1. Grades (Barliquidität)

$$= \frac{\text{flüssige Mittel} \times 100}{\text{kurzfristige Verbindlichkeiten}}$$

BEISPIEL

Beispiele für wirtschaftliche Ziele:

- kein Anstieg der Personalkosten im nächsten Jahr
- Senkung der Kosten für Büromaterial um 5 % in den nächsten zwei Jahren
- Steigerung des Gewinns im kommenden Geschäftsjahr um 10 %
- Barliquiditätsprozentsatz soll im kommenden Jahr jederzeit 100 % betragen

Soziale Ziele

Soziale Ziele berücksichtigen insbesondere die Interessen und Ansprüche der Arbeitnehmer.

BEISPIEL

Beispiele für soziale Ziele:

- Sicherung der Arbeitsplätze bzw. keine Entlassungen in den nächsten 5 Jahren
- Schaffung sinnvoller Pausenregelungen ab dem nächsten Quartal
- gerechte Entlohnung bzw. Einführung einer Leistungsprämie am Jahresende
- Einführung eines Betriebsrats im Folgejahr

Ökologische Ziele

Der gesellschaftliche Wandel und die zunehmenden Vorschriften im Bereich Umweltschutz erfordern, dass Unternehmen sich auch Ziele setzen, die dem Umweltschutz dienen.

BEISPIEL

Beispiele für ökologische Ziele:

- Senkung der Heizkosten um 1 % durch bessere Heizungssteuerung ab dem kommenden November
- Kauf von Elektroautos als Geschäftswagen im Stadtverkehr ab der nächsten Neubeschaffung
- Einführung einer grünen Tonne für wiederverwertbare Abfallstoffe im nächsten Halbjahr

1.4.4 Zielbeziehungen

Aufgrund des Einflusses verschiedener Gruppen auf die Zielsetzung eines Unternehmens versucht jedes Unternehmen stets gleichzeitig mehrere, zum Teil sehr heterogene Ziele zu realisieren. Inwiefern dies gelingt, hängt davon ab, in welcher Beziehung die Ziele zueinander stehen.

Beziehungen zwischen Zielen

komplementäre Zielbeziehung **(Zielharmonie)**	**indifferente** Zielbeziehung **(Zielneutralität)**	**konkurrierende** Zielbeziehung **(Zielkonflikt)**

Komplementäre Ziele

Wenn die Erreichung eines Ziels gleichzeitig zur Erreichung eines anderen Ziels beiträgt, stehen diese in einer komplementären Beziehung.

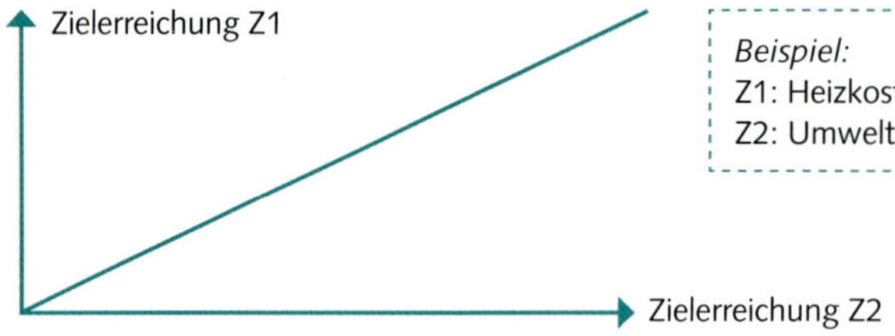

Beispiel:
Z1: Heizkosten senken
Z2: Umwelt schützen

Indifferente Ziele

Wenn die Zielerreichung eines Ziels keinerlei Auswirkungen auf die Erreichung eines anderen Ziels hat, verhalten sich die Ziele indifferent zueinander. Sie sind unabhängig voneinander erreichbar.

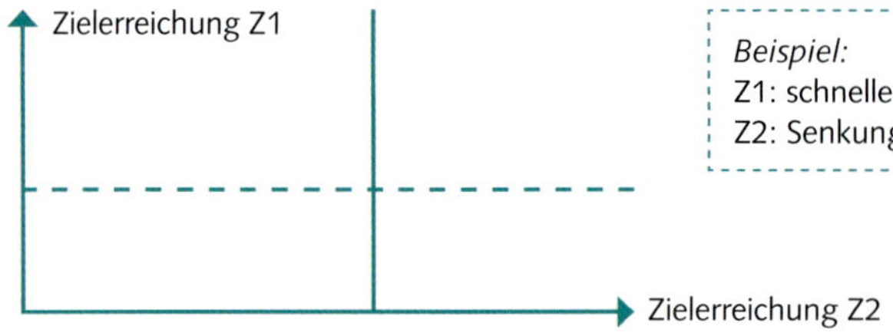

Beispiel:
Z1: schnellere Bearbeitung von Akten
Z2: Senkung der Heizkosten

Konkurrierende Ziele

Während indifferente und komplementäre Ziele in der Zielverfolgung unproblematisch sind, behindern sich konkurrierende Ziele gegenseitig in ihrer Zielverfolgung. Es entsteht ein Zielkonflikt.

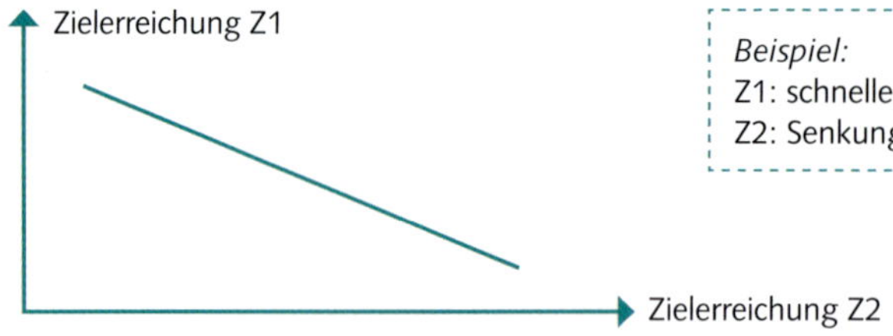

Beispiel:
Z1: schnellere Aktenbearbeitung
Z2: Senkung des Personalbestandes

Bei Zielkonflikten muss eine Lösung bei der Zielverfolgung gesucht werden. Es ist Aufgabe der Unternehmensführung zu entscheiden, ob bei einem Zielkonflikt ein konkurrierendes Ziel gestrichen wird oder ob ein Ziel eine höhere Prioritätenrolle (Hauptziel) erhält, während das andere Ziel nur als Nebenziel verfolgt wird.

1.4.5 Formulierung von operationalisierten Zielen

Damit Ziele verfolgt und gewichtet werden können, müssen sie messbar sein. Nur dann kann man den Grad der Zielerreichung überprüfen und entsprechende Managementinstrumente einsetzen. Operationalisiert sind Ziele, wenn sie mindestens drei Zieldimensionen beinhalten.

› Die Ziele müssen inhaltlich definiert sein (**Was** soll erreicht werden?).
› Es muss festgelegt sein, in welchem Zeitraum das Ziel erreicht werden soll (**Wann** soll das Ziel erreicht werden?) und
› in welchem Ausmaß dies geschehen soll (**Wie** viel soll erreicht werden?).

Beispiele für Ziele mit den drei Dimensionen

Zielinhalt	Zeitbezug	Zielausmaß
Der Gewinn	soll im nächsten Wirtschaftsjahr	um 15 % gesteigert werden.
Der Umsatz	soll im nächsten Quartal	mindestens so hoch sein wie im Quartal davor.
Die Personalkosten	sollen in den nächsten drei Jahren	nicht steigen.

Über weitere Dimensionen, wie Personenbezug (Wer soll das Ziel erreichen?) oder Raumbezug (Wo soll das Ziel erreicht werden?) lassen sich die Ziele noch weiter operationalisieren.

1.4.6 Zusammenfassung und Aufgaben

ZUSAMMENFASSUNG

→ Ziele sind Vorstellungen über einen erstrebenswerten künftigen Zustand.
→ Unternehmen verfolgen wirtschaftliche, soziale und ökologische Ziele (Zielsystem).
→ Ziele verhalten sich zueinander indifferent, komplementär oder konkurrierend.
→ Die Zielerreichung kann nur kontrolliert werden, wenn die Ziele operationalisiert sind (Zielinhalt, Zielausmaß und Zeitbezug).

AUFGABEN

1. Bestimmen Sie, ob es sich bei den folgenden Zielen jeweils um ein soziales, ein wirtschaftliches oder ein ökologisches Ziel handelt.

a. Die Abteilung Strafrecht soll den Umsatz in diesem Jahr um 30 % steigern.
b. Die Heizkosten sollen durch eine neue Heizanlage um 15 % gesenkt werden.
c. Es soll eine zentrale Stelle für den Einkauf von Büromaterial eingerichtet werden.
d. Eine große Rechtsanwaltskanzlei richtet für ihre Mitarbeiter einen Kinderhort ein.

2. Erläutern Sie, ob die folgenden Ziele jeweils komplementär, indifferent oder konkurrierend zueinander stehen.

a. Heizkosten senken und Gewinn steigern
b. Erhöhung der Mitarbeiterzufriedenheit und Gehaltskürzungen
c. Erweiterung des Geschäftsgebiets und Müllvermeidung durch Abschaffung von Plastikbechern an den Getränkeautomaten

3. Häufig wird behauptet, dass wirtschaftliche und soziale Ziele immer konkurrierende Ziele darstellen. Können Sie diese Behauptung widerlegen?

2. ZUSAMMENWIRKEN DER WIRTSCHAFTSSEKTOREN

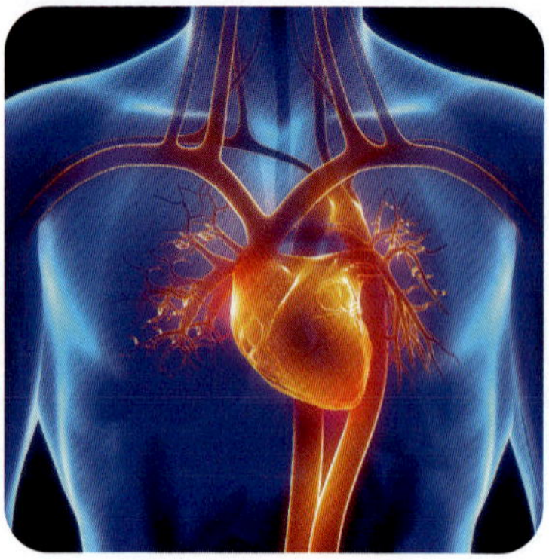

2.1 Wirtschaftskreislauf

2.1.1 Einfacher Wirtschaftskreislauf

Um das Wirtschaftsgeschehen in einer Volkswirtschaft überschaubar darzustellen und verständlich zu machen, bedient man sich einer vereinfachten Darstellung, eines Modells.

Im Kreislaufmodell werden alle handelnden Wirtschaftssubjekte zu jeweils einer Gruppe (Sektoren) zusammengefasst und die Beziehungen innerhalb einer Gruppe werden vernachlässigt.

Im Modell des einfachen Wirtschaftskreislaufs werden die Beziehungen zwischen den privaten Haushalten und den Unternehmen als Kreislauf dargestellt.

Die Haushalte stellen den Unternehmen die Produktionsfaktoren Arbeit, Boden und Kapital zur Verfügung (Produktivgüterstrom).

BEISPIEL

- Heike Maler ist Rechtsanwaltsfachangestellte in einer Kanzlei. Sie stellt ihre Arbeitskraft zur Verfügung.
- Berta Blume hat ihr geerbtes Haus der Kanzlei Mahler und Mahler verpachtet, die in diesem Gebäude ihre Kanzlei betreibt. Frau Blume stellt den Produktionsfaktor Boden zur Verfügung.
- Paul Klein legt sein Geld in Aktien einer AG an. Er stellt Kapital zur Verfügung.

Ziel der Produktion in einer Volkswirtschaft ist letztendlich die Versorgung mit Konsumgütern, die anschließend an die Haushalte verkauft werden.

MERKE

Der Produktivgüterstrom zeigt den Fluss der von den Haushalten den Unternehmen zur Verfügung gestellten Produktionsfaktoren (Strom vom Sektor Haushalt zum Sektor Unternehmen).

Der Konsumgüterstrom fließt entgegengesetzt vom Sektor Unternehmen zum Sektor Haushalte.

Produktivgüterstrom und Konsumgüterstrom sind Güterströme.

Die Haushalte erhalten von den Unternehmen Entgelte für die Produktionsfaktoren (Faktoreinkommen), die sie den Unternehmen zur Verfügung stellen. Es entsteht ein Geldstrom vom Sektor Unternehmen zum Sektor Haushalte.

BEISPIEL

- Heike Maler ist Rechtsanwaltsfachangestellte in einer Kanzlei.
  Für ihre geleistete Arbeit erhält sie ein Gehalt.
- Berta Blume erhält für die Vermietung ihres Hauses an eine Kanzlei von dieser Miete.
- Der Aktionär Paul Klein erhält aus seinen Aktien eine Dividende (Gewinnanteil).

Die Haushalte erwerben die von den Unternehmen hergestellten Güter gegen Geld. Es entsteht ein Geldstrom vom Sektor Haushalte zum Sektor Unternehmen.

> **MERKE**
>
> Der vollständige einfache Wirtschaftskreislauf besteht aus einem Güterstrom und einem Geldstrom.
>
> Güter- und Geldstrom verlaufen gegenläufig.

Einfacher Wirtschaftskreislauf

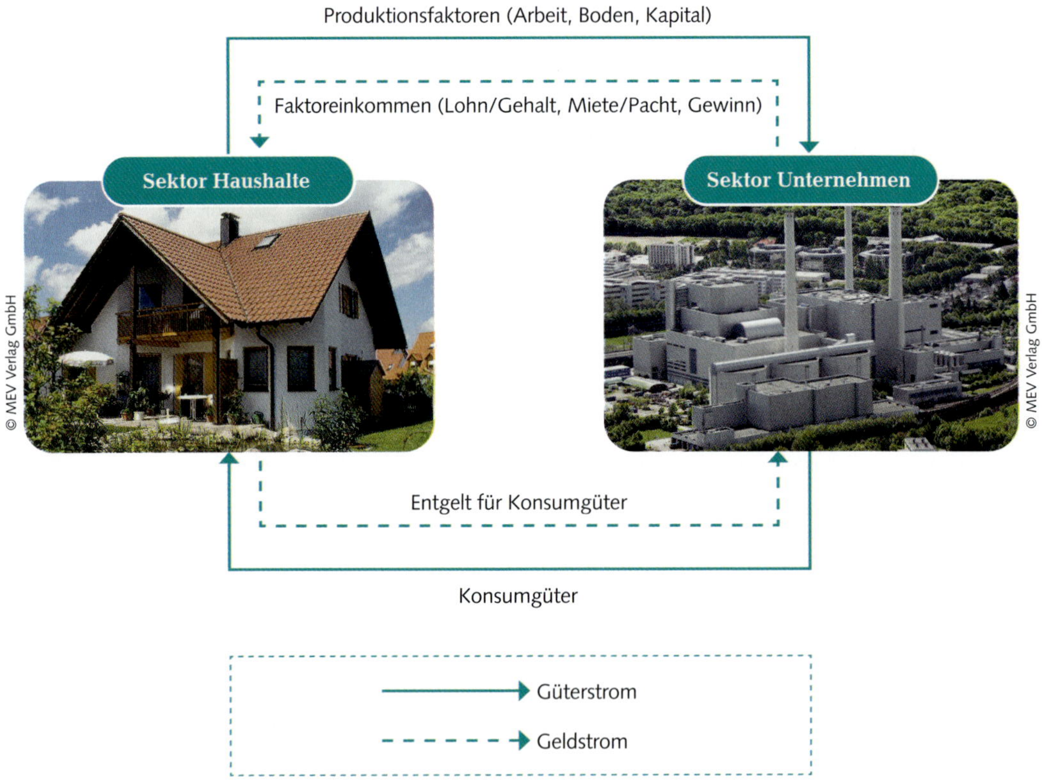

Modellannahmen

In diesem einfachen Modell eines Wirtschaftskreislaufs stehen den Geldströmen die Güterströme gegenüber. Die Güter- und Geldströme laufen gegeneinander und entsprechen sich wertmäßig. Vereinfacht reicht es aus, die Beziehungen zwischen den Sektoren daher nur durch die Geldströme darzustellen.

Einfacher Wirtschaftskreislauf ohne Güterströme

Das Modell unterstellt, dass die Haushalte ihr gesamtes Einkommen konsumieren, also nicht sparen.

Andere Sektoren wie der Staat oder das Ausland werden nicht berücksichtigt, sodass das Brutto- dem Nettoeinkommen entspricht und kein Geld aus dem Kreislauf der Volkswirtschaft abfließt.

In diesem Modell besteht zwischen der Produktion von Gütern und deren Konsum keine Zeitspanne.

2.1.2 Erweiterter Wirtschaftskreislauf mit Banken, Staat und Ausland

Das Modell des einfachen Wirtschaftskreislaufs kann durch weitere Sektoren erweitert werden, wodurch einschränkende Modellprämissen (Sparen = 0, Steuern = 0, Abfluss ins Ausland = 0) aufgegeben werden und das Modell näher an die Wirklichkeit angepasst wird.

Banken im „evolutorischen“ Wirtschaftskreislauf

Im einfachen Modell wird angenommen, dass nicht gespart werden kann und die Haushalte ihr gesamtes Einkommen für den Konsum ausgeben müssen. Damit wird unterstellt, dass die Haushalte nicht auf Konsum verzichten. Wenn ein Teil der Einnahmen gespart wird, bedeutet dies für die Haushalte, dass sie auf Konsum verzichten.

MERKE

Sparen bedeutet **Konsumverzicht,** da nicht das gesamte Einkommen für Konsumzwecke verwendet wird. Ein Teil wird zurückgelegt und kann dann ggf. später für größere Anschaffungen verwendet werden.

Zur Berücksichtigung des Sparens kann ein eigener Sektor eingeführt werden, der als Kapitalsammelstelle fungiert. Dieser Sektor wird häufig als „Sektor Banken" bezeichnet. Da Kreditinstitute (Banken) eigentlich auch Unternehmen sind, ist diese Darstellung nur ein Hilfsmittel zum Verständnis des Wirtschaftsgeschehens und unterstellt nicht, dass Banken keine Unternehmen seien.

Wenn in einer Volkswirtschaft nicht gespart wird, ist kein Geld für Investitionen vorhanden, das Einkommen wird nur für den Konsum verwendet. Will eine Wirtschaft jedoch wachsen, müssen Investitionen stattfinden (evolutorische Volkswirtschaft). Dass eine Volkswirtschaft wachsen kann, setzt voraus, dass in dieser Volkswirtschaft gespart wird. In vereinfachter Darstellung kann Sparen und Investieren über den Sektor Banken dargestellt werden.

Erweiterter Wirtschaftskreislauf mit dem Sektor Banken

Staat im Wirtschaftskreislauf

Durch die Berücksichtigung des Sektors Staat wird der Tatsache Rechnung getragen, dass das Bruttoeinkommen nicht dem Nettoeinkommen entspricht. Konsumiert werden kann nur das verfügbare Einkommen. Neben dem Sparen wird der mögliche Konsum durch die Zahlung von Steuern und Abgaben (Sozialversicherung) verringert.

Erweiterter Wirtschaftskreislauf mit dem Sektor Banken

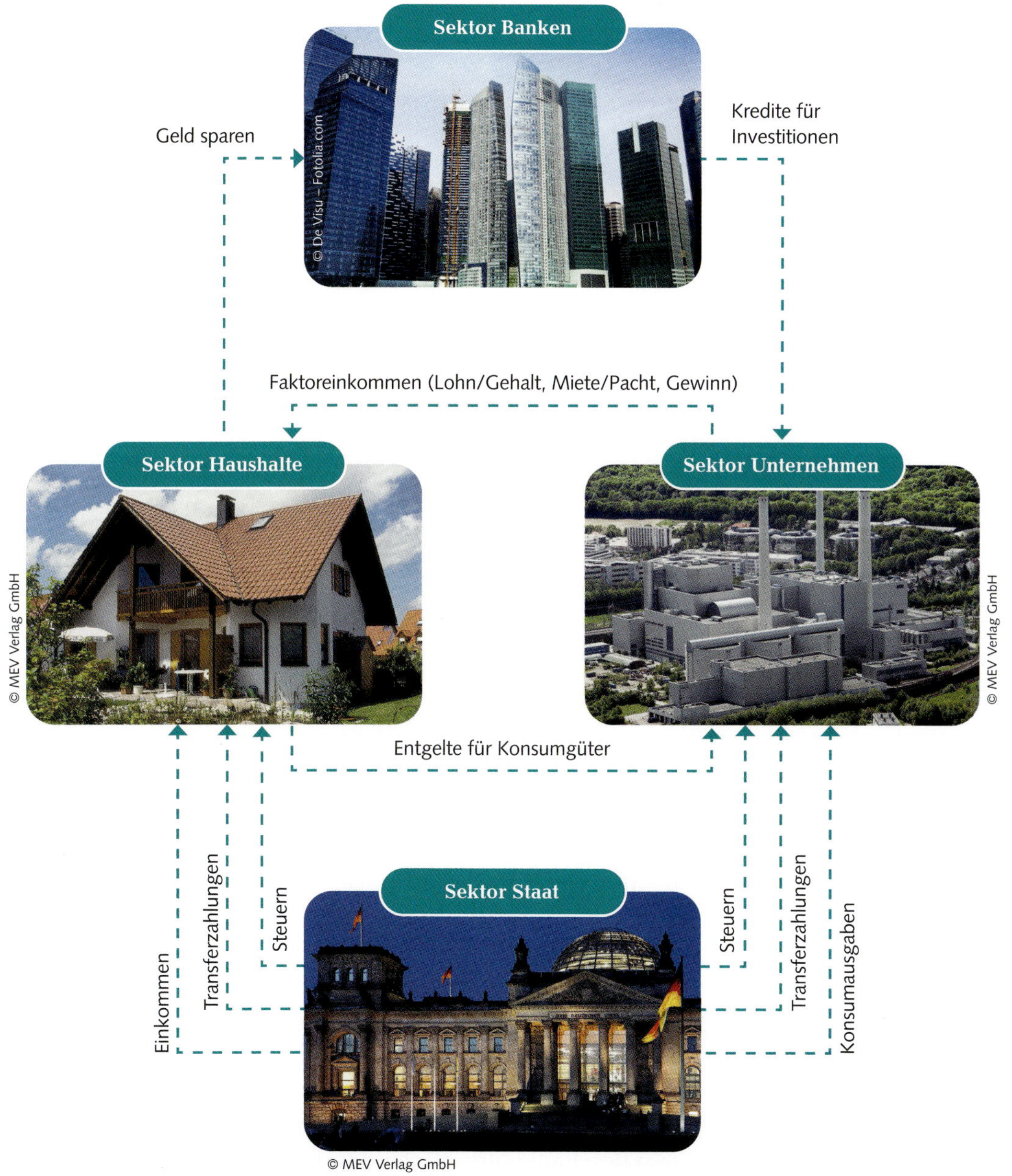

Das Modell stellt den Staat als Empfänger aller Steuern und Abgaben dar. Gleichzeitig kann gezeigt werden, dass der Staat nicht nur Einnahmen hat, sondern diese wieder über staatliche Zahlungen und Leistungen in den Wirtschaftskreislauf zurückfließen. Neben Zahlungen, die der Staat für erhaltene Gegenleistungen ausgibt, leistet der Staat auch Transferleistungen an Haushalte und Unternehmen.

Staatliche Zahlungen	Beispiele
Transferzahlungen des Staates an Haushalte durch Sozialleistungen	Arbeitslosengeld I und II (Harz IV), Kindergeld, Wohngeld, Sozialhilfe, Renten
Zahlungen des Staates an Haushalte mit Gegenleistungen (Einkommen)	Gehaltszahlungen an Beamte und staatliche Angestellte
Transferzahlungen des Staates an Unternehmen (Subventionen)	Subventionen an die Landwirtschaft, Subventionen an den Kohlebergbau
Zahlungen des Staates an Unternehmen mit Gegenleistung (Konsumausgaben)	Ausgaben für Straßenbau, Büromaterial, Handwerkerleistungen usw.

Berücksichtigung des Auslandes im Wirtschaftskreislauf

In der Realität bilden moderne Volkswirtschaften keine Binnenwirtschaften, deren Wirtschaftsgeschehen nur auf dem nationalen Markt stattfindet (geschlossene Volkswirtschaft). Realistisch ist es, eine offene Volkswirtschaft in ihrer internationalen Verflechtung darzustellen.

Annahmen der Modellerweiterung:

- Alle Ausfuhren von Gütern und Dienstleistungen werden als **Exporte** bezeichnet. Exporte bewirken einen Geldzufluss der inländischen Unternehmen.
- Alle Einfuhren von Gütern und Dienstleistungen werden als **Importe** bezeichnet. Importe führen zu einem Abfluss von Geldeinheiten in den Sektor Ausland.

Die Differenz zwischen den Exporten und Importen einer Volkswirtschaft wird als **Außenbeitrag** bezeichnet.

MERKE

Exporte – Importe = Außenbeitrag

Exporte = Importe

Der Außenbeitrag ist ausgeglichen. Es fließen gleich viele Geldbeträge der Volkswirtschaft aus dem Ausland zu, wie abfließen.

Exporte > Importe

Es handelt sich um einen **Exportüberschuss.** Ein Exportüberschuss führt in der Regel zu einer stärkeren Beschäftigung im Inland (sinkende Arbeitslosigkeit), verbunden mit der Tendenz zu Preissteigerungen (Inflation).

Exporte < Importe

In dieser Situation spricht man von einem **Importüberschuss.** Es besteht die Tendenz zu einer sinkenden Beschäftigung (steigende Arbeitslosigkeit) mit zunehmender Preisstabilität.

Erweiterter Wirtschaftskreislauf mit dem Sektor Ausland

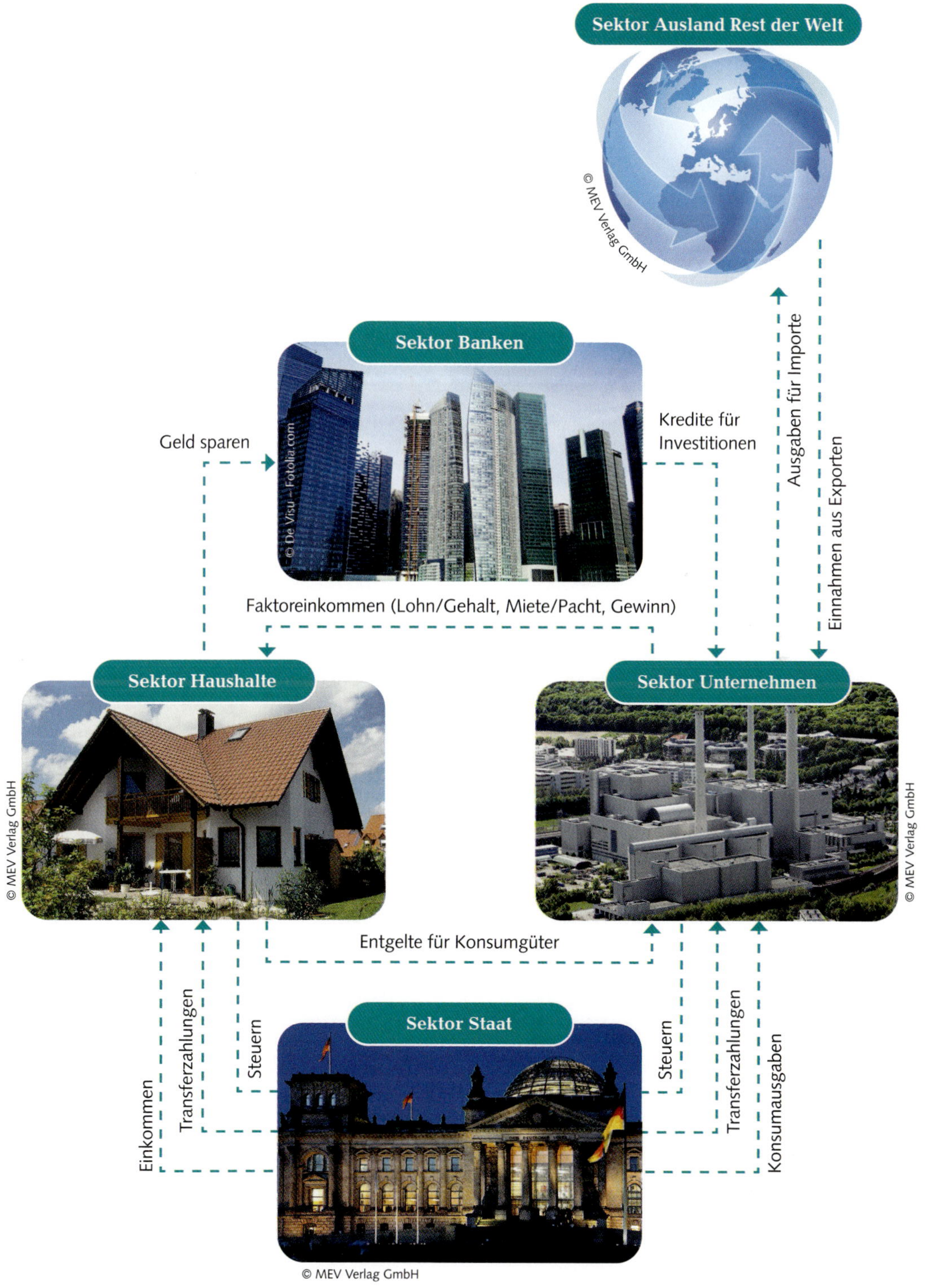

2.1.3 Zusammenfassung und Aufgaben

ZUSAMMENFASSUNG

- Der Wirtschaftskreislauf veranschaulicht das Zusammenwirken der Wirtschaftssubjekte (Sektoren) einer Volkswirtschaft als Modell.
- Nur die Geldströme werden berücksichtigt.
- Der einfache Wirtschaftskreislauf berücksichtigt nur die Sektoren Haushalte und Unternehmen und stellt eine statische Wirtschaft dar, die nicht wachsen kann.
- Die Erweiterung des Kreislaufs um das Sparen (Sektor Bank) zeigt eine evolutorische Volkswirtschaft, in der Wachstum möglich ist. Sparen (Konsumverzicht) schafft die Grundlage für Investitionen.
- Weitere Realitätsnähe wird durch die Einbeziehung des Sektors Staat erreicht. Teile des Volkseinkommens werden vom Staat als Steuern einbehalten, der Staat leistet selbst Transferzahlungen und gibt Geld für Konsumgüter aus.
- Durch die Einbeziehung des Sektors Ausland wird eine offene Volkswirtschaft abgebildet, die Wirtschaftsbeziehungen mit anderen Ländern unterhält (Exporte, Importe).

AUFGABEN

1. Beschreiben Sie den Güter- und Geldkreislauf eines einfachen Wirtschaftskreislaufs.
2. Beschreiben Sie die Rolle der Kreditinstitute (Banken) innerhalb des erweiterten Wirtschaftskreislaufs.
3. Was sind Transferzahlungen?
4. Welche Folgen kann
   a. ein Exportüberschuss oder
   b. ein Importüberschuss für eine Volkswirtschaft haben?

© Arcardy – Fotolia.com

2.2 Einkommensentstehung und Einkommensverwendung

Die Modelle des einfachen Wirtschaftskreislaufs unterstellen, dass die realen Ströme (Güterströme) den monitären (Geldströmen) entsprechen. In diesem Modell geben die Haushalte ihr gesamtes Einkommen (**Y** = yield) für Konsumgüter aus.

Die Haushalte haben aber zwei Möglichkeiten, ihr Einkommen zu verwenden:

- Konsum (**C** = consumption) oder
- Konsumverzicht durch Sparen (**S** = save)

Daraus lässt sich die Verwendung des Einkommens der Haushalte als Formel darstellen.

Einkommensverwendung:

$$Y = C + S$$

Aufgrund des verringerten Konsums der Haushalte werden nicht alle Produktionskapazitäten der Unternehmen beansprucht. Dadurch haben die Unternehmen freie Kapazitäten, die sie für die Produktion von Produktionsgütern nutzen können. Den Unternehmen steht dann Sachkapital zur Verfügung (**I** = Investition). Die volkswirtschaftliche Produktionskapazität steigt aufgrund der Investitionen, d. h. das volkswirtschaftliche Vermögen nimmt zu.

Für die Herstellung von Gütern in Unternehmen gilt, dass Unternehmen entweder

- Konsumgüter oder
- Produktionsgüter

herstellen können.

Daraus lässt sich die Verwendung des Einkommens der Haushalte als Formel darstellen.

Einkommensentstehung:

$$Y = C + I$$

Alle Wertströme entsprechen sich in ihrer Größe. Darum können die Gleichungen gleichgesetzt und umgeformt werden.

Es gilt:

$$I = S$$

Die Erfassung des Vermögenszuwachses kann durch ein Vermögensänderungskonto dargestellt werden. Im erweiterten Modell des Wirtschaftskreislaufes wird dieses Vermögensänderungskonto vereinfacht durch den Sektor Banken berücksichtigt.

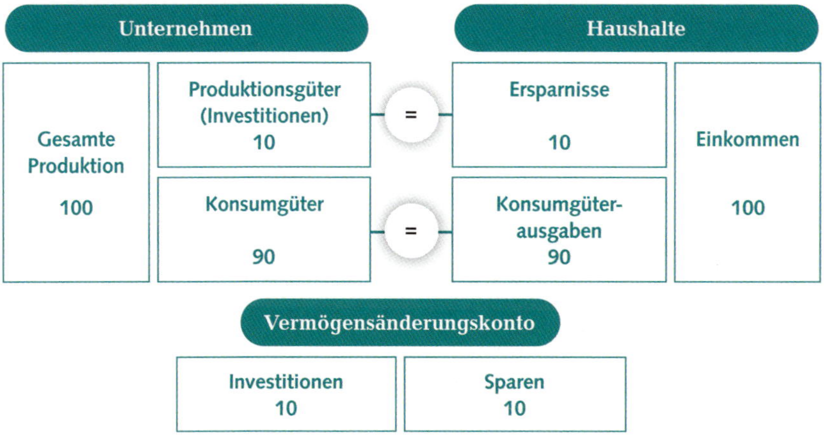

Da in einer Volkswirtschaft nur investiert werden kann, wenn gespart wird, ist das Sparen die Voraussetzung für ein Wachstum der Wirtschaft.

2.2.1 Zusammenfassung und Aufgaben

ZUSAMMENFASSUNG

Einkommensverwendung der Haushalte →	Y = C + S
Einkommensentstehung in den Unternehmen →	Y = C + I
Es gilt →	I = S

AUFGABEN

1. Erklären Sie das Zustandekommen der Gleichung I = S.
2. Errechnen Sie den Vermögenszuwachs, wenn in einer Volkswirtschaft ein Einkommen von 350 Geldeinheiten erzielt wird und die Haushalte 50 Geldeinheiten sparen.

3. PREISBILDUNG AUF DEM MARKT

3.1 Markt

3.1.1 Marktbegriff

Anders als in der Umgangssprache versteht man in den Wirtschaftswissenschaften unter dem Begriff Markt keinen bestimmten geografischen Ort (z. B. Marktplatz in der Stadt), an dem sich die Anbieter und Nachfrager persönlich treffen.

MERKE

Wirtschaftswissenschaftlicher Begriff des **Marktes:**

Unter einem Markt versteht man das **Zusammentreffen von Angebot und Nachfrage,** unabhängig davon, ob sich die Marktteilnehmer an einem bestimmten Ort persönlich begegnen, und auch unabhängig davon, wo sich die Ware befindet (abstrakter Marktbegriff).

Auf jedem Markt liegt eine Tauschbeziehung vor, bei der die Anbieter ihre Leistung (z. B. Ware, Rechtsbeistand, Kredit, Arbeitsleistung) anbieten und die Nachfrager bereit sind, eine Gegenleistung zu erbringen (i. d. R. Geld, z. B. Kaufpreis, Honorar, Zins, Gehalt).

Marktarten

organisierter Markt	nicht-organisierter Markt
Angebot und Nachfrage kommen an einem bestimmten Ort oder zu einem bestimmten Zeitpunkt zusammen (z. B. Börse, Wochenmarkt).	Das Marktgeschehen findet nicht an einem festen Ort bzw. zu einem bestimmten Zeitpunkt statt (z. B. Ladengeschäft, Internethandel).
offener Markt	**geschlossener Markt**
Jeder Anbieter und jeder Nachfrager hat freien Zugang in diesen Markt (z. B. Verkauf von Heimwerkergeräten).	Nur bestimmte Nachfrager oder Anbieter haben freien Zugang zu diesem Markt (Konzessionen oder Befähigungsnachweise sind notwendig), (z. B. Schankkonzession bei Gaststätten, Waffenschein beim Waffenkauf).
Käufermarkt	**Verkäufermarkt**
Wenn die Nachfrager stärkere Marktmacht haben als die Anbieter, spricht man vom Käufermarkt (z. B. Markt für TV-Geräte, Milch).	Wenn die Anbieter stärkere Marktmacht haben als die Nachfrager, spricht man vom Verkäufermarkt (z. B. Markt für Mietwohnungen, viele Rohstoffmärkte).

3.1.2 Marktformen

Nach der Anzahl der Marktteilnehmer auf den beiden Marktseiten (Anbieter und Nachfrager) kann man eine weitere Differenzierung der Märkte vornehmen. Die Einteilung unterscheidet bei der Anzahl nur zwischen „einer – wenige – viele“. Dabei ist der Unterschied zwischen „wenige und viele“ so zu sehen, dass bei „wenige“ der einzelne Anbieter bzw. Nachfrager noch Einfluss auf das Marktgeschehen und die anderen Teilnehmer hat. Sind „viele“ Marktteilnehmer vorhanden, hat der Einzelne keinen direkten Einfluss auf die Preisbildung.

Nachfrager \ Anbieter	viele	wenige	einer
viele	Polypol	Angebotsoligopol	Angebotsmonopol
wenige	Nachfrageoligopol	(zweiseitiges) Oligopol	(beschränktes) Angebotsmonopol
einer	Nachfragemonopol	(beschränktes) Nachfragemonopol	(zweiseitiges) Monopol

Wortbedeutungen aus dem Griechischen: **mono:** allein, einzeln, einmalig – **oligo:** wenige, gering, einige – **poly:** viel, mehr, verschieden

MERKE

- Je geringer die Zahl der Marktteilnehmer ist, desto größer ist die Macht jedes einzelnen Marktteilnehmers. Der Monopolist hat die größte, der Polypolist die kleinste Marktmacht.
- Je geringer die Zahl der Marktteilnehmer ist, desto größer ist die Möglichkeit des einzelnen Anbieters oder Nachfragers zur Preisbeeinflussung.
- Je geringer die Zahl der Marktteilnehmer, desto geringer ist der auf diesem Markt herrschende Wettbewerb.
- Keinen Wettbewerb gibt es auf Märkten mit zweiseitigem Monopol.
- Beim Polypol ist ausschließlich der niedrigste Preis für das Kaufverhalten ausschlaggebend, wenn man unterstellt, dass die Güter auf diesem Markt identisch sind.

3.1.3 Zusammenfassung und Aufgaben

ZUSAMMENFASSUNG

Ein Markt ist jedes Zusammentreffen von – Angebot – Nachfrage

Es gibt … – organisierte und nicht-organisierte Märkte – offene und geschlossene Märkte – Käufer- und Verkäufermärkte

Nach der Anzahl der Marktteilnehmer lassen sich Marktformen in drei Grundformen bilden

- Polypol
- Oligopol
- Monopol

AUFGABEN

1. Suchen Sie je ein Beispiel für einen organisierten Markt, einen Käufermarkt und einen geschlossenen Markt.
2. Ordnen Sie einem Wochenmarkt für Gemüse und Obst u. Ä. die Begriffe offener/geschlossener Markt sowie organisierter/nicht organisierter Markt zu.
3. Begründen Sie, bei welcher Marktform der größte und bei welcher der geringste Wettbewerb stattfindet.
4. Suchen Sie jeweils ein Beispiel für einen Polypol-, einen Oligopol- und einen Monopolmarkt.

3.2 Nachfrage und Angebot beim Polypol auf dem vollkommenen Markt

3.2.1 Vollkommener Markt

Um die Preisbildung erklären zu können, wird bei der modellhaften Betrachtung der Preisbildung auf einem Polypolmarkt unterstellt, dass dieser Markt bestimmte Merkmale aufweist.

Prämissen (Annahmen) für einen **vollkommenen Markt:**

- Prämisse der **Markttransparenz:** Alle Marktteilnehmer haben vollständige Übersicht über den Markt.
- Prämisse der **Homogenität** des Gutes: Es gibt keinen Unterschied zwischen den angebotenen Gütern.
- Prämisse der **fehlenden Präferenzen:** Kein Marktteilnehmer wird aus persönlichen, räumlichen oder zeitlichen Gründen bevorzugt.
- Prämisse der **Zeitlosigkeit:** Alle Marktteilnehmer reagieren auf Veränderungen unendlich schnell.
- Prämisse der **fehlenden Behinderung** der Marktgeschehnisse durch Eingriffe von außen (z. B. Eingriffe des Staates).
- Prämisse des streng **rationalen Verhaltens** der Anbieter und Nachfrager: Anbieter streben nach Gewinnmaximierung, die Nachfrager nach Nutzenmaximierung.

Ist eine dieser Bedingungen verletzt, so liegt ein **unvollkommener** Markt vor. In der Realität kommt die Wertpapierbörse der Idealvorstellung eines vollkommenen Marktes sehr nahe.

3.2.2 Bestimmungsfaktoren für Nachfrage und Angebot

Der Preis ist der wichtigste Bestimmungsfaktor für das Verhalten der Anbieter und Nachfrager. Es gibt aber neben dem Preis eine Reihe weiterer Bestimmungsfaktoren für das Nachfrage- und Angebotsverhalten.

Beispiele für weitere Bestimmungsfaktoren

Nachfrage	Angebot
› unterschiedliche Bedürfnisse › unterschiedliche Kaufkraft › Dringlichkeit des Bedarfs (z. B. Saisongüter) › Image des Herstellers, Mode	› Produktionsmöglichkeiten › Knappheit der Produktionsfaktoren (z. B. Facharbeiter) › Preis-Kosten-Verhältnis › erwartete Preisgestaltung

Wird ein vollkommener Polypolmarkt unterstellt, haben diese Faktoren keinen Einfluss auf das Angebots- und Nachfrageverhalten. Angebot und Nachfrage richten sich dann lediglich nach dem Preis eines Gutes.

3.2.3 Nachfrage und Preis

MERKE

Je **höher** der **Preis** für ein Gut ist, desto **geringer** wird die von diesem Gut nachgefragte **Menge** sein.

Wenn von anderen Einflüssen auf das Verhalten der Nachfrager abgesehen wird, also ein vollkommener Polypolmarkt unterstellt wird, hängt die nachgefragte Menge nach einem Gut allein vom Preis ab.

Das folgende Beispiel soll diesen Zusammenhang verdeutlichen. Die Nachfrage nach einem Gut fällt mit steigendem Preis.

Beispiel für eine preisabhängige Nachfragemenge nach einem Gut

Preis je Stück in Euro	nachgefragte Menge in Stück
100	50.000
200	40.000
300	30.000
400	20.000
500	10.000

Grafische Darstellung der Nachfragekurve

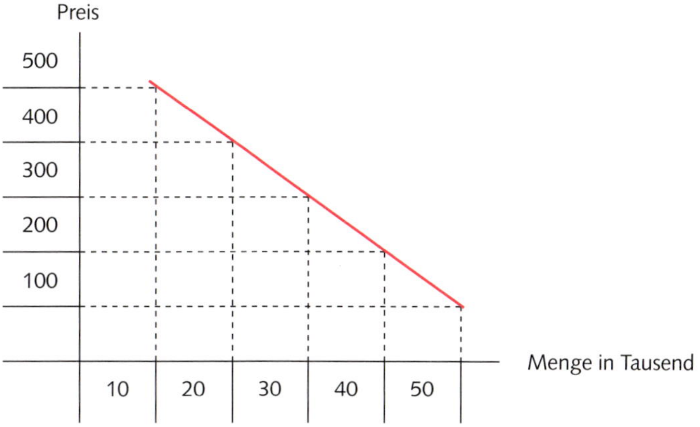

Da die privaten Haushalte ihren Nutzen maximieren wollen, sind sie bestrebt, mit den ihnen zur Verfügung stehenden Mitteln möglichst viele Bedürfnisse zu befriedigen. Die Nachfrager sind bestrebt, einen möglichst geringen Preis zu bezahlen.

MERKE

Fällt der Preis, steigt die Nachfrage.
Steigt der Preis, sinkt die Nachfrage.

3.2.4 Angebot und Preis

Wenn von anderen Einflüssen auf das Verhalten der Anbieter abgesehen wird (vollkommener Markt), hängt bei einem Polypol die angebotene Menge eines Gutes allein vom Preis ab.

MERKE

Je **höher** der **Preis** für ein Gut ist, desto **größer** wird die von diesem Gut angebotene **Menge** sein.

Beispiel für eine preisabhängige Angebotsmenge für ein Gut

Preis je Stück in Euro	Angebotene Menge in Stück
100	10.000
200	20.000
300	30.000
400	40.000
500	50.000

Grafische Darstellung der Angebotskurve

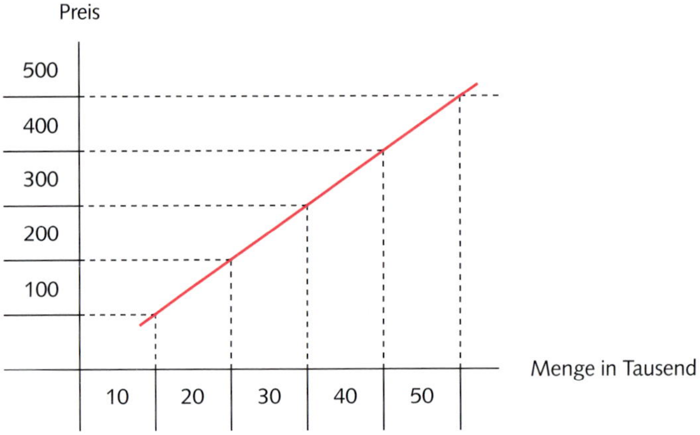

MERKE

Steigt der Preis, steigt auch das Angebot.
Fällt der Preis, sinkt das Angebot.

Die Unternehmen sind bestrebt, ihren Gewinn zu maximieren. Sie versuchen deshalb, die Kosten der Produktion gering zu halten und einen möglichst hohen Preis für ihr Produkt zu erzielen.

3.2.5 Zusammenfassung und Aufgaben

ZUSAMMENFASSUNG

- Angebot und Nachfrage richten sich auf einem vollkommenen Polypolmarkt allein nach dem Preis (Modellbetrachtung).
- Je höher der Preis, desto höher das Angebot und desto geringer die Nachfrage.

AUFGABEN

1. Beschreiben Sie die Annahmen, die für einen vollkommenen Markt aufgestellt werden.

2. Beschreiben Sie beispielhaft an drei Prämissen des vollkommenen Marktes, warum diese Annahmen in der Realität i. d. R. nicht vorkommen.

3. Zeichnen Sie eine Nachfragekurve mit folgenden Daten:

Preis	Nachfragemenge
10	45.000
12	40.000
14	35.000
16	30.000
18	25.000
20	20.000

4. Zeichnen Sie eine Angebotskurve mit folgenden Daten:

Preis	Nachfragemenge
60	1.200
65	1.600
70	2.000
75	2.400
80	2.800

3.3 *Preisbildung*

Wenn man die Ergebnisse zu Angebot und Nachfrage zusammenfasst, kann man aus einer Tabelle und aus der grafischen Darstellung erkennen, bei welchem Preis die Angebots- und die Nachfragemenge gleich sind (Gleichgewichtspreis).

Preis je Stück in Euro	nachgefragte Menge in Stück	angebotene Menge in Stück	Marktlage	verkaufte Menge	Angebots-überschuss in Stück	Nachfrage-überschuss in Stück
100	50.000	10.000	N > A	10.000		40.000
200	40.000	20.000	N > A	20.000		20.000
300	30.000	30.000	N = A	30.000	0	0
400	20.000	40.000	N < A	20.000	20.000	
500	10.000	50.000	N < A	10.000	40.000	

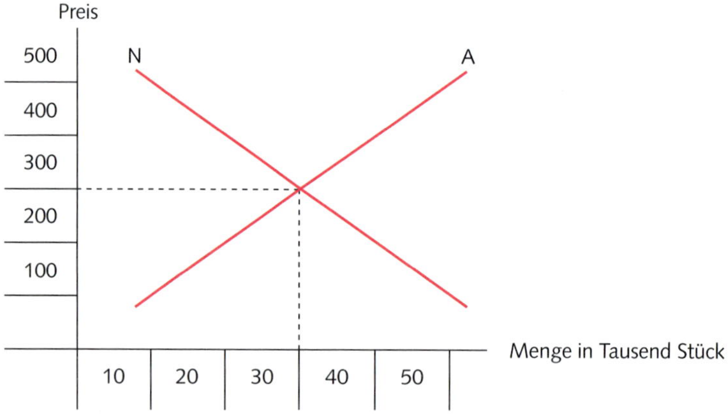

Beim Preis von 300 sind Nachfrage und Angebotsmenge gleich und es wird die größte Menge des Gutes verkauft. Dieser Preis wird sich auf diesen Markt einstellen.

MERKE

Der Marktpreis beim Polypol auf dem vollkommenen Markt ist der Preis, bei dem die angebotene und die nachgefragte Menge des betreffenden Gutes gleich groß sind. Gleichzeitig stellt er auch den **Gleichgewichtspreis dar,** da er die Marktungleichgewichte ausgleicht.

Ist das Angebot bei einem bestimmten Preis (z. B. 500) größer als die Nachfrage (N < A), existiert ein **Angebotsüberhang** bzw. eine **Nachfragelücke.** Die Anbieter senken die Preise, um ihre Produkte absetzen zu können, so lange, bis Angebot und Nachfrage gleich groß sind.

Bei einem Preis von z. B. 100 wäre die Nachfrage größer als das Angebot (N > A), es existiert eine **Angebotslücke** bzw. ein **Nachfrageüberhang.** Dieser

Zustand würde die Nachfrager dazu veranlassen, andere Nachfrager zu überbieten, um die Produkte zu erhalten. Die Anbieter würden aufgrund der hohen Nachfrage den Preis erhöhen. Der Preis würde steigen, bis sich Angebot und Nachfrage ausgleichen.

Jedes Mengenungleichgewicht führt also zu einer Preisbewegung hin zum Gleichgewichtspreis. Nur beim Gleichgewichtspreis besteht kein Anlass für eine Preisbewegung, es herrscht Gleichgewicht zwischen Angebot und Nachfrage. Der Prozess der Hinführung der Preise hin zum Gleichgewichtspreis wird als **Markt-Preis-Mechanismus** bezeichnet.

Eine Modellannahme des Polypols auf dem vollkommenen Markt ist, dass vollständige Transparenz herrscht. Da alle Marktteilnehmer hier unendlich schnell reagieren, wird sich der Gleichgewichtspreis in der Theorie sofort einstellen. In der realen Wirtschaft vollzieht sich der Anpassungsprozess über längere Zeiträume.

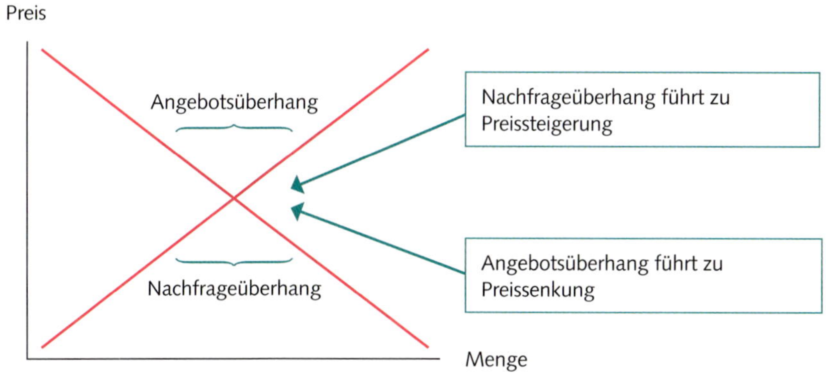

Konsequenzen aus dem Marktmechanismus beim Polypol

- Um langfristig überleben zu können, müssen Unternehmen Gewinne erzielen. Gewinne können nur erzielt werden, wenn die Produktionskosten unter dem Marktpreis liegen.
- Wenn ein Unternehmen versucht, einen höheren Preis als den Marktpreis zu verlangen, würde es alle Kunden verlieren. Die Nachfrager würden zum günstigeren Anbieter wechseln.
- Bei einem sehr hohen Marktpreis, der überdurchschnittliche Gewinne mit sich bringen würde, würden die Unternehmen ihr Angebot vergrößern und ggf. würden auch neue Unternehmen auf den Markt kommen. Der Preis würde aufgrund des höheren Angebots sinken.
- Je weniger Marktteilnehmer auf einem Markt sind, desto eher gibt es monopolistische Spielräume für die einzelnen Marktteilnehmer. Der Marktmechanismus verliert an Wirkung. Beim Monopol existiert dieser nicht mehr.

MERKE

Der Marktpreis erfüllt innerhalb der Marktwirtschaft folgende Funktionen:

- **Lenkungsfunktion:** Hohe Preise signalisieren die Knappheit von Gütern und bewegen die Unternehmen zur Produktion.
- **Ausschaltfunktion:** Unternehmen, die nicht die Preise der Konkurrenz einhalten können, finden nicht genügend Abnehmer und werden vom Markt verdrängt.
- **Markträumungsfunktion:** Der Markt-Preis-Mechanismus sorgt dafür, dass die nachgefragte und angebotene Menge eines Gutes einander entsprechen. Ein Angebotsüberhang wird durch Verringerung der Produktion und sinkende Preise beseitigt. Ein Nachfrageüberhang wird durch Mehrproduktion und steigende Preise ausgeglichen.

3.3.1 Zusammenfassung und Aufgaben

ZUSAMMENFASSUNG

Für die Preisbildung beim Polypol auf dem vollkommenen Markt gilt:

Polypolmarkt

viele Anbieter,
viele Nachfrager

vollkommener Markt

Markttransparenz, Homogenität der Güter, fehlende Präferenzen, Zeitlosigkeit, rationales Verhalten

Je **höher** der Preis, desto **geringer** die Nachfrage und desto **höher** das Angebot. — ↑ ↓ ↑

Fällt der Preis, so **steigt** die Nachfrage und das Angebot **sinkt.** — ↓ ↑ ↓

Preisbildungsprozess

ist beendet, wenn der Preis erreicht ist, bei dem die Nachfragemenge der Angebotsmenge entspricht (A = N).

Marktmechanismus

gleicht Angebotsmengenüberschuss und Nachfragemengenüberschuss aus, bis der Gleichgewichtspreis erreicht ist.

AUFGABEN

1. Bestimmen Sie rechnerisch und zeichnerisch den Gleichgewichtspreis (Marktpreis) bei folgenden Marktdaten.
Zeichnen Sie eine Nachfragekurve mit folgenden Daten:

Preis	Nachfragemenge	Angebotsmenge
50	25.000	5.000
100	20.000	10.000
150	15.000	15.000
200	10.000	20.000
250	5.000	25.000

2. Erklären Sie den Marktmechanismus.

3.4 Grenzen der Preisbildung

Die Preisbildung auf dem vollkommenen Polypolmarkt ist lediglich eine Modellbetrachtung, um den Preismechanismus grundsätzlich zu erklären. In der realen Wirtschaft treffen die Bedingungen für den vollkommenen Markt nie vollständig zu. Zudem ist nicht jeder Gütermarkt auch ein Polypolmarkt. Weiterhin gibt es auch staatliche Eingriffe in manche Märkte (z. B. Mietpreisbremse).

BGB §§ 557 ff.

Für die Berufsgruppe Rechtsanwalt und Notar gibt es zudem berufsspezifische Vorschriften bezüglich der Preisbildung ihrer Dienstleistungen.

Gesetzliche Mindestgebühr für Rechtsanwälte

Rechtsanwaltsvergütungsgesetz (RVG)f

Die Gebühren, die ein Anwalt mindestens verlangen muss, sind gesetzlich festgelegt. Erst oberhalb der Mindestgebühren wird vom Gesetzgeber akzeptiert, dass Mandant und Rechtsanwalt eine höhere Bezahlung vereinbaren, zum Beispiel nach Zeitaufwand.

Notarkosten

Gerichts und Notariatskostengesetz (GNotG)

Bundesnotarordnung (BNotO)

Die Kosten der Notarinnen und Notare (Gebühren und Auslagen) sind gesetzlich festgeschrieben. Das Gebührensystem ist öffentlich und soll jedermann den Zugang zu notariellen Amtstätigkeiten ermöglichen. Der Notar ist gemäß der Bundesnotarordnung verpflichtet, für seine Tätigkeit die gesetzlich vorgeschriebenen Gebühren zu erheben (nicht mehr und nicht weniger). Dabei richtet sich die Höhe nach der Bedeutung und dem Wert des Geschäfts.

3.4.1 Zusammenfassung und Aufgaben

ZUSAMMENFASSUNG

Für Rechtsanwälte und Notare ist die Preisgestaltung eingeschränkt bzw. gesetzlich geregelt:

- **Mindestgebühren für Rechtsanwälte**
- **festgelegte Gebühren für Notare**

AUFGABEN

1. Beschreiben Sie die Einschränkungen der Preisbildung für Rechtsanwälte.

2. Beschreiben Sie die Einschränkungen der Preisbildung für Notare.

4. SYSTEM DER SOZIALEN MARKTWIRTSCHAFT

4.1 Wirtschaftsordnung als Bestandteil der Gesellschaftsordnungen

© eyetronic – Fotolia.com

Kein Mensch kann völlig losgelöst von anderen Menschen existieren. Alle Menschen sind Teil einer Gemeinschaft, bestehend aus Familie, Freunden, Parteien, Vereinen, Betrieben u. a.

Die umfassendste Gemeinschaft bildet die Gesellschaft eines Landes. Sie wird durch die Gesamtheit der Menschen gebildet, die in einem gemeinsamen Staatsgebiet miteinander verbunden sind.

Das Zusammenleben der Menschen in einer Gesellschaft erfordert eine allgemeine Ordnung. Diese Spielregeln müssen alle Gruppenmitglieder einhalten, um ein geordnetes Zusammenleben überhaupt möglich zu machen.

MERKE

Die **Gesellschaftsordnung** umfasst die Gesamtheit aller Normen, Regeln und Institutionen, die das Zusammenleben von Menschen in einer Gesellschaft gestalten.

Die Gesellschaftsordnung ist nicht nur in der Verfassung und in Gesetzen festgelegt, sondern basiert auch auf Sitten, Brauchtümern und kulturellem Erbe.

Die Gesellschaftsordnung besteht aus verschiedenen Teilordnungen:

- **Rechtsordnung:** Gesamtheit aller Rechtsvorschriften der Gesellschaft
- **Politische Ordnung:** Herrschafts- und Machtverhältnisse innerhalb einer Gesellschaft (z. B. demokratische Gesellschaft)
- **Sozialordnung:** Regeln für den Schutz der Benachteiligten und Schutz bei Krankheit, Arbeitslosigkeit u. Ä.
- **Wirtschaftsordnung:** Rahmenbedingen für das wirtschaftliche Handeln der einzelnen Wirtschaftssubjekte

MERKE

Die **Wirtschaftsordnung** ist ein Ausschnitt aus dem gesamten Ordnungsgefüge einer Gesellschaft. Sie wird durch die anderen Teilbereiche der Gesellschaftsordnung beeinflusst. Die Wirtschaftsordnung legt fest, in welcher Weise das Wirtschaftsgeschehen gesteuert, d. h. wie das wirtschaftliche Handeln der Wirtschaftssubjekte aufeinander abgestimmt wird.

Jede Volkswirtschaft hat die Aufgabe, den Bedarf der in ihr lebenden Menschen an Gütern und Dienstleistungen zu decken.

› Jede Wirtschaftsordnung legt fest, **wer darüber bestimmt,**
› **welche Güter** in **welchen Mengen** produziert werden sollen,
› **wie** die Güter **produziert** werden sollen (Kombination der Produktionsfaktoren) und
› **an wen** die Güter **verteilt** werden sollen.

4.1.1 Zusammenfassung und Aufgaben

ZUSAMMENFASSUNG

→ Jeder Staat stellt Regeln für das Zusammenleben auf (Gesellschaftsordnung).

→ Teile der Gesellschaftsordnung sind die Rechtsordnung, die politische Ordnung, die Sozialordnung und die Wirtschaftsordnung.

→ Die Wirtschaftsordnung stellt Regeln für die Steuerung des Wirtschaftsgeschehens auf.

AUFGABEN

1. Beschreiben Sie, warum eine Gesellschaftsordnung notwendig ist.

2. Welche Grundfragen regelt die Wirtschaftsordnung?

4.2 Grundtypen der Wirtschaftsordnung

Es gibt unterschiedliche Wege, wie das Versorgungs- und Verteilungsproblem der Güter in einer Volkswirtschaft gelöst werden soll. Die beiden Grundtypen einer Wirtschaftsordnung stellen die Marktwirtschaft und die Zentralverwaltungswirtschaft dar. In beiden Fällen handelt es sich um Modellvorstellungen einer reinen Form, die in der Realität nur als Mischformen vorkommen.

Wichtige Merkmale der Grundmodelle einer Wirtschaftsordnung

freie Marktwirtschaft

Alle Wirtschaftssubjekte planen und entscheiden selbstständig, ohne dass der Staat eingreift. Produzenten entscheiden, was sie produzieren wollen. Die Konsumenten entscheiden, was sie kaufen wollen.

Bausteine der freien Marktwirtschaft:

erwerbswirtschaftliches Prinzip:
Jeder Marktteilnehmer strebt nach seinem höchstmöglichen Nutzen (Unternehmen: Gewinnmaximierung, Kostenminimierung – Haushalte: Nutzenmaximierung).

freie Marktpreisbildung:
Der Preis entsteht durch den Wettbewerb auf dem Markt, auf dem sich Angebot und Nachfrage gegenüberstehen. Der Marktpreis führt zum Ausgleich zwischen Angebot und Nachfrage.

Zentralverwaltungswirtschaft

Der Staat (zentrale Planungsstelle) plant die Produktion aller Güter (Art, Menge, Qualität). Alle Unternehmen müssen produzieren, was der Plan vorgibt. Die Konsumenten haben nur das geplante Angebot zur Verfügung.

Bausteine der Zentralverwaltungswirtschaft:

Gesellschaftssystem:
Diese Wirtschaftsordnung verlangt ein Gesellschaftssystem, in dem das private Gewinnstreben und die Möglichkeit, andere Menschen für eigene unternehmerische Ziele anzustellen, nicht erlaubt sind.

zentrale Planung:
Die Planung erfolgt durch den Staat. Es werden langfristige Pläne für 15 bis 20 Jahre erstellt, die die gesamtwirtschaftlichen Entwicklungsziele vorgeben. In Fünfjahresplänen wird versucht, allen Wirtschaftsbereichen konkrete Ziele vorzugeben. Durch die Jahrespläne erhält jeder Betrieb genaue Produktionsziele, die einzuhalten sind.
Die Preise werden ebenfalls festgesetzt, zeigen also nicht wie in der Marktwirtschaft die Knappheit der Güter an und bilden sich nicht aufgrund von Angebot und Nachfrage.

Wettbewerb:
Der Wettbewerb zwischen den Marktteilnehmern bildet den Motor der Wirtschaft. Unternehmen sind gezwungen, nach den Wünschen der Verbraucher zu produzieren. Art, Qualität und Preis müssen den Vorstellungen der Kunden entsprechen.

Wettbewerb:
In der Zentralverwaltung gibt es aufgrund der staatlichen Planung und Lenkung keinen Wettbewerb zwischen den Unternehmen. Die Unternehmen haben keine Konkurrenten. Die Konsumenten sind gezwungen, die produzierten Güter so abzunehmen, wie sie geplant und hergestellt wurden.

Ordnungspolitische Rahmenbedingungen:
Der Staat greift nicht in das Wirtschaftsgeschehen ein. Er schafft nur die rechtlichen Rahmenbedingungen und achtet darauf, dass die Spielregeln des Wettbewerbs eingehalten werden (z. B. sind keine Preisabsprachen erlaubt). Zudem sorgt er für das Geldwesen und den Schutz der Volkswirtschaft nach außen („Nachtwächterstaat").

Ordnungspolitische Rahmenbedingungen:
Der Staat bestimmt aufgrund der staatlichen Planung das Wirtschaftsgeschehen.
Der Staat verfügt über alle Produktionsmittel (Staatseigentum), wie z. B. Grundstücke, Bergwerke, Fabriken, Handelseinrichtungen.

Der Staat garantiert die Freiheitsrechte:
- **Gewerbefreiheit:** Die Gründung eines Unternehmens und jegliche unternehmerische Entscheidungen sind frei.
- **Schutz des Privateigentums:** Alle Wirtschaftssubjekte haben die volle Verfügungsgewalt über ihr Privateigentum an Produktionsmitteln und Konsumgütern.
- **Vertragsfreiheit:** Verträge zwischen Vertragspartnern können frei ausgestaltet werden.
- **Konsumfreiheit:** Konsumenten können unter verschiedenen Produkten frei wählen.
- **freie Berufswahl:** Jeder kann seinen Beruf und Arbeitsplatz frei wählen.
- **Handelsfreiheit:** Alle Güter können frei im In- und Ausland gekauft und verkauft werden (Freihandel).

Merkmale:
- Der Güteraustausch im Inland und mit dem Ausland basiert nicht auf individuell ausgehandelten Verträgen, sondern wird vom Staat festgelegt.
- Da die Produktionsfaktoren Boden und Kapital im Staatseigentum sind, erfolgt die Güterproduktion in staatseigenen Betrieben.
- Produktionsfaktoren werden entsprechend der vorgegebenen Pläne eingesetzt.
- Freie Berufswahl und Wahl der Arbeitsstätte sind ausgeschlossen, der Einsatz der Arbeitskräfte wird staatlich bestimmt.
- Die Preise der Güter werden vom Staat angeordnet.

Beispiele für Probleme der freien Marktwirtschaft:
- Es kann zu einem Verdrängungswettbewerb kommen. Hierdurch scheiden wirtschaftlich Schwache aus. Es ist möglich, dass nur ein einziger Anbieter übrig bleibt (Monopol).
- Der Wettbewerb wird oft durch Preisabsprachen, Monopole, Kartelle usw. ausgeschaltet.
- Das Marktgleichgewicht wird selten erreicht. Es herrscht ein ständiger Anpassungsprozess.
- Die Preise schwanken nicht nur mit dem Angebot und der Nachfrage, sondern sind auch von der wirtschaftlichen Lage (Konjunktur) abhängig.

Beispiele für Probleme der Zentralverwaltungswirtschaft:
- Eine zentrale Planung kann die verschiedenen Einzelbedürfnisse, die individuellen Wünsche der Menschen nicht berücksichtigen (Fehlplanung).
- Detaillierte Pläne können nur schwer an die Wirklichkeit angepasst werden. Das System ist nicht flexibel. Störungen in der Planerfüllung an einer Stelle wirken sich auf viele andere Pläne aus (z. B. Herstellung von zu wenig Stoff führt zur Herstellung von zu wenigen Kleidungsstücken).
- Staatlich festgelegte Preise führen dazu, dass kein Anreiz zur Mehrproduktion und zur Qualitätssteigerung besteht.

- Da das private Gewinnstreben und das Eigeninteresse im Vordergrund stehen, werden öffentliche Leistungen für die Gesellschaft eventuell vernachlässigt (z. B. soziale Einrichtungen, Schaffung einer Infrastruktur, Abfallentsorgung, Bildungseinrichtungen).

- Jede Planung hat Grenzen. So ist die Landwirtschaft z. B. gegen Naturkatastrophen nicht gefeit. Auch lässt sich menschliche Leistung nur zu einem bestimmten Grad festlegen.
- Da die Konsumenten wenig Spielraum für die Verwendung ihres Arbeitsentgeltes haben, ist der Anreiz für Mehrleistung, auch gegen Prämien, gering.

4.2.1 Zusammenfassung und Aufgaben

ZUSAMMENFASSUNG

Die Wirtschaftstheorie unterscheidet zwei Reinformen von Wirtschaftssystemen: die freie Marktwirtschaft und die Zentralverwaltungswirtschaft.

Freie Marktwirtschaft:

- Marktmechanismus regelt den Markt.
- Preise entstehen durch Angebot und Nachfrage.
- Freiheitsrechte (Gewerbe-, Vertrags-, Konsumfreiheit, freie Berufswahl, Handelsfreiheit und Privateigentum an Produktionsmitteln) sind garantiert.
- Planung der Produktion erfolgt dezentral durch die Wirtschaftssubjekte.
- Staat greift grundsätzlich nicht in das Marktgeschehen ein.
- Staat sorgt für den rechtlichen Rahmen und gibt Schutz nach innen und außen.

Hauptprobleme

Gefahr der Monopolisierung, Gefahren für den sozial Schwächeren

Zentralverwaltungswirtschaft:

- Über die Produktion entscheidet der Staat, er plant die Produktion (zentrale Planung) und dadurch auch den Konsum.
- Einhaltung der staatlichen Pläne ist vorgeschrieben, die Wirtschaftssubjekte entscheiden nicht selbst.
- Es existiert kein Marktmechanismus.
- Es wird kein Marktpreis, Preis bestimmt.

Hauptprobleme

Fehlplanung, schlechte Güterversorgung, fehlende Motivation

AUFGABEN

1. Beschreiben Sie die Rolle des Staates in der freien Marktwirtschaft und in der Zentralverwaltungswirtschaft.
2. Beschreiben Sie, warum es bei der freien Marktwirtschaft zur Monopolisierung kommen kann.
3. Beschreiben Sie, warum es in der Zentralverwaltungswirtschaft häufig an der Motivation der Arbeitnehmer fehlt.
4. Beschreiben Sie, warum es in der Zentralverwaltungswirtschaft häufig zu Unterversorgung mit Gütern kommt.

4.3 Modell der sozialen Marktwirtschaft

„Sinn der sozialen Marktwirtschaft ist es, das Prinzip der Freiheit auf dem Markt mit dem des sozialen Ausgleichs zu verbinden."

(Alfred Müller-Armack, 1946)

In der Bundesrepublik Deutschland wurde nach dem Zweiten Weltkrieg durch den Wirtschaftswissenschaftler Alfred Müller-Armack und den ersten Wirtschaftsminister der Bundesrepublik, Ludwig Erhard, eine weiterentwickelte Form der freien Marktwirtschaft eingeführt.

© thingamajiggs – Fotolia.com

In der sozialen Marktwirtschaft ist die Rolle des Staates im Wirtschaftsbereich durch zwei Aufgaben definiert:

- Der Staat soll soziale Gerechtigkeit und Sicherheit schaffen.
- Der Staat sorgt für einen störungsfreien Wirtschaftsablauf unter Einhaltung der marktgerechten Wirtschaftsordnung.

MERKE

Als **soziale Marktwirtschaft** bezeichnet man eine Wirtschaftsordnung, die auf der Basis des freien Wettbewerbs dem Staat die Aufgabe zuweist, sozialpolitische Korrekturen vorzunehmen und auf sozialen Ausgleich hinzuwirken.

Zwei Ordnungsmerkmale prägen die soziale Marktwirtschaft.

Marktwirtschaft	Sozialer Ausgleich
Dem freien Spiel der Marktkräfte wird so weit freien Lauf gelassen, wie dies sich zum Nutzen der Volkswirtschaft auswirkt. Beschränkungen des Wettbewerbs, die zum Nachteil der Verbraucher führen (z. B. Zusammenschluss zu einem Kartell oder Preisabsprachen) werden möglichst verhindert. Das Bundeskartellamt hat hierbei die Aufgabe zu überwachen, dass Kartellverbote eingehalten werden. Zudem soll das Bundeskartellamt verhindern, dass ein Machtmissbrauch durch marktbeherrschende Unternehmen entsteht.	Der Staat sorgt durch ein System sozialer Sicherungen für den Schutz der Bevölkerung vor negativen Folgen der freien Marktwirtschaft (in Form von z. B. Sozialversicherung, betrieblicher Mitbestimmung). Zahlreiche weitere Vorschriften zum Verbraucherschutz helfen, den marktschwächeren Verbraucher vor Marktmissbrauch zu schützen.

Bei der sozialen Marktwirtschaft handelt es sich um eine staatlich gelenkte, an sozialen Zielen orientierte Marktwirtschaft. Die wichtigen Freiheitsprinzipien, das Privateigentum, die Vertragsfreiheit, das Gewinn- bzw. Nutzenstreben und die Unabhängigkeit der Wirtschaftssubjekte, werden garantiert.

Der Staat übernimmt in der sozialen Marktwirtschaft nicht die Rolle des Nachtwächterstaates, sondern er greift im Interesse der Allgemeinheit und der sozial Schwachen aktiv in das Wirtschaftsgeschehen ein.

Der Staat ist u. a. auf folgenden Politikfeldern aktiv:

- Sozialpolitik (Unterstützung sozial Schwacher)
- Einkommenspolitik (Regelungen zur gerechten Einkommensverteilung)
- Konjunkturpolitik (Steuerung der Konjunktur)
- öffentliche Unternehmen (Leistungen, die nicht privat erbracht werden können, übernimmt der Staat)

Die staatlichen Eingriffe in bzw. die Korrekturen der Marktwirtschaft erfolgen hautsächlich durch Gesetzgebung. Die Grundlagen der sozialen Marktwirtschaft sind im Grundgesetz verankert. Weitere Gesetze schränken die Freiheitsrechte teilweise ein oder dienen dem Schutz der sozial Schwächeren.

GG Art. 20, 9, 12, 14 und 15

Beispiele für wichtige Merkmale der sozialen Komponente in der sozialen Marktwirtschaft der Bundesrepublik Deutschland

Vertragsfreiheit

Vertragsfreiheit besteht grundsätzlich. Es gibt aber Einschränkungen durch z. B. das Wucherverbot, die Nichtigkeit von sittenwidrigen Geschäften, Verbot von bestimmten Rechtsgeschäften (beispielsweise Drogenhandel), Verbot zur Bildung von Kartellen, Verbot des unlauteren Wettbewerbs.

Konsumfreiheit

Der Konsum ist nur wenig eingeschränkt. Beispiele für Einschränkungen: Waffen, Rauschgift, Zigaretten und Alkohol für Jugendliche, Medikamente.

Berufs- und Arbeitsplatzwahl

Die Wahlfreiheit besteht grundsätzlich. Der Staat versucht aber zur Unterstützung des Einzelnen und um Fehlentwicklungen entgegenzuwirken, indirekt einzugreifen (z. B. Umschulungen, Berufsberatung, Stellenvermittlung). Darüber hinaus besteht für bestimme Berufe die Pflicht, entsprechende Zulassungsvoraussetzungen zu erfüllen (z. B. Zulassung als Rechtsanwalt oder Arzt).

Gewerbefreiheit

Die Gewerbefreiheit wird in manchen Bereichen eingeschränkt (z. B. Konzessionen für Gaststätten, Apotheken, Baugenehmigungen).

Eigentumsverhältnisse

Das Privateigentum ist garantiert. Es gibt auch Staatseigentum (z. B. Bundesstraßen, Staatsforste, Sporthallen, Schulen). Zudem legt das Grundgesetz fest, dass Eigentum auch verpflichtet.

Planung von Produktion und Konsum

Grundsätzlich können die Wirtschaftssubjekte dezentral planen, es gibt keine staatliche Planungsbehörde.

Preisbildung

Der Preis bildet sich als Marktpreis durch Angebot und Nachfrage. Daneben gibt es auch staatliche Preisfestzungen, wie z. B. in der Landwirtschaft, Mindesthonorar bei Rechtsanwälten oder Notargebühren.

Preise für den Produktionsfaktor Arbeit (Lohnfindung)

Die Löhne werden durch Verhandlungen zwischen den Tarifpartnern (Gewerkschaften und Arbeitgeberverbänden) ausgehandelt. Es gibt aber in Deutschland auch einen gesetzlich vorgeschriebenen Mindestlohn.

Einkommensverteilung

Bei der Verteilung des Einkommens greift der Staat an mehreren Stellen ein. Durch z. B. unterschiedliche Steuerklassen, Sparförderung, Kindergeld u .v. m. findet eine Umverteilung statt.

Letztendlich dienen alle Einschränkungen der Freiheitsrechte und staatlichen Eingriffe dazu, den unsozialen Auswirkungen einer freien Marktwirtschaft entgegenzuwirken.

4.3.1 Zusammenfassung und Aufgaben

ZUSAMMENFASSUNG

Soziale Marktwirtschaft

ist die reale Wirtschaftsordnung der Bundesrepublik Deutschland und im Grundgesetz verankert (insbesondere Art. 20 GG).	versucht, die Stärken der freien Marktwirtschaft zu verwirklichen und gleichzeitig ihre Schwächen auszugleichen.

„Marktwirtschaft mit sozialem Ausgleich“

Die Freiheitsrechte und der Markt-Preis-Mechanismus bleiben weitgehend erhalten, werden aber eingeschränkt.	Der Staat betreibt aktive Politik (Sozial-, Einkommens- und Konjunkturpolitik) und betätigt sich durch öffentliche Unternehmen auch aktiv am Wirtschaftsgeschehen.

AUFGABEN

1. Beschreiben Sie die Rolle des Staates in der sozialen Marktwirtschaft. Vergleichen Sie diese mit der Rolle des Staates in der freien Marktwirtschaft und der Zentralverwaltungswirtschaft.
2. Beschreiben Sie an den Bespielen Einkommensverteilung, Privateigentum und Preisbildung die Unterschiede der sozialen Marktwirtschaft zur freien Marktwirtschaft.

5. KANZLEIMARKETING

5.1 Marketing

Moderne Unternehmen werden auf den Markt ausgerichtet. Der Markt bestimmt daher wesentlich die Abläufe und Ziele in einem Unternehmen.

MERKE

Marketing ist eine methodische, auf die Unternehmensziele ausgerichtete Steuerung des Verkaufs von Produkten und Dienstleistungen.

Effektives Marketing wird geplant und richtet sich an den Kundenwünschen (Mandantenwünschen) aus. Das Ziel aller Maßnahmen ist die Gewinnerzielung und die nachhaltige Befriedigung der Kundenwünsche (Mandantenwünsche).

MERKE

Kanzleimarketing bedeutet die Ausrichtung der Tätigkeiten der Kanzlei an den Mandantenbedürfnissen.

Mandantenorientierung ist eine methodische, auf die Unternehmensziele ausgerichtete Steuerung des Verkaufs von Produkten und Dienstleistungen.

5.1.1 Zusammenfassung und Aufgaben

ZUSAMMENFASSUNG

→ Ziel des Marketings ist die Ausrichtung der Tätigkeit der Kanzlei an den Mandantenbedürfnissen.

AUFGABEN

1. Erläutern Sie den Begriff Mandantenwünsche.
2. Beschreiben Sie drei Wünsche, die ein Mandant an eine gute Kanzlei hat.

5.2 Marktforschung

Ansatzpunkt für ein gezieltes Marketing ist der Absatzmarkt für die erstellten Güter und Dienstleistungen (hier die Mandaten) und dessen Wünsche. Dabei muss zunächst der Markt erforscht werden (Marktforschung).

Die Marktforschung dient der Bereitstellung von Marktdaten (z. B. Marktgröße).

Marktforschung ist die systematisch betriebene Erforschung eines konkreten Teilmarktes (Zusammentreffen von Angebot und Nachfrage) einschließlich der Erfassung der Bedürfnisse aller Beteiligten unter Heranziehung vor allem externer Informationsquellen.

MERKE

Für eine Rechtsanwaltskanzlei sind z. B. die Antworten auf folgende Fragen wichtige Marktdaten:

- Wie viele Anwälte sind auf meinem Spezialgebiet in der Stadt (Bezirk usw.) tätig?
- Wie viele Rechtsfälle fallen in meinem Spezialgebiet jährlich an?
- Welche Honorare können verlangt werden?
- Auf welchen Wegen suchen die potenziellen Mandanten sich einen Rechtsbeistand?

Generell ist die Situation auf dem Markt für Kanzleidienstleistungen durch die folgenden Fakten gekennzeichnet:

Polypolistischer Markt

Auf dem Markt für Kanzleidienstleistungen treffen viele Nachfrager auf viele Anbieter (ca. 525 Einwohner pro Rechtsanwalt).

Käufermarkt

Da die Zahl der potenziellen Mandanten relativ konstant ist, während die Zahl der Anwälte in den letzten Jahren gestiegen ist, stellt dieser Markt einen Käufermarkt dar.

Besonderheiten der Kanzleidienstleistungen

Die Kanzleidienstleistungen sind für den Nachfrager sehr abstrakt und erklärungsbedürftig. Die Mandanten können die dahinterstehende Arbeit oft nicht nachvollziehen. Erklärungen sind notwendig.

BORA §§ 43 und 6

Werbung

Werbung ist dem Rechtsanwalt nur erlaubt, wenn sie über die berufliche Tätigkeit in Form und Inhalt sachlich unterrichtet. Die Werbung darf nicht auf die Erteilung eines Auftrags im Einzelfall gerichtet sein.

Mund-zu-Mund-Werbung

Die Auswahl der Anwälte durch potenzielle Mandanten erfolgt zu einem großen Teil durch „Mund-zu-Mund-Propaganda".

Homogenität der Produkte

Die Produkte auf diesem Dienstleistungsmarkt sind grundsätzlich identisch (z. B. Rechtsberatung).

LF 7 | 3.4

Preisgestaltung

Die Preisgestaltung auf dem Markt für Kanzleidienstleistungen ist eingeschränkt.

5.2.1 Zusammenfassung und Aufgaben

ZUSAMMENFASSUNG

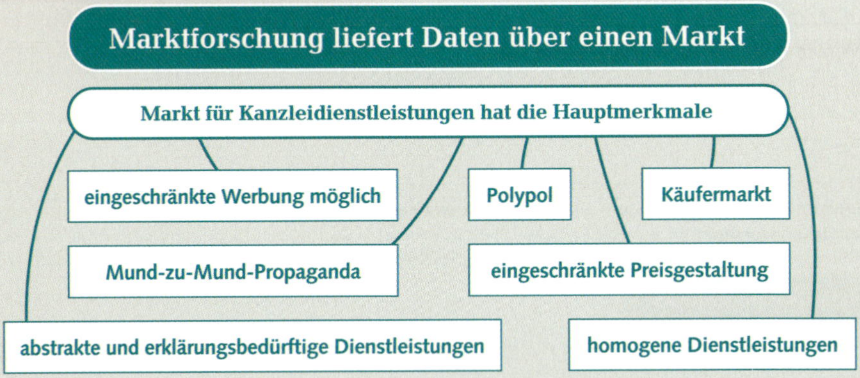

AUFGABEN

1. Erläutern Sie die Marktsituation auf dem Markt für Kanzleidienstleistungen.

5.3 Marketinginstrumente

© Coloures-pic – Fotolia.com

Die Besonderheiten auf dem Markt für Kanzleidienstleistungen erlauben nicht den gleichen Einsatz der in der Wirtschaft üblichen Marketinginstrumente.

Unternehmen setzen im Bereich des Marketings einen Mix aus den möglichen Marketinginstrumenten (Politiken) ein.

Marketinginstrument bzw. -politik

Produktpolitik

Im Rahmen der Produktpolitik wird festgelegt, welche Leistungen (Sachgüter, Dienstleistungen) ein Unternehmen anbietet und wie das Produktprogramm bzw. das Sortiment gestaltet sein soll.

Preispolitik

Die Preispolitik regelt die Preisgestaltung für die betrieblichen Leistungen. Die Kosten, die dem Kunden durch seinen Einkauf letztlich entstehen, werden durch folgende Faktoren beeinflusst: den Einzelpreis für das Produkt, die Rabattpolitik, die Konditionenpolitik.

Vertriebspolitik (Distributionspolitik)

Die Vertriebspolitik regelt die Auswahl der Vertriebswege für die einzelnen Produkte bzw. die Produktgruppen und den Transport der Güter.

Kommunikationspolitik

Die Kommunikationspolitik umfasst die Werbung, die Verkaufsförderungsmaßnahmen, die Public-Relations-Aktivitäten (Öffentlichkeitsarbeit) sowie die Kommunikation mit dem Kunden.

Aufgrund der Besonderheiten des Marktes für Kanzleidienstleistungen gelten für die Rechtsanwälte und Notare abgeänderte Marketinginstrumente.

Kanzleiwerbung (Akquisitionstechniken)

UWG

Das Gesetz gegen den unlauteren Wettbewerb (UWG) schränkt die Werbung aller Unternehmen ein. Rechtsanwälte müssen zudem noch standesrechtliche Vorschriften beachten.

BORA § 43

Werbung eines Rechtsanwalts ist nur erlaubt, soweit sie über die berufliche Tätigkeit sachlich in Form und Inhalt unterrichtet und nicht auf die Erteilung eines Auftrags im Einzelfall gerichtet ist.

BORA § 6

Der Anwalt darf über seine Dienstleistung und seine Person informieren, wenn die Angaben sachlich und berufsbezogen sind.

Rechtsanwälte dürfen auch nicht daran mitwirken, dass Dritte für sie Werbung machen, die für sie verboten sind.

BORA § 43 b TDG

Internetwerbung ist unter Beachtung des Teledienstgesetzes möglich.

Im **Rahmen eines bestehenden Mandatsverhältnisses** ist eine aktive Mandantenansprache möglich.

BEISPIEL

- Rundschreiben
- persönliche Ansprache

Außerhalb bestehender Mandatsverhältnisse darf keine gezielte, aktive Mandatsansprache durch Rechtsanwälte erfolgen. Zulässig ist eine ungezielte Kanzleiwerbung.

BEISPIEL

Beispiele für zulässige Kanzleiwerbung außerhalb bestehender Mandatsverhältnisse:

- Einheitliches Erscheinungsbild (Corporate Identity) beim Internetauftritt, auf Visitenkarten, Geschäftsbriefen usw.
- Hinweise auf die Qualifikationen und Tätigkeitsschwerpunkte in Kanzleinamen
- Internetauftritt: Es ist möglich, online Kontakte zu pflegen und beratend tätig zu sein.

BEISPIEL

- Veröffentlichungen von Fachinformationen in Broschüren, Rundschreiben und Presseveröffentlichungen durch den Anwalt oder Notar
- Berichterstattung in den Medien über den Rechtsanwalt oder Notar
- Vorträge und Seminare des Rechtsanwalts oder Notars
- Vereins- und Verbandsmitgliedschaft des Anwalts bzw. Notars
- Eintrag in eine Anwalt-Suchdatei

Notare unterliegen dem Werbeverbot und dürfen keine Werbung machen. Anwaltsnotare dürfen nur werben, wenn die Werbung eindeutig auf ihre Anwaltstätigkeit und nicht auf die Notartätigkeit abzielt.

BNotG § 29

Leistungsangebot

Rechtsanwälte dürfen auf ihre besonderen fachlichen Qualifikationen hinweisen. Durch fachliche Spezialisierung und Zusatzleistungen kann sich eine Kanzlei von konkurrierenden Kanzleien abgrenzen. Die Fachanwaltsordnung erlaubt unter bestimmten Voraussetzungen die Verleihung verschiedener Fachanwaltsbezeichnungen.

FAO

LERNFELD 7

BEISPIEL

BORA § 7

Beispiele für fachanwaltliche Ausrichtungen:

- Fachanwalt für Arbeitsrecht
- Fachanwalt für Steuerrecht
- Fachanwalt für Strafrecht
- Fachanwalt für Familienrecht
- Fachanwalt für Verwaltungsrecht
- Fachanwalt für Insolvenzrecht
- Fachanwalt für Versicherungsrecht

Ebenfalls erlaubt ist die Nennung von Tätigkeits- und Interessenschwerpunkten der Berufstätigkeit.

BEISPIEL

Beispiele für Ausrichtung der Kanzlei nach Tätigkeits- und Interessenschwerpunkten

- Bankrecht
- Unternehmensrecht
- Erbrecht
- AGB-Recht
- Baurecht
- Umweltrecht
- Mediation

Zusatzleistung: Nach dem Steuerberatungsgesetz ist der Anwalt befugt, in Steuersachen uneingeschränkt tätig zu sein. Er ist auch zur Steuerberatung berechtigt.

Kundenkommunikation und Organisation von Arbeitsabläufen

Der Umgang und die Kommunikation mit den Kunden ist die beste Werbung für eine Kanzlei. Wenn die Mandanten ihre Wünsche erfüllt bekommen, sind sie zur Weiterempfehlung (Mundpropaganda) bereit.

Mandantenzufriedenheit setzt voraus, dass neben der fachlichen Kompetenz auch persönlich auf den Mandanten eingegangen wird (ausreichend Zeit, Einfühlungsvermögen). Ein weiterer Aspekt stellt die kundenbezogene und freundliche Kommunikation dar. Dazu gehören die Anschreiben, Telefonate, Terminvereinbarung, Auskunft über Zwischenstände u. v. m.

Mandanten verlangen auch, dass die Arbeitsabläufe mandantenorientiert organisiert sind.

BEISPIEL

Mandantenorientierte Arbeitsabläufe zeigen sich z. B. darin, dass

- die Vertrauenswürdigkeit und Seriosität der Kanzlei betont wird,
- keine Wartezeiten bei festen Terminen entstehen,
- Terminvereinbarungen schriftlich bestätigt werden,
- die Sprechzeiten mandantenfreundlich sind,
- die Mandanten während der Wartezeit mit Getränken bewirtet werden oder
- die Mitarbeiter auf den Mandantenbesuch vorbereitet sind (fachliche Vorbereitung, Akten liegen bereit usw.).

Honorargestaltung

RVG

Die Spielräume bei der Honorargestaltung der Rechtsanwälte sind stark eingeschränkt.

RVG §§ 3a, 4 und 4a

Honorare der Rechtsanwälte sind nach dem Rechtsanwaltsvergütungsgesetz geregelt.

Unter bestimmten Voraussetzungen besteht die Möglichkeit, einen abweichenden Honorarsatz schriftlich zu vereinbaren.

KostO

Bei Notaren regelt die Kostenordnung die Gebühren.

Wahl des Kanzleistandortes

Ein nicht unbeachtlicher Faktor im Rahmen des Kanzleimarketings spielt das räumliche Umfeld und die Lage der Kanzlei.

BEISPIEL

Mögliche Standortfaktoren für Kanzleien:

- Nähe zu Gerichten
- Wettbewerbssituation (räumlich und fachlich)
- Nähe zu wichtigen Dauermandanten
- Parkmöglichkeiten
- Erreichbarkeit mit öffentlichen Verkehrsmitteln

5.3.1 Zusammenfassung und Aufgaben

ZUSAMMENFASSUNG

AUFGABEN

1. Was versteht man unter Kanzleimarketing?

2. Kanzleidienstleistungen sind abstrakt und daher erklärungsbedürftig. Welche Folgen hat dies auf das Kanzleimarketing?

3. Wie kann ein Anwalt über das Leistungsangebot seiner Kanzlei informieren?

4. Rechtsanwalt Müller hat einmalig einen Mandanten bei einem Revisionsverfahren beim Bundesgerichtshof (BGH) vertreten. Daraufhin bildet Müller, der sonst ausschließlich Mandanten am Amtsgericht vertritt, ein Foto des BGH auf seiner Visitenkarte ab. Nehmen Sie Stellung.

5. Der Notar Genau möchte in der Tageszeitung ein Inserat aufgeben, das seine fachliche Qualität und seine juristischen Vorlieben anzeigt. Nehmen Sie Stellung.

6. Ordnen Sie folgende Marketingmaßnahmen verschiedener Wirtschaftsunternehmen den Marketinginstrumenten Preis-, Produkt-, Kommunikations- und Vertriebspolitik zu.

a. Ein Kreditinstitut bietet seinen Kunden verschiedene Möglichkeiten für ihr Girokonto an:
- Konto Classic (monatlicher Grundbetrag 5,00 Euro, Verfügungen mittels Formularen, Gebühr pro Kontobuchung 0,10 Euro.)
- Konto Online (nur Online-Verfügungen, monatliche Grundgebühr 2,00 Euro)

b. Ein Schokoladenhersteller bietet seinen Schokoriegel in den folgenden Ausführungen an:
- Star: Schoko und Karamell
- Nut: Schoko, Karamell und Nuss

c. Ein Unternehmen wirbt in der Tageszeitung und im Fernsehen.

d. Ein Einzelhändler in Weimar bietet seine Ware in seinem Ladengeschäft und zusätzlich über eine Internetplattform an.

7. Beschreiben Sie, welche der traditionellen Marketinginstrumente (Preis-, Vertriebs-, Kommunikations- und Produktpolitik) ein Rechtsanwalt einsetzen kann.

8. Warum hat der Gesetzgeber bei Notardienstleistungen keine Möglichkeit der Preisgestaltung vorgesehen?

LERNFELD 8

Sachenrechtliche Regelungen bei der Auftragsbearbeitung anwenden

1. RECHTE AN BEWEGLICHEN SACHEN

1.1 Besitz

1.1.1 Begriff und Arten

© Africa Studio – Fotolia.com

Im Alltag werden die Begriffe „Besitz" und „Eigentum" häufig mit identischer Bedeutung verwendet. So spricht man etwa von einem Autobesitzer, obwohl der Eigentümer gemeint ist. Das Gesetz unterscheidet die Begriffe jedoch streng.

Gegenstand des Besitzes können Sachen (§ 90 BGB), Teile einer Sache (§ 865 BGB) und Tiere sein (§ 90a BGB).

§ 854 BGB

MERKE

Nach § 854 BGB ist Besitzer, wer die tatsächliche Herrschaft über eine Sache ausübt.

Beispiel: Wer eine Geldbörse in den Händen hält, ist der Besitzer.

Besitzer kann jede natürliche oder juristische Person sein. Auch Kinder oder Geisteskranke können Besitzer sein, solange sie in der Lage sind, einen natürlichen Beherrschungswillen zu bilden. Geschäftsfähigkeit ist nicht erforderlich. Bei der juristischen Person wird die tatsächliche Gewalt durch die Organe ausgeübt (Organbesitz).

BEISPIEL

Nicht die GmbH kann Büromöbel besitzen, jedoch der Geschäftsführer.

Es werden folgende Besitzarten unterschieden:

Arten von Besitz

Arten	Bedeutung	Beispiel
Besitzdiener, § 855 BGB	Im Gegensatz zum Besitzer entscheidet der Besitzdiener nicht selbst, wie er mit der Sache umzugehen hat. Er übt zwar die tatsächliche Herrschaft aus, ist aber an Weisungen gebunden.	Chauffeur Walter fährt Herrn Roland zum Flughafen. Roland bleibt Besitzer, Walter ist Besitzdiener.
Alleinbesitz	Nur eine Person übt die tatsächliche Herrschaft alleine aus.	Frau Krause ist Mieterin eines ganzen Hauses.
Teilbesitz, § 865 BGB	Eine Person alleine besitzt von einer Sache nur einen selbstständigen Teil.	Frau Brause ist Mieterin einer einzelnen abgeschlossenen Wohnung in einem Mehrfamilienhaus.
Mitbesitz, § 866 BGB	Mehrere Personen besitzen gemeinsam eine ungeteilte Sache, wobei der Besitz an der gesamten Sache zwischen den Mitbesitzern nach Quoten aufzuteilen ist.	Alle Mieter eines Mehrfamilienhauses sind Mitbesitzer der gemeinsam genutzten Räumlichkeiten wie Keller, Treppenhaus oder Aufzug.
unmittelbarer Besitz, § 854 BGB	Ausübung der tatsächlichen Herrschaft über eine Sache.	Herr Winter kauft sich ein Handy, das ihm vom Verkäufer übergeben wird.
mittelbarer Besitz, § 868 BGB	Der unmittelbare Besitzer überlässt einer anderen Person eine Sache für eine vertraglich festgelegte Zeit. Bei Übergabe erlangt die andere Person die tatsächliche Herrschaft und somit unmittelbaren Besitz. Der Überlassene bleibt mittelbarer Besitzer. Dieses Konstrukt wird Besitzmittlungsverhältnis (z. B. Miete, Pacht, Leihe) genannt.	Herr Winter leiht sich von Frau Sommer für zwei Wochen ein Handy. Herr Winter erlangt bei Übergabe unmittelbaren Besitz, Frau Sommer bleibt mittelbare Besitzerin.
Eigenbesitz, § 872 BGB	Wer eine Sache als ihm gehörend besitzt, ist Eigenbesitzer. Dabei kommt es lediglich auf den Willen des Besitzers und nicht auf die Recht- oder Unrechtmäßigkeit des Besitzes an. Will der Besitzer die Sache wie eine ihm gehörende Sache beherrschen, ist er Eigenbesitzer.	› Herr Ulrich ist Eigenbesitzer seines rechtmäßig gekauften Fahrrads. › Ein Dieb kann Eigenbesitzer einer gestohlenen Sache sein.
Fremdbesitz, § 868 BGB	Fremdbesitzer ist ein Besitzer, der eine Sache als nicht ihm gehörend besitzt. Er erkennt also das Recht des Eigentümers an. (vgl. mittelbarer Besitz)	› Mieterin Frau Brause ist Fremdbesitzerin der Wohnung. › Pächterin Frau Kling ist Fremdbesitzerin der Kneipe „Zur Laube“.

1.1.2 Erwerb und Beendigung des Besitzes

Eine Person kann auf unterschiedliche Arten Besitz erwerben.

Möglichkeiten des Besitzerwerbs durch

Realakt, § 854 Abs. 1 BGB

Zur Besitzerlangung genügt die tatsächliche Handlung (Realakt), also die tatsächliche dauerhafte und willentliche Herrschaftsausübung über eine Sache. Diese liegt etwa vor, wenn eine Person sich in unmittelbarer Nähe zu einer Sache befindet oder sie ge- oder verbraucht. Eine flüchtige Sachberührung oder ein Mitbenutzen der Sache reichen nicht aus. Der Besitz kann auch ohne und gegen den Willen des Vorbesitzers erworben werden.

Beispiele

- Harry Klein knackt ein Auto, schließt es kurz und fährt weg. Er hat Besitz erlangt, auch wenn er sich wegen Diebstahls strafbar gemacht hat.
- Marita und Bianca haben auf dem Heimweg kurz ihre Schulranzen getauscht. Sie werden nicht Besitzer des Ranzen des jeweils anderen, da der Wille zur tatsächlichen Beherrschung der Sache auf Dauer fehlte.

Einigung, § 854 Abs. 2 BGB

Es ist möglich, Besitz durch Einigung mit dem Vorbesitzer zu erlangen. Dies funktioniert jedoch nur, wenn der Erwerber in der Lage ist, die Herrschaft über eine Sache tatsächlich auszuüben. Die Einigung ist ein Rechtsgeschäft, das durch zwei übereinstimmende Willenserklärungen entsteht. Daher ist hier die Geschäftsfähigkeit erforderlich.

© Africa Studio – Fotolia.com

Beispiel

Giesbert ist Eigentümer eines Stapels Holz im Wald, Gemarkung Hohenaue. Er will das Holz an Fritz verkaufen. Da die tatsächliche Übergabe im Wald zu umständlich wäre, vereinbaren sie vertraglich den Besitzwechsel. Fritz wird dadurch Besitzer.

Erbschaft, § 857 BGB

Tritt durch Versterben ein Erbfall ein, tritt der Erbe als Besitzer an die Stelle des Erblassers.

Beispiel

Die 88-jährige alleinstehende Oma Klein stirbt. Ihr einziger Sohn Conrad wird nach der gesetzlichen Erbfolge Alleinerbe. Damit geht der Besitz des sämtlichen Vermögens von Oma Klein sofort mit ihrem Tod auf Conrad über.

Der Besitz endet durch freiwillige oder unfreiwillige Aufgabe.

Eine Person kann den Besitz aufgeben,

- freiwillig, indem sie etwa die Sache an eine andere Person übergibt oder sie wegwirft,
- unfreiwillig durch Verlieren oder Diebstahl.

1.1.3 Schutzrechte des Besitzers

Die Rechtsordnung stellt den Besitz unter Schutz und gewährt dem Besitzer Schutzrechte gegen unrechtmäßige Entziehung oder Störung seines Besitzes.

Voraussetzung für die Geltendmachung sachenrechtlicher Schutzrechte ist das Vorliegen von verbotener Eigenmacht (§ 858 BGB).

§ 858 BGB

MERKE

Verbotene Eigenmacht liegt vor, wenn jemand dem unmittelbaren Besitzer ohne dessen Willen den Besitz entzieht oder ihn im Besitz stört, sofern das Gesetz dies nicht gestattet. Der durch verbotene Eigenmacht erlangte Besitz ist fehlerhaft.

Unter **Besitzentziehung** versteht man die vollständige und dauerhafte Beseitigung des unmittelbaren Besitzes. Sie kann durch physische Einwirkung (z. B. Diebstahl, Zugangsverhinderung) oder durch psychische Einwirkung (z. B. Besitzaufgabe durch Drohung) erfolgen.

Die **Besitzstörung** ist die Beeinträchtigung des unmittelbaren Besitzes durch teilweisen Entzug der durch den Besitz eröffneten Gebrauchsmöglichkeiten einer Sache (z. B. durch Lärm oder Zuparken der Garageneinfahrt).

Besitzentziehung oder Besitzstörung sind in Einzelfällen gesetzlich gestattet. Dies ist etwa der Fall bei Notwehr (§ 227 BGB), Notstand (§ 228 BGB), Selbsthilfe (§ 229 BGB) oder Zwangsvollstreckung.

Folgende sachenrechtliche Schutzrechte werden unterschieden:

Schutzrechte des Besitzers

Selbsthilferechte des Besitzers, § 859 BGB

Besitzwehr, § 859 Abs. 1 BGB:

Der Besitzer darf sich gegen verbotene Eigenmacht mit Gewalt wehren. Es handelt sich somit um ein Selbstverteidigungsrecht mit dem Ziel, den Besitz zu erhalten. Die Gewaltanwendung darf das erforderliche Maß nicht überschreiten.

Beispiel

Herr Meinel beobachtet einen Dieb, der sich an seinem Fahrrad zu schaffen macht. Er darf sich wehren, um so zu erreichen, dass ihm das Fahrrad gar nicht erst gestohlen wird.

Besitzkehr, § 859 Abs. 2 und 3 BGB:

Wurde dem Besitzer der Besitz bereits durch verbotene Eigenmacht entzogen, so darf er sich die Sache durch Selbsthilfe wiederbeschaffen, wenn er den Täter auf frischer Tat ertappt oder verfolgt. Zu einem späteren Zeitpunkt ist der Selbsthilfeanspruch nicht mehr möglich.

Beispiel

Herr Meinel konnte nicht mehr verhindern, dass der Dieb sein Fahrradschloss knackt und davonfährt. Er darf dem Dieb jedoch folgen und ihm mit Gewalt, z. B. mit Faustschlägen, das Fahrrad abnehmen. Verliert er den Dieb aus den Augen und trifft ihn etwa 2 Tage später am Hauptbahnhof wieder, hat er kein Selbsthilferecht mehr.

Selbsthilfe des Besitzdieners, § 860 BGB:

Auch der Besitzdiener darf die genannten Selbsthilferechte in Anspruch nehmen.

Beispiel

Mike ist als Hundesitter für den Pudel von Herrn Reich angestellt. Er darf sich gegen einen Pudeldieb genauso wehren wie Herr Reich selbst.

Schutzrechte des Besitzers

Besitzschutzansprüche des Besitzers, §§ 861 f. BGB

Anspruch wegen Besitzentziehung, § 861 BGB:

Wird dem Besitzer der Besitz durch verbotene Eigenmacht entzogen, so kann er Wiedereinräumung des Besitzes von demjenigen verlangen, der fehlerhafter Besitzer ist. Der Anspruch kann jedoch nicht im Wege der Selbsthilfe, sondern nur gerichtlich geltend gemacht werden. Der Anspruch steht auch dem widerrechtlichen Besitzer zu. Er erlischt nach § 864 BGB, wenn er nicht binnen Jahresfrist nach Verübung der verbotenen Eigenmacht geltend gemacht wird.

Beispiel

Herr Meinel konnte den Fahrraddieb auf frischer Tat nicht stellen. Da er jedoch weiß, dass es sich um den stadtbekannten Langfinger Detlef handelt, kann er ihn auf Wiedereinräumung des Besitzes verklagen. Auch Dieb Detlef kann klagen, wenn ihm das Fahrrad etwa wiederum gestohlen wird.

Anspruch wegen Besitzstörung, § 862 BGB:

Wird der Besitzer im Besitz durch verbotene Eigenmacht gestört, so kann er vom Störer die Beseitigung und bei Wiederholungsgefahr Unterlassung der Störung verlangen. Hier gilt das Gleiche wie beim Besitzentzug, denn der Anspruch kann nur gerichtlich geltend gemacht werden.

Beispiel

In einer Reihenhaussiedlung kommt es zwischen zwei Nachbarn angrenzender Grundstücke zum Streit. Nachbar Weiß spielt gerne bei offenem Fenster bis spät in die Nacht Schlagzeug und stört damit Nachbar Schwarz. Nachbar Schwarz kann auf Unterlassen dieser Lärmimmission nach § 862 BGB klagen.

Dem Besitzer stehen außerdem bei Besitzentziehung deliktische Schadensersatzansprüche nach § 823 Abs. 1 und 2 BGB zu. Außerdem kann er bereicherungsrechtlich die Herausgabe der Sache nach §§ 812 ff. BGB verlangen.

1.1.4 Zusammenfassung und Aufgaben

ZUSAMMENFASSUNG

Prüfungsschema Besitzerwerb

Besitzerwerb durch

Realakt, § 854 Abs. 1 BGB

- Ausübung der tatsächlichen Sachherrschaft bei räumlicher Nähe zwischen Erwerber und Sache
- dauerhaft
- Besitzwillen des Erwerbers

Einigung, § 854 Abs. 2 BGB

- rechtsgeschäftliche Einigung über den Besitzübergang
- Erwerber ist in der Lage, Sachherrschaft auszuüben
- bisheriger Besitzer muss Sachherrschaft tasächlich aufgeben

AUFGABEN

1. Welche der folgenden Aussagen zum Besitz sind richtig?

a. Besitz ist die rechtliche Herrschaft über eine Sache.

b. Frau Hildebrand vermietet als Eigentümerin eine Wohnung an Herrn Reisewitz. Frau Hildebrand ist mittelbare Besitzerin und Herr Reisewitz ist unmittelbarer Besitzer.

c. Pächter Hoss hat vom Verpächter Matula die Räume für eine Gastwirtschaft gepachtet. Hoss wird unmittelbarer Fremdbesitzer und Matula bleibt mittelbarer Eigenbesitzer.

d. Mieter Reisewitz vermietet ein Zimmer seiner Wohnung an Frau Weingarten. Sie wird unmittelbare Teilbesitzerin der Wohnung.

e. Hotelpage Paul trägt für Herrn Fleiß den Koffer auf das Hotelzimmer. Paul wird Mitbesitzer am Koffer.

2 Welche der folgenden Aussagen zum Besitzerwerb und -schutz sind richtig?

a. Die 5-jährige Mia bekommt von ihrer Oma eine Puppe. Mit Übergabe wird sie Besitzerin.

»

b. Die 5-jährige Mia kann den Besitz an der Puppe nur durch schriftliche Vereinbarung mit ihrer Oma erlangen.
c. Der 18-jährige Klaus vereinbart mit seinem Vater schriftlich, dass er Besitzer eines Laptops werden soll, der sich zurzeit in der spanischen Ferienwohnung des Vaters befindet. Durch die Vereinbarung erlangt er den Besitz.
d. Herr Jansen gibt seinem Sohn Peter die Schlüssel zu seinem BMW, den er in einem anderen Stadtteil geparkt hat. Peter wird durch die Schlüsselübergabe Besitzer.
e. Opa Kernig beobachtet von seiner Terrasse aus, wie Max und Moritz Äpfel von seinen Bäumen stehlen. Er holt sein Luftgewehr und schießt auf sie. Dieses Verhalten ist gerechtfertigt, denn ihm steht das Selbsthilferecht der Besitzwehr zu.

1.2 Eigentum

1.2.1 Begriff

Das Gesetz hat den Begriff des Eigentums nicht definiert. Der Inhalt ergibt sich jedoch aus § 903 BGB. Danach hat der Eigentümer die rechtliche Macht, mit einer Sache nach Belieben verfahren zu dürfen.

MERKE

Eigentum ist die rechtliche Herrschaft über eine Sache (§ 903 BGB).

§ 903 BGB

BEISPIEL

Werner leiht seinem Freund Bruno einen alten Kühlschrank. Werner bleibt Eigentümer des Kühlschranks und kann nach Belieben damit verfahren.

Arten des Eigentums

Alleineigentum

Dies ist die häufigste Art des Eigentums und liegt vor, wenn die Sache einer Person allein gehört.

Beispiel

Christel ist alleinige Eigentümerin einer Vespa.

Miteigentum nach Bruchteilen, §§ 1008 – 1011 BGB

Miteigentum nach Bruchteilen wird auch Bruchteileigentum genannt und liegt vor, wenn eine Sache mehreren Personen zu bestimmten, aber nicht zwingend gleichen Teilen gehört („Jedem gehört ein Teil"). Jeder Miteigentümer kann über seinen Anteil rechtlich selbstständig verfügen, § 747 S.1 BGB. Über den gemeinschaftlichen Gegenstand als Ganzes können die Teilhaber nur gemeinschaftlich verfügen, § 747 S. 2 BGB. Der Anteil ist ideell zu betrachten und räumlich nicht abgrenzbar.

Beispiel

Die Mitglieder einer 4-köpfigen Band haben sich zusammen ein Grundstück gekauft, für das jeder 75.000,00 Euro bezahlt hat. Gemäß notarieller Vereinbarung erwirbt jedes Bandmitglied das Grundstück zu ¼, was auch so im Grundbuch eingetragen wird. Jeder darf seinen Anteil verkaufen. Das ganze Grundstück können die Miteigentümer jedoch nur gemeinschaftlich verkaufen. Die Anteile können nicht in dem Sinne z. B. durch Zäune räumlich abgetrennt werden, dass ein Teil nur einem Bandmitglied allein gehört.

Gesamthandseigentum

Von Gesamthandseigentum spricht man, wenn Eigentum mehreren Personen gemeinsam zusteht. Es ist also jede Person Eigentümer der ganzen Sache („Jedem gehört alles"), nicht etwa Eigentümer eines ideellen Bruchteils wie beim Miteigentum nach Bruchteilen. Die Eigentümer können nicht über ihren Anteil an der Sache verfügen, denn er ist gesamthänderisch gebunden, solange die Vermögensgemeinschaft besteht, § 719 BGB. Dies geht nur gemeinschaftlich. Gesamthandseigentum entsteht etwa bei der Gesellschaft bürgerlichen Rechts (GbR), der offenen Handelsgesellschaft (oHG), der Kommanditgesellschaft (KG), der ehelichen Gütergemeinschaft oder der Erbengemeinschaft.

Beispiel

Die Mitglieder einer 4-köpfigen Band bringen ihr Grundstück als Sacheinlage in die „Musicland – Gesellschaft des bürgerlichen Rechts (GbR)" ein. Das Grundstück gehört nun zum gemeinschaftlichen Gesellschaftsvermögen und es besteht nun eine Vermögensgemeinschaft. Aus dem Miteigentum nach Bruchteilen ist Gesamthandseigentum geworden. Sie können das Grundstück nur noch gemeinschaftlich verkaufen.

1.2.2 Beschränkung des Eigentums

Zwar gibt § 903 BGB dem Eigentümer das Recht, mit seiner Sache nach Belieben zu verfahren, schränkt dieses Recht aber zugleich ein. Dieses Recht gilt nur, solange das Gesetz oder Rechte Dritter nicht entgegenstehen oder andere von jeder Einwirkung ausgeschlossen werden.

BEISPIEL

Melissa erbt von ihrer Tante eine 1.000 Jahre alte chinesische Vase. Da Melissa die Vase schrecklich findet, zerschmettert sie diese auf dem Boden. Da dies gesetzlich nicht verboten ist, darf Melissa mit der Vase so verfahren. Sie dürfte die Vase aber nicht etwa anzünden oder einem Menschen an den Kopf werfen, da sie damit gegen Strafvorschriften der Brandstiftung oder Körperverletzung verstoßen würde

Schranken des Eigentums lassen sich neben den strafrechtlichen Bestimmungen auch in anderen Gesetzen finden.

Verfassungsrechtlich soll laut **Art. 14 Abs. 2 Grundgesetz** der Gebrauch des Eigentums zugleich der Allgemeinheit dienen. Der Gesetzgeber hat damit eine gewisse Sozialpflichtigkeit des Eigentümers verankert. Der Gesetzgeber kann das Eigentum umso mehr zugunsten der Allgemeinheit einschränken, als das Eigentum in einer sozialen Funktion steht.

Art. 14 GG

BEISPIEL

Ein Vermieter muss sich an das Mietrecht halten und kann mit seinem Eigentum insofern nicht völlig frei verfahren. Er kann einem Mieter etwa nicht ohne Grund kündigen, auch wenn ihm die Wohnung gehört.

Auch das Privatrecht enthält zahlreiche Beschränkungen des Eigentums:

Schranken durch das Privatrecht

Notstand, § 904

Der Eigentümer eines Grundstücks darf nicht verbieten, dass jemand auf sein Eigentum einwirkt, um eine gegenwärtige Gefahr abzuwehren. Diese Gefahr geht anders als beim Notstand nach § 228 BGB nicht von der Sache selbst aus. Allerdings muss der Schaden am Eigentum im Verhältnis zum drohenden Schaden stehen.

Beispiel

Die 8-Jährige Emma gerät auf einer Weihnachtsfeier mit dem Ärmel in eine Kerze und der Pullover fängt Feuer. Die Mutter greift nach der nächstbesten Jacke und es gelingt ihr, das Feuer zu löschen, ohne dass Emma Schaden nimmt. Frau Becker, der die teure Markenjacke gehört, darf die Einwirkung auf ihre Sache nicht verbieten.

Einwirkungen vom Nachbargrundstück, § 906 BGB

Der Eigentümer eines Grundstücks muss nach § 906 BGB bestimmte, dort kodifizierte Störungen hinnehmen. § 906 BGB enthält somit eine Duldungspflicht, wobei jedoch die Pflicht zur gegenseitigen Rücksichtnahme zu beachten ist. Die Aufzählung an Immissionen in § 906 BGB ist nicht abschließend, sondern dem Fortschritt der Technik unterworfen.

Beispiel

Ein Nachbar muss es dulden, wenn gelegentlich die Dämpfe von angebranntem Essen oder der Lärm lauter Musik auf sein Grundstück einwirken.

Überhang und Notwegerecht , Überfall

§§ 910, 912 BGB

Der Eigentümer eines Grundstücks kann Wurzeln eines Baumes oder Strauches, die von einem Nachbargrundstück eingedrungen sind, abschneiden und behalten. Er darf außerdem die Früchte behalten, die auf sein Grundstück gefallen sind.

Beispiel

Bernd Bolte hat erst überlegt, die Äste des Apfelbaums, die vom Nachbargrundstück herüberragen, abzuschneiden und zu Brennholz zu verarbeiten. Nun hat er entschieden, sie stehenzulassen, um die hinabfallenden Äpfel behalten zu können. Beides ist erlaubt.

§§ 917 BGB

Fehlt einem Grundstück die notwendige Verbindung mit einem öffentlichen Weg, so kann der Eigentümer von dem Nachbarn die befristete Benutzung einer Verbindung verlangen. Die Benutzung muss jedoch notwendig und nicht einfach bequemer sein.

Beispiel

Klaus ist Eigentümer eines Hanggrundstücks, das nur durch einen schmalen Trampelpfad mit der öffentlichen Straße verbunden ist. Um sich mit den Dingen des täglichen Bedarfs zu versorgen, ist jedoch die Erreichung mit dem Pkw notwendig. Daher steht Klaus gegen seinen Nachbarn ein Anspruch auf Duldung der Benutzung dessen Zufahrtweges zu.

Öffentlich-rechtliche Schranken des Eigentums finden sich beispielsweise im Baurecht. Dort ist geregelt, dass der Eigentümer sein Grundstück nicht nach Belieben bebauen darf. Vielmehr muss er vorher bei der Gemeinde eine Baugenehmigung beantragen, welche nur erteilt wird, wenn sein Bauvorhaben dem Bauplanungs- und dem Bauordnungsrecht entspricht.

BEISPIEL

Hanno Hansen beantragt bei der Stadt Aachen eine Baugenehmigung für die Errichtung eines 3-geschossigen Wohnhauses auf seinem Grundstück. Die Stadt prüft, ob Hannos Bauvorhaben dem Bebauungsplan hinsichtlich der Bauhöhe, des Abstands von der Straße etc. entspricht, und überprüft außerdem, ob Sicherheitsvorschriften wie etwa Höhe der Balkonbrüstung eingehalten sind. Erst dann wird Hanno die Baugenehmigung erteilt.

Weitere öffentlich-rechtliche Schranken des Eigentums finden sich etwa in den Vorschriften der Gewerbeordnung, des Gaststättenrechts, des Denkmalschutzes, des Umweltrechts, Immissionsrechts oder der Naturschutzgesetze.

1.2.3 Gesetzlicher Eigentumserwerb

Das BGB sieht im Sachenrecht verschiedene Möglichkeiten des Eigentumserwerbs kraft Gesetzes vor:

Gesetzlicher Eigentumserwerb

Ersitzung, §§ 937 – 945 BGB

Unter Ersitzung wird der Eigentumserwerb an Sachen durch Zeitablauf und Eigenbesitz verstanden. Nach § 937 BGB geht das Eigentum an einer Sache auf die Person über, die sie mindestens 10 Jahre im Eigenbesitz hatte.

Beispiel

Giesbert kauft im Antiquitätenladen von Adalbert eine alte Uhr, von der Giesbert nicht weiß, dass es sich um Diebesgut handelt. Obwohl Giesbert die Uhr in gutem Glauben erworben hat, wird er erst nach 10 Jahren Eigentümer durch Ersitzung, da ein gutgläubiger Erwerb an abhanden gekommenen Sachen nicht möglich ist, § 935 BGB.

Verbindung, §§ 946, 947 BGB

An verbundenen Dingen kann man kein eigenständiges Eigentum besitzen, nur an dem Hauptgegenstand, der aus der Verbindung entsteht. Eine Verbindung entsteht, wenn eine bewegliche Sache mit einer unbeweglichen Sache derart verbunden wird, dass sie wesentlicher Bestandteil der unbeweglichen wird.

Beispiel

Herr Schwarz ist Eigentümer eines Hauses und kauft beim Fachhändler unter Eigentumsvorbehalt neue Heizkörper. Durch den Einbau der Heizkörper mit den dazugehörigen Rohren findet eine Verbindung mit dem Haus statt. Dadurch hat Schwarz automatisch Eigentum an den Heizungskörpern erworben. Herr Schwarz muss seine Rechnung beim Fachhändler dennoch zahlen.

Vermischung/Vermengung, §§ 948 BGB

Werden mehrere bewegliche Sachen dergestalt vermischt, dass sie praktisch untrennbar werden, können die ursprünglichen Sachen den Eigentümern nicht mehr zugeordnet werden. Diese werden Miteigentümer nach Bruchteilen an der neuen Sache.

Beispiel

Bauer Kurz lagert 1 Tonne Weizen in einem Getreidespeicher, Bauer Lang lagert 4 Tonnen Weizen in demselben Speicher. Beides soll später verkauft werden. Durch die Lagerung in demselben Speicher ist nicht mehr nachvollziehbar, welcher Weizen von welchem Bauern stammt. Aber Bauer Kurz hat Anspruch auf 20 % und Bauer Lang auf 80 % der Lagermenge.

Verarbeitung/Bearbeitung, §§ 950 BGB

Werden mehrere Sachen zu einer neuen Sache ver- oder bearbeitet oder umgebildet, so wird derjenige Eigentümer der neuen Sache, der die Herstellung vorgenommen hat. Jedoch muss der Wert der neuen Sache höher sein als der Wert der ursprünglichen Sache. Der Hersteller muss den bisherigen Eigentümer entschädigen.

Beispiel

Maler Tilasso bekommt in einem Restaurant einen Geistesblitz und malt sein neues Werk direkt auf die Tischdecke. Tilasso wird Eigentümer des Gemäldes, muss dem Gastwirt jedoch den Wert der Tischdecke ersetzen.

Aneignung, §§ 958 – 964 BGB

Wer eine herrenlose bewegliche Sache in Eigenbesitz nimmt, wird Eigentümer. Herrenlos ist eine Sache, wenn der ursprüngliche Eigentümer das Eigentum aktiv aufgegeben hat, indem er sie wegwirft. Voraussetzung für eine Aneignung ist jedoch, dass das Aneignungsrecht nicht kraft Gesetzes jemand anderem zusteht wie im Jagd- und Fischereirecht.

Beispiel

Der Umweltsünder Gerd stellt seinen ausrangierten Kühlschrank neben den Altpapiercontainer. Britta, die gerade bei ihren Eltern auszieht, nimmt den Kühlschrank in Besitz und wird dadurch Eigentümerin.

Fund, §§ 965 – 984 BGB

Wer eine verlorene, nicht aber eine verlegte Sache an sich nimmt, muss dies dem Verlierer anzeigen, wenn die Sache mindestens 10,00 Euro wert ist. Eine Sache ist dann verloren, wenn sie nicht herrenlos, aber besitzlos ist. Der Finder hat die Pflicht zur Aufbewahrung und zur Ablieferung der Sache, wofür er vom Eigentümer Aufwendungsersatz verlangen kann. Er hat außerdem einen Anspruch auf Finderlohn in Höhe von 5 % bei einem Sachwert bis 500,00 Euro und von 25,00 Euro plus 3 % bei einem Sachwert über 500,00 Euro.

Beispiel

Die 10-jährige Ricarda findet die Brieftasche der Rentnerin Gerda, in der sich 600,00 Euro befinden. Die Brieftasche enthält außerdem Gerdas Ausweis, sodass Ricarda die Adresse von Gerda entnehmen und die Brieftasche zurückbringen kann. Dafür muss Ricarda ein Busticket für 3,50 Euro lösen, welches Gerda ihr ersetzen muss. Außerdem hat sie einen Anspruch auf 28,00 Euro Finderlohn Diese setzen sich wie folgt zusammen: 25,00 Euro (5 % von 500,00 Euro) plus 3,00 Euro aus 3 % von 100,00 Euro. Insgesamt bekommt Ricarda also 31,50 Euro.

Außerhalb des Sachenrechts ist ein Eigentumserwerb auch möglich durch **Erbfolge,** §§ 1922 ff. BGB oder durch **Ehevertrag** (Gütergemeinschaft), §§ 1408 ff. BGB.

1.2.4 Rechtsgeschäftlicher Eigentumserwerb vom Berechtigten

© Seamartini Graphics – Fotolia.com

In den häufigsten Fällen wird das Eigentum durch Rechtsgeschäft übertragen, z. B. durch Kaufvertrag oder Schenkung.

Grundsätzlich kann das Eigentum nur vom **Eigentümer** übertragen werden, der als Berechtigter bezeichnet wird. Die Eigentumsübertragung durch den Eigentümer kann auf verschiedenen Wegen erfolgen:

§§ 929 ff. BGB

- durch Einigung und Übergabe, § 929 S. 1 BGB
- durch bloße Einigung, § 929 S. 2 BGB
- durch Einigung und Besitzkonstitut, § 930 BGB
- durch Einigung und Abtretung des Herausgabeanspruchs, § 931 BGB

Rechtsgeschäftlicher Erwerb

Einigung und Übergabe, § 929 S. 1 BGB

Die Sache befindet sich beim Eigentümer/Verkäufer. Käufer und Verkäufer einigen sich darüber, dass das Eigentum an der Sache auf den Käufer übergehen soll (dingliche Einigung). Dazu übergibt der Verkäufer die Sache an den Käufer (Übergabe). Der Käufer erwirbt das Eigentum durch Einigung und Übergabe.

Beispiel

Sabine kauft sich im Elektromarkt ein Tablet, welches sie sofort mit nach Hause nimmt. Sie ist Eigentümerin geworden.

Bloße Einigung, § 929 S. 2 BGB

Die Sache befindet sich bereits beim Besitzer/Käufer. Eine Übergabe ist daher nicht mehr notwendig. Um das Eigentum an der Sache zu übertragen, müssen sich Verkäufer und Käufer nur noch einig werden. Der Käufer erwirbt das Eigentum durch bloße Einigung.

Beispiel

Sabine möchte sich einen neuen Laptop kaufen, den sie sich zu Testzwecken vom Elektromarkt liefern lässt. Nach einer Woche teilt sie mit, den Laptop kaufen zu wollen. Damit hat sie Eigentum daran erworben.

Einigung und Besitzkonstitut, § 930 BGB

Die Sache bleibt beim unmittelbaren Besitzer/Verkäufer. Verkäufer und Käufer einigen sich über den Eigentumswechsel, die Sache verbleibt jedoch beim Verkäufer. Es entsteht ein Besitzmittlungsverhältnis nach § 866 BGB, wonach der Verkäufer unmittelbarer Besitzer bleibt und der Käufer Eigentümer und mittelbarer Besitzer wird. Dieser Sachverhalt findet unter anderem Anwendung bei der Sicherungsübereignung.

Beispiel

Sabine kauft sich beim Züchter einen Hundewelpen mit der Vereinbarung, dass der Welpe bis zur Entwöhnung von der Mutter beim Züchter verbleibt. Der Züchter bleibt unmittelbarer Besitzer des Welpen, aber Sabine wird Eigentümerin und mittelbare Besitzerin.

Einigung und Abtretung des Herausgabeanspruchs, § 931 BGB

Die Sache befindet sich bei einem Dritten, der unmittelbarer Besitzer ist. Verkäufer und Käufer einigen sich über den Eigentumswechsel und der Verkäufer tritt seinen Herausgabeanspruch (nach § 985 BGB) gegenüber dem unmittelbaren Besitzer an den Erwerber ab. Die Abtretung des Herausgabeanspruchs tritt an die Stelle der Übergabe.

Beispiel

Sabine kauft von ihrer Freundin Anne ein Fahrrad, welches im Schuppen von Annes Oma untergestellt ist. Anne hat gegen ihre Oma einen Anspruch auf Herausgabe des Fahrrads, welchen sie an Sabine abtritt. Damit wird Sabine Eigentümerin des Fahrrads und kann es gegenüber der Oma herausverlangen.

© ALDECAstudio – Fotolia.com

MERKE

Im Regelfall erfolgt die Eigentumsübertragung durch Einigung und Übergabe der Sache nach § 929 S. 1 BGB.

1.2.5 Rechtsgeschäftlicher Eigentumserwerb vom Nichtberechtigten

§ 932 BGB

In Ausnahmefällen kann auch ein Dritter, der nicht Eigentümer ist, das Eigentum übertragen. Dieser wird als **Nichtberechtigter** bezeichnet. Der rechtsgeschäftliche Eigentumserwerb vom Nichtberechtigten ist nach § 932 BGB nur möglich, wenn

› der Verkäufer im Besitz der Sache ist,

› der Käufer die Sache gutgläubig erwirbt, d. h., dass ihm weder bekannt noch infolge grober Fahrlässigkeit unbekannt war, dass die veräußerte Sache nicht dem Veräußerer gehört,
› Einigung und Übergabe zwischen dem Verkäufer und dem Käufer stattfindet,
› der Erwerber unmittelbarer Besitzer der Sache wird und
› die Sache nicht abhanden gekommen ist (siehe unten, § 935 BGB).

BEISPIEL

Carsten hat sich von Julia einen MP3-Player geliehen, den er für 25,00 Euro an seinen Bekannten Theo verkauft. Theo schöpft keinen Verdacht, da Carsten glaubhaft behauptet hat, das Gerät gehöre ihm. Theo hat nach § 932 Abs. 1 BGB das Eigentum an dem Player gutgläubig erworben, da er nicht wusste, dass das Gerät eigentlich Julia gehört. Julia kann von Carsten nur Schadensersatz verlangen.

Nach § 932 Abs. 2 BGB ist der gutgläubige Erwerb ausgeschlossen, wenn

› dem Käufer bekannt ist, dass der Verkäufer nicht Eigentümer ist (Bösgläubigkeit) oder
› ihm infolge grober Fahrlässigkeit unbekannt war, dass die veräußerte Sache nicht dem Veräußerer gehört. Grob fahrlässig handelt derjenige, der die im Rechtsverkehr erforderliche Sorgfalt in ungewöhnlich hohem Maße verletzt. Dies liegt vor, wenn für den Käufer ohne besondere Aufmerksamkeit erkennbar war, dass der Verkäufer nicht der Eigentümer der Sache ist.

BEISPIEL

Wieder hat Carsten den von Julia geliehenen MP3-Player für 25,00 Euro an Theo verkauft und behauptet, das Gerät gehöre ihm. Theo wurde jedoch stutzig, da er das pinke Gerät mit den Blümchen-Aufklebern schon mal bei Julia gesehen hat. Da er das Gerät aber unbedingt haben möchte, fragt er nicht weiter nach. Theo hat kein Eigentum erworben, da er nicht in gutem Glauben nach § 932 Abs. 2 BGB war. Aufgrund der Umstände hätte er wissen müssen, dass das Gerät nicht Carsten gehört. Julia ist somit Eigentümerin geblieben und kann den MP3-Player von Theo herausverlangen.

Ein gutgläubiger Erwerb ist außerdem ausgeschlossen, wenn die Sache gestohlen oder abhanden gekommen ist. Dies regelt § 935 Abs. 1 BGB.

§§ 935 BGB

BEISPIEL

Fabricio entwendet unbemerkt ein teures Tablet aus Laras Tasche und verkauft es über eine Kleinanzeige an Günther, der das Gerät bei Fabricio abholt. Bei der Übergabe erzählt Fabricio, dass er das Gerät vor sechs Monaten gekauft, aber nun kein Interesse mehr daran habe. Günther hegt keine Zweifel daran, bezahlt und nimmt das Tablet mit nach Hause. Obwohl Günther in gutem Glauben handelt, ist er nicht Eigentümer des Tablet geworden. Denn laut § 935 BGB ist ein gutgläubiger Erwerb an abhanden gekommenen Sachen nicht möglich. Günther muss das Gerät an Lara herausgeben und hat einen Schadensersatzanspruch gegen Fabricio.

Eigentumserwerb …

	vom Nichtberechtigten, § 932 BGB	von abhanden gekommenen Sachen, § 935 BGB
Tatbestand	Der Verkäufer einer Sache ist zum Verkauf der Sache nicht berechtigt, da er nicht Eigentümer der Sache ist. Er ist jedoch zum Verkauf in der Lage, da er rechtmäßiger Besitzer der Sache ist. *Beispiele*: Verkauf von gemieteten, geliehenen oder geleasten Gegenständen	Der Verkäufer einer Sache ist zum Verkauf der Sache nicht berechtigt, da er nicht Eigentümer der Sache ist. Er ist jedoch zum Verkauf in der Lage, da er unrechtmäßiger Besitzer der Sache ist. *Beispiele*: Verkauf von gestohlenen oder gefundenen Gegenständen
Rechtsfolgen für Eigentumserwerb	Ob der Käufer Eigentum erwerben kann, hängt davon ab, ob er gut- oder bösgläubig ist. Gutgläubig ist er, wenn unbekannt war, dass der Verkäufer nicht der Eigentümer ist. Ansonsten ist er bösgläubig, § 932 Abs. 2 BGB. › Käufer gutgläubig: Er kann Eigentum erwerben. › Käufer bösgläubig: Er kann kein Eigentum erwerben.	Der Käufer kann niemals Eigentum erwerben, auf seinen guten Glauben kommt es nicht an.
sonstige Rechtsfolgen	Wird der Käufer Eigentümer, hat der ursprüngliche Eigentümer Anspruch auf Schadensersatz gegen den Veräußerer.	Der Käufer muss die Sache an den ursprünglichen Eigentümer herausgeben. Er hat gegen den Verkäufer einen Regressanspruch in Höhe des Kaufpreises.

Gutgläubiger Erwerb möglich

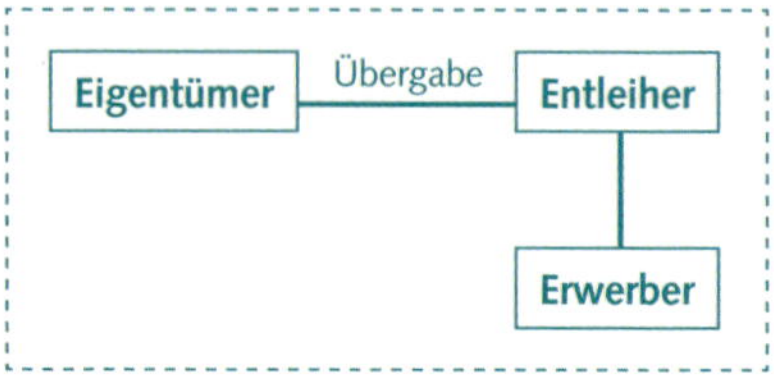

Gutgläubiger Erwerb nicht möglich

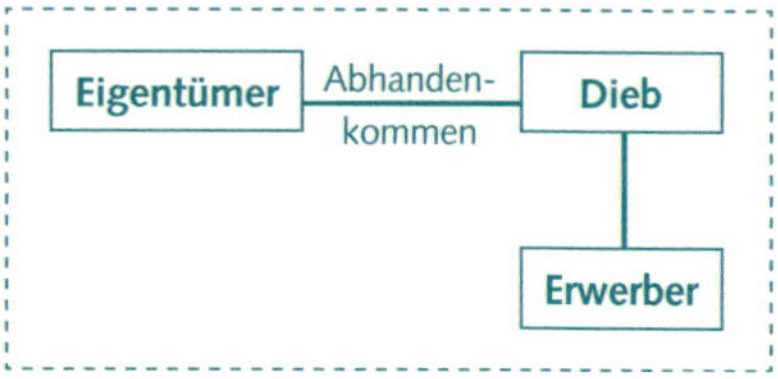

1.2.6 Beendigung des Eigentums

Der Eigentümer einer Sache kann sein Eigentum durch verschiedene Vorgänge verlieren. Dadurch wird sein Eigentum beendet.

© eyetronic – Fotolia.com

Verlust des Eigentums

durch Eigentumserwerb eines anderen

Mit dem Erwerb einer Sache durch eine andere Person, sei es kraft Gesetzes oder kraft Rechtsgeschäft, geht gleichzeitig der Verlust des Eigentums einer anderen Person einher. Der Verlust des Eigentums ist die Kehrseite des Eigentumserwerbs durch einen anderen.

Beispiel

Judith einigt sich montags per Kaufvertrag mit Jasper auf die Eigentumsübertragung an einem DVD-Player. Am Dienstag bezahlt Jasper und am Mittwoch übergibt Judith ihm den DVD-Player. Judith verliert mit Übergabe am Mittwoch nach § 929 S. 1 BGB das Eigentum an Jasper.

durch Herrenloswerden der Sache

Der Eigentümer verliert das Eigentum an der Sache, wenn die Sache herrenlos wird. Das ist nach § 959 BGB der Fall, wenn der Eigentümer den Besitz der Sache aufgibt und dabei die Absicht hat, auf das Eigentum zu verzichten.

Beispiel

Stefan hat seinen Keller ausgemistet. Ein paar alte Sessel und diverse CDs und Bücher stellt er als Sperrmüll auf die Straße.

durch Untergang der Sache

Ohne Sache kein Eigentum! Wird eine Sache vollständig zerstört, verliert der Eigentümer auch sein Eigentum an der Sache.

Beispiel

Durch einen Brand wird Roberts Weihnachtsbaum komplett zerstört. Er verliert das Eigentum.

1.2.7 Schutzrechte des Eigentümers

Das Eigentum ist ein hohes Rechtsgut, welches vom Gesetzgeber unter Schutz gestellt wird. Der Eigentümer hat somit das Recht, sein Eigentum zu schützen und Störungen und Beeinträchtigungen abzuwehren. Dazu stehen ihm verschiedene Ansprüche zur Verfügung, von denen hier einige dargestellt werden.

Ansprüche des Eigentümers

Schadensersatzanspruch, § 823 BGB

Diese deliktsrechtliche Vorschrift verschafft dem Eigentümer einer Sache gegen denjenigen einen Schadensersatzanspruch, der das Eigentum vorsätzlich oder fahrlässig verletzt hat.

Beispiel

Boris übt in seinem Garten den Tennisaufschlag. Aus Versehen schlägt er den Tennisball mit voller Wucht in das Gewächshaus seines Nachbarn, welches zu Bruch geht. Der Nachbar kann Schadensersatz von Boris verlangen.

Herausgabeanspruch, § 985 BGB

Der Eigentümer kann vom unrechtmäßigen Besitzer die Herausgabe der Sache verlangen. Der Anspruch umfasst nur die Herausgabe, nicht den Wertersatz.

Beispiel

Fabricio hat Lara das Tablet gestohlen und verkauft es an Günther, der von dem Diebstahl weiß. Erfährt Lara davon, so kann sie als Eigentümerin das Tablet von Günther als Besitzer herausverlangen.

Beseitigungs- und Unterlassungsanspruch, § 1004 BGB

Wird der Eigentümer in seiner Eigentumsausübung gestört, ohne dass das Eigentum zerstört wird, hat er gegen den Störer einen Anspruch auf Unterlassung der Störung.

Beispiel

Kunststudent Pablo sitzt im Hochschulatelier neben Studentin Claudia, die immer wieder versehentlich Farbe auf seine Jacke tropft. Pablo kann von Claudia Unterlassung verlangen.

1.2.8 Verjährung der Ansprüche aus Besitz und Eigentum

LF 3 | 1.3.1.7

Gemäß § 194 BGB unterliegen nur **Ansprüche,** also das **Recht,** von einem anderen ein **Tun oder Unterlassen** zu verlangen, der Verjährung (vgl. die ausführliche Darstellung im Band für das erste Ausbildungsjahr, Lernfeld 3, S. 296 ff.). Das bedeutet, dass weder Besitz noch Eigentum verjährt. Man bleibt also z. B. grundsätzlich **für immer** Eigentümer einer – beweglichen oder unbeweglichen – Sache.

Verjähren können aber **Ansprüche, die aus dem Besitz und dem Eigentum folgen.**

Die Ansprüche des **Besitzers** wegen Besitzstörung, §§ 852, 854 BGB verjähren innerhalb eines Jahres ab der Verübung der verbotenen Eigenmacht.

Herausgabeansprüche des **Eigentümers,** § 197 BGB, verjähren innerhalb von 30 Jahren ab Entstehung des Anspruchs.

1.2.9 Zusammenfassung und Aufgaben

ZUSAMMENFASSUNG

Eigentum, § 903 BGB	Besitz, § 854 BGB
Rechtliche Gewalt Die Sache steht jemandem von Rechts wegen zu. *Beispiel 1*: Eigentümer eines Pkw ist, wer im Fahrzeugbrief eingetragen ist. *Beispiel 2*: Eigentümer eines Grundstücks ist, wer im Grundbuch eingetragen ist.	**Tatsächliche Gewalt** Die Sache steht jemandem tatsächlich zu, da er die Zugangsberechtigung hat. *Beispiel 1*: Das Buch besitzt, wer es in den Händen hält. *Beispiel 2*: Die Wohnung/den Pkw besitzt, wer den Schlüssel hat.
Eigentumsaufgabe Wegwerfen, Verschenken, Verkaufen *nicht*: Verlieren, Vergessen, da nur vorübergehend	**Besitzaufgabe** Verlieren, Vergessen
Eigentumsübertragung › Bewegliche Sachen › Einigung und Übergabe, § 929 BGB › Unbewegliche Sachen › Einigung und Eintragung ins Grundbuch, §§ 925, 873 BGB	**Besitzübertragung** › Tatsächliche Übergabe oder Übertragung der Sachherrschaft › Eine Einigung ist nicht erforderlich, da der Besitz auch gegen den Willen des Besitzers übergeht, z. B. bei Diebstahl.

Eigentumserwerb

↓

kraft Gesetzes

- Ersitzung, §§ 937–945 BGB
- Vermischung, § 948 BGB
- Aneignung, §§ 958–964 BGB
- Verbindung, §§ 946, 947 BGB
- Verarbeitung, § 950 BGB
- Fund, §§ 965–984 BGB

AUFGABEN

1. Henriette und Luisa schließen am 02.02.2015 einen Kaufvertrag über ein Buch. Die Übergabe an Luisa erfolgte jedoch erst am 10.02.2015, da Henriette das Buch noch zu Ende lesen möchte. Entscheiden und begründen Sie, wann Luisa Eigentümerin des Buches geworden ist.

2. Lesen Sie § 932 Abs. 1 BGB und ergänzen Sie folgenden Satz sinnvoll:

Verkauft jemand eine Sache, die ihm nicht gehört, wird der Käufer Eigentümer wenn er beim Erwerb ______________________________ .

3. Ergänzen Sie im Sinne von § 935 BGB sinnvoll:

Dies gilt nicht, wenn die Sache ______________________________ .

4. Erläutern Sie in eigenen Worten, was Gutgläubigkeit bedeutet.

»

5. Johann veräußert an Marlene einen Fernsehapparat, den er von Frederic geliehen hatte. Marlene wusste von der Leihe nichts. Begründen Sie, ob sie Eigentümerin geworden ist.

6. Wie in Fall 5, nur diesmal wusste Marlene von der Leihe.

7. Wie in Fall 5, nur diesmal hat Marlene den Fernseher von Johann für einen Schleuderpreis gekauft, der sie stutzig machte. Da sie sich über das Schnäppchen freute, hat sie nicht weiter nachgefragt.

8. Ein Dieb entreißt Ihnen auf der Straße die Handtasche und entwischt. Eine Woche später sehen Sie am Bahnhof eine Frau, die IHRE Handtasche trägt. Sie sprechen die Frau an und diese berichtet: „Die Tasche gehört mir! Ich habe sie gestern auf dem Flohmarkt gekauft."
   a. Wer ist Eigentümer der Tasche?
   b. Welche Ansprüche können Sie geltend machen?

2. PFANDRECHTE AN BEWEGLICHEN SACHEN

2.1 Begriff

Ein Pfandrecht ist ein beschränkt dingliches Recht des Pfandgläubigers an einer Sache oder einem Recht, welches in der Regel zur Sicherung einer Forderung bestellt wird. Fällt der Gläubiger mit seinem Anspruch aus, so kann er sich durch die Verwertung des verpfändeten Gegenstandes befriedigen, § 1204 BGB.

§ 1204 BGB

MERKE

Ein Pfandrecht dient dem Gläubiger als Sicherheit für seine Forderung wie ein Netz mit doppeltem Boden: Wird seine Forderung nicht mehr befriedigt, so kann er die Pfandsache z. B. verkaufen und sich aus dem Erlös befriedigen.

© Maksym Yemelyanov – Fotolia.com

Um einen Überblick über das Thema Pfandrecht zu bekommen, ist es zunächst hilfreich, sich die Systematik anzuschauen. Pfandrechte lassen sich sowohl nach dem Gegenstand, auf den sie sich beziehen, als auch nach der Art ihrer Entstehung einteilen.

Arten des Pfandrechts

Einteilung nach dem Gegenstand

- **Mobiliarpfandrecht: Pfandrechte an beweglichen Sachen, §§ 1204–1259 BGB**
  Darunter versteht man das Faust- oder Handpfandrecht an körperlichen Gegenständen. Der Schuldner haftet mit der beweglichen Sache.
- **Forderungspfandrecht: Pfandrechte an Rechten und Forderungen, §§ 1273–1296 BGB**
  Die Forderung ist eine unkörperliche Sache. Auch sie kann zur Sicherheit für den Gläubiger mit einem Pfandrecht belastet werden. Der Schuldner haftet mit der Forderung.
- **Immobiliarpfandrecht: Pfandrechte an unbeweglichen Sachen, §§ 1113–1203 BGB**
  An Grundstücken können Grundpfandrechte bestellt werden. Dies sind Hypothek, Grundschuld oder Rentenschuld. Der Schuldner haftet mit dem Grundstück.

Einteilung nach der Entstehung

- **Vertragliches Pfandrecht, § 1205 BGB**
- **Gesetzliches Pfandrecht, z. B. § 647 BGB**
- **Pfandrecht an gepfändeten Gegenständen (Pfändungspfandrecht), § 804 ff. ZPO**

Im Folgenden wird lediglich das Pfandrecht an beweglichen Sachen in allen Entstehungsarten dargestellt.

Das Pfandrecht wird durch folgende Merkmale gekennzeichnet:

- **Grundsatz der Akzessorietät**
  Das Pfandrecht ist vom Bestehen der gesicherten Forderung abhängig.
- **Grundsatz der Spezialität**
  Das Pfandrecht kann nur an Einzelgegenständen bestellt werden und nicht an Sachgesamtheiten.
- **Grundsatz der Priorität**
  Bestehen mehrere Pfandrechte an einer Sache, so richtet sich der Rang nach der zeitlichen Reihenfolge der Entstehung.

2.2 Vertragliches Pfandrecht an beweglichen Sachen

Die Bestellung des vertraglichen Pfandrechts erfolgt gemäß § 1205 BGB durch Einigung und Übergabe der Pfandsache. Die Pfandsache gelangt also in den Besitz des Gläubigers. Grundsätzlich können alle beweglichen Gegenstände verpfändet werden. Sinn macht dies aber besonders bei Gegenständen, die nicht an Wert verlieren und sich gut verwerten lassen, z. B. Schmuck, Edelmetalle, Uhren, Münzen oder Markenporzellan.

§ 1205 BGB

BEISPIEL

Paula Pranke und Gerda Gerber haben einen Darlehensvertrag nach § 488 BGB geschlossen. Danach erhält Paula (Darlehensnehmerin) von Gerda (Darlehensgeberin) 3.000,00 Euro, die sie zurückzahlen soll. Zur Sicherheit hat Paula (Eigentümerin, Pfandschuldnerin) ihre Diamanten vertraglich an Gerda (Pfandgläubigerin) verpfändet.

Aufgrund des vertraglichen Pfandrechts entstehen für den Pfandgläubiger zahlreiche Rechte und Pflichten.

Rechte des Pfandgläubigers

- Recht auf Besitz der Pfandsache, §§ 1204, 1205 BGB
- Verwertungsrecht, § 1228 BGB

Pflichten des Pfandgläubigers

- Rückgabe der Sache nach Erlöschen des Pfandrechts, § 1223 Abs. 1 BGB
- Androhung des Verkaufs, § 1234 BGB
- Benachrichtigung über den Verkauf, § 1241 BGB

Das Pfandrecht erlischt durch

- Erlöschen der Forderung, § 1252 BGB

BEISPIEL

Paula hat die geliehenen 3.000,00 Euro an Gerda zurückgezahlt.

- Rückgabe des Pfandes, § 1254 BGB

BEISPIEL

Gerda gibt die Diamanten an Paula zurück.

BEISPIEL

Gerda erklärt gegenüber Paula, dass sie das Pfandrecht an den Diamanten aufgibt.

- Vertragliche Aufhebung des Pfandrechts, § 1255 BGB

© dpa

Die Verwertung des Pfandgegenstandes erfolgt im Regelfall durch Privatverkauf des Gläubigers. Bevor die Verwertung des Pfandes erfolgen kann, müssen folgende Voraussetzungen erfüllt sein:

- Die Forderung muss fällig sein (Pfandreife), § 1228 Abs. 2 BGB.
- Der Verkauf muss angedroht sein, § 1234 Abs. 1 BGB.
- Der Verkauf ist frühestens einen Monat nach Androhung möglich, § 1234 Abs. 2 BGB.
- Der Verkauf ist nur gegen Barzahlung möglich, § 1238 BGB
- Der Verkauf muss durch öffentliche Versteigerung erfolgen, wobei Ort und Zeit der Versteigerung öffentlich bekannt zu geben sind, §§ 1235 Abs. 1, 1237 BGB.
- Der Verkauf kann auch über einen Makler erfolgen, wenn das Pfand einen Börsen- oder Marktwert hat (Wertpapiere, Lebensversicherungen), § 1235 Abs. 2 BGB.

BEISPIEL

Paula ist weiterhin knapp bei Kasse und kann die 3.000,00 EUR trotz Fälligkeit nicht zurückzahlen. Gerda ist nun berechtigt, den Verkauf der Diamanten anzudrohen und diese frühestens einen Monat danach öffentlich versteigern zu lassen.

2.3 Gesetzliches Pfandrecht an beweglichen Sachen

Ein gesetzliches Pfandrecht entsteht ohne vertragliche Vereinbarung aufgrund gesetzlicher Vorschriften. Nachfolgend einige Beispiele:

- **Vermieterpfandrecht, §§ 562 ff. BGB:** Der Vermieter einer Wohnung hat für Forderungen aus dem Mietverhältnis ein Pfandrecht an den eingebrachten Sachen (Möbeln etc.) des Mieters.

- **Unternehmerpfandrecht beim Werkvertrag, § 647 BGB:** Der Unternehmer (z. B. Kfz-Werkstatt) hat für die Werkvertragsforderung (Reparaturrechnung) ein Pfandrecht an den von ihm reparierten Sachen (Auto) des Bestellers.
- **Gastwirtpfandrecht, § 704 BGB:** Der Gastwirt (Hotelwirt) hat ein Pfandrecht an den eingebrachten Sachen des Bestellers (Koffer, Kleidung, PC etc.).
- **Verpächterpfandrecht, § 592 BGB**
- **Pfandrecht des Kommissionärs, § 397 HGB**
- **Pfandrecht des Frachtführers, §§ 440 ff. HGB**
- **Pfandrecht des Spediteurs, §§ 464 ff. HGB**
- **Pfandrechts des Lagerhalters, § 475 b HGB**

Die Vorschriften zum vertraglichen Pfandrecht finden über § 1257 BGB entsprechende Anwendung. Die Rechte und Pflichten entsprechen denen beim vertraglichen Pfandrecht.

2.4 *Pfandrecht an gepfändeten Gegenständen*

Das Pfändungspfandrecht ist ein Pfandrecht im Rahmen der Zwangsvollstreckung in das bewegliche Vermögen wegen Geldforderungen. Es entsteht durch Pfändung einer Sache durch den Gerichtsvollzieher, wodurch der Gläubiger ein Pfandrecht an der gepfändeten Sache erwirbt, § 804 Abs.1 ZPO. Dieses Pfandrecht gewährt dem Gläubiger im Verhältnis zu anderen Gläubigern dieselben Rechte wie ein durch Vertrag erworbenes Pfandrecht. Er kann seine Forderung durch Verwertung befriedigen.

§ 804 ZPO

Ablauf: Der Gerichtsvollzieher wird beim Schuldner zunächst auf eine gütliche Erledigung durch Ratenzahlungen hinwirken. Bleibt dies erfolglos, so darf er sich in der Wohnung oder den Geschäftsräumen des Schuldners umsehen und wertvolle Gegenstände oder Bargeld pfänden. Dies geschieht, indem er die Sachen mitnimmt oder ein Pfandsiegel, den „Kuckuck", anbringt, §§ 808 ff., 753 ZPO. Gepfändete Gegenstände werden später öffentlich versteigert oder im Wege des Pfandverkaufs veräußert, §§ 814 ff. ZPO. Der Erlös wird nach Abzug der Kosten an den Gläubiger ausgezahlt.

2.5 Andere Formen der Kreditsicherheit

Wenn eine Bank einen Kredit vergibt, verlangt sie vom Kreditnehmer sogenannte Sicherheiten. Als solche stehen neben dem in der Praxis selten vorkommenden vertraglichen Pfandrecht weitere Möglichkeiten zur Verfügung.

2.5.1 Die Bürgschaft

Die Bürgschaft wird häufig als Kreditsicherheit bei der Vergabe von Bankkrediten genutzt, denn dann haftet neben dem Kreditnehmer noch eine weitere Person für den Kredit: der Bürge!

Hierzu schließt der Kreditgeber zwei Verträge ab. Zunächst wird mit dem Kreditnehmer – auch Hauptschuldner genannt – ein Darlehensvertrag abgeschlossen, indem er sich verpflichtet, den Kredit durch Tilgung von Kreditraten zurückzuzahlen. Der zweite Vertrag ist der Bürgschaftsvertrag, § 765 BGB. Er wird mit einem Dritten – auch Bürgen genannt – abgeschlossen, der sich gegenüber dem Kreditnehmer – auch Gläubiger genannt – verpflichtet, für die Verbindlichkeiten des Hauptschuldners einzustehen, falls dieser nicht mehr zahlt. Der Kreditgeber hat gegenüber dem Bürgen keine Verpflichtungen, es handelt sich also um einen einseitig verpflichtenden Vertrag.

Bei Eintritt des Sicherungsfalls, nämlich dem Zahlungsverzug des Hauptschuldners, kann sich der Bürge grundsätzlich auf die Einrede der Vorausklage berufen, § 771 BGB. Danach kann der Bürge die Zahlung solange verweigern bis der Kreditgeber die Zwangsvollstreckung beim Hauptschuldner erfolglos versucht hat.

Anders ist dies bei der selbstschuldnerischen Bürgschaft, die von den Banken regelmäßig verlangt wird. Hierbei verzichtet der Bürge auf die Einrede der Vorausklage mit der Folge, dass der Kreditgeber direkt die Befriedigung der Hauptschuld vom Bürgen verlangen kann. Die selbstschuldnerische Bürgschaft stellt für den Bürgen also ein erhöhtes Risiko dar. Die Bürgschaft des Kaufmanns ist stets selbstschuldnerisch, § 349 HGB.

Der Bürgschaftsvertrag ist schriftlich abzuschließen, § 766 BGB. Diese Formvorschriften gelten nicht für die Bürgschaft eines Vollkaufmanns, § 350 HGB. Ein Vollkaufmann kann auch mündlich bürgen, wenn die Bürgschaft für ihn ein Handelsgeschäft ist.

2.5.2 Die Sicherungsabtretung

Die Sicherungsabtretung stellt eine häufige Form der Kreditsicherheit dar. Sie wird auch Sicherungszession genannt, wobei Zession ein anderes Wort für Abtretung ist. Der Sicherungsvertrag kann formfrei abgeschlossen werden. Es gelten die allgemeinen Abtretungsvorschriften aus §§ 398 ff. BGB. Bei der Sicherungsabtretung kann der Kreditnehmer dem Kreditgeber eine Forderung abtreten, die er gegenüber einem Dritten – auch Drittschuldner genannt – hat. Ist der Kreditnehmer Arbeitnehmer, kann dies zum Beispiel seine Gehaltsforderung sein.

BEISPIEL

Herr Enders möchte bei der ABC-Bank einen Privatkredit aufnehmen. Da er weder Immobilien, andere Sachwerte noch einen Bürgen bieten kann, vereinbart er mit der ABC-Bank eine Lohnabtretung. Herr Enders verdient als Programmierer bei einem Softwareunternehmen etwa 3.500,00 Euro netto. Sein Arbeitgeber erfährt von der Lohnabtretung nichts.

Wenn der Kreditnehmer das Darlehen nicht zurückzahlt, kann der Kreditgeber auf den Arbeitgeber des Kreditnehmers zugehen und die Auszahlung des Gehalts verlangen. Dabei muss der Arbeitgeber aber die gesetzlichen Pfändungsschutzvorschriften beachten, § 850c ZPO.

Der Arbeitgeber erfährt erst einmal nichts von der Sicherungsabtretung. Man spricht auch von stiller Zession. Erst wenn der Sicherungsfall eintritt, erfährt der Arbeitgeber, dass der Arbeitnehmer die Gehaltsforderung als Sicherheit abgetreten hatte.

2.5.3 Die Sicherungsübereignung

In der Praxis ist es häufig sinnvoller, wenn der Kreditnehmer im Besitz der Sache bleibt, etwa weil er die Sache weiter benutzen will oder muss. Für diese Fälle wurde die Sicherungsübereignung entwickelt, bei der der Kreditnehmer unmittelbarer Besitzer der Sache bleibt, aber das Eigentum an den Kreditgeber überträgt. Der Abschluss eines formfreien Sicherungsübereignungsvertrages zwischen dem Kreditgeber – auch Sicherungsnehmer genannt – und dem Kreditnehmer – auch Sicherungsgeber genannt – reicht dafür aus. Die Sicherungsübereignung spielt eine große Rolle bei der Vergabe von Krediten für bewegliche Sachen, insbesondere für Fahrzeuge oder Baumaschinen.

BEISPIEL

Die Bau KG benötigt einen neuen Kran, den sie mit einem Darlehen ihrer Hausbank finanziert. Als einzige Sicherheit kann sie den Kran anbieten, den sie jedoch zur Fortführung des Betriebs dringend benötigt. Die Bank vereinbart mit der Bau KG daher eine Sicherungsübereignung, mit der die Bank Eigentümerin des Krans wird, bis der Kredit abbezahlt ist.

Die Bau KG bleibt Besitzerin und kann den Kran weiter nutzen, um aus dem Erlös die Tilgung des Kredits vorzunehmen.

2.5.4 Der Eigentumsvorbehalt

Bei der normalen Abwicklung eines Kaufvertrages ist der Verkäufer vertraglich verpflichtet, dem Käufer die Sache zu übergeben und das Eigentum an ihr zu verschaffen. Der Käufer hat allerdings oftmals ein hohes Interesse daran, die Sache sofort zu besitzen, sie aber erst später zu bezahlen. Der Verkäufer ist häufig einem solchen Geschäft nicht abgeneigt, da er seine Ware absetzen möchte. In diesen Fällen können die Vertragspartner einen sogenannten Eigentumsvorbehalt vereinbaren. Der Eigentumsvorbehalt ist unkompliziert und daher im Wirtschaftsleben weit verbreitet.

BEISPIEL

Die Kanzlei Gerber & Partner bestellt regelmäßig Büromaterial bei der Mölders Kanzleibedarf GmbH. In deren AGB findet sich folgende Klausel „Die Ware bleibt bis zur vollständigen Bezahlung unser Eigentum".

Der einfache Eigentumsvorbehalt

Der einfache Eigentumsvorbehalt wird dann vereinbart, wenn der Verkäufer vermutet, dass der Käufer die Ware bis zur Bezahlung im Besitz hat, zum Beispiel bei Maschinen oder Inventar. Er ist in § 449 BGB geregelt.

BEISPIEL

Sarah Neuhaus kauft im Küchenstudio Hochglanz eine Einbauküche. Es wird vereinbart, dass Sarah den Kaufpreis in 24 Monatsraten zahlen soll. Das Küchenstudio behält sich zur Sicherheit bis zur Zahlung der letzten Rate das Eigentum vor.

Rechtlich bedeutet dies, dass der Verkäufer dem Käufer die Sache sofort übergibt, § 929 S.1 BGB, und beide sich darüber einig sind, dass das Eigentum erst dann auf den Käufer übergeht, wenn der gesamte Kaufpreis gezahlt ist. Die Übereignung steht also unter der aufschiebenden Bedingung der vollständigen Kaufpreiszahlung, § 158 BGB. Erfüllt der Käufer die Bedingung, etwa mit Zahlung der letzten Rate, wird er Eigentümer. Andernfalls verbleibt das Eigentum beim Verkäufer, der die Sache herausverlangen und verwerten kann.

Der Eigentumsvorbehalt kann formfrei vereinbart werden. In der Praxis wird er häufig in AGB geregelt. Er kann nur an beweglichen Sachen vereinbart werden und ist unzulässig bei der Veräußerung von Grundstücken, Gebäuden oder Lizenzen.

Der einfache Eigentumsvorbehalt wird aber in vielen Fällen den Erfordernissen des heutigen Wirtschaftslebens nicht mehr gerecht. Deshalb haben sich einige Modifikationen herausgebildet.

Der verlängerte Eigentumsvorbehalt

Der sogenannte verlängerte Eigentumsvorbehalt bezieht sich nicht nur auf den gelieferten Gegenstand, sondern auch auf das Produkt, in das der gelieferte Gegenstand eingegangen ist. Auch die aus einem eventuell bereits erfolgten Weiterverkauf der verarbeiteten Produkte sich ergebenden Kundenforderung wird regelmäßig an den Verkäufer abgetreten. Dadurch verbessert sich die Sicherheit für den Verkäufer.

BEISPIEL

Der Sportschuhhändler Jochen Kruse kauft vom dem Großhändler Panda regelmäßig Turnschuhe unter verlängertem Eigentumsvorbehalt. Dies ermöglicht Kruse, die Turnschuhe an seine Kunden weiterzuverkaufen und ihnen das Eigentum daran zu übertragen. Im Gegenzug tritt Kruse alle Kaufpreisforderungen für die verkauften Turnschuhe an Panda ab. Panda hat nun nicht nur gegenüber Jochen Kruse einen Anspruch auf Bezahlung der gelieferten Turnschuhe. Falls Kruse nicht zahlt, kann Panda ihre Forderung auch befriedigen, indem sie von den Kunden der weiterverkauften Turnschuhe das Geld direkt fordert.

Rechtlich wird der Käufer durch den verlängerten Eigentumsvorbehalt ermächtigt, die Sache weiterzuveräußern, § 185 BGB. Im Gegenzug erfolgt die Abtretung aller Rechte aus der Weiterveräußerung im Voraus, § 398 BGB.

Möglich ist auch ein verlängerter Eigentumsvorbehalt mit Verarbeitungsklausel. Dies bedeutet, dass das Eigentum beim Verkäufer bleiben soll, auch wenn der Käufer die gekaufte Sache weiterverarbeitet und nach §§ 946–950 BGB gesetzlicher Eigentumserwerb eintritt. Der gesetzliche Eigentumserwerb durch den weiterverarbeitenden Käufer wird durch die Weiterverarbeitungsklausel ausgeschlossen.

BEISPIEL

Sollte ein Käufer also Bretter kaufen, so setzt sich das vorbehaltene Eigentum an diesen Brettern an einem gegebenenfalls daraus hergestellten Schrank fort.

Der erweiterte Eigentumsvorbehalt

Bei einem erweiterten Eigentumsvorbehalt wird vereinbart, dass der Bedingungseintritt nicht nur mit Zahlung der Kaufpreisforderung eintritt, sondern noch weitere Forderungen beglichen werden müssen. Dies wird meist nur zwischen Kaufleuten vereinbart.

BEISPIEL

Der Gemüsehändler Peter Herzog bestellt regelmäßig Südfrüchte bei der Sunsweet KG. Sie vereinbaren einen erweiterten Eigentumsvorbehalt. Die Sunsweet KG führt für ihn ein Kundenkonto, auf dem alle Bestellungen und Zahlungen notiert werden. Peter Herzog wird daher erst Eigentümer der Südfrüchte, wenn er alle Lieferungen, die er von der Sunsweet KG erhalten hat, bezahlt hat.

2.6 Zusammenfassung und Aufgaben

ZUSAMMENFASSUNG

Das Pfandrecht stellt eine Belastung einer Sache in der Weise dar, dass ein Gläubiger berechtigt ist, die Sache zur Befriedigung seiner Forderung zu verwerten.

Merkmale des Pfandrechts

- **Grundsatz der Akzessorietät**
  Das Pfandrecht ist vom Bestehen der gesicherten Forderung abhängig.
- **Grundsatz der Priorität**
  Bestehen mehrere Pfandrechte an einer Sache, so richtet sich der Rang nach der zeitlichen Reihenfolge der Entstehung.
- **Grundsatz der Spezialität**
  Das Pfandrecht kann nur an Einzelgegenständen bestellt werden und nicht an Sachgesamtheiten.

AUFGABEN

1. Erläutern Sie, welches Ziel das Pfandrecht hat.

2. Harry Hicks benötigt dringend Bargeld und bringt seine Uhrensammlung ins Pfandhaus, wofür er 1.500,00 Euro erhält.

a. Um welche Art des Pfandrechts handelt es sich und welche Vorschriften sind anwendbar?

b. Welche Rechte hat das Pfandhaus?

c. Wann darf das Pfandhaus die Uhren verwerten und wie läuft dies ab?

3. Unterscheiden Sie die Sicherungsübereignung vom Pfandrecht.

4. Rudi Schröder ist chronisch pleite, ist aber Eigentümer eines Rennwagens. Als dieser eines Tages nicht mehr anspringt, bringt er ihn zur Reparatur in die Kfz-Werkstatt Wolf. Schon 3 Tage später ist der reparierte Wagen zur Abholung bereit. Die Rechnungssumme beträgt 678,00 Euro. Rudi kann den Betrag nicht zahlen.

a. Welches Pfandrecht steht Wolf zu? Nennen Sie die passende Vorschrift.

b. Um welche Art von Pfandrecht handelt es sich dabei?

c. Welche Rechte hat Wolf? Nennen Sie die passenden Vorschriften.

5. Entscheiden Sie, um welches Pfandrecht es sich in den folgenden Fällen handelt, und nennen Sie die passende Vorschrift.

› Der Obstladen Südfrüchte kauft im Großhandel Bananen auf Kommission und kann nicht zahlen.

› Der Gerichtsvollzieher pfändet für den Gläubiger bei Frau Sommer eine Schmucksammlung.

› Die Zahnärztin Dr. Zieher nimmt bei der Bank einen Kredit für die Praxisausstattung auf. Sie überträgt der Bank das Eigentum bis zur vollständigen Tilgung des Kredits und bleibt Besitzerin der Ausstattung.

› Das Möbelhaus Lange GmbH hat für Möbel, die saisonbedingt nicht in die Ausstellungsräume passen, eine Lagerhalle bei der Ohnesorg OHG angemietet und dort Möbel untergebracht. Da dem Unternehmen die Insolvenz droht, zahlt es die Mietgebühr für die Lagerhalle nicht.

› Bertha Riese nimmt bei der Sparkasse Kleinenbroich einen Kredit auf und bietet zur Sicherheit ihre wertvolle Münzsammlung an. Die Sparkasse nimmt die Münzsammlung in Besitz und zahlt das Darlehen aus.

› Mia Maus ist Eigentümerin eines Ladenlokals und verpachtet dies an Herrn Kunz, der dort eine Gastwirtschaft betreibt. Er richtet in den Räumlichkeiten eine Theke und einen Schankraum ein. Monate später zahlt er den Pachtzins nicht mehr.

3. RECHTE AN UNBEWEGLICHEN SACHEN

3.1 Begiff des Grundstücks

Eigentum, Besitz und weitere Rechte gibt es auch an unbeweglichen Sachen, also an **Grundstücken** mit ihren wesentlichen Bestandteilen. Während bewegliche Sachen zu den Gütern gehören, die im täglichen Leben laufend verkauft, verschenkt oder gar weggeworfen werden, da sie scheinbar unbegrenzt vorhanden sind, haben Grundstücke eine wesentlich größere wirtschaftliche Bedeutung. Verkauf oder Belastung eines Grundstücks ist kein Alltagsgeschäft, sondern hat erhebliche Auswirkungen: Der Kauf eines Grundstücks führt oft zu einer rechtlichen Bindung über einen Kreditvertrag mit einer Laufzeit von zehn, 20 oder 30 Jahren. Deshalb finden sich im BGB und in der Grundbuchordnung (GBO) besondere Regelungen für unbewegliche Sachen („Immobilien").

Unterschiedliche Grundstücksbegriffe

Unter einem Grundstück versteht man allgemein einen räumlich abgegrenzten Teil der Erdoberfläche. Hierbei kann es sich um ein Einfamilienhaus mit Garten, ein Betriebsgelände mit Parkplätzen, eine Ackerfläche oder jede andere Fläche handeln, die irgendwie **einheitlich genutzt** wird. Dies bezeichnet man als **Grundstücke im natürlichen Sinn.** Um Grundstücke aber im Rechtsverkehr veräußern, erwerben und belasten zu können, müssen sie zunächst exakt vermessen werden. Das Ergebnis der Vermessung bildet dann das **Grundstück im katastertechnischen Sinn** (oder auch „Flurstück") und wird beim Katasteramt in einem amtlichen Verzeichnis, dem Liegenschaftskataster, geführt, § 2 Abs. 2 GBO. Diese Grundstücke nehmen aber, genauso wenig wie Grundstücke im natürlichen Sinne, nicht am Rechtsverkehr teil. Rechtlich relevant ist allein das **Grundstück im Rechtssinne:** Bei den Grundbuchämtern, die Abteilungen des jeweiligen Amtsgerichts sind, werden **Grundbücher** für jedes einzelne Grundstück geführt. Daneben gibt es auch eigene Grundbücher für Eigentumswohnungen und andere rechtlich selbstständige Räume nach dem Wohnungseigentumsgesetz, § 7 WEG. Diese Grundbuchblätter dienen zum Nachweis des Eigentums und der Belastung der Grundstücke. Alle Rechtsvorgänge, von denen Grundstücke betroffen sind, müssen über das Grundbuchamt abgewickelt werden.

Grundstück

- **im natürlichen Sinn** → ein räumlich abgegrenzter Teil der Erdoberfläche.
- **im katastertechnischen Sinn** → ein Grundstück im natürlichen Sinn, das in einer Flurkarte unter einer besonderen Nummer aufgeführt ist.
- **im Rechtssinn** → ein oder mehrere Grundstücke im katastertechnischen Sinn, die im Grundbuch unter einer laufenden Nummer im Bestandsverzeichnis eingetragen sind.

Obwohl man umgangssprachlich unter einem Grundstück in der Regel nur einen Teil der Erdoberfläche versteht, ist es wichtig zu wissen, dass rechtlich auch die **wesentlichen Bestandteile, § 94 BGB,** unter diesen Begriff fallen. Dazu gehören all die Sachen, die mit dem Grundstück fest verbunden sind und nicht von ihm getrennt werden können, ohne dass der eine oder andere Bestandteil zerstört oder in seinem Wesen verändert wird (vgl. § 93 BGB). Darunter fallen insbesondere Gebäude, die auf dem Grundstück errichtet wurden. An einem Haus und dem Grundstück, auf dem es steht, kann daher nur **einheitliches Eigentum** bestehen, ein Verkauf des Hauses ohne das Grundstück ist nach deutschem Recht also nicht möglich.

§ 94 BGB

© Floydine – Fotolia.com

Nicht untrennbar mit dem Grundstück verbunden ist das **Zubehör, § 97 BGB.** Hierzu gehören die Sachen, die zwar nicht mit der Hauptsache, dem Grundstück, verbunden sind, aber ihr dienen und mit ihr in räumlichem Zusammenhang stehen, also vor allem Möbel, Maschinen bei gewerblichen Objekten und dergleichen. An Zubehör besteht zwar kein einheitliches Eigentum mit dem Grundstück, wird allerdings ein Grundstück verkauft, geht man im Zweifel (wenn nichts anderes vereinbart ist) davon aus, dass das Zubehör im Kaufpreis enthalten ist (vgl. § 311c, § 926 BGB).

MERKE

Ein Gebäude kann keinen anderen Eigentümer haben als das Grundstück, auf dem es steht. Ein separater Verkauf von Haus und Grundstück ist daher nicht möglich.

3.2 Eigentumserwerb an einem Grundstück

Wie oben schon bei den beweglichen Sachen gesehen, kann man dingliche Rechte auf zwei Arten erwerben: **kraft Gesetzes** und durch Vereinbarung der betroffenen Personen, also **kraft Rechtsgeschäfts.**

Gesetzlicher Eigentumserwerb

Gesamtrechtsnachfolge, § 1922 BGB

Der Erbe tritt als Gesamtrechtsnachfolger mit allen Rechten und Pflichten an die Stelle des Erblassers. Im Erbfall erwirbt also der Erbe automatisch die Rechte und Pflichten des Erblassers an dessen Immobilien.

Beispiel

Richard ist 87 und Witwer. Sein einziger lebender Verwandter ist sein Sohn Jürgen. Als Richard kurz vor Weihnachten stirbt, wird Jürgen ohne Weiteres Eigentümer von Richards Einfamilienhaus, § 1922 BGB. Das Grundbuch, das noch Richard als Eigentümer ausweist, wird in diesem Moment unrichtig.

Ersitzung, §§ 900, 927 BGB

Wie bei beweglichen Sachen ist eine Ersitzung auch bei Grundstücken möglich, allerdings ist die Frist hier länger: sie beträgt 30 Jahre. Hat also jemand ein Grundstück 30 Jahre im Eigenbesitz, erwirbt er das Eigentum daran, wobei es auf den guten Glauben nicht ankommt. War er zuvor zu Unrecht im Grundbuch eingetragen, wird dieses nun richtig, § 900 BGB. Ist noch der ursprüngliche Eigentümer eingetragen, kann dieser gem. § 927 ausgeschlossen werden.

Beispiel

Herr Müller ist in der Zeit nach der Wiedervereinigung (1990) zu seiner Überraschung aufgrund eines Versehens des Grundbuchamtes als Eigentümer des von ihm bewohnten Hauses eingetragen worden, welches er zuvor vom Staat gemietet hatte. Aufgrund der Wirren der Wiedervereinigung war dies niemand aufgefallen. 30 Jahre nach seiner Eintragung wird er schließlich rechtswirksam Eigentümer sein.

Aneignung herrenloser Grundstücke, § 928 Abs. 2 BGB

Gemäß § 928 kann ein Grundstück herrenlos werden, wenn der bisherige Eigentümer gegenüber dem Grundbuchamt auf das Eigentum verzichtet. Anders als bei beweglichen Sachen ist eine Aneignung bei Grundstücken aber nur dem Staat erlaubt, § 928 Abs. 2 BGB.

Beispiel

Frau Krüger hat geerbt. Zum Erbe gehört auch ein unbebautes Stück Land auf dem Gebiet der Gemeinde, in der Frau Krüger wohnt. Eine Bebauung ist nicht möglich, ein Käufer findet sich ebenfalls nicht. Da sie für das wertlose Grundstück nicht auch noch jährlich Grundsteuer bezahlen möchte, erklärt sie dem Grundbuchamt, das Eigentum aufgeben zu wollen. Sie wird im Grundbuch als Eigentümerin gelöscht. Das Bundesland, in dem Frau Krüger wohnt, lässt sich als Eigentümer eintragen.

Staatlicher Hoheitsakt, § 90 Abs. 1 ZVG

Wer bei einer Zwangsversteigerung das höchste Gebot abgibt, „kauft" kein Grundstück. Vielmehr wird er durch den Zuschlag Eigentümer durch staatlichen Hoheitsakt.

Beispiel

Die Eheleute Wehner suchen seit Langem ein Haus für sich und ihre drei Kinder. Glück für sie, Pech für Familie Rabe: Diese kann die Raten für ihr Haus nicht mehr bezahlen, weshalb es die Bank zwangsversteigern lässt. Die Wehners erhalten den Zuschlag und werden dadurch automatisch Eigentümer, obwohl Familie Rabe damit überhaupt nicht einverstanden ist.

Rechtsgeschäftlicher Eigentumserwerb

Der Kauf oder Verkauf eines Grundstücks ist eine Angelegenheit, die für die Beteiligten meistens von erheblicher Bedeutung ist. Eine Immobilie ist nach wie vor oftmals der zentrale Vermögensgegenstand, deren Wert den allen anderen Eigentums (z. B. Pkw, Schmuck etc.) erheblich übersteigt. Aus diesem Grund sind an den Erwerb des Eigentums strengere Voraussetzungen geknüpft. Nicht nur müssen besondere Formvorschriften eingehalten werden, es ist auch eine Veröffentlichung des Vorgangs im Grundbuch notwendig.

Erste Voraussetzung für den Eigentumserwerb ist auch bei unbeweglichen Sachen die **Einigung** über den Eigentumsübergang. Diese Einigung wird bei Grundstücken als **Auflassung** bezeichnet, §§ 925, 873 BGB.

§§ 925, 873 BGB

Dort, wo bei beweglichen Sachen gemäß § 929 BGB der Übergang des Besitzes an den Erwerber ausreicht, ist für den Erwerb des Eigentums an Grundbesitz als zweite Voraussetzung die **Eintragung im Grundbuch** notwendig, § 873 BGB.

MERKE

Zum Erwerb eines Grundstücks sind die Auflassung (= Einigung über den Eigentumsübergang) und die Eintragung im Grundbuch erforderlich.

Ein Erwerb vom **Nichtberechtigten** wie bei beweglichen Sachen (vgl. §§ 932, 935 BGB) ist bei Grundstücken ebenfalls möglich, § 892 BGB. Man kann also ein Grundstück von demjenigen erwerben, der als Berechtigter im Grundbuch eingetragen ist, auch wenn dieser gar nicht wahrer Eigentümer ist. Voraussetzung ist, dass der Erwerber guten Glaubens ist, also ihm die Unrichtigkeit des Grundbuchs nicht bekannt war oder hätte bekannt sein müssen, §§ 892, 893 BGB.

3.2.1 Ablauf der entgeltlichen Eigentumsüberlassung an einem Grundstück

Die praktisch häufigste Art des Eigentumserwerbs an einem Grundstück ist der Grundstückskaufvertrag. Schematisch dargestellt läuft der Kauf eines Grundstücks typischerweise wie folgt ab:

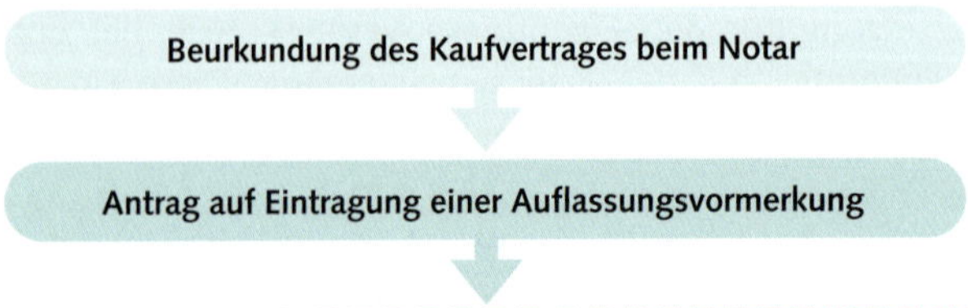

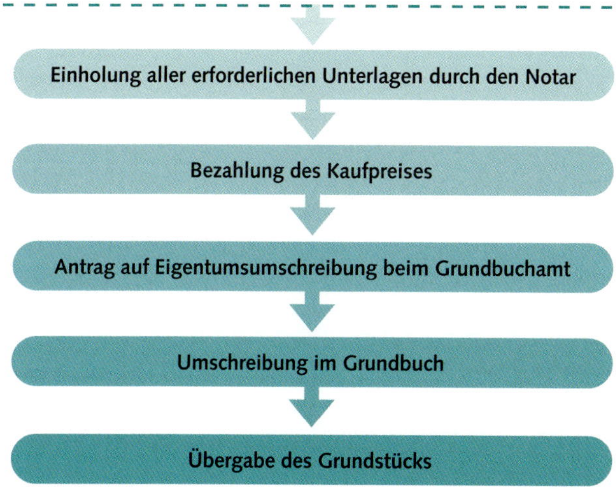

Die Reihenfolge kann dabei variieren, wie auch nicht alle gezeigten Elemente zwingend sind.

3.2.2 Zweck des Beurkundungszwanges

§ 311b BGB

Verpflichtend ist gemäß § 311b BGB die notarielle Beurkundung des Kaufvertrags. Während grundsätzlich Rechtsgeschäfte nach dem Willen des Gesetzgebers keiner besonderen Form bedürfen, ist für den Grundstückskaufvertrag aufgrund der schon erwähnten Bedeutung die strengste Form vorgeschrieben, die das BGB kennt. Dabei müssen die Vertragsparteien (gemeinsam oder auch unabhängig voneinander) beim Notar erscheinen, der ihnen den gesamten Vertrag vorliest und gegebenenfalls erläutert. Anschließend wird der Vertrag von den Parteien unterzeichnet, was vom Notar durch seine Unterschrift und sein Siegel bestätigt wird.

© Andrey Burmakin – Fotolia.com

Der Zwang zur Beurkundung hat dabei verschiedene Funktionen:

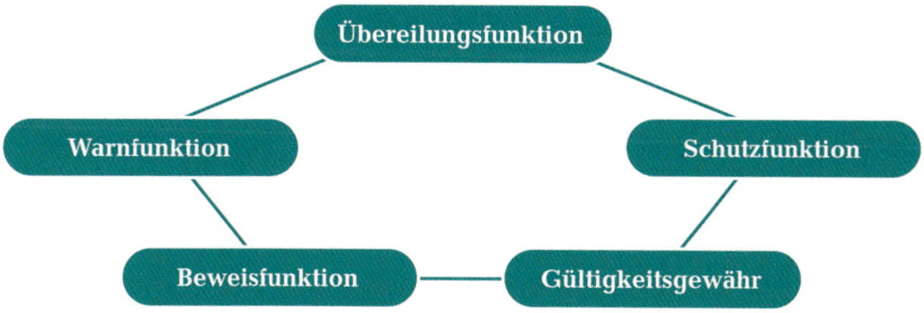

Ein Grundstückskaufvertrag soll nicht übereilt, also vorschnell oder unter Zeitdruck geschlossen werden. Bis ein Termin beim Notar stattfinden kann, haben Käufer und Verkäufer den Vertragsentwurf durchlesen können und hatten genug Bedenkzeit. Beiden Beteiligten soll die besondere Bedeutung der Angelegenheit deutlich werden (Warnfunktion) und sie sollen über die Risiken, die damit verbunden sind, aufgeklärt werden (Schutzfunktion). Im Nachhinein kann anhand der notariellen Urkunde der Beweis über alle Details der Vereinbarung geführt werden, und letztlich dient der Beurkundungszwang dazu, die rechtliche Wirksamkeit und Durchführbarkeit des Vertrags zu gewährleisten.

3.2.3 Sicherung des Käufers durch eine Auflassungsvormerkung

Beim Verkauf eines Grundstücks stehen sich zwei gegenläufige Interessen gegenüber:

Der **Verkäufer** möchte auf keinen Fall das Eigentum an seinem Grundstück verlieren, bevor er die vertraglich vereinbarte Gegenleistung erhalten hat. Gleichzeitig will aber der **Käufer** sicher sein, dass er nicht den Kaufpreis bezahlt (und sich damit womöglich über Jahrzehnte verschuldet), ohne das gekaufte Grundstück im vereinbarten Zustand und frei von Belastungen zu erhalten. Würde jeder der Beteiligten darauf bestehen, dass zunächst der andere in Vorleistung tritt, so könnte der Verkauf nicht abgewickelt werden. Stattdessen wird im Normalfall nach der Beurkundung des Kaufvertrags ein Antrag auf Eintragung einer **Auflassungsvormerkung, § 883 BGB,** ins Grundbuch gestellt. Durch diese Vormerkung wird der Anspruch des Käufers auf Erwerb des Eigentums an dem Grundstück gesichert. Dies erfolgt dadurch, dass der Inhaber der Vormerkung, der Käufer, beanspruchen kann, dass alle danach erfolgenden Eintragungen im Grundbuch gelöscht werden. Dies macht es dem Verkäufer faktisch unmöglich, das Grundstück z. B. anderweitig zu verkaufen oder zu belasten. Der Käufer kann also die Bezahlung des Kaufpreises vornehmen, weil er sich darauf verlassen kann, dass das Grundstück nicht anderweitig verkauft wird. Ist der Kaufpreis bezahlt, kann dann die Eigentumsumschreibung erfolgen, sofern alle anderen Voraussetzungen gegeben sind, also z. B. erforderliche Genehmigungen vorliegen.

§ 883 BGB

3.3 Das Grundbuch

Bei beweglichen Sachen begründet schon allein der Besitz, also die bloße Tatsache, dass jemand die Sache „hat“, schon die Vermutung, dass er ihr Eigentümer ist. Bei Grundstücken ist dies jedoch komplizierter. Hier wird der Nachweis über das Eigentum und andere relevante Rechte an der Sache durch das Grundbuch geführt. Gemäß § 1 GBO sind die Amtsgerichte für die Führung der Grundbücher zuständig. Die im Grundbuch verzeichneten Grundstücke werden nach den Liegenschaftskatastern benannt, § 2 GBO. Der Aufbau des Grundbuchs ist in

§ 1 GBO

der Verordnung zur Durchführung der GBO, der Grundbuchverfügung (GBV), geregelt.

3.3.1 Begriff und Abgrenzung vom Kataster

© Michael Ebardt – Fotolia.com

Das Grundbuch ist ein **öffentliches Register,** in dem die vom Gesetz als eintragungsfähig anerkannten dinglichen Rechte (siehe hierzu unten) verzeichnet sind. Es dient der Information des Rechtsverkehrs; gemäß § 891 BGB wird vermutet, dass sein Inhalt **richtig** ist. Deshalb kann man sich auf den Inhalt des Grundbuchs verlassen, auch falls es im Einzelfall fehlerhaft sein sollte, §§ 892, 893 BGB. Der **öffentliche Glaube** in das Grundbuch führt dazu, dass derjenige, der auf die Angaben vertraut, geschützt ist.

Anders als das Grundbuch, das Informationen über die **rechtliche** Situation bietet, erhält man durch das **Kataster** Informationen über die **räumlichen** (geografischen) Gegebenheiten eines Grundstücks. Im **Liegenschaftskataster** werden die einzelnen Grundstücke als „Flurstücke" geführt. Diese wiederum sind dann Grundlage für die Bezeichnung im Grundbuch.

3.3.2 Aufbau des Grundbuchs

Das Grundbuch ist wie folgt gegliedert:

Auf dem **Deckblatt** (Aufschrift) des Grundbuchs kann man die wesentlichen Grundbuchdaten erkennen, also u. a. das Amtsgericht und den Grundbuchbezirk. Es dient also der groben Orientierung.

<u>Amtsgericht Musterstadt</u>

Grundbuch

von

Musterstadt

Band 5 Blatt 73

Im **Bestandsverzeichnis** ist die laufende Nummer des Grundstücks angegeben, die Bezeichnung aus dem Liegenschaftskataster (Gemarkung, Flur, Flurstück), Größe und Lage sowie die „Wirtschaftsart", also die Art der Nutzung des Grundstücks.

Amtsgericht Musterstadt Grundbuch von Musterstadt Band 5 Blatt 73 (Bestandsverzeichnis)

Bezeichnung der Grundstücke und der mit dem Eigentum verbundenen Rechte								
Laufende Nummer der Grundstücke	Bisherige laufende Nummer der Grundstücke	Gemarkung (Vermessungsbezirk) a	Karte		Katasterbücher		Wirtschaft und Lage	Größe
			Flur b	Flurstück	Lieg b c	Geb B d	e	ha a qm
1	2		3					4
1	-	Musterstadt	-	35	20	-	Gebäude und Freifläche Musterstr. 15-23	19 71

Wer der **Eigentümer** des Grundstücks ist, zu welchem **Datum** und aus welchem **Grund** (z. B. Auflassung oder Testament) er Eigentümer wurde, ist **Abteilung I** zu entnehmen.

Amtsgericht Musterstadt Grundbuch von Musterstadt Band 5 Blatt 73 (Erste Abteilung)

Laufende Nummer der Eintragungen	Eigentümer	Laufende Nummer der Grundstücke im Bestandsverzeichnis	Grundlage der Eintragung
1	2	3	4
1	Hugo Mustermann, Musterstadt	1	Aufgrund der Auffassung vom 15. Mai 1998 eingetragen am 25. Mai 1998

Abteilung II des Grundbuchs enthält die **Belastungen** des Grundstücks oder eines Anteils am Grundstück durch Dienstbarkeiten, Nießbrauch (hierzu siehe unten) einschließlich der sich auf diese Belastungen beziehenden Vormerkungen und Widersprüche, also insbesondere die Auflassungsvormerkung.

Amtsgericht Musterstadt Grundbuch von Musterstadt Band 5 Blatt 73 (Zweite Abteilung)

Laufende Nummer der Eintragungen	Lfd. Nummer der betroffenen Grundstücke im Bestandsverzeichnis	Lasten und Beschränkungen
1	2	3
1	1	Vormerkung zur Sicherung des Anspruchs auf Übertragung des Eigentums für die Stadt Musterstadt, eingetragen am 25. Mai 1998
2	1	Beschränkt persönliche Dienstbarkeit dahingehend: Die Elektrizitätswerke Musterstadt sind berechtigt, auf dem Grundstück Fernwärmeleitungen zu legen und zu betreiben. Gemäß Bewilligung vom 15. Mai 1998, eingetragen am 25. Mai 1998

Veränderungen		Löschungen	
Laufende Nummer der Spalte 1		Laufende Nummer der Spalte 1	
4	5	6	7
		1	Gelöscht am 27. März 1999

Nicht alle Grundstücksbelastungen sind in Abteilung II eingetragen: **Hypotheken, Grund- und Rentenschulden** (auch hierzu unten mehr) werden in **Abteilung III** aufgeführt.

Amtsgericht Musterstadt Grundbuch von Musterstadt Band 5 Blatt 73 (Dritte Abteilung)

Laufende Nummer der Eintragungen	Lfd. Nummer der belasteten Grundstücke im Bestandsverzeichnis	Betrag	Hypotheken, Grundschulden, Rentenschulden
1	2	3	4
1	1	DM 200.00,00	Zweihunderttausend Deutsche Mark Grundschuld für die Musterbank AG, Musterstadt, mit 15 % jährlichen Zinsen und einer einmaligen Nebenleistung von 10 %. Der jeweilige Eigentümer ist der sofortigen Zwangsvollstreckung unterworfen. Unter Bezugnahme auf die Bewilligung vom 15. Mai 1998 – unter Briefausschluss – eingetragen am 25. Mai 1998.
2	1	DM 150.000,00	Einhundertundfünfzigtausend Deutsche Mark Grundschuld für die Stadtsparkasse Musterstadt, mit 16 % jährlichen Zinsen und einer einmaligen Nebenleistung von 8 %. Der jeweilige Eigentümer ist der sofortigen Zwangsvollstreckung unterworfen. Unter Bezugnahme auf die Bewilligung vom 20. Mai 1998 – unter Briefausschluss – eingetragen am 25. Mai 1998.

3.3.3 Einsicht in das Grundbuch

Das Grundbuch ist wie das Handels-, Genossenschafts- oder Partnerschaftsregister ein öffentliches Register. Während aber dort jeder Interessierte ohne Angabe eines Grundes Einsicht nehmen kann, muss gemäß § 12 GBO ein **berechtigtes Interesse** dargelegt werden, wenn Einsicht ins Grundbuch genommen werden möchte. Dies dient u. a. dem Schutz der Privatsphäre des Eigentümers des Grundstücks. Ein berechtigtes Interesse liegt unter anderem vor, wenn

› **Banken** Kredite durch Eintragung einer Hypothek oder Grundschuld absichern wollen,
› die **Zwangsvollstreckung** betrieben werden soll,

- **Nachbarn** Informationen über den Eigentümer des Nachbargrundstücks benötigen oder
- **Mieter** sich über die Person des Vermieters informieren wollen (z. B. wenn das Haus zuvor verkauft wurde).

Die Entscheidung darüber, ob Einsicht gewährt wird, trifft das Grundbuchamt, § 12c GBO.

Kein berechtigtes Interesse darlegen müssen **Behörden, Gerichte** und **Notare.**

Die Grundbucheinsicht erfolgt auf **Antrag** beim zuständigen Amtsgericht; sofern Einsicht gewährt wird, kann auch eine **einfache** oder **beglaubigte Abschrift** aus dem Grundbuch erteilt werden, § 12 Abs. 2 GBO. **Vordrucke dafür gibt es u. a. im Internet, z. B. unter http://www.justiz.nrw.de/BS/formulare/grundbuch/grundbuchausdruck_pdf_format_GS107.pdf**

Absender[in]/Antragssteller[in]:

______________________ (Vor- und Zuname) ______________________ (Telefon-Nr. für Rückfragen)

______________________ (Straße und Hausnummer) ______________________ (Geburtsdatum)

______________________ (PLZ und Ort)

An das
Amtsgericht
- Grundbuchamt -

ANTRAG AUF ERTEILUNG EINES GRUNDBUCHAUSDRUCKS

Betrifft: Grundbuch von

____
(Bitte geben Sie das Geschäftszeichen, d.h. die Grundbuchblattnummer an, z.B. Dorsten Blatt 45.000)

Zutreffendes bitte angekreuzen ☒ bzw. ausfüllen

Wir beantragen die Erteilung eines

☐ **amtlichen Grundbuchausdrucks (beglaubigt)** (Gebühr pro Grundbuch: 20 EUR)

☐ **einfachen Ausdrucks** (Gebühr pro Grundbuch: 10 EUR)

der obengenannten Grundbücher.

Ein Grundbuchausdruck kann mir aus folgendem Grund erteilt werden:

☐ Ich bin Eigentümerin.

☐ Wir sind Erbbauberechtigte.

☐ Für mich ist ein Recht im Grundbuch eingetragen. (z.B. Grundschuld, Hypothek, Auflassungsvormerkung, Dienstbarkeit o.ä.)

☐ Auf uns treffen keine der vorstehenden Möglichkeiten zu. Wir haben folgendes berechtigtes Interesse an der Erteilung des Grundbuchausdrucks und können dies durch die beigefügten Unterlagen (z.B. Kaufvertrag, Vollmacht des Eigentümers) belegen:
(Begründung des berechtigten Interesses:)

______________________, den ______________________

____
(Unterschrift/en)

Hier bitte keine Eintragungen!

Vfg.:

1. **Nach Antrag; Gebühr für Grundbuchausdruck, § 3 Abs. 2, Anlage 1 GNotKG**
   ____ **x begl. (20 EUR)** = ____ **EUR**
   KV Nr. 17001
   ____ **x unbegl. (10 EUR)** = ____ **EUR**
   KV Nr. 17000
   Insgesamt: = ____ **EUR**
   ☐ **Gebührenfrei, § 2 GNotKG**
2. **KLR erfasst**
3. **1 Mo. (ZA) // z.d.A.**

, den
Amtsgericht – Grundbuchamt -

GS 107 - Antrag auf Erteilung eines Grundbuchausdrucks (§§ 12, 131 GBO) - gen. 08.2013
Justizvollzugsanstalt Bochum

3.3.4 Eintragungsverfahren

Damit eine Eintragung im Grundbuch erfolgen kann, sei es die Eigentumsumschreibung, eine Belastung des Grundstücks oder die Löschung eines Rechts, müssen drei wesentliche **Voraussetzungen** erfüllt sein:

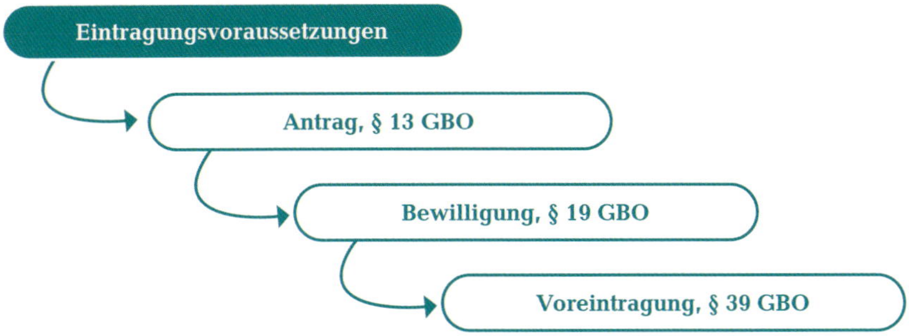

1. Das Grundbuchamt wird nur auf **Antrag** tätig, § 13 GBO. Zur Stellung dieses Antrags ist jeder berechtigt, dessen (bereits eingetragenes) Recht von der Eintragung betroffen ist, oder zu dessen Gunsten ein Recht eingetragen werden soll.

BEISPIEL

Bei einem Grundstückskaufvertrag ist sowohl der bisherige Eigentümer als auch der zukünftige Eigentümer (also der Käufer) dazu berechtigt, den Antrag auf Eigentumsumschreibung zu stellen.

Der Antrag muss in **öffentlich beglaubigter Form, § 29 GBO,** beim Grundbuchamt vorliegen.

§§ 19, 29, 39 GBO

2. Eintragungen werden vom Grundbuchamt nur dann vorgenommen, wenn derjenige, **dessen Recht von der Eintragung betroffen ist, sie bewilligt,** § 19 GBO. Auch die Bewilligung muss öffentlich beglaubigt sein, § 29 GBO.

BEISPIEL

Der Käufer wird vom Grundbuchamt auf seinen Antrag hin nur dann als Eigentümer eingetragen, wenn der bisherige Eigentümer (= Verkäufer) damit einverstanden ist, also bewilligt.

3. Schließlich muss derjenige, der die Eintragung bewilligt, weil er von ihr betroffen ist, auch als **Inhaber des betroffenen Rechts im Grundbuch eingetragen sein, § 39 GBO.** Dies nennt man **Voreintragungsgrundsatz.** Der jeweilige Grundbuchbeamte muss also aus dem Grundbuch ersehen können, dass die Bewilligung der Rechtsänderung auch von der tatsächlich betroffenen Person und nicht von einem Dritten erteilt wird.

BEISPIEL

Ein Grundstückseigentümer hatte einen Bankkredit bei der A-Bank aufgenommen und dafür zugunsten dieser Bank eine Grundschuld im Grundbuch eintragen lassen. Die A-Bank wurde allerdings zwischenzeitlich von der größeren B-Bank aufgekauft. Nachdem der Kredit abbezahlt wurde, möchte der Eigentümer die Grundschuld löschen lassen. Eingetragen ist die Grundschuld nach wie vor zugunsten der A-Bank. Die B-Bank kann nun die Löschung nicht bewilligen, obwohl sie Inhaberin des Rechts ist. Zunächst muss hier das Grundbuch berichtigt werden.

Eine Ausnahme vom Grundsatz der Voreintragung besteht allerdings bei den **Erben** des Eingetragenen: Diese müssen, z. B. beim Verkauf eines geerbten Hauses, nicht vorher als Eigentümer eingetragen werden, § 40 GBO. Das Gleiche gilt dann, wenn bei einer **Brief-Grundschuld** (siehe unten) nachgewiesen wird, dass diese in öffentlich beglaubigter Form an den jetzigen Inhaber abgetreten wurde.

3.3.5 Öffentlicher Glaube des Grundbuchs

In manchen Fällen geben die Eintragungen ins Grundbuch nicht (oder nicht mehr) die zutreffende Rechtslage wieder: Der bisherige Eigentümer des Grundstücks ist zwischenzeitlich verstorben und die Erben sind noch nicht eingetragen, ein eingetragenes Recht ist erloschen, wurde aber noch nicht gelöscht, oder es wurde schlicht eine fehlerhafte Eintragung vorgenommen. Der Gesetzgeber hat für diese Fälle vorgesehen, dass nicht die **tatsächliche, materielle Rechtslage** ausschlaggebend sein soll, sondern die **Rechtslage, wie sie im Grundbuch steht.** Wer das Grundbuch eingesehen hat, kann also darauf vertrauen, dass die dortigen Angaben auch zutreffen, § 893 BGB.

§ 893 BGB

BEISPIEL

Richard ist vor Kurzem verstorben, sein einziger Sohn ist Jürgen. Jürgen wird als Alleineigentümer von Richards Einfamilienhaus im Grundbuch eingetragen und verkauft dieses kurz danach an Familie Winkler. Zwischenzeitlich ist ein eigenhändiges Testament aufgetaucht, in dem Richard seinen Sohn enterbt und seine Pflegerin Daria als Alleinerbin eingesetzt hat. Diese möchte gern in Richards Haus leben und verlangt von Familie Winkler die Rückgabe gegen Rückzahlung des Kaufpreises. Dies wird allerdings zu Recht verweigert; Familie Winkler ist wirksam Eigentümerin geworden, §§ 892, 893 BGB.

Der öffentliche Glaube des Grundbuchs hat allerdings **Grenzen:** Man kann sich nur dann auf ihn berufen, wenn man **gutgläubig** ist, also die Unrichtigkeit der Eintragung nicht kannte. Außerdem gilt der öffentliche Glaube auch nur beim **rechtsgeschäftlichen Erwerb** von Grundstücksrechten und nur bei **eintragungsfähigen** Rechtsverhältnissen.

3.3.6 Grundbuchberichtigung und Eintragung eines Widerspruchs

Ist das Grundbuch unrichtig, so kann der eigentlich („materiell") Berechtigte von demjenigen, der als Rechtsinhaber eingetragen ist, verlangen, dass dieser der Berichtigung des Grundbuchs zustimmt, § 894.

BEISPIEL

Im obigen Beispiel hätte Daria, wenn sie rechtzeitig von dem Testament erfahren hätte, von Jürgen verlangen können, dass er zustimmt, sie (Daria) als Eigentümerin ins Grundbuch eintragen zu lassen.

Gegen die Unrichtigkeit des Grundbuchs kann, zum Beispiel wenn die Situation zeitkritisch ist, auch ein **Widerspruch** ins Grundbuch eingetragen werden, § 899 BGB. Dazu ist die Bewilligung des Betroffenen notwendig; wenn diese nicht vorliegt, muss eine einstweilige Verfügung beantragt werden.

© matthias21 – Fotolia.com

BEISPIEL

Daria hat zwar rechtzeitig vor dem Verkauf des Grundstücks vom Testament erfahren, Jürgen ist aber zu keinerlei Zugeständnissen bereit. Sie beantragt im Wege der einstweiligen Verfügung die Eintragung eines Widerspruchs ins Grundbuch; dadurch kann sich Familie Winkler nicht auf den öffentlichen Glauben des Grundbuchs berufen, Daria bleibt Eigentümerin, § 892 BGB.

3.4 Beschränkte dingliche Rechte

Neben Besitz und Eigentum gibt es noch weitere Rechte, die dem Inhaber nicht umfassenden (wie das Eigentum), sondern eingeschränkten „Zugriff“ auf ein Grundstück gewähren. Diese Rechte kann man in drei Gruppen einteilen: Erwerbsrechte, Nutzungsrechte und Verwertungsrechte.

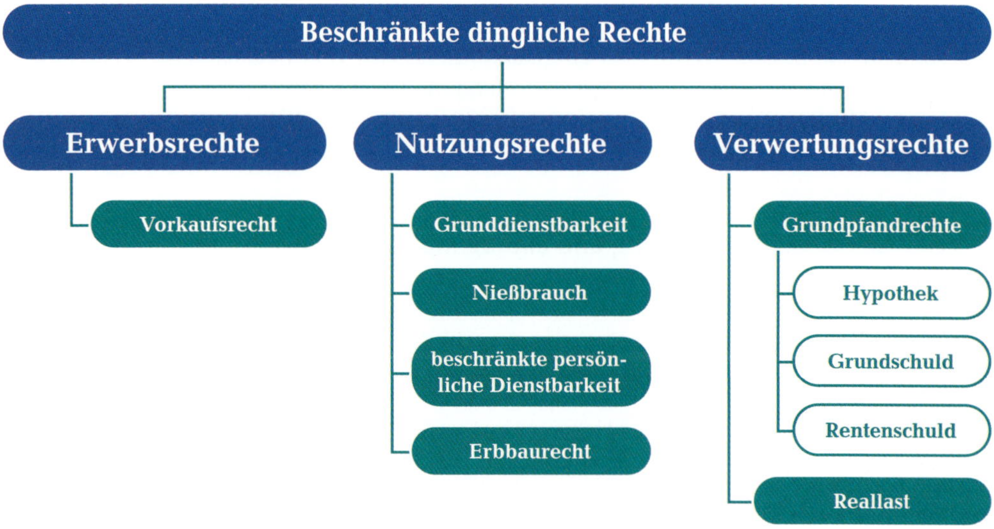

3.4.1 Vorkaufsrecht

Ein Vorkaufsrecht § 1094 ff. BGB an einem Grundstück zu haben, bedeutet, dass für den Fall, dass der Grundstückseigentümer sein Grundstück veräußern möchte, die Möglichkeit besteht, dieses vorrangig zu erwerben. Dabei kann man durch Erklärung gegenüber dem Grundstückseigentümer einen Kaufvertrag zu den Bedingungen abschließen, zu denen er das Grundstück an einen **Dritten** veräußern möchte, §§ 1098, 464 BGB. Das Vorkaufsrecht ist also ein **Erwerbsrecht.**

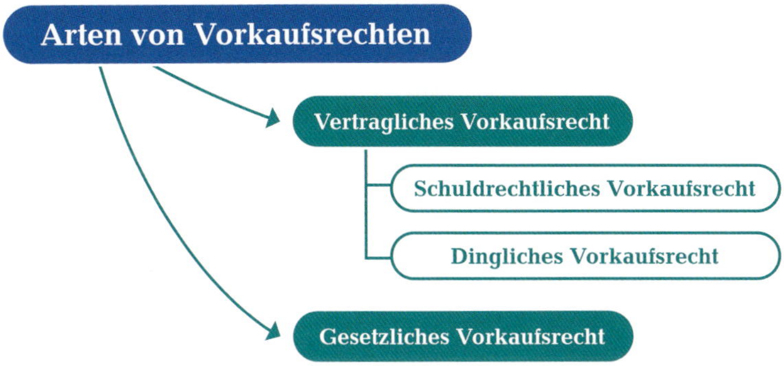

Gesetzliche Vorkaufsrechte bestehen u. a. nach dem Baugesetzbuch für die Gemeinden in dem Fall, dass auf ihrem Gemeindegebiet ein Grundstück veräußert wird und nach § 577 BGB für den Mieter, wenn „seine" Wohnung in Wohneigentum umgewandelt und anschließend verkauft wird.

Vertragliche Vorkaufsrechte können **außerhalb des Grundbuchs** zwischen den Beteiligten **schuldrechtlich** vereinbart werden und verhindern dann einen anderweitigen Verkauf nicht, da sie im Grundbuch nicht zu erkennen sind. Nur wenn ein **dingliches Vorkaufsrecht** vereinbart und ins Grundbuch eingetragen wurde, kann der Grundstückseigentümer sein Grundstück nicht ohne Rücksprache mit dem Vorkaufsberechtigten verkaufen. Bei Bestehen eines eingetragenen Vorkaufsrechts (egal, ob gesetzlich oder vertraglich) schreibt das Grundbuchamt das Eigentum nicht auf den Erwerber um, solange nicht eine **Vorkaufsrechtsverzichtserklärung** des Vorkaufsberechtigten vorliegt.

3.4.2 Grunddienstbarkeit

Ein Grundstück kann so belastet werden, dass der **jeweilige Eigentümer eines anderen Grundstücks** bestimmte Rechte daraus herleiten kann, §§ 1018 ff. BGB.

BEISPIEL

Die Zufahrt zu Grundstück Hauptstraße 18a mit einem Pkw ist nur dann möglich, wenn dazu Grundstück Hauptstraße 18 überquert wird. Gegen Zahlung eines einmaligen Betrags lässt der Eigentümer des Hauses Hauptstraße 18 ein Wegerecht zugunsten des jeweiligen Eigentümers von Haus 18a eintragen.

Das Grundstück, welches durch das Recht **belastet** ist, bezeichnet man als **dienendes,** das andere als **herrschendes Grundstück.** Wesen der Grunddienstbarkeit ist es, dass das Recht **nicht** einer **bestimmten Person** zusteht, sondern auch bei wechselnden Eigentümern das Recht erhalten bleibt.

BEISPIEL

Im Beispiel oben kann also auch derjenige, der das Grundstück Hauptstraße 18a kauft oder erbt, weiterhin die Zufahrt nutzen.

Grunddienstbarkeiten können nicht nur „positive" Rechte wie Wegerechte, Leitungsrechte etc. sein, sondern auch einen Anspruch auf Unterlassung begründen.

BEISPIEL

Zwischen zwei Grundstücksbesitzern wird vereinbart, dass auf dem einen Grundstück kein Mehrfamilienhaus errichtet werden darf, obwohl dies baurechtlich zulässig wäre.

3.4.3 Nießbrauch

Durch das Nießbrauchsrecht, §§ 1030 ff. BGB wird derjenige, zu dessen Gunsten das Recht in das Grundbuch eingetragen wird, berechtigt, die „Nutzungen" des belasteten Grundstücks zu ziehen.

BEISPIEL

Landwirt Mayer hat seinem Sohn den Hof mit allen Grundstücken übertragen. An einem Grundstück erhält er ein lebenslanges Nießbrauchsrecht und ist damit berechtigt, dieses Grundstück landwirtschaftlich zu nutzen.

Der Nießbrauch ist aber nicht auf die tatsächliche „Fruchtziehung" wie in dem genannten Beispiel beschränkt, er umfasst das Recht, ein Grundstück selbst „in allen Beziehungen" zu nutzen.

BEISPIEL

Bestandteil des Nießbrauchs von Herrn Mayer ist auch ein kleines Einfamilienhaus. Er kann sich entscheiden, dieses selbst zu bewohnen oder es zu vermieten und die Miete einzuziehen.

3.4.4 Beschränkte persönliche Dienstbarkeit

Während bei der Grunddienstbarkeit der **jeweilige Eigentümer** eines Grundstücks berechtigt ist, das dienende Grundstück in einer bestimmten Art und Weise zu nutzen, steht bei der beschränkten persönlichen Dienstbarkeit die **Person des Berechtigten** im Vordergrund, § 1090 ff. BGB. Stirbt also z. B. der Inhaber der beschränkten persönlichen Dienstbarkeit, erlischt diese.

BEISPIEL

Witwe Maria Gründgens hat ihrer Tochter das Haus, das ihr alleine zu groß geworden war, geschenkt. Gleichzeitig hat sie sich allerdings ein lebenslanges Wohnrecht an der Einliegerwohnung im Erdgeschoss vorbehalten. Nach dem Tod von Maria erlischt dieses Wohnrecht.

MERKE

Grunddienstbarkeiten stehen dem jeweiligen Grundstückseigentümer des herrschenden Grundstücks zu, persönlich beschränkte Dienstbarkeiten einer bestimmten Person.

3.4.5 Erbbaurecht

Grundstücke und mit ihnen fest verbundene Bauwerke bilden, wie gesehen, eine rechtliche Einheit; separates Eigentum daran kann nicht gebildet werden. Dennoch bestand und besteht das Bedürfnis, ein „Eigenheim" auf einem „fremden" Grundstück zu errichten. So stellen Kirchen und Gemeinden Grundstücke zur Bebauung zur Verfügung, ohne dauerhaft auf das Eigentum daran verzichten zu wollen. Dies wird möglich durch die Vereinbarung eines **Erbbaurechts** nach dem Erbbaurechtsgesetz (§ 1 ff. ErbbauRG, vor 2007: Erbbaurechtsverordnung).

§ 1 ErbbauRG

Inhalt des Erbbaurechts ist gemäß § 1 ErbbauRG die Belastung eines Grundstücks mit dem veräußerlichen und vererblichen Recht, auf diesem Grundstück ein Bauwerk zu haben.

BEISPIEL

Familie Winkler hat von der Kirchengemeinde ein Grundstück als Erbbaurecht für 99 Jahre erhalten und baut darauf ein Einfamilienhaus. Nach Ablauf der 99 Jahre, die Winklers sind mittlerweile verstorben, erlischt das Erbbaurecht. Die Kirchengemeinde muss als Entschädigung für das Eigentum an dem Einfamilienhaus eine Entschädigung an die Erben der Winklers bezahlen, § 27 ErbbauRG.

Die Dauer des Erbbaurechts ist gesetzlich nicht geregelt, eine Dauer von 99 Jahren ist jedoch weit verbreitet. Ob die Laufzeit angemessen ist, hängt von den Gesamtumständen, insbesondere auch der Höhe der „Erbpacht", also der Zahlungen für das Erbbaurecht, ab.

3.4.6 Reallast

Durch die Reallast, § 1105 ff. BGB wird ein Grundstück in der Weise belastet, dass der Berechtigte vom Grundstückseigentümer eine wiederkehrende Leistung „aus dem Grundstück" verlangen kann.

BEISPIEL

Herr Mayer (s. o.) erhält als Reallast zusätzlich noch jedes Jahr 100 kg Kartoffeln aus dem landwirtschaftlichen Betrieb.

Erfüllt der Grundstückseigentümer die Pflicht aus der Reallast nicht, so kann der Berechtigte die **Zwangsversteigerung** des betroffenen Grundstücks betreiben. Deshalb handelt es sich bei der Reallast um ein **Verwertungsrecht.**

3.5 Grundpfandrechte

Eine besondere Stellung unter den beschränkten dinglichen Rechten nehmen aufgrund ihrer Häufigkeit und wirtschaftlichen Bedeutung die **Grundpfandrechte** ein, die in Abteilung III des Grundbuchs eingetragen werden.

Grundpfandrechte

- **Hypothek, § 1113 ff. BGB**
- **Grundschuld, § 1191 ff. BGB**
- **Rentenschuld, §§ 1199 ff. BGB**

Bei allen Grundpfandrechten handelt es sich, wie bei der Reallast, um **Verwertungsrechte:** Erfüllt der Grundstückseigentümer seine vertraglichen Verpflichtungen nicht, so kann der Inhaber des Grundpfandrechts das Grundstück **zwangsversteigern** lassen und so zu seinem Recht gelangen. Als **Pfandrechte** begründen sie keine eigenständige Forderung, sondern dienen zur **Sicherung** einer zwischen dem Grundstückseigentümer und einem Dritten, dem Inhaber des Grundpfandrechts, entstandenen Forderung.

BEISPIEL

Die Eheleute Samson sind seit vielen Jahren Eigentümer eines selbstgenutzten Hauses. Weil das Dach mittlerweile undicht wurde, müssen sie einen Kredit in Höhe von 50.000,00 Euro zur Durchführung der Reparaturarbeiten in Anspruch nehmen. Zugunsten der kreditgebenden Bank wird eine Hypothek in Abteilung III des Grundbuchs eingetragen. Als die Eheleute mit zwei Kreditraten in Verzug geraten, droht die Bank damit, den Kreditvertrag zu kündigen und das Haus zur Rückzahlung der noch offenen Summe zwangsversteigern zu lassen.

Bei der hier zu sichernden Forderung handelt es sich um ein Gelddarlehen, § 488 BGB. Das Grundstück dient dafür als **Pfand.** Während bei Pfandrechten an beweglichen Sachen die Besitzübergabe an den Pfandgläubiger stattfindet, behält der Grundeigentümer bei Grundpfandrechten den Besitz an seinem Grundstück, wird aber durch die Eintragung des Pfandrechts im Grundbuch in der Verwertung eingeschränkt. Bei beweglichen Sachen wäre ohne Besitzübergabe ein Verkauf des Pfandgegenstandes leicht möglich, wodurch das Pfandrecht wirtschaftlich vollständig entwertet würde. Dies ist bei Grundpfandrechten nicht der Fall, da sie auch im Verkaufsfall weiterbestehen. Der Grundpfandgläubiger behält also bei einem Verkauf seine Sicherheit.

3.5.1 Hypothek

Die Hypothek war lange das vorrangig verwendete Grundpfandrecht und ist nach wie vor das Sicherungsmittel, das im allgemeinen Sprachgebrauch am bekanntesten ist. Die Hypothek dient zur Sicherung einer (Geld-)Forderung. Wird

die Forderung durch den Grundstückseigentümer nicht vertragsgemäß erfüllt, stehen dem Hypothekengläubiger die Möglichkeit der **Zwangsversteigerung, §§ 15 ff. ZVG** oder, praktisch weniger bedeutsam, der **Zwangsverwaltung, §§ 146 ff. ZVG** zur Verfügung. Bei einer Zwangsversteigerung fließt der Versteigerungserlös in Höhe der noch offenen Forderung an den Hypothekengläubiger, den Rest, sofern vorhanden, erhält der (nun ehemalige) Eigentümer des Grundstücks.

BEISPIEL

Im vorigen Fall haben die Eheleute von ihrem Kredit in Höhe von 50.000 Euro bereits 20.000,00 Euro abbezahlt, als sie die weiteren Raten nicht mehr bezahlen können. Das Kreditinstitut beantragt deshalb die Zwangsversteigerung des Grundstücks; dieses erzielt einen Versteigerungserlös von 150.000,00 Euro. Hiervon erhält die Bank 30.000,00 Euro (die noch offene Kreditforderung) zuzüglich weiterer Kosten und Zinsen, der Rest wird nach Abzug aller Versteigerungskosten an die Eheleute ausbezahlt.

Von Hypothek (und Grundschuld) gibt es zwei Arten: die **Briefhypothek, § 1116 Abs. 1 BGB,** und die **Buchhypothek, § 1116 Abs. 2 BGB.** Nach der Vorstellung des Gesetzgebers soll neben der Eintragung im Grundbuch zusätzlich ein Hypotheken- bzw. Grundschuldbrief erstellt werden. Dieser dient als Nachweis dafür, dass man Inhaber der Hypothek ist. Für die Übertragung auf einen anderen Gläubiger ist dann neben der Umschreibung im Grundbuch auch die Übergabe des Briefes erforderlich. Dies bedeutet in der Praxis zusätzlichen Aufwand und führt dazu, dass ein gutgläubiger Erwerb nach den §§ 892 f. BGB praktisch ausgeschlossen ist. In der Realität ist deshalb die **Buchhypothek bzw. Buchgrundschuld** der Normalfall.

Das wesentliche **Unterscheidungsmerkmal** zwischen Hypothek und Grundschuld ist die **Akzessorietät der Hypothek.** Das bedeutet, dass die Hypothek in ihrem Bestand vom gleichzeitigen Bestand der zu sichernden Forderung **abhängig** ist. Erlischt die Forderung, existiert auch die Hypothek nicht mehr. Das Grundbuch ist diesbezüglich unrichtig. Materiellrechtlich wandelt sich die Hypothek in eine Eigentümergrundschuld um. Wegen des Grundsatzes der Akzessorietät ist auch eine Übertragung der Hypothek auf einen anderen Gläubiger ohne gleichzeitige Übertragung der zugrunde liegenden Forderung nicht möglich.

3.5.2 Grundschuld

Die Grundschuld dagegen ist in ihrem Bestand nicht zwingend an eine Forderung gekoppelt, sondern kann als Eigentümergrundschuld sogar „auf Vorrat" bestellt werden, vgl. § 1196 BGB. Dies hat in der Praxis große Vorteile: Die

Hypothek geht von der Vorstellung aus, dass es sich bei der Sicherung durch das Grundstück um einen mehr oder weniger **einmaligen** Vorgang handelt, der nach Erfüllung der zugrunde liegenden Forderung, z. B. Rückzahlung eines Kredits, „erledigt" ist und die Hypothek dann aus dem Grundbuch gelöscht wird. Die Grundschuld bietet dagegen die Möglichkeit, flexibel für **mehrere** Forderungen eingesetzt zu werden.

BEISPIEL

In Abwandlung unseres Falls haben die Eheleute Samson ihren Kredit vollständig zurückbezahlt. Für den Fall, dass sie in einigen Jahren wieder einen Kreditbedarf haben, müsste eine neue Hypothek (mit entsprechenden Kosten) bestellt werden – zumindest, wenn der Kredit bei einer anderen Bank aufgenommen wird, da eine Übertragung ohne Mitübertragung der Forderung nicht möglich ist. Wäre von vornherein eine Grundschuld bestellt worden, wäre diese bei Rückzahlung des ersten Kredites zur Eigentümergrundschuld geworden und hätte ohne Weiteres (und kostengünstiger) zur Sicherung eines anderweitigen Kredits verwendet werden können.

Dies führt im Ergebnis dazu, dass die Hypothek ihre praktische Bedeutung weitgehend verloren hat und in der Realität heute aufgrund ihrer flexibleren Einsatzmöglichkeiten fast nur noch Grundschulden bestellt werden und Hypotheken meist nur noch als Zwangshypotheken in der Zwangsvollstreckung Bedeutung haben.

© Uli-B – Fotolia.com

MERKE

Die Hypothek ist akzessorisch, die Grundschuld ist abstrakt.

3.5.3 Rentenschuld

Die Rentenschuld kommt oft bei der Übertragung von Grundeigentum von einer Generation auf die nächste zur Anwendung: Ihr Inhalt ist die regelmäßige Zahlung einer Geldsumme **aus dem Grundstück,** § 1199 BGB. Sie ist ein Unterfall der Grundschuld.

BEISPIEL

Unternehmer Althaus überträgt seine Fabrik nebst Firmengelände auf seinen Sohn. Es wird vereinbart, dass er aus den Einnahmen des Unternehmens eine monatliche Rente von 5.000,00 Euro erhält. Eine entsprechende Rentenschuld wird im Grundbuch eingetragen.

3.6 Rangverhältnis der Grundstücksrechte

§ 879 BGB

Sind im Grundbuch verschiedene Rechte eingetragen, so stellt sich die Frage nach dem **Rangverhältnis.** Gemäß § 879 BGB bestimmt sich dieses nach dem Gesetz wie folgt:

› **Innerhalb derselben Abteilung des Grundbuchs** bestimmt sich der Rang nach der **Reihenfolge ihrer Eintragung.**

› Bei Rechten, die in **verschiedenen Abteilungen** des Grundbuchs eingetragen sind, bestimmt sich der Rang nach dem **Datum ihrer Eintragung.**

› Wenn Rechte **in verschiedenen Abteilungen am selben Tag** im Grund eingetragen werden, sind sie **gleichrangig.**

Welche **Bedeutung** kommt nun dem Rang der Rechte zu? Grundsätzlich kann gesagt werden, dass ein Recht umso höheren Wert hat, je besser sein Rang im Grundbuch ist. Ein vor einem anderen Recht eingetragenes Recht bleibt stets bestehen, auch wenn aus dem späteren Recht z. B. die Zwangsvollstreckung betrieben wird. Bei **Verwertungsrechten** wird von einem eventuellen Versteigerungsrecht zunächst das vorrangige Recht bedient, bevor die nachrangigen Rechte zum Zuge kommen.

BEISPIEL

Im Grundbuch, Abteilung III, eingetragen sind an 1. Rangstelle eine Grundschuld in Höhe von 80.000,00 Euro zugunsten der A-Bank, die entsprechende Kreditforderung besteht auch noch in gleicher Höhe. An 2. Rangstelle findet sich eine Grundschuld in Höhe von 50.000,00 Euro zugunsten der B-Bank. Nachdem die B-Bank seit Monaten keine Kreditraten mehr vom Grundeigentümer erhält, lässt sie das Grundstück zwangsversteigern. Nach Abzug aller Kosten verbleibt ein Versteigerungserlös von 100.000,00 Euro. Hiervon erhält die A-Bank 80.000,00 Euro, die B-Bank die restlichen 20.000,00 Euro.

Aus diesem Grunde bestehen insbesondere Kreditinstitute in der Regel bei Immobilienfinanzierungen auf die Bestellung **erstrangiger** Forderungen.

Eine **nachträgliche Rangänderung** ist möglich, jedoch nur mit Zustimmung der Inhaber der jeweils vorrangigen Rechte. Ihnen darf durch eine Rangänderung kein Nachteil entstehen.

3.7 Verjährung der Ansprüche aus Rechten an unbeweglichen Sachen

Wie oben (1.2.8) schon dargestellt, verjähren Besitz, Eigentum, aber auch beschränkte dingliche Rechte an sich nie. Der Verjährung unterliegen nur die Ansprüche **aus** diesen Rechten. Im Bereich der **unbeweglichen Sachen** gibt es folgende wesentliche Verjährungsfristen:

Verjährung der Ansprüche aus Rechten an unbeweglichen Sachen

Anspruch	Frist	Fristbeginn
Herausgabeansprüche aus Eigentum und anderen dinglichen Rechten, § 197 Abs. 1 Nr. 2 BGB	30 Jahre	Entstehung des Anspruchs, § 200 BGB
Rechte an einem Grundstück, § 196 BGB	10 Jahre	Entstehung des Anspruchs, § 200 BGB
Ersatzansprüche des Eigentümers wegen Verschlechterung der Sache und des Nießbrauchers auf Ersatz von Verwendungen, § 1057 BGB	6 Monate	Entstehung des Anspruchs, § 200 BGB

3.8 Zusammenfassung und Aufgaben

ZUSAMMENFASSUNG

An unbeweglichen Sachen (Grundstücken) wird Eigentum auf verschiedene Arten begründet:

Eigentumserwerb an Grundstücken

- kraft Gesetzes (z.B. durch Erbschaft)
- kraft Rechtsgeschäfts
  - Auflassung (= Einigung) + Eintragung im Grundbuch

Grundsätzlich sind Rechte an unbeweglichen Sachen aus dem **Grundbuch** ersichtlich. Auf dessen Richtigkeit darf man sich verlassen, es ist mit **öffentlichem Glauben** versehen, § 892 BGB. Das Grundbuch ist unterteilt in

Aufschrift (Deckblatt) → Bestands-verzeichnis → Abteilung I → Abteilung II → Abteilung III

An Grundstücken können neben Besitz und Eigentum noch weitere **dingliche Rechte** bestehen:

- Erwerbsrechte (Vorkaufsrecht)
- Nutzungsrechte (Grunddienstbarkeiten, Nießbrauch, beschränkte persönliche Dienstbarkeiten)
- Verwertungsrechte (Hypothek, Grundschuld, Rentenschuld, Reallast)

AUFGABEN

1. Auf welche unterschiedliche Arten kann man das Eigentum an einem Grundstück erwerben?
2. Alexandra Krause als Käuferin und Raffael Schnell als Verkäufer schließen am 16. April beim Notar einen Kaufvertrag über Herrn Schnells Hausgrundstück. Die Kaufpreiszahlung erfolgt fristgemäß, woraufhin Herr Schnell am 30. Mai die Schlüssel zum Haus übergibt. Frau Krause zieht am 15. Juni ein. Am 3. Juli wird sie als Eigentümerin ins Grundbuch eingetragen. Ab wann ist sie Eigentümerin?
3. Was ist die Auflassung?
4. Wie ist das Grundbuch aufgebaut? Bitte geben Sie alle Bestandteile mit dem jeweiligen Inhalt an.
5. Bitte erläutern Sie den Unterschied zwischen einer Grunddienstbarkeit und einer beschränkten persönlichen Dienstbarkeit.
6. Nennen Sie bitte je ein Beispiel für ein Erwerbs-, ein Nutzungs- und ein Verwertungsrecht.
7. Wozu dienen Hypothek und Grundschuld? Bitte Erläutern Sie diese Rechte und geben den Unterschied zwischen beiden an.
8. Bei einem Grundstückskaufvertrag wurde der Kaufpreis nicht bezahlt. In welcher Frist verjährt der Kaufpreisanspruch des Verkäufers?

LERNFELD 9

Aufgaben im gerichtlichen Mahnverfahren selbstständig bearbeiten

1. GERICHTLICHES MAHNWESEN

1.1 Allgemeines

Bezahlt der Schuldner trotz anwaltlichen Aufforderungsschreibens seine Verbindlichkeit gegenüber dem Gläubiger nicht, so hat der Gläubiger die Möglichkeit, **das gerichtliche Mahnverfahren** gegen den Schuldner zu beantragen oder die Klage zu erheben. Bevor die Entscheidung für das eine oder das andere Verfahren getroffen wird, sollten die beiden Verfahren miteinander verglichen werden:

Vergleich der beiden Verfahren

	Gerichtliches Mahnverfahren	Klageverfahren
Gegenstandswert	Kein Mindestgegenstandswert	In Bundesländern mit obligatorischer Streitschlichtung muss bis zu einem Gegenstandswert von 750,00 Euro zuerst die obligatorische Streitschlichtung angerufen werden, bevor Klage eingelegt werden kann.
Gerichtskosten	0,5 (mind. 38,00 Euro)	3,0
Rechtsanwaltskosten	1,0 Verfahrensgebühr + evtl. eine 0,5 Verfahrensgebühr für die Beantragung eines Vollstreckungsbescheids	1,3 Verfahrensgebühr + 1,2 Terminsgebühr
Formvorschriften	Antrag auf Mahnbescheid (Vordruck) bzw. Online-Mahnantrag (Barcode)	Beachtung der gesetzlichen Vorschriften zur Klageeinreichung, z. B. begründete Klageschrift
Ablauf des Verfahrens	Keine mündliche Verhandlung und keine Beweisaufnahme. Wird vom Antragsgegner kein Widerspruch erhoben und wird vom Antragsteller kein Antrag auf Erlass eines Vollstreckungsbescheides beantragt, so entfällt die Wirkung des Mahnbescheides gem. § 701 ZPO binnen einer Frist von sechs Monaten.	Mündliche Verhandlung und Beweisaufnahme
Einwendungen (Rechtsmittel)	Vorteilhaft, wenn keine Einwendungen vom Schuldner zu erwarten sind	Vorteilhaft, wenn Einwendungen (z. B. Widerspruch gegen den Mahnbescheid oder Einspruch gegen den Vollstreckungsbescheid) vom Schuldner zu erwarten sind

MERKE

Das gerichtliche Mahnverfahren hat gegenüber dem Klageverfahren folgende Vorteile: Es ist

- **schneller,** denn es findet keine mündliche Verhandlung und keine Beweisaufnahme statt.
- **einfacher,** da nur ein Antragsvordruck ausgefüllt werden muss.
- **kostengünstiger,** denn es entstehen nur Gerichtskosten in Höhe von 0,5 (mind. 38,00 Euro) und Rechtsanwaltskosten in Höhe von einer 1,0 Verfahrensgebühr für den Mahnbescheid und evtl. einer 0,5 Verfahrensgebühr für den Vollstreckungsbescheid.

1.2 *Voraussetzungen des gerichtlichen Mahnverfahrens*

Die **Parteien** im gerichtlichen Mahnverfahren werden **Antragsteller** (Gläubiger) und **Antragsgegner** (Schuldner) genannt.

Gem. § 688 Abs. 1 ZPO ist die Beantragung eines Mahnbescheids nur möglich wegen eines **Anspruchs,** der die **Zahlung** einer **bestimmten Geldsumme in Euro** zum Gegenstand hat.

MERKE

Zur Herausgabe, Unterlassung und Duldung kann kein Mahnbescheid beantragt werden.

BEISPIEL

Klaus hat seinem Freund Bert sein Fahrrad vor einem halben Jahr ausgeliehen. Bert gibt Klaus das Fahrrad jedoch nicht mehr zurück, weil er behauptet, Klaus habe ihm das Fahrrad geschenkt.

Klaus kann in diesem Fall **kein** gerichtliches Mahnverfahren einleiten, weil es hier um **einen Herausgabeanspruch geht und nicht um einen Anspruch auf die Zahlung einer bestimmten Geldsumme in Euro.** Er müsste auf Herausgabe seines Fahrrads nach § 985 BGB klagen.

Gem. § 688 Abs. 2 ZPO kann **kein** Mahnbescheid beantragt werden:

- für Ansprüche eines Unternehmens aus einem Vertrag gemäß den §§ 491–509 BGB (z. B. Verbraucherdarlehensvertrag), wenn der nach § 492 Abs. 2 BGB anzugebende effektive Jahreszins den bei Vertragsabschluss geltenden Basiszinssatz nach § 247 BGB um mehr als zwölf Prozentpunkte übersteigt (§ 688 Abs. 2 Nr. 1 ZPO)

  Es soll kein Vollstreckungstitel erlangt werden wegen einer erhöhten (sittenwidrigen) Zinsforderung.

- wenn die Geltendmachung des Anspruchs von einer noch nicht erbrachten Gegenleistung abhängig ist (§ 688 Abs. 2 Nr. 2)
  Es besteht kein Anspruch auf eine Forderung, die noch nicht erbracht wurde. (Zum Beispiel: Die Bezahlung einer Ware, die noch nicht geliefert wurde, soll mit dem Mahnbescheid geltend gemacht werden.)
- wenn die Zustellung des Mahnbescheids durch öffentliche Bekanntmachung erfolgen müsste (§ 688 Abs. 2 Nr. 3)
  (Zum Beispiel: Der Aufenthalt (die Anschrift) des Antragsgegners ist nicht bekannt und eine Zustellung wäre nur durch öffentliche Bekanntmachung möglich.)

Nach § 688 Abs. 3 ZPO ist eine Zustellung des Mahnbescheids im Ausland nur möglich, sofern das Anerkennungs- und Vollstreckungsgesetz vom 19. Februar 2001 (BGBl. I S. 288) dies vorsieht. In diesen Fällen kann der Antrag auch die Zahlung einer bestimmten Geldsumme in ausländischer Währung beinhalten.

1.3 Zuständigkeiten im Mahnverfahren

LF 9 | 4

Das Mahnverfahren wird dadurch eingeleitet, dass ein Mahnbescheid bei dem zuständigen Gericht eingereicht wird.

Es sind zwei Schritte nötig:

1. Erstellen der Daten in maschinell lesbarer Form (Achtung: Ein PDF erfüllt diese Anforderungen nicht), etwa unter Nutzung des Portals www.online-mahnantrag.de und Herunterladen auf das lokale System des Nutzenden.
2. Elektronische Übermittlung an das zuständige Mahngericht, etwa unter Nutzung des besonderen elektronischen Behördenpostfachs.

Beide Punkte müssen ab dem 01.01.2022 erfüllt sein. Ist auch nur ein Punkt nicht erfüllt (Antrag ist nicht maschinell lesbar oder wird nicht elektronisch übermittelt), sind die prozessualen Voraussetzungen für das Mahnverfahren nicht erfüllt und somit kann der Antrag kostenpflichtig zurückgewiesen werden.

Weitere Auskünfte erteilt das zuständige Mahngericht.*
Der Mahnbescheid wird dem Antragsgegner (per Post) zugestellt. Bei der Geschäftsstelle können auch Anträge und Erklärungen im Mahnverfahren vor dem Urkundsbeamten abgegeben werden.

1.3.1 Sachliche Zuständigkeit

Unabhängig vom Streitwert wird gem. § 689 Abs. 1 ZPO das Mahnverfahren **immer** von den **Amtsgerichten** durchgeführt.

Die einzelnen Landesregierungen dürfen nach § 689 Abs. 3 ZPO ein Amtsgericht als **zentrales Mahngericht** für das jeweilige Bundesland festlegen.

* *www.mahngerichte.de/aktuelles/behoerden-und-juristische-personen-des-oeffentlichen-rechts-muessen-zum-1-1-2022-ihr-antragswesen-umstellen/*

Zentrale Mahngerichte in der Bundesrepublik	
Baden-Württemberg	beim Amtsgericht Stuttgart
Bayern	beim Amtsgericht Coburg
Berlin*	beim Amtsgericht Wedding
Brandenburg*	beim Amtsgericht Wedding
Bremen	beim Amtsgericht Bremen
Hamburg*	beim Amtsgericht Hamburg
Hessen	beim Amtsgericht Hünfeld
Mecklenburg-Vorpommern*	beim Amtsgericht Hamburg
Niedersachsen	beim Amtsgericht Uelzen
Nordrhein-Westfalen	OLG-Bezirk Köln: beim Amtsgericht Euskirchen Im Übrigen: beim Amtsgericht Hagen
Rheinland-Pfalz*	beim Amtsgericht Mayen
Saarland*	beim Amtsgericht Mayen
Sachsen*	beim Amtsgericht Aschersleben
Sachsen-Anhalt*	beim Amtsgericht Aschersleben
Schleswig-Holstein	beim Amtsgericht Schleswig
Thüringen*	beim Amtsgericht Aschersleben

* *länderübergreifende gemeinsame Mahngerichte*

1.3.2 Örtliche und funktionale Zuständigkeit

Für das Mahnverfahren ist gem. § 689 Abs. 2 ZPO ausschließlich das Amtsgericht zuständig, bei dem der Antragsteller seinen allgemeinen Gerichtsstand hat. Hat der Antragsteller im Inland keinen allgemeinen Gerichtsstand, so ist das Amtsgericht Wedding in Berlin zuständig.

Der allgemeine Gerichtsstand einer natürlichen Person ist nach § 13 ZPO dort, wo diese ihren Wohnsitz hat.

Anders als beim Klageverfahren ist für das Mahnverfahren der Wohnsitz des Antragstellers maßgeblich. (Beim Klageverfahren ist das Gericht am Wohnsitz des Beklagten für die Einreichung der Klage zuständig.)

MERKE

Es ist **ausschließlich** das **Amtsgericht als zentrales Mahngericht** zuständig in dem Bezirk, in dem der **Antragsteller** seinen **allgemeinen Gerichtsstand (Wohnsitz)** hat.

Für das Mahnverfahren ist bei Gericht der Rechtspfleger zuständig. Kommt es im Anschluss zum streitigen Verfahren, entscheidet der Richter.

1.3.2.1 Wichtige Ausnahmen bei der örtlichen Zuständigkeit

Bei der örtlichen Zuständigkeit gibt es im Mahnverfahren ein paar wenige Ausnahmen:

› Hat der Antragsteller seinen allgemeinen Gerichtsstand nicht im Inland, so ist **ausschließlich** das Amtsgericht in **Berlin Wedding** zuständig.

BEISPIEL

Herr Reuter, wohnhaft in Spanien, hat eine Forderung in Höhe von 1.500,00 Euro gegen Herrn Wahl, wohnhaft in Mannheim

› In arbeitsrechtlichen Angelegenheiten ist für das Mahnverfahren das Gericht zuständig, welches auch bei einer Klage zuständig wäre, d. h. das Arbeitsgericht, in dessen Bezirk der Arbeitgeber seinen Geschäftssitz hat.

BEISPIEL

Kurt Munter, wohnhaft in Heilbronn, möchte seinen rückständigen Lohn gegen seinen Arbeitgeber Radfabrik GmbH, Ludwigsburg, mittels Mahnbescheid durchsetzen.

› Hat der Antragsgegner keinen allgemeinen Gerichtsstand im Inland, so ist für das Mahnverfahren das Amtsgericht zuständig, das auch für das streitige Verfahren zuständig wäre, § 703 d ZPO. Das Gericht, in dessen Bezirk das Grundstück liegt, ist ausschließlich zuständig, § 24 Abs. 1 ZPO.

BEISPIEL

Die Amerikanerin Melissa Luna besitzt ein Grundstück in Köln. Gegen sie soll ein Mahnverfahren eingeleitet werden.

- Ist eine Wohnungseigentümergemeinschaft im Mahnverfahren die Antragstellerin, so ist nach dem Wohnungseigentumsgesetz (WEG) ausschließlich das Amtsgericht zuständig, in dessen Bezirk das Grundstück liegt, § 43 WEG.

BEISPIEL

Gegen ein Mitglied der Wohnungseigentümergemeinschaft einer Wohnanlage in Stuttgart soll ein Mahnbescheid wegen der rückständigen Forderung über die anfallenden Hausverwalterkosten beantragt werden.

1.4 Beantragung des gerichtlichen Mahnbescheids

Der gerichtliche Mahnbescheid kann beantragt werden mittels

- Antragsvordruck,
- Barcode,
- online.

1.4.1 Antragsvordruck

Für den Antrag auf Erlass eines gerichtlichen Mahnbescheids sind bestimmte Antragsvordrucke zu verwenden. Ansonsten wird der Antrag vom Gericht zurückgewiesen, §§ 691 Abs. 1, 703c Abs. 2 ZPO.

Der Vordruck ist so konzipiert, dass er für zwei Antragsteller und zwei Antragsgegner (z. B. Eheleute) verwendet werden kann. Bei einer höheren Personenanzahl muss ein neutrales Blatt angeheftet werden. Richtet sich der Antrag gegen mehrere Antragsgegner, darf nur **ein** Antragsvordruck verwendet werden.

Raum für Vermerke des Gerichts

Antrag auf Erlaß eines Mahnbescheids

– Nur für Gerichte, die die Mahnverfahren maschinell bearbeiten. –

Zeilen-Nummer

1 Datum des Antrags EURO **Achtung:** Bitte lesen Sie zunächst die **Hinweise** zu diesem Vordruck. Die Hauptforderung ist mit einer aus dem Hinweisblatt zu entnehmenden **Katalog-Nr.** zu bezeichnen.

Antragsteller

Bei mehreren Antragstellern: Es wird versichert, dass der in Spalte 1 Bezeichnete bevollmächtigt ist, die weiteren zu vertreten.

	Spalte 1	Spalte 2 Weiterer Antragsteller
2	1 = Herr 2 = Frau	1 = Herr 2 = Frau
3	Vorname	Vorname
4	Nachname	Nachname
5	Straße, Hausnummer – **bitte kein Postfach!** –	Straße, Hausnummer – **bitte kein Postfach!** –
6	Postleitzahl Ort Ausl. Kz.	Postleitzahl Ort Ausl. Kz.

7 **Spalte 3 Nur Firma, juristische Person u. dgl. als Antragsteller** Rechtsform, z.B. GmbH, AG, OHG, KG

8 3 = **nur** Einzelfirma 4 = **nur** GmbH u. Co KG **sonst Rechtsform:**
Vollständige Bezeichnung

9 Fortsetzung von Zeile 9

10 Straße, Hausnummer – **bitte kein Postfach!** – Postleitzahl Ort Ausl. Kz.

	Gesetzlicher Vertreter	Gesetzlicher Vertreter (auch weiterer)
11	*Nr. der Spalte, in der der Vertretene bezeichnet ist*	*Nr. der Spalte, in der der Vertretene bezeichnet ist*
12	Stellung (z.B. Geschäftsführer, Vater, Mutter, Vormund)	Stellung
13	Vor- und Nachname	Vor- und Nachname
14	Straße, Hausnummer – **bitte kein Postfach!** –	Straße, Hausnummer – **bitte kein Postfach!** –
15	Postleitzahl Ort Ausl. Kz.	Postleitzahl Ort Ausl. Kz.
16		

Antragsgegner

Antragsgegner sind Gesamtschuldner

	Spalte 1	Spalte 2 Weiterer Antragsgegner
17	1 = Herr 2 = Frau	1 = Herr 2 = Frau
18	Vorname	Vorname
19	Nachname	Nachname
20	Straße, Hausnummer – **bitte kein Postfach!** –	Straße, Hausnummer – **bitte kein Postfach!** –
21	Postleitzahl Ort	Postleitzahl Ort

22 **Spalte 3 Nur Firma, juristische Person u. dgl. als Antragsgegner** Rechtsform, z.B. GmbH, AG, OHG, KG

23 3 = **nur** Einzelfirma 4 = **nur** GmbH u. Co KG **sonst Rechtsform:**
Vollständige Bezeichnung

24 Fortsetzung von Zeile 24

25 Straße, Hausnummer – **bitte kein Postfach!** – Postleitzahl Ort

	Gesetzlicher Vertreter	Gesetzlicher Vertreter (auch weiterer)
26	*Nr. der Spalte, in der der Vertretene bezeichnet ist*	*Nr. der Spalte, in der der Vertretene bezeichnet ist*
27	Stellung (z.B. Geschäftsführer, Vater, Mutter, Vormund)	Stellung
28	Vor- und Nachname	Vor- und Nachname
29	Straße, Hausnummer – **bitte kein Postfach!** –	Straße, Hausnummer – **bitte kein Postfach!** –
30	Postleitzahl Ort	Postleitzahl Ort
31		

Bitte die nächste Vordruckseite beachten!

Der Antragsvordruck kann in einer Schreibwarenhandlung gekauft oder im Internet heruntergeladen werden. Beigefügt sind Ausfüllhinweise. Er wird in einfacher Ausfertigung bei Gericht eingereicht.

Im § 690 ZPO ist festgelegt, was der Antrag beinhalten muss:

› Die Bezeichnung der Parteien, ihrer gesetzliche Vertreter und der Prozessbevollmächtigte
› Die Bezeichnung des Gerichts, bei dem der Antrag gestellt wird (zuständiges Mahngericht)
› Die Bezeichnung des Anspruchs (Haupt- und Nebenforderungen sind gesondert zu bezeichnen)
› Die Erklärung, dass der Anspruch nicht von einer Gegenleistung abhängt, bzw. dass die Gegenleistung schon erbracht wurde
› Die Bezeichnung des Gerichts, das für ein streitiges Verfahren zuständig ist

Der Antrag muss handschriftlich unterzeichnet werden.

Wird der Antrag von einem Rechtsanwalt eingereicht, so ist (seit 2008) **zwingend vorgeschrieben,** dass dieser nur in **maschinell lesbarer Form** beim Mahngericht eingereicht werden kann. Der Anwalt kann also nicht den Vordruck für die Einreichung des Antrags verwenden.

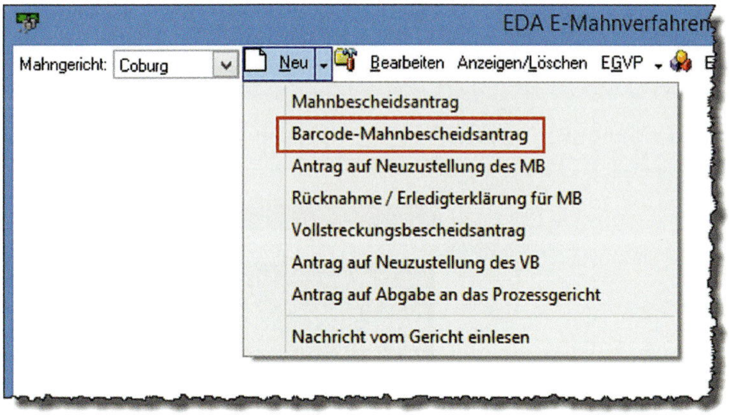

© RA_MICRO

1.4.2 Der Barcode-Antrag

Um den Antrag auf Erlass eines Mahnbescheids als Barcode-Antrag zu stellen, benötigt man einen Internetzugang, einen Drucker und das Programm Acrobat Reader. Über die Internetseite www.online-mahnantrag.de können die Daten eingegeben werden. In diesem Fall wird keine Signaturkarte benötigt. Die Datei wird als PDF erstellt und kann auf weißem Papier ausgedruckt werden. Die Seiten müssen fest miteinander verbunden (geheftet) werden. Dieses Papierdokument wird unterschrieben und beim Mahngericht eingereicht.

Antrag auf Erlass eines Mahnbescheids **- Deckblatt -** **Seite 1 von 4**
Klaus Schmidt
gegen Allgemeiner Autohandel GmbH
- maschinell lesbarer Antrag für das automatisierte Verfahren - 001 BARC0001 026130 4E4A3CA

An das
Amtsgericht Stuttgart
-Mahnstelle-
Postfach 10 60 07
70049 Stuttgart

04.04.2006

Der Erlass eines Mahnbescheids mit den nachstehenden Daten wird beantragt. Ich versichere, dass die folgenden Regeln für die Erstellung von Barcode-Mahnbescheidsanträgen beachtet wurden:

Es gelten die Vorgaben des elektronischen Datenaustauschs mit dem Mahngericht. Ein Verstoß gegen die nachstehenden Regeln kann die Bearbeitung des Antrags verzögern, zu Beanstandungen oder sogar zur Zurückweisung des Antrags insgesamt führen (§ 690 Abs. 2 ZPO).

Dieses Deckblatt muss unterschrieben und zusammen mit folgenden Unterlagen vollständig beim zuständigen Mahngericht eingereicht werden:

* **dem zugehörigen Kontrollausdruck der Daten (Seiten 2 bis 3), sowie**
* **dem/den darauf folgenden Barcode-Ausdruck(-en) (Seite 4 bis 4).**

Sämtliche Seiten sind hintereinander auf weißem Papier auszudrucken (kein Vor-/Rückseitendruck) und in der richtigen Reihenfolge fest miteinander zu verbinden (z.B. durch Heften oder Klammern). Der Ausdruck muss in normaler Druckqualität erfolgen (kein Eco-/Spar- oder Optimaldruck); eine Übermittlung des Antrags an das Mahngericht per Fax oder E-Mail ist unzulässig.

Ist eine Druckseite infolge Fehlern beim Ausdruck, wegen technischen Probleme oder anderer Umstände verschmutzt oder nicht lesbar, drucken Sie bitte den gesamten - ggf. korrigierten - Antrag nochmals fehlerfrei und sauber neu aus.

Nachträgliche Ergänzungen, Veränderungen oder Streichungen des gedruckten Textes oder Barcodes sind unzulässig. Sofern Antragsdaten nach einem Ausdruck noch geändert werden müssen, geben Sie die Daten bitte korrigiert neu ein, drucken dann bitte sämtliche Seiten neu aus und reichen nur den neuen korrekten Ausdruck beim Mahngericht ein. Bitte achten Sie darauf, dass die rechts oben unterhalb der Seitenzahlen angegebene Nummer (001 BARC0001 026130 4E4A3CA) auf allen Druckseiten identisch ist und dieser Antrag tatsächlich aus 4 Seiten besteht.

Absender (Prozessbevollmächtigter/Antragsteller):

Rechtsanwalt
Winfried Mustermann
Schlossplatz 1
70173 Stuttgart

Der Erlass eines Mahnbescheids mit den nachfolgenden Daten wird beantragt.

Ort Datum Unterschrift

Antrag auf Erlass eines Mahnbescheids **Seite 1**

Antrag auf Erlass eines Mahnbescheids **Seite 2 von 4**
Klaus Schmidt
gegen Allgemeiner Autohandel GmbH
- maschinell lesbarer Antrag für das automatisierte Verfahren - 001 BARC0001 026130 4E4A3CA

Verfahrenswährung: **EUR**

Prozessbevollmächtigter
Beauftragungsdatum: **15.03.2006**
Funktion: **Rechtsanwalt**
Vor- und Nachname: **Winfried Mustermann**
Straße: **Schlossplatz 1**
PLZ/Ort/Nation: **70173 Stuttgart**

Antragsteller
1. Antragsteller
Anrede: **Herr**
Vorname: **Klaus**
Nachname: **Schmidt**
Straße: **Gartenstraße 77**
PLZ/Ort/Nation: **70176 Stuttgart**

Antragsgegner
Antragsgegner sind keine Gesamtschuldner
1. Antragsgegner
Rechtsform: **GmbH**
Name: **Allgemeiner Autohandel GmbH**
Straße: **Waldweg 77**
PLZ/Ort/Nation: **58239 Schwerte**
Prozessgericht
Anschrift: **Amtsgericht Schwerte 58239 Schwerte**

1. Gesetzlicher Vertreter
Funktion: **Geschäftsführer**
Name: **Franz Müller**

Ansprüche
Summe der Hauptforderungen: **999,21 EUR**
Gerichtsgebühr: **27,50 EUR**
1. Katalogisierbarer Anspruch
Anspruch: **Werkvertrag/Werklieferungsvertrag (Katalog-Nr. 44**
Mitteilungsform: **Rechnung**
Rechnungsnummer: **123456/06**
ab/vom: **17.03.2006**
bis:
Betrag: **999,21 EUR**

1. Zinsangaben: Laufende Zinsen
Zinssatz: **5,000 % jährlich über dem Basiszinssatz**
aus Betrag: **Anspruchsbetrag**
ab/vom: **25.03.2006**
bis:

Antrag auf Erlass eines Mahnbescheids **Seite 2**

Antrag auf Erlass eines Mahnbescheids **Seite 3 von 4**
Klaus Schmidt
gegen Allgemeiner Autohandel GmbH
- maschinell lesbarer Antrag für das automatisierte Verfahren - 001 BARC0001 026130 4E4A3CA

Auslagen/Nebenforderungen
Auslagen des Antragstellers
Vordruck/Porto: **5,00 EUR**
Sonstige Auslagen:
Sonstige Auslagen Bezeichnung:

Andere Nebenforderungen
Mahnkosten:
Auskunftskosten: **7,00 EUR**
Bankrücklastkosten:
Inkassokosten:
Sonstige Kosten:
Sonstige Kosten Bezeichnung:

Allgemeine Angaben
Geschäftszeichen: **Zivil 77/88/XYZ**
Ich erkläre, dass der Anspruch von einer Gegenleistung abhängt, diese aber bereits erbracht ist.

Zuständiges Mahngericht
Amtsgericht Stuttgart
70154 Stuttgart

Antrag auf Erlass eines Mahnbescheids **Seite 3**

Antrag auf Erlass eines Mahnbescheids **Seite 4 von 4**
Klaus Schmidt
gegen Allgemeiner Autohandel GmbH
- maschinell lesbarer Antrag für das automatisierte Verfahren - 001 BARC0001 026130 4E4A3CA

Antrag auf Erlass eines Mahnbescheids **Seite 4**

1.4.3 Online-Mahnantrag

Beim Online-Mahnantrag gelten die gleichen Voraussetzungen wie beim Antrag durch Barcode. Hier ist lediglich zusätzlich noch eine digitale Signatur notwendig. Es ist ein interaktives Formular. Die Antragsdaten können, nachdem der Antrag im Internet unter www.online-mahnantrag.de ausgefüllt wurde, entweder verschlüsselt oder signiert über das Internet an das zuständige Mahngericht gesandt werden.

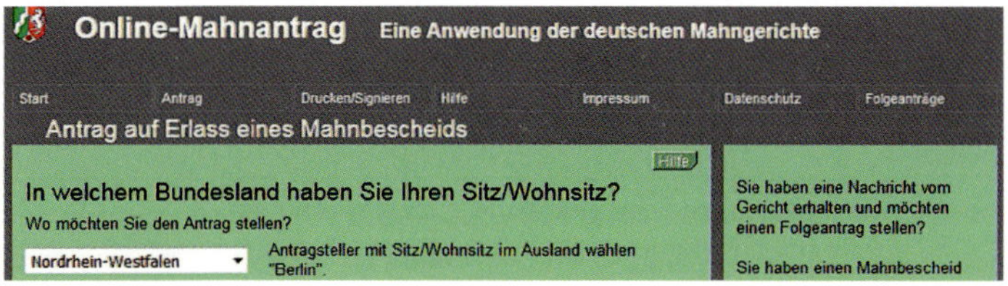

Elektronische Übermittlung

LF 9 | 4

Nutzer, die eine Branchensoftware zur Erstellung von Anträgen im automatisierten gerichtlichen Mahnverfahren (AGM) besitzen, können die elektronische Übermittlung des Antrags nutzen.

Voraussetzungen für die Nutzung:

- eine geeignete Mahn- oder Branchensoftware;
- eine vom Amtsgericht vergebene EDA-Kennziffer (wird kostenlos auf Antrag erteilt);
- Zugang zu einem sicheren Übermittlungsweg (BeA, BeN, BeBPo, DE-Mail) oder ein vorinstalliertes, OSCI-konformes Produkt. Bei der Nutzung OSCI-konformer Produkte benötigt der Nutzer zusätzlich eine unterstützte Signaturkarte nebst Kartenlesegerät.

Mahnverfahren

- im **Arbeitsgerichtsverfahren**
- bei denen der **Antragsgegner seinen Wohnsitz im Ausland** hat
- gegen **Angehörige der NATO-Truppen**

können **nicht online** beantragt werden. Für diese Verfahren müssen weiterhin die entsprechenden Formulare verwendet werden.

1.4.3.1 Ausfüllhinweise

Als Hilfestellung bei der Bearbeitung bietet das Programm einige Ausfüllhinweise:

- Wird der Antrag online ausgefüllt, sollten keine längeren Pausen während des Ausfüllens eingelegt werden, denn nach 30 Minuten beendet der Server automatisch die Sitzung und die bereits eingegebenen Daten gehen verloren.
- Beim Antrag muss der Name des **Antragstellers** und des **Antragsgegners** angegeben werden. Neben der natürlichen Person als Privatperson können auch juristische Personen und Gesellschaften usw. als Antragsteller oder Antragsgegner in Betracht kommen. Die jeweiligen Vertreter müssen im Antrag mit angegeben werden.

Gesetzliche Vertreter bei der Antragstellung

	Antragsteller	Antragsgegner
	z. B. › Alfred Glück › Walter Wenig	z. B. › Norbert Klein › Hans Heinig
Natürliche Person	Alfred Glück › i. d. R. keine Vertretung › Vertretung nur, wenn Antragsteller minderjährig oder wenn eine rechtliche Betreuung eingerichtet ist. **oder**: Alfred Glück Weiterer Antragsteller: Walter Wenig	Norbert Klein › i. d. R. keine Vertretung › Vertretung nur, wenn Antragsteller minderjährig oder wenn eine rechtliche Betreuung eingerichtet ist **oder**: Norbert Klein Weiterer Antragsgegner: Hans Heinig
Gesellschaft des bürgerlichen Rechts (GbR)	Lottogemeinschaft Glück & Wenig GbR Vertreten durch: Gesellschafter Alfred Glück Weiterer gesetzlicher Vertreter: Walter Wenig	Klein & Heinig GbR Vertreten durch: Gesellschafter Norbert Klein Weiterer gesetzlicher Vertreter: Hans Heinig
Eingetragene Genossenschaft (e. G.)	Remstal Weinbau (e. G.) Vertreten durch: Vorstand Alfred Glück (Vorsitzender)	Moseltal e. G. Vertreten durch: Vorstand Norbert Klein (Vorsitzender)
Eingetragener Verein (e.V.)	Glücks Lauftreff (e.V.) Vertreten durch: Vorstand Alfred Glück (Vorsitzender)	Wanderlust e.V. Vertreten durch: Vorstand Norbert Klein (Vorsitzender)
Offene Handelsgesellschaft (OHG)	Glücks OHG Vertreten durch: Gesellschafter Alfred Glück	Klein & Heinig OHG Vertreten durch: Gesellschafter Norbert Klein Weiterer Antragsgegner: Hans Heinig Alle persönlich haftenden Gesellschafter können angegeben werden, dann wird gegen jeden Einzelnen ein Mahnbescheid (bzw. Vollstreckungsbescheid) erlassen. Somit kann in das Gesellschaftsvermögen der OHG und in das Privatvermögen der Gesellschafter vollstreckt werden.

Glück & Wenig KG Vertreten durch: Komplementär (Vollhafter) Alfred Glück	Klein & Heinig KG Vertreten durch: Komplementär (Vollhafter) Norbert Klein Weiterer Antragsgegner: Komplementär Hans Heinig Alle persönlich haftenden Gesellschafter (Komplementäre) können angegeben werden, dann wird gegen jeden Einzelnen ein Mahnbescheid (bzw. Vollstreckungsbescheid) erlassen. Somit kann in das Gesellschaftsvermögen der KG und in das Privatvermögen der Komplementäre vollstreckt werden.	**Kommanditgesellschaft (KG)**
Glücks GmbH & Co. KG Vertreten durch: Glück GmbH (Komplementär) Vertreten durch: Alfred Glück (Geschäftsführer der GmbH)	Heinig GmbH & Co. KG Vertreten durch: Klein & Heinig GmbH Vertreten durch: Norbert Klein (Geschäftsführer der GmbH)	**GmbH & Co. KG**
Glücks AG Vertreten durch: Vorstand Alfred Glück (Vorsitzender)	Klein AG Vertreten durch: Vorstand Norbert Klein (Vorsitzender)	**Aktiengesellschaft (AG)**

› **Haupt- und Nebenforderungen**

Im Mahnbescheid müssen die Haupt- und Nebenforderungen getrennt angegeben werden. Für die **Hauptforderung** kann die Kennziffer aus dem Hauptforderungskatalog (z. B. Katalog-Nr. 11 Forderung aus Kaufvertrag) entnommen werden. Außerdem müssen nähere Angaben dazu gemacht werden, wie dem Antragsgegner die Forderung mitgeteilt wurde (z. B. Rechnung, Mahnschreiben usw.). Falls der Anspruch über einen bestimmten Zeitraum geltend gemacht wird, muss dieser angegeben werden (von … bis). Ist keine Katalognummer vorhanden, wird der Anspruch unter „Sonstige Ansprüche" eingetragen.

Neben der Hauptforderung können hier auch die Zinsforderungen angegeben werden, falls vorhanden. Der Zinssatz, der zu verzinsende Betrag und das Datum, ab wann der Betrag zu verzinsen ist, wird eingegeben.

Im nächsten Schritt werden die **Auslagen und Nebenforderungen** angegeben, die der Antragsgegner ersetzen soll. Hierzu gehören z. B. zusätzlich zu den Rechtsanwaltskosten für die vorgerichtliche Tätigkeit (Anrechnung der Geschäftsgebühr auf die anfallende Verfahrensgebühr beachten) die Mahngebühren, Portokosten, Kosten einer EMA-Anfrage, Kosten für die Inanspruchnahme eines Inkassoinstituts usw.

- Hängt der Antrag von einer **Gegenleistung** ab oder wird **Prozesskostenhilfe** beantragt, so sind die notwendigen Angaben im Antrag zu machen.
- Wurden alle benötigten Angaben gemacht, so kann man in der Mahnbescheid-Antrag-Übersicht noch einmal vergleichen, um ggf. zu bearbeiten und zu korrigieren.

1.5 *Ablauf des Verfahrens*

Nachdem der Mahnbescheid beim zuständigen Gericht eingegangen ist, prüft ihn das Gericht auf Vollständigkeit, Richtigkeit und Zulässigkeit. Das Gericht führt jedoch nicht die Schlüssigkeitsprüfung durch. (Sind alle Tatsachen vorgetragen, die den Anspruch begründen?) Falls Fehler bei der Beantragung an sich festgestellt werden, z. B. falscher gesetzlicher Vertreter oder falsches Prozessgericht, erhält der Antragsteller eine Monierung. Der Antragsteller hat die Möglichkeit, die Fehler zu beseitigen.

Bedarf es keiner weiteren Monierung vonseiten des Gerichts, wird der Mahnbescheid von Amts wegen an den Antragsgegner zugestellt. Die Geschäftsstelle des Gerichts setzt den Antragsteller von der Zustellung in Kenntnis. Der Antragsteller erhält eine Kostenrechnung vom Gericht über die bei Gericht bereits entstandenen Gebühren und Auslagen:

- 0,5 Gerichtsgebühr (mind. 36,00 Euro) Nr. 1100 GKG
- Gebühren, Auslagen und Umsatzsteuer des Rechtsanwalts

1.5.1 Widerspruch gegen den Mahnbescheid

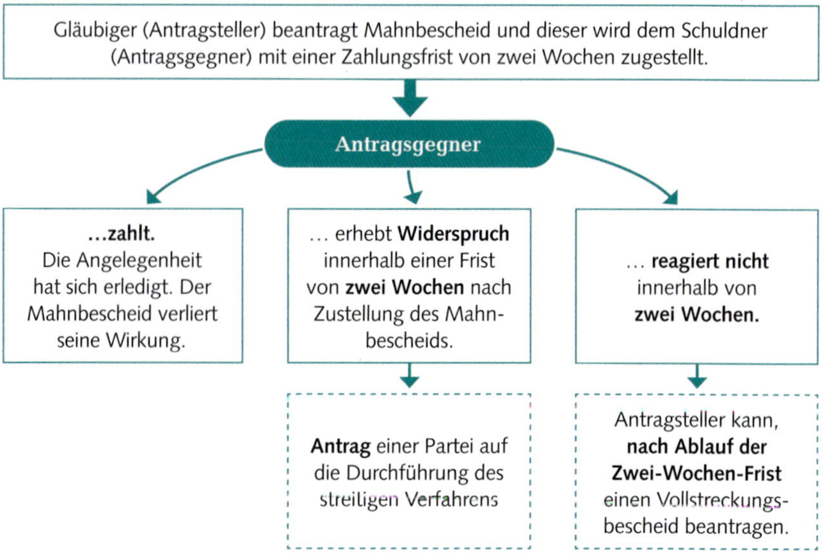

Widerspruch gegen den Mahnbescheid:

- schriftlich, durch den Antragsgegner bei dem Gericht, das den Mahnbescheid erlassen hat, § 694 ZPO
- Eine Begründung ist nicht notwendig.
- Der Widerspruch ist auch nur gegen einen Teil des Anspruchs möglich, § 694 ZPO.
- Der Antragsteller wird über den Widerspruch informiert, § 695 ZPO.
- Das Gericht, das den Mahnbescheid erlassen hat, gibt auf Antrag (Antragsteller oder Antragsgegner) den Rechtsstreit von Amts wegen an das zuständige Gericht (Amts- oder Landgericht) ab.
- Der Antrag auf den Übergang ins streitige Verfahren kann bereits bei der Antragstellung des Mahnbescheids durch Ankreuzen auf dem Formular abgegeben werden. Stimmen beide Parteien überein, kann die Abgabe auch an ein anderes Streitgericht erfolgen, § 700 Abs. 3 ZPO.

  Mit dem Antrag auf Abgabe an das zuständige Gericht entsteht eine weitere Gerichtsgebühr in Höhe von 2,5 gem. Nr. 1210 GKG. Die Gerichtsgebühr von 0,5 nach Nr. 1100 GKG für das vorangegangene Mahnverfahren wird nach dem Wert des Streitgegenstandes angerechnet, der in das Prozessverfahren übergegangen ist. (3,0 Gebühr für Klage – 0,5 bereits gezahlte Gebühr für Mahnbescheid = 2,5 Gebühr)

Frist zur Einlegung des Widerspruchs

Die Frist zur Einlegung des Widerspruchs beträgt mindestens zwei Wochen, § 692 Abs. 1 (3) ZPO.

Aber:

Solange noch kein Vollstreckungsbescheid verfügt* wurde, kann Widerspruch gegen den Mahnbescheid eingelegt werden, § 694 Abs. 1 ZPO.

Wirkung des Widerspruchs:

Durch den rechtzeitigen Widerspruch verliert der Mahnbescheid seine Wirkung, d. h., ein Vollstreckungsbescheid kann nicht mehr verfügt werden. Wird der Widerspruch verspätet eingelegt, so gilt er als Einspruch gegen den Vollstreckungsbescheid, § 694 Abs. 2 ZPO.

Der Widerspruch und der Antrag auf die Durchführung des streitigen Verfahrens können bis zum Beginn der mündlichen Verhandlung zurückgenommen werden, § 696 Abs. 4, § 697 Abs. 4 ZPO. Mit der Rücknahme des Widerspruchs tritt der Mahnbescheid wieder in Kraft, d. h., jetzt kann wieder ein Vollstreckungsbescheid verfügt werden.

* *Verfügt bedeutet: Der Vollstreckungsbescheid wurde vom Rechtspfleger/Urkundsbeamten der Geschäftsstelle unterschrieben und in den Geschäftsgang gegeben.*

Mahnsache — Antragsteller: Vor- und Nachname/Firmenbezeichnung

gegen — Antragsgegner: Vor- und Nachname/Firmenbezeichnung

wegen

Beleg wird maschinell gelesen. Bitte füllen Sie den Vordruck **gut lesbar** aus.

Zeilen-Nummer

1	Datum des Widerspruchs	Geschäftsnummer des Amtsgerichts	A

An das
Amtsgericht Stuttgart
– Mahnabteilung –

70154 Stuttgart

Hinweis für den Antragsgegner

Bitte überlegen Sie sorgfältig, ob Sie im Recht sind, und beachten Sie die Hinweise des Gerichts zum Mahnbescheid.

Widerspruch

Gegen den im Mahnbescheid geltend gemachten Anspruch erhebe ich Widerspruch.

2 ☐ ◁ Ich widerspreche dem Anspruch **insgesamt.**

3 ☐ ◁ Ich widerspreche nur einem **Teil** des Anspruchs, und zwar

	der Hauptforderung wegen eines **Teilbetrages** von	den Zinsen	den laufenden Zinsen, soweit sie nachstehenden Zinssatz übersteigen	den Verfahrenskosten	den anderen Nebenforderungen wegen eines Betrages von
4	EUR	☐ ◁ **insgesamt.**	% jährlich	☐ ◁ **insgesamt.**	EUR
	einschließlich der auf diesen Teil der Hauptforderung entfallenden Zinsen und Verfahrenskosten.	einschließlich Zinsen auf Nebenforderungen	einschließlich Zinsen auf Nebenforderungen		einschließlich der auf diesen Teil der Nebenforderungen entfallenden Zinsen.

Nur bei Änderung der Anschrift des Antragsgegners: Die Anschrift lautet richtig bzw. jetzt

	Straße, Hausnummer – bitte kein Postfach! –	Postleitzahl	Ort	Ausl. Kz.
5				

Gesetzlicher Vertreter des Antragsgegners — Unterzeichnender erhebt den Widerspruch als gesetzlicher Vertreter des Antragsgegners.

6 Stellung (z. B. Geschäftsführer, Vater, Mutter, Vormund) | Straße, Hausnummer – bitte kein Postfach! –

7 Vor- und Nachname | Postleitzahl | Ort | Ausl. Kz.

Prozessbevollmächtigter des Antragsgegners — Unterzeichnender erhebt den Widerspruch als Prozessbevollmächtigter des Antragsgegners. **Ordnungsgemäße Bevollmächtigung wird versichert.**

8 ☐ ◀ 1 = Rechtsanwalt, 2 = Rechtsanwälte, 3 = Rechtsbeistand, 4 = Herr, Frau, 5 = Rechtsanwältin, 6 = Rechtsanwältinnen

9 Vor- und Nachname

10 Straße, Hausnummer – bitte kein Postfach! – | Postleitzahl | Ort | Ausl. Kz.

11 **Geschäftszeichen des Antragsgegners / Prozessbevollmächtigten**

12 Bezeichnung des Absenders

Unterschrift des Antragsgegners bzw. seines ges. Vertreters oder Prozessbevollmächtigten

EWI1 /1 BW EWI1 /1R Fassung 01. 01. 2011 blind

Bitte Hinweise zu diesem Vordruck beachten!

1.5.2 Der Vollstreckungsbescheid

Gläubiger (Antragsteller) beantragt frühestens nach zwei Wochen seit Zustellung des Mahnbescheids einen Vollstreckungsbescheid

Antragsgegner

...zahlt. Die Angelegenheit hat sich erledigt. Der Mahnbescheid/Vollstreckungsbescheid verliert seine Wirkung.

... erhebt **Einspruch** innerhalb einer Frist von **zwei Wochen** nach Zustellung des Vollstreckungsbescheids. Beantragt evtl. gleichzeitig die einstweilige Einstellung der Zwangsvollstreckung

→ Durchführung des streitigen Verfahrens von Amts wegen. (Antragsteller wird jetzt zum Kläger und Antragsgegner zum Beklagten).

... **reagiert nicht.**

→ Der Gläubiger (Antragsteller) beantragt die Zwangsvollstreckung.

Vollstreckungsbescheid = vollstreckbarer Titel

Vollstreckung möglich, auch wenn die Frist zum Einlegen des Einspruchs noch nicht abgelaufen ist.

Den Antrag auf den Erlass eines Vollstreckungsbescheids kann der Antragsteller frühestens nach **zwei Wochen** und spätestens **sechs Monate** nach der Zustellung des Mahnbescheids stellen.

BEISPIEL

Frau Kolb beantragt am 03.04. einen Mahnbescheid gegen Herrn Haug. Der Mahnbescheid wird Herrn Haug am 10.04. zugestellt.

- Herr Haug kann auf jeden Fall bis zum 24.04., 24:00 Uhr Widerspruch gegen den Mahnbescheid einlegen bzw. wenn kein Vollstreckungsbescheid verfügt wurde, kann er bis zu dieser Verfügung Widerspruch einlegen.
- Frau Kolb kann frühestens am 25.04., 00:00 Uhr den Vollstreckungsbescheid beantragen. Spätestens jedoch kann sie ihn am 10.10., 24:00 Uhr beantragen.
- Legt Herr Haug am 28.04. Widerspruch ein und wurde bereits ein Vollstreckungsbescheid verfügt, so ist der Widerspruch gegen den Mahnbescheid ein Einspruch gegen den Vollstreckungsbescheid.

Bedeutung des Vollstreckungsbescheids

Der Vollstreckungsbescheid steht einem für vorläufig vollstreckbar erklärten Versäumnisurteil gleich:

- Der Vollstreckungsbescheid ist ein vollstreckbarer Titel, § 794 Abs. 1 Nr. 4 ZPO, aus dem schon vor Ablauf der Einspruchsfrist vollstreckt werden kann.
- Der Vollstreckungsbescheid ist ein vollstreckbarer Titel, § 794 Abs. 1 Nr. 4 ZPO, aus dem schon vor Ablauf der Einspruchsfrist vollstreckt werden kann.

  Deshalb sollte der Antragsgegner gleichzeitig mit dem Einspruch einen Antrag auf einstweilige Einstellung der Zwangsvollstreckung gegen Sicherheitsleistung verbinden, §§ 700 Abs. 1, 719 ZPO.
- Eine Vollstreckungsklausel ist für die Zwangsvollstreckung nicht erforderlich.
- Der Antragsgegner kann gegen den Vollstreckungsbescheid, wie gegen ein Versäumnisurteil, ohne Begründung Einspruch einlegen.
- Die Einspruchsfrist beträgt **zwei Wochen,** ab Zustellung des Vollstreckungsbescheids §§ 338, 339, 700 Abs. 1 ZPO und er muss schriftlich bei dem Gericht eingelegt werden, das den Vollstreckungsbescheid erlassen hat.

Wirkung des Einspruchs gegen den Vollstreckungsbescheid

- Die Rechtskraft des Vollstreckungsbescheids wird gehemmt, § 705 Abs. 2 ZPO.
- Das Verfahren wird von Amts wegen (ohne Antrag!) vom Mahngericht an das sachlich und örtlich zuständige Gericht abgegeben. Stimmen beide Parteien überein, kann die Abgabe auch an ein anderes Streitgericht erfolgen, § 700 Abs. 3 ZPO.

  Diese Abgabeverfügung kann nicht angefochten werden. Mit der Zustellung des Mahnbescheids gilt die Sache (rückwirkend) als rechtshängig* geworden, § 700 Abs. 2 ZPO.
- Bei Zulässigkeit des Einspruchs erhält der Antragsteller (jetzt Kläger) eine Frist von zwei Wochen zur Anspruchsbegründung.
- Wird der Einspruch nicht fristgerecht eingelegt, so wird er durch Urteil als unzulässig verworfen.
- Erscheint der Antragsgegner (Beklagter) im ersten Termin zur mündlichen Verhandlung **nicht,** so kann der Einspruch durch ein **zweites Versäumnisurteil** verworfen werden, §§ 700 Abs. 1, 345 ZPO. Dieses zweite Versäumnisurteil kann nur durch das Rechtsmittel der Berufung angefochten werden.

MERKE

Der Mahnbescheid verliert nach 6 Monaten ab Zustellung seine Gültigkeit, sofern kein Widerspruch erhoben und kein Vollstreckungsbescheid beantragt wurde, § 701 ZPO.

** Das heißt, eine weitere Klage wegen desselben Streitgegenstandes ist unzulässig.*

Mahnsache — Antragsteller: Vor- und Nachname/Firmenbezeichnung

gegen — Antragsgegner: Vor- und Nachname/Firmenbezeichnung

wegen

Beleg wird maschinell gelesen.
Bitte füllen Sie den Vordruck **gut lesbar** aus.

Dieser Antrag darf nicht vor Ablauf von zwei Wochen nach dem (Zustellung des Mahnbescheids) gestellt werden.

Zeilen-Nummer

1 **Datum des Antrags** | **Geschäftsnummer des Amtsgerichts** | A

Antrag auf Erlass eines Vollstreckungsbescheids

An das
Amtsgericht Stuttgart
– Mahnabteilung –

70154 Stuttgart

Ich beantrage, Vollstreckungsbescheid zu erlassen und in diesen die weiteren Kosten des Verfahrens aufzunehmen. Falls der Antragsgegner gegen einen Teil des Anspruchs Widerspruch erhoben hat, beantrage ich, Vollstreckungsbescheid zu erlassen, soweit dem Anspruch nicht widersprochen wurde.

Zahlungen des Antragsgegners auf den Mahnbescheid

Hinweis: Die Zeilen 2 und 5 müssen immer ausgefüllt werden.

2 ☐ 1 = Der Antragsgegner hat keine Zahlungen geleistet.
2 = Der Antragsgegner hat nur die hier angegebenen Zahlungen geleistet.

	am	Betrag EUR	am	Betrag EUR	am	Betrag EUR
3						
4						

5 ☐ 1 = Die Zustellung des Vollstreckungsbescheids soll vom Gericht veranlasst werden.
2 = Ich möchte den Vollstreckungsbescheid selbst durch einen Gerichtsvollzieher zustellen lassen und beantrage, mir den Bescheid für diesen Zweck in Ausfertigung zu übergeben.

Weitere Auslagen des Antragstellers für dieses Verfahren, soweit bisher nicht angegeben:

6 **Betrag EUR** Porto, Telefon | **Betrag EUR** Sonstige Kosten | **Bezeichnung der Art**

7 ☐ Ich beantrage auszusprechen, dass die Kosten des Verfahrens ab Erlass des Vollstreckungsbescheids mit 5%-Punkten über dem jeweiligen Basiszinssatz zu verzinsen sind. | **Betrag EUR** | **Bei Rechtsanwalt oder Rechtsbeistand:** Anstelle der Auslagenpauschale (Nr. 7002 VV RVG) werden die nebenstehenden Auslagen verlangt, deren Richtigkeit versichert wird.

Der Antragsgegner hat jetzt folgende Anschrift:

8 **Straße, Hausnummer – bitte kein Postfach! –** | **Postleitzahl** | **Ort** | **Ausl. Kz.**

Nur, falls die Bezeichnung des Antragsgegners (Namensangabe) einen Schreibfehler oder eine ähnliche offenbare Unrichtigkeit enthält:
Die Bezeichnung lautet richtig:

9 **Vorname/Vollständige Bezeichnung der Firma**

10 **Nachname/Fortsetzung der Bezeichnung der Firma** | **Bei juristischer Person, OHG und KG Rechtsform wiederholen**

– Nur ausfüllen, wenn eine Zustellung unter der Anschrift des Antragsgegners nicht möglich ist –
Die Zustellung soll an folgenden gesetzlichen Vertreter des Antragsgegners erfolgen:

Hinweis: Falls Sie hier einen bisher nicht genannten gesetzlichen Vertreter eintragen, werden alle zuvor benannten gesetzlichen Vertreter des Antragsgegners durch diese Angabe ersetzt

11 **Stellung (z. B. Geschäftsführer)** | **Vor- und Nachname**

12 **Straße, Hausnummer – bitte kein Postfach –** | **Postleitzahl** | **Ort** | **Ausl. Kz.**

– Nur ausfüllen, wenn bisher benannte gesetzliche Vertreter nicht mehr zutreffend sind –
Der Antragsgegner wird jetzt gesetzlich vertreten durch (diese Eintragung ersetzt bisherige Angaben zum gesetzlichen Vertreter des Antragsgegners):

13 **Stellung (z. B. Geschäftsführer)** | **Vor- und Nachname**

14 **Straße, Hausnummer – bitte kein Postfach –** | **Postleitzahl** | **Ort** | **Ausl. Kz.**

15 ☐ **Der Antragsteller wird nunmehr durch mich als Prozessbevollmächtigtem vertreten; ordnungsgemäße Bevollmächtigung versichere ich.** Bitte Angaben auf gesondertem Blatt, das fest mit diesem Antrag zu verbinden ist. | ☐ Der Antragsteller ist **nicht** zum Vorsteuerabzug berechtigt.

16 **Bezeichnung des Absenders** | **Unterschrift des Antragstellers/Vertreters/Prozessbevollmächtigten**

JZN1 /3 BW Fassung 01. 01. 2011 blind JZN1 /3R BW

LERNFELD 9

1.6 Die Zustellung

1.6.1 Allgemeines

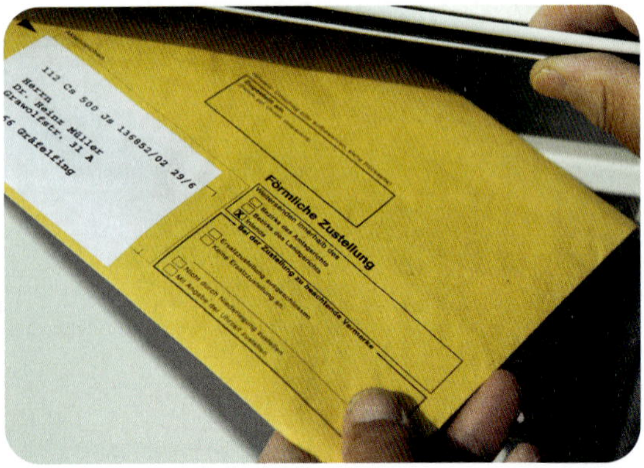

Die Zustellung ist nach § 166 Abs. 1 ZPO die in gesetzlicher Form zu bewirkende Bekanntgabe eines Dokuments an eine Person in der in diesem Titel bestimmten Form.

Die Zustellung hat dann eine besondere Bedeutung, wenn durch sie

› eine Frist in Gang gesetzt wird,
› eine Frist gewahrt,
› die Verjährung gehemmt,
› die Zwangsvollstreckung gegen den Schuldner betrieben

werden soll.

BEISPIEL

› Mit der Zustellung der Klageschrift an den Beklagten beginnt die Einlassungsfrist.
› Durch die Zustellung des Urteils an die Parteien werden die Rechtsmittelfristen in Gang gesetzt (z. B. Berufungsfrist, Revisionsfrist).

Wann und an wen zugestellt wurde, wird mit der Zustellungsurkunde nachgewiesen.

1.6.2 Arten der Zustellung

1.6.2.1 Zustellung von Amts wegen

Eine Zustellung von Amts wegen tritt ein,

› wenn das Gesetz es vorschreibt,
› wenn das Gericht es anordnet,
› immer dann, wenn Fristen in Gang gesetzt werden.

Die Zustellung von Amts wegen wird von der Geschäftsstelle des Gerichts veranlasst und durchgeführt.

Arten der Zustellung von Amts wegen

Aushändigung an der Amtsstelle, § 173 ZPO	Übermittlung gegen Empfangsbekenntnis, § 174 ZPO (Änderung ab 01.01.2018 beachten)	Übermittlung per Einschreiben mit Rückschein (Postzustellung), § 175 ZPO	Post oder Justizbeamte, § 168, § 176 ZPO
Das Schriftstück wird direkt im Gericht ausgehändigt. Vermerk der Übergabe auf dem Schriftstück und in den Akten.	Das Schriftstück kann an Personen mit „erhöhter Zuverlässigkeit" (z. B. Rechtsanwälte, Notare, Steuerberater) oder an Behörden gegen Empfangsbekenntnis zugestellt werden. Zustellung ist auch in elektronischer Form oder als Telekopie (Fax) möglich.	Die Übergabe des Schriftstücks erfolgt durch ein Einschreiben mit Rückschein durch den Postboten. Die Zustellung ist mit der Übergabe erfolgt. Das „Einwurf-Einschreiben" hat keinen Rückschein und ist deshalb für die Zustellung nicht geeignet.	Die Geschäftsstelle kann die Post oder einen Justizbediensteten mit der Zustellung beauftragen. Wenn die Zustellung nach § 168 ZPO keine Aussicht auf Erfolg hat, so kann der Vorsitzende des Prozessgerichts einen Gerichtsvollzieher oder eine andere Behörde mit der Zustellung beauftragen.
↓ Ersatz für die Zustellungsurkunde	↓ Das Empfangsbekenntnis mit Datum und Unterschrift gilt als Nachweis für die Zustellung.	↓ Der Rückschein dient als Nachweis der Übergabe.	↓ Die Ausfertigung der Zustellungsurkunde dient als Nachweis der Zustellung.

1.6.2.2 Zustellung im Parteibetrieb

Die Vorschriften für die Zustellung von Amts wegen sind auch für die Zustellung im Parteibetrieb anzuwenden, insofern in den §§ 192–195 ZPO keine abweichenden Regelungen vorgesehen sind.

Insbesondere sind im Parteibetrieb zuzustellen:

- Vergleiche
- Pfändungs- und Überweisungsbeschlüsse
- vorläufiges Zahlungsverbot
- Vollstreckungsbescheide
- Arreste und einstweilige Verfügungen
- vollstreckbare Urkunden und Urkunden zur Einleitung der Zwangsvollstreckung

Arten der Zustellung im Parteibetrieb

Zustellung durch den Gerichtsvollzieher, §§ 192, 194 ZPO

Per Post

Will der Gerichtsvollzieher nicht selbst zustellen, so kann er die Post mit der Zustellung beauftragen.

Übergabe des Schriftstücks in einem geschlossenen Umschlag. Auf der Zustellungsurkunde wird die Zustellung vermerkt. Die Post leitet diese Zustellungsurkunde unverzüglich an den Gerichtsvollzieher zurück.

Persönlich

Will der Gerichtsvollzieher weitere Amtshandlungen an die Zustellung anschließen, z. B. die Sachpfändung, dann stellt er persönlich das Schriftstück zu, z. B. den Vollstreckungsbescheid

→ Zustellungsurkunde als Nachweis

Zustellung von Anwalt zu Anwalt, § 195 ZPO

Die Zustellung im Parteibetrieb ist möglich, wenn beide Parteien durch einen Rechtsanwalt vertreten werden.

Der Rechtsanwalt stellt dem anderen Rechtsanwalt das Schriftstück zu durch direkte Übermittlung (z. B. durch Einlegen ins Gerichtsfach).

Zustellung der Schriftstücke auch durch elektronische Übermittlung möglich (z. B. Fax).

→ Nachweis der Zustellung durch Empfangsbekenntnis mit Datum und Unterschrift des Rechtsanwalts

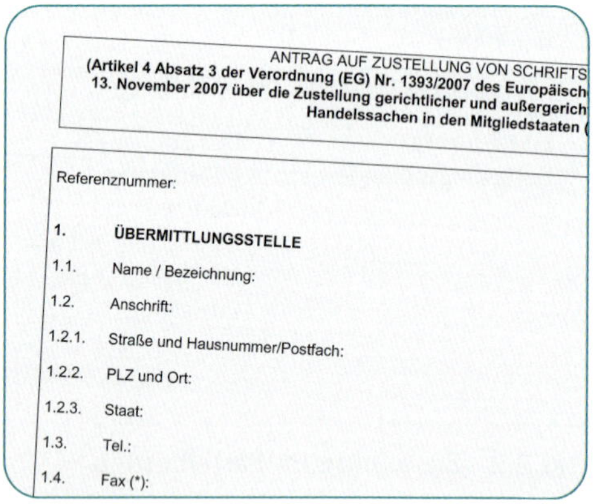
ANTRAG AUF ZUSTELLUNG VON SCHRIFTS
(Artikel 4 Absatz 3 der Verordnung (EG) Nr. 1393/2007 des Europäisch
13. November 2007 über die Zustellung gerichtlicher und außergerich
Handelssachen in den Mitgliedstaaten

Referenznummer:

1. ÜBERMITTLUNGSSTELLE
1.1. Name / Bezeichnung:
1.2. Anschrift:
1.2.1. Straße und Hausnummer/Postfach:
1.2.2. PLZ und Ort:
1.2.3. Staat:
1.3. Tel.:
1.4. Fax (*):

1.6.2.3 Weitere Arten der Zustellung

Zustellung im Ausland (§ 183 ZPO)

Hält sich der Zustellungsempfänger im Ausland auf, so erfolgt die Zustellung durch die Post mittels Einschreiben mit Rückschein, soweit dies aufgrund völkerrechtlicher Vereinbarung möglich ist, oder die Zustellung soll auf Ersuchen des Vorsitzenden des Prozessgerichts durch die Behörde des Staates oder durch die dortige diplomatische/konsularische Vertretung oder durch das Auswärtige Amt (bei Immunität) erfolgen.

Der Nachweis der Zustellung erfolgt durch den Rückschein bzw. durch ein Zeugnis der ersuchten Behörden.

Öffentliche Zustellung (§ 185 ZPO)

Ist eine Zustellung auf keinem anderen Wege möglich, so erfolgt eine öffentliche Zustellung.

Eine öffentliche Zustellung erfolgt, wenn

- der Aufenthaltsort einer Person, der zugestellt werden soll, unbekannt ist
- eine Zustellung an einen Vertreter oder Zustellungsbevollmächtigten nicht möglich ist
- eine Zustellung im Ausland nicht möglich ist oder keinen Erfolg verspricht

Die öffentliche Zustellung erfolgt auf Antrag, über den das Prozessgericht entscheidet.

Die öffentliche Zustellung erfolgt dadurch, dass eine Benachrichtigung an der Gerichtstafel ausgehängt wird, oder durch Einstellung in ein elektronisches Informationssystem, das im Gericht öffentlich zugänglich ist. Zusätzlich kann die Benachrichtigung in einem von dem Gericht für Bekanntmachungen bestimmten elektronischen Informations- und Kommunikationssystem (z. B. elektronischer Bundesanzeiger) veröffentlicht werden.

© coramax – Fotolia.com

Die Benachrichtigung muss enthalten

- die Person, der zugestellt wird, mit Namen und letzter Anschrift
- Datum, Aktenzeichen des Schriftstücks und die Bezeichnung des Prozessgegenstandes
- die Person, in deren Auftrag zugestellt wird
- die Stelle, wo das Schriftstück eingesehen werden kann
- Hinweis, dass ein Schriftstück öffentlich zugestellt wird und Fristen in Gang gesetzt werden können, nach deren Ablauf Rechtsverluste drohen können
- Bei der Zustellung einer Ladung muss die Benachrichtigung den Hinweis enthalten, dass das Schriftstück eine Ladung zu einem Termin enthält, dessen Versäumung Rechtsnachteile zur Folge haben kann.

MERKE

Ein Schriftstück gilt als zugestellt, wenn seit dem Aushang der Benachrichtigung ein Monat vergangen ist. Das Prozessgericht kann eine längere Frist bestimmen (§ 188 ZPO).

1.6.3 Zustellungsadressat und Ersatzzustellung

Die Zustellung muss immer an den Zustellungsadressaten erfolgen. Kann an ihn nicht zugestellt werden, so sollte die Zustellung an einen bevollmächtigten Vertreter erfolgen oder es sollte eine Ersatzzustellung vorgenommen werden.

Die Zustellung muss gem. §§ 171, 177–181 beurkundet werden. Die Zustellungsurkunde (vorgeschriebener Vordruck) ist eine öffentliche Urkunde (§ 182 ZPO). Die Zustellungsurkunde muss die in § 182 Abs. 2 genannten Angaben enthalten und sie muss, versehen mit dem Zustellungsdatum, unverzüglich an die Geschäftsstelle zurückgesandt werden.

1.6.3.1 Zustellung an eine nicht-prozessfähige Person (§ 170 ZPO)

Die Zustellung an eine nicht prozessfähige Person ist unwirksam. Die Zustellung erfolgt an den gesetzlichen Vertreter. Ist der Zustellungsadressat keine natürliche Person, genügt die Zustellung an den Leiter.

Bei mehreren Vertretern oder Leitern reicht die Zustellung an einen von ihnen.

BEISPIEL

Der Umweltschutzbehörde soll ein Schriftstück vom Gericht zugestellt werden.

→ Zustellung erfolgt an den Leiter der Umweltschutzbehörde.

BEISPIEL

Die 3-jährige Nina lebt bei ihrer Mutter und erhebt Klage wegen Unterhaltszahlungen gegen ihren Vater.

→ Die notwendigen Zustellungen im Zusammenhang mit der Klage erfolgen an den gesetzlichen Vertreter, ihre Mutter.

1.6.3.2 Rechtsgeschäftlicher Vertreter

Ist ein rechtsgeschäftlicher Vertreter ernannt, so kann an ihn mit gleicher Wirkung zugestellt werden wie an den Vertretenen (Zustellungsadressat). Der Vertreter muss eine schriftliche Vollmacht vorlegen.

BEISPIEL

Ulrike König e. Kffr. befindet sich auf Geschäftsreise. Ihr soll ein gerichtlicher Mahnbescheid zugestellt werden. Ihre rechtsgeschäftliche Vertreterin ist Frau Krug.

→ Zustellung des Mahnbescheids an Frau Krug, wenn sie eine schriftliche Vollmacht besitzt.

1.6.3.3 Zustellung an Prozessbevollmächtigten

In einem anhängigen Verfahren muss an den für den Rechtszug bestellten Prozessbevollmächtigten zugestellt werden. Dazu gehören auch die Prozesshandlungen, die das Verfahren vor diesem Gericht infolge eines Einspruchs, einer Aufhebung des Urteils dieses Gerichts, einer Wiederaufnahme des Verfahrens oder eines neuen Vorbringens in dem Verfahren der Zwangsvollstreckung betreffen.

BEISPIEL

Frau Mahler erteilt RA Kurt Prozessvollmacht in der Angelegenheit wegen der Kaufpreisforderung gegen Frau Gall, in Höhe von 6.750,00 Euro. RA Kurt vertritt Frau Mahler vor dem Landgericht Stuttgart.

→ Sämtliche Zustellungen, bezüglich des Rechtsstreits Mahler ./. Gall, erfolgen an RA Kurt.

1.6.3.4 Ersatzzustellung

Wird der Zustellungsadressat beim Versuch der Zustellung in der Wohnung, in den Geschäftsräumen oder in der Gemeinschaftseinrichtung nicht angetroffen, erfolgt eine Ersatzzustellung gem. § 178 ZPO.

Ersatzzustellung erfolgt

- in der Wohnung an einen erwachsenen* Familienangehörigen einer in der Familie beschäftigten Person oder an einen erwachsenen ständigen Mitbewohner.
- in den Geschäftsräumen an eine dort beschäftigte Person
- in einer Gemeinschaftseinrichtung an den Leiter der Einrichtung oder an einen dazu ermächtigten Vertreter.

MERKE

Die Zustellung ist unwirksam, wenn an eine der oben genannten Personen zugestellt wird und diese an dem Rechtsstreit als Gegner der Person, der zugestellt werden soll, beteiligt ist.

* *„Erwachsen" ist eine Person, wenn sie nach ihrer geistigen Reife in der Lage ist, den Zustellungsvorgang zu verstehen; es kommt nicht auf die Volljährigkeit an (i. d. R. ab ca. 14 Jahren ist ein Kind als erwachsen anzusehen).*

BEISPIEL 1

Frau Puscher lebt mit ihrem Lebensgefährten Herrn Braun in der gemeinsamen Wohnung. Frau Puscher soll ein Schriftstück zugestellt werden, sie befindet sich aber im Augenblick im Urlaub, nur Herr Braun wird angetroffen.

→ Das Schriftstück darf an Herrn Braun zugestellt werden, da er eine erwachsene Person ist, die ständig mit in der Wohnung wohnt.

BEISPIEL 2

Frau Müller hat ihre Scheidung beantragt. Der Scheidungsantrag soll an ihren Mann Egon Müller zugestellt werden, der noch mit ihr in der gemeinsamen Wohnung lebt. Herr Müller ist bei der Zustellung nicht zu Hause, nur Frau Müller.

→ An Frau Müller darf **nicht** zugestellt werden, da sie Gegnerin in dem Rechtsstreit ist.

BEISPIEL 3

Rechtsanwalt Schnell soll ein Bußgeldbescheid über Falschparken in seiner Kanzlei zugestellt werden. Herr Schnell ist gerade bei einem Gerichtstermin. Die Auszubildende Kira Klein ist alleine in der Kanzlei.

→ Der Auszubildenden Kira Klein kann zugestellt werden, da sie eine in den Geschäftsräumen beschäftigte Person ist.

BEISPIEL 4

Frau Greisewind lebt im Seniorenheim „Schöner Leben" und macht gerade ihren alltäglichen Spaziergang. Ihr soll eine Ladung vom Notar Reich zur Testamentseröffnung ihrer verstorbenen Freundin Elsa durch Einschreiben mit Rückschein zugestellt werden. Der Postbote trifft nur den Pfleger Johannes an. Der Leiter des Seniorenheims ist gerade zum Mittagstisch.

→ An den Pfleger darf nicht zugestellt werden, es sei denn, er ist ausdrücklich dazu ermächtigt. In Gemeinschaftseinrichtungen darf nur an den Leiter oder einen dazu ermächtigten Vertreter zugestellt werden.

MERKE

Eine Ersatzzustellung kann nicht erfolgen, wenn das Schriftstück den Vermerk „persönlich", „vertraulich" oder „eigenhändig" enthält, dann muss persönlich an den Zustellungsadressaten zugestellt werden.

Ist keine persönliche Zustellung und keine Ersatzzustellung in der Wohnung oder den Geschäftsräumen möglich, so kann die Zustellung durch Einlegen des Schriftstücks in den zur Wohnung oder zu dem Geschäftsraum gehörenden Briefkasten (auch Briefschlitz) oder in eine ähnliche Vorrichtung eingelegt werden, die der Adressat für den Postempfang eingerichtet hat und die in der allgemein üblichen Art für eine sichere Aufbewahrung geeignet ist. Mit der Einlegung gilt das Schriftstück als zugestellt.

Der Zusteller vermerkt auf dem Umschlag des zuzustellenden Schriftstücks das Datum der Zustellung (§ 180 ZPO).

Gibt es keinen Briefkasten oder Briefschlitz, so erfolgt die Zustellung durch Niederlegung, d. h., das Schriftstück kann auf der Geschäftsstelle des Amtsgerichts, in dessen Bezirk der Ort der Zustellung liegt oder, wenn die Post mit der Zustellung beauftragt ist, bei einer von der Post dafür bestimmten Stelle niedergelegt werden. Eine schriftliche Mitteilung über die Niederlegung ist zu hinterlassen, z. B. durch Anheften an der Haustür, der Kanzleitür oder am Eingang der Gemeinschaftseinrichtung. Das Schriftstück gilt damit als zugestellt. Datum und Uhrzeit der Zustellung sind auf dem zuzustellenden Schriftstück zu vermerken, § 181 ZPO.

MERKE

Ein niedergelegtes Schriftstück gilt mit der Abgabe der Mitteilung als zugestellt.

Nach Ablauf von drei Monaten wird ein niedergelegtes und nicht abgeholtes Schriftstück an den Absender zurückgeschickt.

1.6.3.5 Annahmeverweigerung

Wird die Annahme ohne berichtigten Grund verweigert, so ist sie wirksam zugestellt, wenn die Sendung in der Wohnung, im Geschäftsraum hinterlegt oder in den Briefkasten eingelegt wird oder, falls kein Briefkasten vorhanden, die Sendung an den Absender zurückgesandt wird.

MERKE

Mit der Annahmeverweigerung gilt das Schriftstück als zugestellt.

BEISPIEL

Richard Ruhelos soll eine Ladung zum frühen ersten Termin durch den Justizbediensteten Josef Huber persönlich zugestellt werden. Nachdem Herr Huber bei Herrn Ruhelos geklingelt hat, öffnet dieser genervt die Tür und sagt, dass er keine Zeit hätte und das Schriftstück sowieso nicht annehme. Herr Ruhelos knallt die Tür wieder zu, bevor Herr Huber ihm das Schriftstück überreichen kann.

→ Mit der Annahmeverweigerung gilt das Schriftstück als zugestellt. Herr Huber kann das Schriftstück in den Briefkasten einlegen oder, falls keiner vorhanden, an den Absender zurücksenden.

1.6.3.6 Zustellungsort und Zustellungszeit

Eine Zustellung ist an jedem Ort und zu jeder Zeit möglich, aber, die Zustellung soll nicht bei unangemessener Gelegenheit (z. B. Beerdigung, Hochzeit) und zu einer allgemein unpassenden Zeit geschehen (allgemein unpassende Zeit ist zwischen 21:00 Uhr und 06:00 Uhr), § 177 ZPO.

BEISPIEL

Der Justizbedienstete trifft Frau Josenhans um 02:00 Uhr nachts in der Diskothek „B3" an. Er übergibt ihr ein Schriftstück.

→ In der Diskothek oder einem Nachtlokal ist auch 02:00 Uhr in der Nacht noch als angemessen anzusehen.

1.6.3.7 Heilung von Zustellungsmängeln

Wurde das Schriftstück nicht ordnungsgemäß nach den Vorschriften der §§ 166 ff. zugestellt, d. h. sind Mängel bei der Ausführung der Zustellung unterlaufen, so kann die Heilung des Mangels durch das Gericht erfolgen, wenn das Schriftstück der Person zugegangen ist und der Zeitpunkt nachgewiesen werden kann, § 189 ZPO.

BEISPIEL

Das Schriftstück wird der Nachbarin von Frau Schlau am 20.03. zugestellt, da Frau Schlau nicht zu Hause ist. Die Nachbarin übergibt Frau Schlau nach fünf Tagen, am 25.03., das Schriftstück.

→ Das Schriftstück gilt ab der Übergabe am 25.03. als zugestellt und ab diesem Zeitpunkt beginnen evtl. die Fristen zu laufen.

1.7 Zusammenfassung und Aufgaben

ZUSAMMENFASSUNG

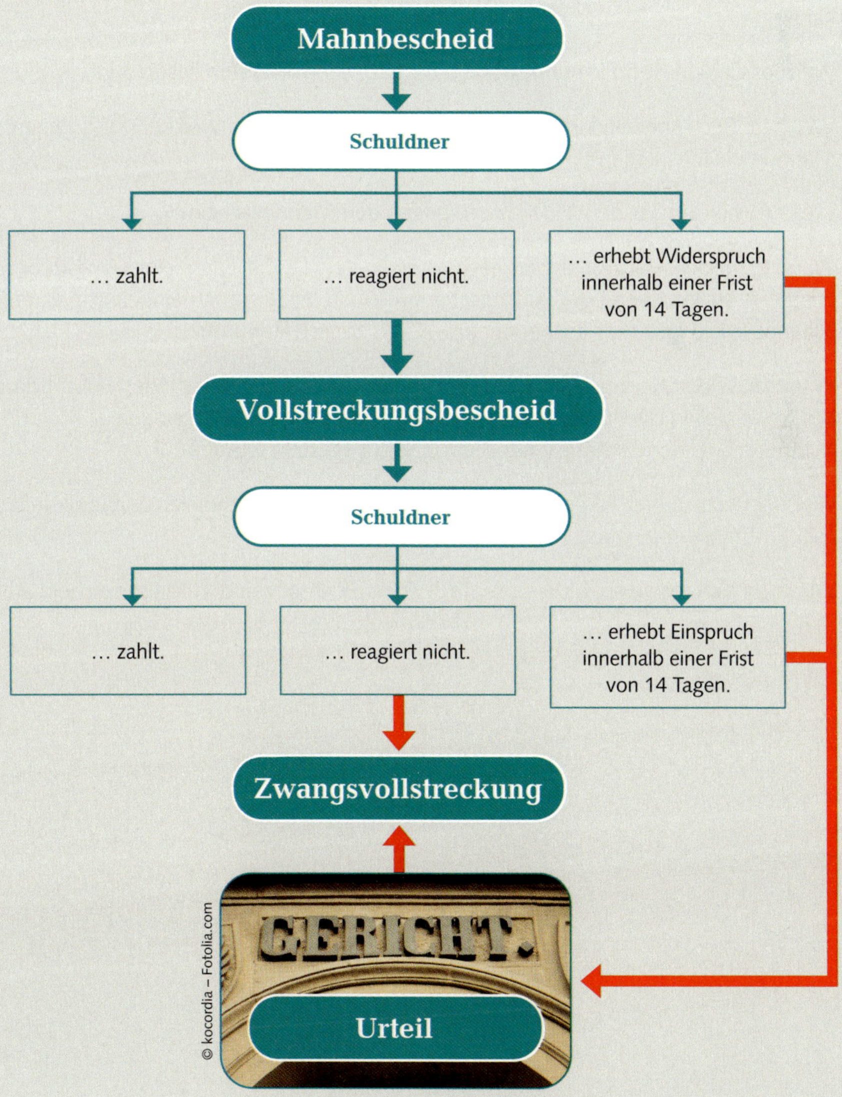

© kocordia – Fotolia.com

AUFGABEN

1. Warum ist es sinnvoll, eher ein gerichtliches Mahnverfahren anstatt eines Klageverfahrens einzuleiten?

2. Erläutern Sie die Voraussetzungen dafür, dass ein Mahnbescheid beantragt werden kann.

3. Welches Gericht ist örtlich und sachlich für das Mahnverfahren zuständig?

4. Welchen Rechtsbehelf kann der Antragsgegner innerhalb welcher Frist gegen den Mahnbescheid einlegen?

5. Welche Wirkung hat der Widerspruch gegen den Mahnbescheid?

6. Wann kann der Antragsteller frühestens einen Antrag auf Erlass eines Vollstreckungsbescheids stellen, wenn der Antragsgegner keinen Widerspruch eingelegt hat und der Mahnbescheid dem Antragsgegner am 12.03. zugestellt wurde?

7. Wann muss der Antragsteller spätestens einen Antrag auf Erlass eines Vollstreckungsbescheids stellen, wenn der Antragsgegner keinen Widerspruch eingelegt hat und der Mahnbescheid dem Antragsgegner am 02.02. zugestellt wurde?

8. Welcher Rechtsbehelf ist gegen den Vollstreckungsbescheid möglich und innerhalb welcher Frist muss er eingelegt werden?

9. Wie wirkt sich ein verspätet eingelegter Widerspruch gegen den Mahnbescheid aus?

2. GEBÜHREN IM GERICHTLICHEN MAHNVERFAHREN

In Infoband 1 wird in Lernfeld 3, Kapitel 3.4 eingehend die Erstellung von Vergütungsabrechnungen bei außergerichtlichen Tätigkeiten erläutert. Das nun folgende Kapitel befasst sich mit den Gebühren im gerichtlichen Mahnverfahren.

Kostenübersicht Gebühren u. Kosten bei Anwalt und Gericht begründet von Manfred Schmeckenbecher, fortgeführt von Dipl.-Rechtspflegerin (FH) Karin Scheungrab und Rechtsfachwirtin Carmen Rothenbacher 2013, 24. Aufl.

2.1 Gerichtsgebühren

Wird der Mahnbescheid erlassen, so fällt eine 0,5 Gerichtsgebühr, mindestens aber 36,00 Euro an.

Der Antragsteller kann entweder die Gebühren mittels des der Kostenrechnung beigefügten Zahlungsvordruckes überweisen oder er kann dem Gericht eine Einzugsermächtigung erteilen.

2.2 Anwaltliche Gebührenordnung

© Andrey Popov – Fotolia.com

Erhält der Rechtsanwalt den Auftrag, einen Mahnbescheid zu beantragen, so hat er einen gerichtlichen Auftrag. Für die gerichtliche Tätigkeit darf der Anwalt eine Verfahrensgebühr berechnen.

„Die Verfahrensgebühr entsteht für das Betreiben des Geschäfts einschließlich der Information.“ (Vorbemerkung 3 II VV RVG)

Für die **Vertretung des Antragstellers** im gerichtlichen Mahnverfahren erhält der Rechtsanwalt eine

1,0 Verfahrensgebühr (Mahnbescheid) gem. Nr. 3305 VV RVG.

Zusätzlich zur Verfahrensgebühr darf der Rechtsanwalt eine 1,2 Terminsgebühr berechnen, wenn er mit dem Gegner Gespräche zur Vermeidung oder zur Beendigung des Verfahrens geführt hat (Vorbemerkung 3 Abs. 3 VV RVG).

2.2.1 Vertretung Antragsteller

BEISPIEL

Frau Kohl beauftragt RA Schön, einen Mahnbescheid gegen Frau Grau zu beantragen. Frau Grau schuldet Frau Kohl 1.400,00 Euro.

Vergütungsabrechnung RA Schön:

1,0 Verfahrensgebühr (MB) aus 1.400,00 Euro gem. Nr. 3305 VV RVG	134,50 Euro	
Post- und Telekompauschale gem. Nr. 7002 VV RVG	20,00 Euro	
Zwischensumme		154,50 Euro
19 % Umsatzsteuer gem. Nr. 7008 VV RVG	29,36 Euro	
		183,86 Euro

Endet der Auftrag, bevor der Antrag auf Erlass eines Mahnbescheids gestellt wurde (z. B. bezahlt der Antragsgegner seine Forderung), so darf der Rechtsanwalt eine

0,5 Verfahrensgebühr (Mahnbescheid) gem. Nr. 3306 VV RVG

berechnen.

BEISPIEL

Bevor RA Schön den Mahnbescheid beantragt, bezahlt Frau Grau die Forderung in voller Höhe.

Vergütungsabrechnung RA Schön:

0,5 Verfahrensgebühr (MB) aus 1.400,00 Euro gem. Nr. 3306 VV RVG	67,25 Euro	
Post- und Telekompauschale gem. Nr. 7002 VV RVG	13,45 Euro*	
Zwischensumme		80,70 Euro
19 % Umsatzsteuer gem. Nr. 7008 VV RVG	15,33 Euro	
Gesamt		96,03 Euro

2.2.2 Vertretung Antragsgegner

Für die **Vertretung des Antragsgegners** im gerichtlichen Mahnverfahren erhält der Gegenanwalt eine

0,5 Verfahrensgebühr (Widerspruch) gem. Nr. 3307 VV RVG.

In dieser Gebühr sind alle Tätigkeiten enthalten, die im Zusammenhang mit der Erhebung des Widerspruchs stehen z. B. Information, Beratung, Prüfung der

** Nr. 7002 VV RVG: 20 % der Gebühren – höchstens 20,00 Euro*

Erfolgsaussichten bei Einlegung eines Rechtsmittels (Einlegen des Widerspruchs, Begründung des Widerspruchs).

BEISPIEL

Als Frau Grau den Mahnbescheid erhält, beauftragt sie ihren Rechtsanwalt Herrn Hübner, Widerspruch (WS) gegen den Mahnbescheid einzulegen.

Vergütungsabrechnung RA Hübner:

0,5 Verfahrensgebühr (WS) aus 1.400,00 Euro gem. Nr. 3307 VV RVG	67,25 Euro	
Post- und Telekompauschale gem. Nr. 7002 VV RVG	13,45 Euro	
Zwischensumme		80,70 Euro
19 % Umsatzsteuer gem. Nr. 7008 VV RVG	15,33 Euro	
Gesamt		96,03 Euro

2.2.3 Anrechnung der Gebühren

MERKE

Kommt es im Anschluss an das Mahnverfahren zu einem Rechtsstreit, werden diese Verfahrensgebühren gem. Anmerkung zu Nr. 3305 bzw. 3307 VV RVG auf die Verfahrensgebühr für das streitige Verfahren voll angerechnet.

Zur Erinnerung:

Die Geschäftsgebühr für eine vorangegangene außergerichtliche Tätigkeit wird zur Hälfte, höchstens jedoch mit einem Gebührensatz von 0,75, auf die Verfahrensgebühr für das Mahnverfahren angerechnet.

BEISPIEL

Frau Kohl beauftragt RA Schön, zunächst nur außergerichtlich gegen Frau Grau wegen der Forderung in Höhe von 1.400,00 Euro tätig zu werden und ein anwaltliches Aufforderungsschreiben an Frau Grau zu senden. Nachdem Frau Grau auf dieses Aufforderungsschreiben nicht reagiert, beauftragt Frau Kohl RA Schön, ein gerichtliches Mahnverfahren einzuleiten. Frau Grau legt Widerspruch gegen den Mahnbescheid ein. Auf Antrag der Antragstellerin Frau Kohl geht das Mahnverfahren ins streitige Verfahren über und wird ans zuständige Amtsgericht abgegeben. Im streitigen Verfahren ergeht ein Urteil.

Vergütungsabrechnung RA Schön:

› **Außergerichtliche Vertretung (anwaltliches Aufforderungsschreiben)**

1,3 Geschäftsgebühr aus 1.400,00 Euro gem. Nr. 2300 VV RVG	174,85 Euro	
Post- und Telekompauschale gem. Nr. 7002 VV RVG	20,00 Euro	
Zwischensumme		194,85 Euro
19 % Umsatzsteuer gem. Nr. 7008 VV RVG	37,02 Euro	
Gesamt		231,87 Euro

BEISPIEL

› **Mahnverfahren**

1,0 Verfahrensgebühr (MB) aus 1.400,00 Euro gem. Nr. 3305 VV RVG	134,50 Euro	
–0,65 Geschäftsgebühr aus 1.400,00 Euro Vorbem. 3 (4) VV RVG	–87,43 Euro	
Post- und Telekompauschale gem. Nr. 7002 VV RVG	20,00 Euro	
Zwischensumme		67,07 Euro
19 % Umsatzsteuer gem. Nr. 7008 VV RVG	13,41 Euro	
Zwischensumme		80,48 Euro
0,5 Gerichtskosten aus 1.400,00 Euro gem. Nr. 1100 GKG		41,00 Euro
Gesamt		121,48 Euro

› **Klageverfahren (streitiges Verfahren)**

1,3 Verfahrensgebühr aus 1.400,00 Euro gem. Nr. 3100 VV RVG	174,85 Euro	
–1,0 Verfahrensgebühr aus 1.400,00 Euro gem. Nr. 3305 VV RVG	–134,50 Euro	
1,2 Terminsgebühr aus 1.400,00 EUR gem. Nr. 3104 VV RVG	161,40 Euro	
Post- und Telekompauschale gem. Nr. 7002 VV RVG	20,00 Euro	
Zwischensumme		221,75 Euro
19 % Umsatzsteuer gem. Nr. 7008 VV RVG	42,13 Euro	
Zwischensumme		263,88 Euro
2,5 Gerichtskosten aus 1.400,00 Euro gem. Nr. 1210 GKG		205,00 Euro
Gesamt		468,88 Euro

2.2.4 Abrechnung Vollstreckungsbescheid

Erhebt der Antragsgegner innerhalb von zwei Wochen ab Zustellung des Mahnbescheids keinen Widerspruch, so hat der Antragsteller die Möglichkeit, einen Vollstreckungsbescheid (VB) zu beantragen.

Für den **Antrag auf Erlass eines Vollstreckungsbescheids** kann der Anwalt eine weitere

0,5 Verfahrensgebühr (VB) gem. Nr. 3308 VV RVG

berechnen.

MERKE

Legt der Antragsgegner Einspruch gegen den Vollstreckungsbescheid ein, so wird die Sache von Amts wegen ins streitige Verfahren übergeleitet.

Die Verfahrensgebühr nach Nr. 3308 für die Beantragung des Vollstreckungsbescheids wird **NICHT auf eine nachfolgende Verfahrensgebühr nach Nr. 3100 VV RVG** angerechnet.

BEISPIEL

Frau Kohl beauftragt RA Schön, einen Mahnbescheid gegen Frau Grau zu beantragen. Nachdem keine Reaktion von Frau Grau erfolgt, beantragt RA Schön nach Ablauf der Widerspruchsfrist einen Vollstreckungsbescheid. Gegen diesen Bescheid legt Frau Graus Anwalt Einspruch ein. Das Verfahren wird automatisch zur Durchführung des streitigen Verfahrens an das zuständige Amtsgericht abgegeben. Dort wird mündlich verhandelt.

Vergütungsabrechnung RA Schön:

› **Antrag auf Erlass des Mahnbescheids und des Vollstreckungsbescheids**

1,0 Verfahrensgebühr (MB) aus 1.400,00 Euro gem. Nr. 3305 VV RVG	134,50 Euro	
0,5 Verfahrensgebühr (VB) aus 1.400,00 Euro gem. Nr. 3308 VV RVG	67,25 Euro	
Post- und Telekompauschale gem. Nr. 7002 VV RVG	20,00 Euro	
Zwischensumme		221,75 Euro
19 % Umsatzsteuer gem. Nr. 7008 VV RVG	42,13 Euro	
Zwischensumme		263,88 Euro
0,5 Gerichtskosten aus 1.400,00 Euro gem. Nr. 1100 GKG		41,00 Euro
Gesamt		304,88 Euro

› **Klageverfahren**

1,3 Verfahrensgebühr aus 1.400,00 Euro gem. Nr. 3100 VV RVG	174,85 Euro	
–1,0 Verfahrensgebühr aus 1.400,00 Euro gem. Nr. 3305 VV RVG	–134,50 Euro	
1,2 Terminsgebühr aus 1.400,00 Euro gem. Nr. 3104 VV RVG	161,40 Euro	
Post- und Telekompauschale gem. Nr. 7002 VV RVG	20,00 Euro	
Zwischensumme		221,75 Euro
19 % Umsatzsteuer gem. Nr. 7008 VV RVG	42,13 Euro	
Zwischensumme		263,88 Euro
2,5 Gerichtskosten aus 1.400,00 Euro gem. Nr. 1210 GKG		205,00 Euro
Gesamt		468,88 Euro

2.2.5 Terminsgebühr

Führt der Rechtsanwalt während des Mahnverfahrens Gespräche mit dem Gegner zur Vermeidung oder Beendigung des Verfahrens, so erhält er zusätzlich zur Verfahrensgebühr auch noch eine 1,2 Terminsgebühr (siehe Vorbemerkung 3.3.2 in Verbindung mit Vorbemerkung 3) gem. Nr. 3104 VV RVG.

© FreelySky – Shutterstock.com

Kommt es zum streitigen Verfahren, wird die Terminsgebühr auf die Terminsgebühr des nachfolgenden Rechtsstreits angerechnet gem. Nr. 3104 Abs. 4 VV RVG.

BEISPIEL

Frau Kohl beauftragt RA Schön, einen Mahnbescheid gegen Frau Grau wegen der Geldforderung über 1.400,00 Euro zu beantragen. Nach dem Erlass und der Zustellung des Mahnbescheids an Frau Grau setzt sich diese mit RA Schön in Verbindung und macht diesem einen Vergleichsvorschlag. Frau Kohl lehnt diesen Vergleich ab. Daraufhin legt Frau Grau Widerspruch gegen den Mahnbescheid ein. Es kommt zum streitigen Verfahren. Im Termin zur mündlichen Verhandlung wird der Klage stattgegeben.

Vergütungsabrechnung RA Schön:

› **Mahnverfahren**

1,0 Verfahrensgebühr (MB) aus 1.400,00 Euro gem. Nr. 3305 VV RVG	134,50 Euro	
1,2 Terminsgebühr (MB) aus 1.400,00 Euro gem. Nr. 3104 VV RVG	161,40 Euro	
Post- und Telekompauschale gem. Nr. 7002 VV RVG	20,00 Euro	
Zwischensumme		315,90 Euro
19 % Umsatzsteuer gem. Nr. 7008 VV RVG	60,02 Euro	
Zwischensumme		375,92 Euro
0,5 Gerichtskosten aus 1.400,00 Euro gem. Nr. 1100 GKG		41,00 Euro
Gesamt		416,92 Euro

› **Klageverfahren (streitiges Verfahren)**

1,3 Verfahrensgebühr aus 1.400,00 Euro gem. Nr. 3100 VV RVG	174,85 Euro	
–1,0 Verfahrensgebühr aus 1.400,00 Euro gem. Nr. 3305 VV RVG	–134,50 Euro	
1,2 Terminsgebühr aus 1.400,00 Euro gem. Nr. 3104 VV RVG	161,40 Euro	
–1,2 Anrechn. Terminsgebühr aus Mahnverfahren	–161,40 Euro	
Post- und Telekompauschale gem. Nr. 7002 VV RVG	20,00 Euro	
Zwischensumme		60,35 Euro
19 % Umsatzsteuer gem. Nr. 7008 VV RVG	12,07 Euro	
Zwischensumme		72,42 Euro
2,5 Gerichtskosten aus 1.400,00 Euro gem. Nr. 1210 GKG		205,00 Euro
Gesamt		277,42 Euro

2.2.6 Erhöhungsgebühr

Vertritt der Rechtsanwalt mehrere Auftraggeber, so darf er nach Nr. 1008 VV RVG für jeden zusätzlichen Auftraggeber die Verfahrens- bzw. die Geschäftsgebühr um 0,3 (Wertgebühren) erhöhen. Die Erhöhung darf aber den Gebührensatz von 2,0 nicht übersteigen. Das heißt, ab dem 8. zusätzlichen Auftraggeber wird auch für jeden weiteren Auftraggeber nur noch mit einer Erhöhung von 2,0 gerechnet.

Vertritt der Rechtsanwalt im Mahnverfahren mehrere Auftraggeber, so erhöht sich die Gebühr aber nur für den Mahnbescheidsantrag. Für den Antrag auf Vollstreckungsbescheid erhöht sich die Gebühr **nicht** (Anm. zu Nr. 3308 VV RVG). Wird der Rechtsanwalt jedoch bei der Beantragung des Vollstreckungsbescheids zum ersten Mal für diesen Mandanten tätig, dann darf er eine Erhöhung berechnen.

BEISPIEL

Frau Kohl und ihr Ehemann beauftragen RA Schön als Gesamtgläubiger, gegen Frau Grau einen Mahnbescheid wegen der Geldforderung über 1.400,00 Euro zu beantragen. Da Frau Grau auf den Mahnbescheid nicht reagiert, beantragt RA Schön einen Vollstreckungsbescheid.

Vergütungsabrechnung RA Schön:

1,0 Verfahrensgebühr (MB) aus 1.400,00 Euro gem. Nr. 3305 VV RVG	134,50 Euro	
+0,3 Erhöhung aus 1.400,00 Euro gem. Nr. 1008 VV RVG	40,35 Euro	
0,5 Verfahrensgebühr (VB) aus 1.400,00 Euro gem. Nr. 3308 VV RVG	67,25 Euro	
Post- und Telekompauschale gem. Nr. 7002 VV RVG	20,00 Euro	
Zwischensumme		262,10 Euro
19 % Umsatzsteuer gem. Nr. 7008 VV RVG	49,80 Euro	
Zwischensumme		311,90 Euro
0,5 Gerichtskosten aus 1.400,00 Euro gem. Nr. 1100 GKG		41,00 Euro
Gesamt		352,90 Euro

2.2.7 Einigungsgebühr

Schließen die Parteien einen Vertrag ab, durch den der Streit oder die Ungewissheit der Parteien über ein Rechtsverhältnis beseitigt wird, so liegt eine Einigung vor und dann darf der Rechtsanwalt gem. Nr. 1000 Abs. 1 VV RVG eine Einigungsgebühr berechnen.

© beeboys – Fotolia.com

Wie groß das Nachgeben ist, spielt keine Rolle. Bereits ein Verzicht auf die Zinsen oder die Kosten genügt oder wenn eine Forderung gestundet oder eine Teilzahlung vereinbart wird.

MERKE

Bei Anerkenntnis oder Verzicht spricht man nicht von einer Einigung! (Nr. 1000 Abs. 1 VV RVG)

2.2.7.1 Voraussetzungen

Für die Berechnung einer Einigungsgebühr gelten folgende Voraussetzungen:

- Der Rechtsanwalt muss bei den Vertragsverhandlungen mitwirken, wobei er beim Abschluss der Einigung nicht anwesend sein muss.
- Der Einigungsvertrag muss rechtswirksam sein, d. h., er kann nicht mehr widerrufen werden (Nr. 1000 Abs. 3 VV RVG).

2.2.7.2 Gegenstandswert der Einigungsgebühr

Der Gegenstandswert der Einigungsgebühr

- ist der **gesamte Anspruch,** der durch die Einigung erledigt wird und **nicht das Ergebnis,** auf das sich geeinigt wird.
- wird durch die Einigung nur ein **Teil des Streitgegenstandes** erledigt, so wird die **Einigungsgebühr nur aus diesem Teil** berechnet.
- Wird nur eine **Zahlungsvereinbarung** (Ratenzahlung oder Stundung) vereinbart, so beträgt der **Gegenstandswert 50 % der Hauptsache,** gem. § 31b RVG. Laut Nr. 1000 VV RVG entsteht eine 0,7 Einigungsgebühr: „(1) die Gebühr entsteht für die Mitwirkung beim Abschluss eines Vertrages, […]
2. durch den die Erfüllung des Anspruchs geregelt wird bei gleichzeitigem vorläufigem Verzicht auf seine gerichtliche Geltendmachung oder, wenn bereits ein zur Zwangsvollstreckung geeigneter Titel vorliegt, bei gleichzeitigem vorläufigem Verzicht auf Vollstreckungsmaßnahmen (Zahlungsvereinbarung)

2.2.7.3 Höhe der Einigungsgebühr

Für die Mitwirkung bei einer Einigung erhält der Rechtsanwalt:

› wenn die Sache **nicht anhängig** ist:

1,5 Einigungsgebühr gem. Nr. 1000 VV RVG

› wenn die Sache gerichtlich anhängig (bei einem Verfahren vor dem Gerichtsvollzieher gilt die Sache auch als anhängig) ist:

1,0 Einigungsgebühr gem. Nr. 1003 VV RVG

› wenn die Sache in der Berufung oder Revision anhängig ist:

1,3 Einigungsgebühr gem. Nr. 1004 VV RVG

› wenn nur eine Zahlungsvereinbarung (Ratenzahlung oder Stundung) vereinbart wird:

› 0,7 Einigungsgebühr gem. Nr. 1000 VV RVG

Beachte: Gegenstandswert 50 % der Hauptsache, § 31b RVG (Siehe Kap. 2.2.7.2)

Bei einer Einigung mit Widerrufsrecht entsteht die Einigung erst, wenn der Vertrag nicht mehr widerrufen werden kann, d. h. nach Ablauf der Widerrufsfrist.

Wird der Vertrag rechtzeitig widerrufen, so erhält der Anwalt keine Einigungsgebühr.

Hängt die Einigung von einer Bedingung ab, so entsteht die Gebühr erst, wenn die Bedingung eingetreten ist, z. B. die Durchführung einer Reparatur ist geschehen.

MERKE

Eine Sache ist **anhängig,** wenn die **Klage bei Gericht eingegangen** ist.
Rechtshängig ist die Sache, mit **Zustellung der Klage beim Beklagten** (§ 253 Abs. 1, § 261 Abs. 1 ZPO).

2.2.7.4 Einigungsgebühr im Mahnverfahren

Wenn der Anwalt nach der Beantragung des Mahnbescheids mit der Gegenseite Verhandlungen über eine Einigung oder Beendigung der Sache führt und enden diese Verhandlungen mit einer Einigung, so darf der Anwalt eine

1,0 Einigungsgebühr nach Nr. 1003 VV RVG

verlangen.

Wenn das Verfahren trotz Einigung im Mahnverfahren dennoch ins streitige Verfahren übergeht, und kommt es im streitigen Verfahren wiederum zu einer Einigung, so darf der Anwalt **noch einmal eine 1,0 Einigungsgebühr nach Nr. 1003 VV RVG** berechnen.

Die **Einigungsgebühr aus dem Mahnverfahren** muss **nicht angerechnet** werden, denn

- es besteht **keine Anrechnungsvorschrift für die Einigungsgebühr;**
- bei dem gerichtlichen Mahnverfahren und bei dem anschließenden streitigen Verfahren handelt es sich um **zwei verschiedene gebührenrechtliche Angelegenheiten (§ 17 Nr. 2 RVG).**

BEISPIEL

Frau Kohl beauftragt RA Schön, gegen Frau Grau einen Mahnbescheid wegen der Geldforderung über 1.400,00 Euro zu beantragen. Nach der Zustellung des Mahnbescheids setzt sich Frau Grau mit RA Schön in Verbindung. RA Schön versucht, mit Frau Grau eine Einigung zu finden, die das gerichtliche Mahnverfahren beendet. Er schließt mit Frau Grau einen Vergleich, in dem sie damit

BEISPIEL

einverstanden ist, dass sie die Forderung in zwei Raten zahlt und Frau Kohl auf die Zinsen verzichtet. Die erste Rate ist in einer Woche fällig. Nach Ablauf der Frist für die erste Rate ist jedoch keine Zahlung eingegangen. RA Schön beantragt im Auftrag von Frau Kohl einen Vollstreckungsbescheid. Gegen diesen Vollstreckungsbescheid legt Frau Grau Einspruch ein. Das Verfahren wird an das zuständige Amtsgericht übergeben. Im Termin zur mündlichen Verhandlung schließen die Parteien erneut einen Vergleich, Frau Grau erklärt sich bereit, 1.300,00 Euro ohne Ratenzahlung an Frau Kohl zu überweisen. Die Kosten werden gegeneinander aufgehoben.

Vergütungsabrechnung RA Schlau:

› **Mahnverfahren**

1,0 Verfahrensgebühr (MB) aus 1.400,00 Euro gem. Nr. 3305 VV RVG	134,50 Euro	
1,2 Terminsgebühr aus 1.400,00 Euro gem. Nr. 3104 VV RVG	161,40 Euro	
0,5 Verfahrensgebühr (VB) aus 1.400,00 Euro gem. Nr. 3308 VV RVG	67,25 Euro	
1,0 Einigungsgebühr aus 1.400,00 Euro gem. Nr. 1003 VV RVG	134,50 Euro	
Post- und Telekompauschale gem. Nr. 7002 VV RVG	20,00 Euro	
Zwischensumme		517,65 Euro
19 % Umsatzsteuer gem. Nr. 7008 VV RVG	98,35 Euro	
Zwischensumme		616,00 Euro
0,5 Gerichtskosten aus 1.400,00 Euro gem. Nr. 1100 GKG		41,00 Euro
Gesamt		657,00 Euro

› **Klageverfahren (streitiges Verfahren)**

1,3 Verfahrensgebühr aus 1.400,00 Euro gem. Nr. 3100 VV RVG	174,85 Euro	
–1,0 Verfahrensgebühr aus 1.400,00 Euro gem. Nr. 3305 VV RVG	–134,50 Euro	
1,2 Terminsgebühr aus 1.400,00 Euro gem. Nr. 3104 VV RVG	161,40 Euro	
–1,2 Anrechn. TG aus Mahnverfahren Nr. 3104 (IV) VV RVG	–161,40 Euro	
1,0 Einigungsgebühr aus 1.400,00 Euro gem. Nr. 1003 VV RVG	134,50 Euro	
Post- und Telekompauschale gem. Nr. 7002 VV RVG	20,00 Euro	
Zwischensumme		194,85 Euro
19% Umsatzsteuer gem. Nr. 7008 VV RVG	37,02 Euro	
Zwischensumme		231,87 Euro
2,5 Gerichtskosten aus 1.400,00 Euro gem. Nr. 1210 GKG		205,00 Euro
Gesamt		436,87 Euro

2.3 Zusammenfassung und Aufgaben

ZUSAMMENFASSUNG

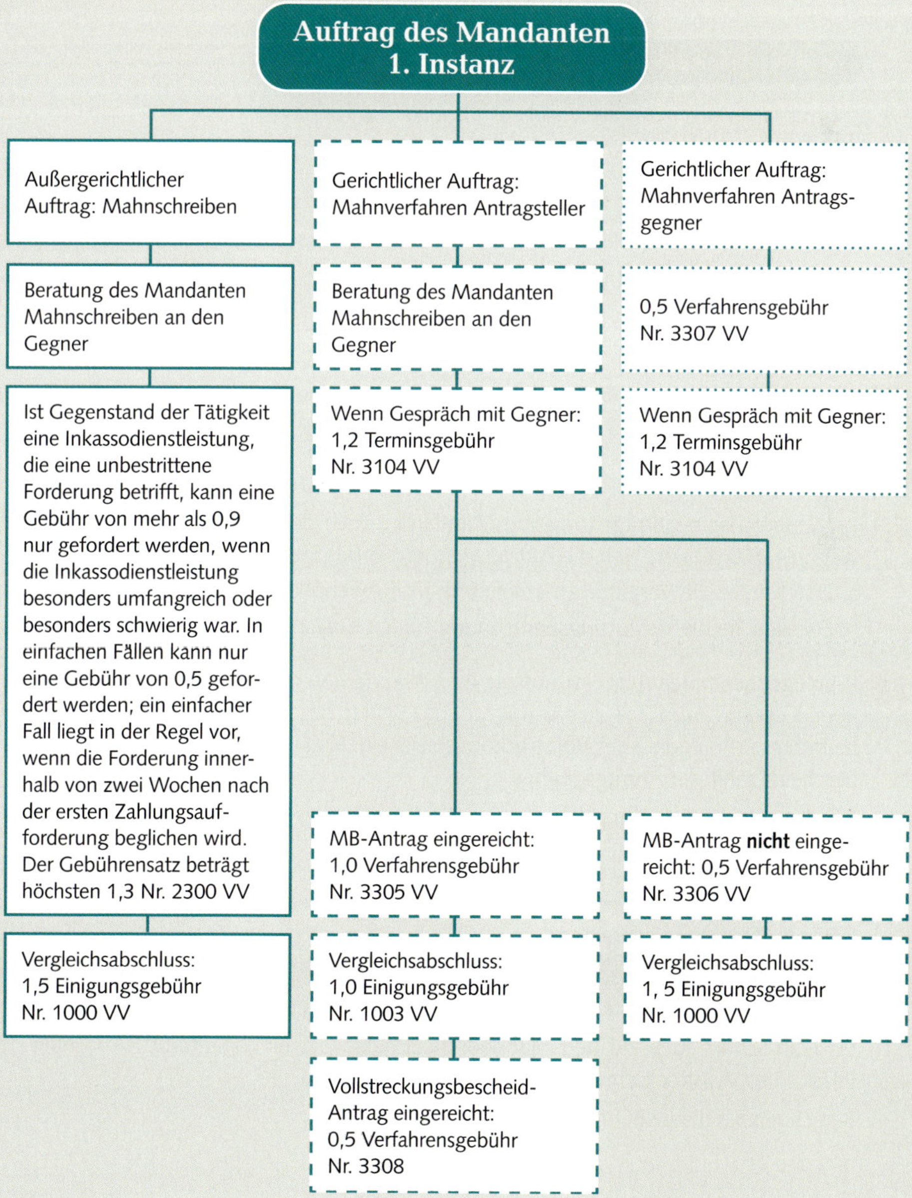

Anrechnungen

- Die Geschäftsgebühr wird auf die Verfahrensgebühr zur Hälfte (max. 0,75) angerechnet gem. Vorbemerkung 3 Abs. 4 VV RVG.
- Die Verfahrensgebühr (MB) wird auf die Verfahrensgebühr (Prozess) im streitigen Verfahren voll angerechnet gem. Nr. 3305 VV.
- Die Verfahrensgebühr (VB) wird **nicht** angerechnet.

Mehrere Mandanten

Geschäfts- und Verfahrensgebühren (ohne VB) erhöhen sich pro weiteren Mandanten um 0,3 (max. 2,0).

AUFGABEN

1. RA Schönleber beantragt für seine Mandantin Koch den Erlass eines Mahnbescheids wegen 1.400,00 Euro. Für die Antragsgegnerin erhebt RA Kutschke Widerspruch.

a. Erstellen Sie die Vergütungsberechnung für RA Schönleber.

b. Erstellen Sie die Vergütungsberechnung für RA Kutschke.

2. RAin Egenrieder beantragt im Auftrag ihres Mandanten den Erlass eines Mahnbescheids über 3.000,00 Euro. Da der Antragsgegner weder bezahlt noch Widerspruch erhebt, beantragt RAin Egenrieder Vollstreckungsbescheid. Nach Zustellung des Vollstreckungsbescheids zahlt der Antragsgegner.

Erstellen Sie die Vergütungsberechnung für RAin Egenrieder.

3. RA Wieder erhält von Herrn Klömich das Mandat wegen einer Forderung über 4.500,00 Euro an Frau Schulz. Zunächst schreibt RA Wieder der Schuldnerin ein anwaltliches Aufforderungsschreiben.

Da Frau Schulz nicht reagiert, beauftragt Herr Klömich RA Wieder, das gerichtliche Mahnverfahren einzuleiten. Dieser beantragt den Erlass eines Mahnbescheids.

Da Frau Schulz auch auf den Mahnbescheid nicht reagiert, beantragt RA Wieder den Erlass eines Vollstreckungsbescheids.

Berechnen Sie die Gebühren für RA Wieder.

»

4. Herr Beck erteilt RA Salvaggio den Auftrag, Herrn Demirel wegen einer fälligen Forderung über 5.000,00 Euro ein anwaltliches Aufforderungsschreiben zu senden. Herr Demirel reagiert nicht auf das anwaltliche Schreiben. Deshalb beauftragt Herr Beck RA Salvaggio, wegen der 5.000,00 Euro sowie einer weiteren fälligen Forderung über 2.000,00 Euro einen Mahnbescheid zu beantragen. Da Herr Demirel auch auf den Mahnbescheid nicht reagiert, beantragt RA Salvaggio den Erlass eines Vollstreckungsbescheids.

   Nach Zustellung des Vollstreckungsbescheids zahlt Herr Demirel die ganze Summe.

   Berechnen Sie die Gebühren für RA Salvaggio.

5. RA Langner erhält von Frau Ösch den Auftrag, wegen 7.500,00 Euro einen Mahnbescheid zu beantragen. Zunächst schreibt RA Langner dem Schuldner eine Mahnung und droht den Mahnbescheid an. Auf dieses Schreiben hin zahlt der Gegner die gesamte Summe direkt an Frau Ösch.

   Berechnen Sie die Gebühren für RA Langner.

3. DER EUROPÄISCHE ZAHLUNGSBEFEHL

3.1 Allgemeines

Hat man eine Forderung an einen Schuldner, der seinen Wohn- oder Geschäftssitz nicht in Deutschland hat, und möchte man gegen ihn einen Mahnbescheid beantragen, so hat man die Möglichkeit, das Europäische Mahnverfahren in die Wege zu leiten. (Hilfreich bei der Klärung von Sachverhalten in einer Fremdsprache: Legal Now! Unit 4, S. 27)

© benqook – Fotolia.com

Das Europäische Mahnverfahren ist nicht zwingend vorgeschrieben für ein Mahnverfahren innerhalb der EU, aber dieses Verfahren bietet eine zusätzliche Möglichkeit, eine zivil- oder handelsrechtliche Forderung schnell und kostengünstig gegen einen Schuldner innerhalb der EU-Gemeinschaft geltend zu machen. Das Europäische

Mahnverfahren gilt in allen EU-Mitgliedstaaten außer in Dänemark. Neben dem Europäischen Mahnverfahren (nach der VO (EG) Nr. 1896/2006) besteht auch weiterhin die Möglichkeit, das herkömmliche grenzüberschreitende Mahnverfahren (nach §§ 688 ff. ZPO) zu wählen.

Je nachdem, wie hoch die Forderung ist, handelt es sich

› um ein **Europäisches Mahnbescheidsverfahren** für Forderungen über 5.000,00 Euro oder
› um ein **Europäisches Verfahren für geringfügige Forderungen** unter 5.000,00 Euro. Hierbei handelt es sich zwar um kein Mahnverfahren, aber um eine weitere Möglichkeit, seine Forderung grenzüberschreitend schnell durchzusetzen.

LF 9 | 4 ▸

3.2 Voraussetzungen

Damit ein Europäisches Mahnverfahren beantragt werden kann, müssen folgende Voraussetzungen erfüllt sein:

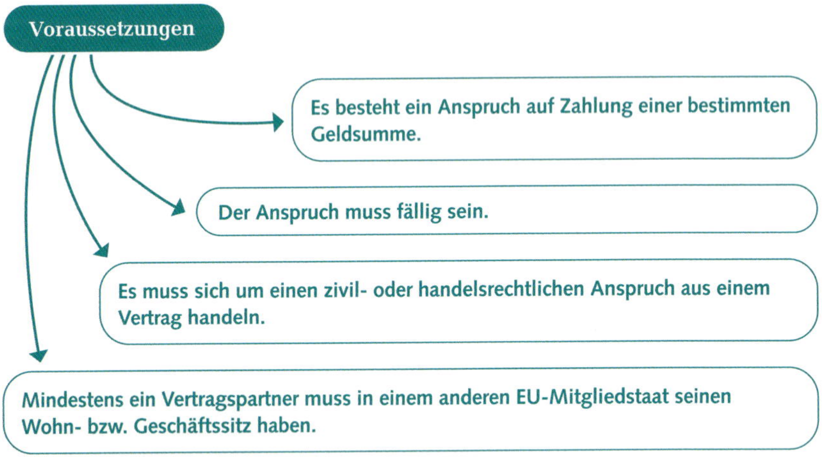

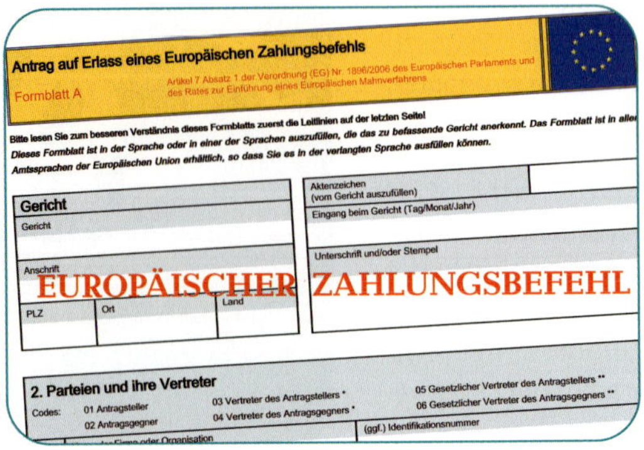
Antrag auf Erlass eines Europäischen Zahlungsbefehls
Formblatt A
Artikel 7 Absatz 1 der Verordnung (EG) Nr. 1896/2006 des Europäischen Parlaments und des Rates zur Einführung eines Europäischen Mahnverfahrens

Bitte lesen Sie zum besseren Verständnis dieses Formblatts zuerst die Leitlinien auf der letzten Seite! Dieses Formblatt ist in der Sprache oder in einer der Sprachen auszufüllen, die das zu befassende Gericht anerkennt. Das Formblatt ist in allen Amtssprachen der Europäischen Union erhältlich, so dass Sie es in der verlangten Sprache ausfüllen können.

Gericht
Gericht
Anschrift
PLZ | Ort | Land

Aktenzeichen (vom Gericht auszufüllen)
Eingang beim Gericht (Tag/Monat/Jahr)
Unterschrift und/oder Stempel

EUROPÄISCHER ZAHLUNGSBEFEHL

2. Parteien und ihre Vertreter
Codes: 01 Antragsteller, 02 Antragsgegner, 03 Vertreter des Antragstellers *, 04 Vertreter des Antragsgegners *, 05 Gesetzlicher Vertreter des Antragstellers **, 06 Gesetzlicher Vertreter des Antragsgegners **
(ggf.) Identifikationsnummer

3.3 Gerichtliche Zuständigkeit

© niroworld – Fotolia.com

Für das Europäische Mahnverfahren wird der Erlass eines Europäischen Zahlungsbefehls beantragt (kein Mahnbescheid). Die örtliche Zuständigkeit richtet sich grundsätzlich nach dem Wohnsitz bzw. bei Unternehmen nach dem Geschäftssitz des Antragsgegners, d. h., der Antrag muss in dem Mitgliedstaat eingereicht werden, in dem der Antragsgegner seinen Wohn- bzw. Geschäftssitz hat.

Hat der Antragsteller seinen Wohnsitz z. B. in Deutschland und der Antragsgegner seinen Wohnsitz im EU-Ausland, so ist in der Regel das Gericht in dem EU-Land zuständig, in dem der Antragsgegner wohnt.

Davon kann jedoch abgewichen werden, wenn sich besondere Zuständigkeiten ergeben durch:

- Erfüllungsort/Leistungsort der vertraglichen Verpflichtung
- Wohnsitz des Unterhaltsberechtigten
- Ort des schädigenden Ereignisses bei einer unerlaubten Handlung
- Rechtssitz/Wohnsitz des Versicherungsunternehmens/Versicherten/Begünstigten
- Gerichtsstandsvereinbarung der Parteien

Ist der Antragsgegner jedoch Verbraucher, so ist **ausschließlich** das Gericht am Wohnsitz des Schuldners zuständig.

Hat der Antragsgegner seinen Wohnsitz bzw. Geschäftssitz in Deutschland (und der Antragsteller mit Wohn- bzw. Geschäftssitz in einem anderen EU-Mitgliedstaat) und handelt es sich **nicht um eine arbeitsrechtliche Angelegenheit,** so ist in Deutschland allein das Amtsgericht Berlin-Wedding zuständig. Es ist das zentrale europäische Mahngericht für Deutschland. In arbeitsrechtlichen Angelegenheiten ist das jeweilige Arbeitsgericht zuständig.

3.4 Verfahrensablauf

Über ein Formular, das man auf der Homepage des Europäischen Mahngerichts für Deutschland (http://www.berlin.de/sen/justiz/gerichte/ag/wedd/eumav.de.html) findet oder bei https://e-justice.europa.eu/content_european_payment_order_forms-156-de.do#action, kann der Europäische Zahlungsbefehl beantragt werden.

Antrag auf Erlass eines Europäischen Zahlungsbefehls

Formblatt A

Artikel 7 Absatz 1 der Verordnung (EG) Nr. 1896/2006 des Europäischen Parlaments und des Rates zur Einführung eines Europäischen Mahnverfahrens

Bitte lesen Sie zum besseren Verständnis dieses Formblatts zuerst die Leitlinien auf der letzten Seite!

Dieses Formblatt ist in der Sprache oder in einer der Sprachen auszufüllen, die das zu befassende Gericht anerkennt. Das Formblatt ist in allen Amtssprachen der Europäischen Union erhältlich, so dass Sie es in der verlangten Sprache ausfüllen können.

Gericht

Gericht		
Anschrift		
PLZ	Ort	Land

Aktenzeichen (vom Gericht auszufüllen)	
Eingang beim Gericht (Tag/Monat/Jahr)	
Unterschrift und/oder Stempel	

2. Parteien und ihre Vertreter

Codes: 01 Antragsteller; 02 Antragsgegner; 03 Vertreter des Antragstellers *; 04 Vertreter des Antragsgegners *; 05 Gesetzlicher Vertreter des Antragstellers **; 06 Gesetzlicher Vertreter des Antragsgegners **

Code	Name der Firma oder Organisation			(ggf.) Identifikationsnummer	
	Name			Vorname	
	Anschrift		PLZ	Ort	Land
	Telefon ***	Fax ***		E-Mail ***	
	Beruf ***	Sonstige Angaben ***			
Code	Name der Firma oder Organisation			(ggf.) Identifikationsnummer	
	Name			Vorname	
	Anschrift		PLZ	Ort	Land
	Telefon ***	Fax ***		E-Mail ***	
	Beruf ***	Sonstige Angaben ***			
Code	Name der Firma oder Organisation			(ggf.) Identifikationsnummer	
	Name			Vorname	
	Anschrift		PLZ	Ort	Land
	Telefon ***	Fax ***		E-Mail ***	
	Beruf ***	Sonstige Angaben ***			

Vom Europäischen Justizportal generiert

Code	Name der Firma oder Organisation			(ggf.) Identifikationsnummer	
	Name			Vorname	
	Anschrift		PLZ	Ort	Land
	Telefon ***	Fax ***		E-Mail ***	
	Beruf ***		Sonstige Angaben ***		

* z.B. Rechtsanwalt ** z.B. Elternteil, Vormund, Geschäftsführer *** fakultativ

3. Begründung der gerichtlichen Zuständigkeit

Codes:

01 Wohnsitz des Antragsgegners oder eines Mitantragsgegners
02 Erfüllungsort
03 Ort des schädigenden Ereignisses
04 Wenn es sich um Streitigkeiten aus dem Betrieb einer Zweigniederlassung, einer Agentur oder einer sonstigen Niederlassung handelt, Ort, an dem sich diese befindet
05 Ort, an dem der Trust seinen Sitz hat
06 Wenn es sich um eine Streitigkeit wegen der Zahlung von Berge- und Hilfslohn handelt, der für Bergungs- und Hilfeleistungsarbeiten gefordert wird, die zugunsten einer Ladung oder einer Frachtforderung erbracht worden sind, der Ort des Gerichts, in dessen Zuständigkeitsbereich diese Ladung oder die entsprechende Frachtforderung mit Arrest belegt worden ist oder mit Arrest hätte belegt werden können
07 In Versicherungssachen Wohnsitz des Versicherungsnehmers, des Versicherten oder des Begünstigten
08 Wohnsitz des Verbrauchers
09 Ort, an dem der Arbeitnehmer seine Arbeit verrichtet
10 Ort der Niederlassung, die den Arbeitnehmer eingestellt hat
11 Ort, an dem die unbewegliche Sache belegen ist
12 Gerichtsstandsvereinbarung
13 Wohnsitz des Unterhaltsgläubigers
14 Sonstiger Zuständigkeitsgrund (bitte näher erläutern)

Code	Erläuterungen (gilt nur für Code 14)

4. Gründe dafür, dass die Sache als grenzüberschreitend anzusehen ist

Codes:

01 Belgien
02 Bulgarien
03 Tschechische Republik
04 Deutschland
05 Estland
06 Griechenland
07 Spanien
08 Frankreich
09 Kroatien
10 Irland
11 Italien
12 Zypern
13 Lettland
14 Litauen
15 Luxemburg
16 Ungarn
17 Malta
18 Niederlande
19 Österreich
20 Polen
21 Portugal
22 Rumänien
23 Slowenien
24 Slowakei
25 Finnland
26 Schweden
27 Vereinigtes Königreich
28 Sonstige

Wohnsitz oder gewöhnlicher Aufenthaltsort des Antragstellers	Wohnsitz oder gewöhnlicher Aufenthaltsort des Antragsgegners	Land des Gerichts

Viele Angaben können mit „Schlüsselzeichen" eingetragen werden. Das vereinfacht das Ausfüllen und die Übersetzung. Anders als beim deutschen Mahnbescheid muss der Sachverhalt angegeben und erläutert werden und es sind Beweise zu nennen, die den Sachverhalt begründen. Zudem ist eine automatische Überleitung ins streitige Verfahren nach einem Einspruch nicht gegeben, wenn der Antragsteller dies nicht möchte und im Antrag in Anlage 2 angibt.

Anlage 2 zum Antrag auf Erlass eines Europäischen Zahlungsbefehls
Ablehnung der Überleitung in ein ordentliches Verfahren

Aktenzeichen (auszufüllen, falls die Anlage dem Gericht gesondert vom Antragsformblatt übermittelt wird)		
Name der Firma oder Organisation	Name	Vorname
Ort	Datum (Tag/Monat/Jahr)	Unterschrift und/oder Stempel

Bei der Beantragung eines Europäischen Zahlungsbefehls ist kein Anwaltszwang vorgegeben. Der Antrag kann online, per Fax oder mit der Post übermittelt werden.

3.5 Zustellung des Europäischen Zahlungsbefehls

Wurde der Antrag ordnungsgemäß gestellt, erlässt das zuständige Gericht i.d.R. innerhalb von 30 Tagen den Europäischen Zahlungsbefehl. Dieser wird gemäß den jeweiligen nationalen Rechtsvorschriften des Staates, in dem zugestellt werden soll, zugestellt. Für die Zustellung gelten jedoch Mindestvorschriften:

Mindestvorschriften für die Zustellung mit Nachweis des Empfängers

- Zustellung persönlich an den Antragsgegner. Dieser hat eine Empfangsbestätigung unter Angabe des Empfangsdatums zu unterzeichnen.
- Zustellung persönlich an den Antragsgegner. Die zustellende Person unterzeichnet und datiert ein Dokument, in dem der Empfang oder die unberechtigte Annahmeverweigerung festgehalten wird.
- Zustellung durch Post, Fax oder per E-Mail. Antragsgegner unterzeichnet die Empfangsbestätigung unter Angabe des Empfangsdatums und sendet diese zurück.

Mindestvorschriften für die Zustellung ohne Nachweis des Empfängers

- Zustellung persönlich an den Antragsgegner an dessen Privatanschrift oder an eine in der Wohnung des Antragsgegners lebende oder eine dort beschäftigte Person
- Zustellung persönlich an den Antragsgegner in seinen Geschäftsräumen oder an eine dort beschäftigte Person, wenn dieser Selbstständiger oder eine juristische Person ist
- Durch Hinterlegung des Zahlungsbefehls im Briefkasten des Antragsgegners
- Durch Hinterlegung des Zahlungsbefehls beim Postamt oder bei den zuständigen Behörden mit entsprechender schriftlicher Benachrichtigung im Briefkasten des Antragsgegners, wobei eindeutig auf die gerichtliche Rechtsnatur des Schriftstücks hinzuweisen ist
- Postalisch oder elektronisch mit automatisch erstellter Sendebestätigung, sofern sich der Antragsgegner vorab mit dieser Art der Zustellung einverstanden erklärt hat

Die Zustellung des Europäischen Zahlungsbefehls ist nur dann zulässig, wenn der Antragsgegner mit Sicherheit postalisch ermittelt werden kann.

3.6 Rechtsmittel gegen den Europäischen Zahlungsbefehl

Wurde der Europäische Zahlungsbefehl dem Antragsgegner zugestellt, so kann dieser innerhalb einer Frist von 30 Tagen ab dem Tag der Zustellung Einspruch gegen den Zahlungsbefehl bei dem Gericht einlegen, das den Zahlungsbefehl erlassen hat. Der Einspruch muss mit dem entsprechenden Vordruck (Formblatt F) eingelegt werden, der ihm mit dem Zahlungsbefehl zugestellt wird.

Einspruch gegen einen Europäischen Zahlungsbefehl

Formblatt F

Artikel 16 Absatz 1 der Verordnung (EG) Nr. 1896/2006 des Europäischen Parlaments und des Rates zur Einführung eines Europäischen Mahnverfahrens

1. Gericht

Gericht		
Anschrift		
PLZ	Ort	Land

Aktenzeichen (vom Gericht auszufüllen)	
Eingang beim Gericht (Tag/Monat/Jahr) / /	
Unterschrift und/oder Stempel	

2. Parteien und ihre Vertreter

Codes: 01 Antragsteller; 02 Antragsgegner; 03 Vertreter des Antragstellers *; 04 Vertreter des Antragsgegners *; 05 Gesetzlicher Vertreter des Antragstellers **; 06 Gesetzlicher Vertreter des Antragsgegners **

Code				
Code	Name der Firma oder Organisation		(ggf.) Identifikationsnummer	
	Name		Vorname	
	Anschrift	PLZ	Ort	Land
	Telefon ***	Fax ***	E-Mail ***	
	Beruf ***	Sonstige Angaben ***		
Code	Name der Firma oder Organisation		(ggf.) Identifikationsnummer	
	Name		Vorname	
	Anschrift	PLZ	Ort	Land
	Telefon ***	Fax ***	E-Mail ***	
	Beruf ***	Sonstige Angaben ***		
Code	Name der Firma oder Organisation		(ggf.) Identifikationsnummer	
	Name		Vorname	
	Anschrift	PLZ	Ort	Land
	Telefon ***	Fax ***	E-Mail ***	
	Beruf ***	Sonstige Angaben ***		

Der Einspruch muss in Deutschland nicht bis zum Fristablauf beim Amtsgericht Wedding eingegangen, sondern lediglich abgesandt sein.

Daher wartet das Amtsgericht Wedding vor Vollstreckbarerklärung zusätzlich einen angemessenen Zeitraum für die Übermittlung des Einspruchs ab, Art. 18 I VO (EG) Nr. 1896/2006.

Eine Begründung des Einspruchs ist nicht erforderlich. Wenn der Antragsteller die automatische Überleitung ins nationale zivilrechtliche Verfahren des jeweiligen Staates nicht ausdrücklich ausgeschlossen hat, wird dies nun durch den Einspruch eingeleitet. Der Antragsteller wird vom Mahngericht über den Einspruch informiert.

Auch wenn die Einspruchsfrist abgelaufen ist, hat der Antragsgegner noch die Möglichkeit, beim zuständigen Mahngericht eine Überprüfung des EU-Zahlungsbefehls unverzüglich zu beantragen,

- **falls die Zustellung ohne Nachweis des Empfangs durch den Antragsgegner erfolgte und die Zustellung nicht so rechtzeitig erfolgte, dass der Antragsgegner genügend Zeit hatte, um Vorkehrungen für seine Verteidigung zu treffen.**
- **falls der Antragsgegner aufgrund höherer Gewalt oder aufgrund außergewöhnlicher Umstände, ohne eigenes Verschulden, keinen Einspruch einlegen konnte.**
- **falls, aus Sicht des Antragsgegners, der Zahlungsbefehl aufgrund von außergewöhnlichen Umständen zu Unrecht erlassen wurde.**

Stellt sich bei der Überprüfung heraus, dass der Einwand berechtigt war, so wird der Zahlungsbefehl nichtig. Ansonsten wird der Antrag zurückgewiesen und der Zahlungsbefehl bleibt in Kraft.

In der Bundesrepublik ergeht die Entscheidung über den Antrag durch Beschluss. Dieser Beschluss ist unanfechtbar.

3.7 Wirkungen des Europäischen Zahlungsbefehls

Wenn kein Einspruch innerhalb der Einspruchsfrist eingelegt wird, erfolgt von Amts wegen die Erklärung über die Vollstreckbarkeit des Europäischen Zahlungsbefehls.

Der Rechtspfleger ist für diese Erklärung zuständig. Die Erklärung erfolgt mittels Formblatt G.

Vollstreckbarerklärung

Formblatt G

Artikel 18 Absatz 1 der Verordnung (EG) Nr. 1896/2006 des Europäischen Parlaments und des Rates zur Einführung eines Europäischen Mahnverfahrens

1. Gericht

Gericht		
Anschrift		
PLZ	Ort	Land

Aktenzeichen	
Ort	Datum (Tag/Monat/Jahr)
Unterschrift und/oder Stempel	

2. Parteien und ihre Vertreter

Codes: 01 Antragsteller, 02 Antragsgegner, 03 Vertreter des Antragstellers *, 04 Vertreter des Antragsgegners *, 05 Gesetzlicher Vertreter des Antragstellers **, 06 Gesetzlicher Vertreter des Antragsgegners **

Code	Name der Firma oder Organisation		(ggf.) Identifikationsnummer	
	Name		Vorname	
	Anschrift	PLZ	Ort	Land
	Telefon ***	Fax ***	E-Mail ***	
	Beruf ***		Sonstige Angaben ***	
Code	Name der Firma oder Organisation		(ggf.) Identifikationsnummer	
	Name		Vorname	
	Anschrift	PLZ	Ort	Land
	Telefon ***	Fax ***	E-Mail ***	
	Beruf ***		Sonstige Angaben ***	
Code	Name der Firma oder Organisation		(ggf.) Identifikationsnummer	
	Name		Vorname	
	Anschrift	PLZ	Ort	Land
	Telefon ***	Fax ***	E-Mail ***	
	Beruf ***		Sonstige Angaben ***	

1/2

Vom Europäischen Justizportal generiert

Für die Zwangsvollstreckung benötigt man

- die Ausfertigung des Europäischen Zahlungsbefehls (Formblatt E),
- die Erklärung über die Vollstreckbarkeit (Formblatt G) und
- evtl. eine Übersetzung (nur auf Verlangen des ausländischen Vollstreckungsorgans).

Eine Vollstreckungsklausel ist nicht erforderlich.

3.8 Kosten im Europäischen Mahnverfahren

© johannes86 – Fotolia.com

Die Gebühren für das Europäische Mahnverfahren richten sich nach den nationalen Rechtsvorschriften, Berechnungsgrundlage ist der jeweilige Streitwert, d.h., sie liegen in einer ähnlichen Größenordnung wie die des grenzüberschreitenden Mahnverfahrens.

Die Gerichtskosten entstehen mit der Einreichung des Antrags auf Erlass eines Europäischen Zahlungsbefehls. Für den Antrag ist eine 0,5 Gebühr nach dem Gerichtskostengesetz (Anlage 1, Kostenverzeichnis) gem. Nr. 1100 vorgesehen, mind. aber 36,00 Euro. Evtl. können noch zusätzliche Kosten für die Zustellung im europäischen Ausland oder Übersetzungskosten hinzukommen.

BEISPIEL

Herr Frasch, wohnhaft in Augsburg, beauftragt RA Noll, einen Europäischen Zahlungsbefehl gegen Herrn Humbold, wohnhaft in Frankreich, über eine Forderung von 2.500,00 Euro zu beantragen. Die Auszubildende Rita soll für den Mandanten Frasch eine Vorschussrechnung über die anfallenden Rechtsanwalts- und Gerichtskosten erstellen.

Rechtsanwaltskosten:

1,0 Verfahrensgebühr aus 2.500,00 Euro gem. Nr. 3305 VV RVG	235,50 Euro	
Post- und Telekommunikation gem. Nr. 7002 VV RVG	20,00 Euro	
Zwischensumme		255,50 Euro
19 % Umsatzsteuer gem. Nr. 7008 VV RVG	48,55 Euro	
Rechtsanwaltskosten gesamt		304,05 Euro
0,5 Gerichtskosten gem. Nr. 1100 GKG	62,75 Euro	
Gesamt		366,80 Euro

3.9 Vor- und Nachteile des Europäischen Mahnverfahrens

Vorteile	Nachteile
Schneller als ein grenzüberschreitendes Mahnverfahren	Höhere formale Anforderungen als ein „normaler" Mahnbescheid
Der Europäische Zahlungsbefehl ist in allen EU-Mitgliedstaaten ohne weitere Formalitäten vollstreckbar (Ausnahme: Dänemark)	Sachverhalt und Beweismittel müssen angegeben werden.
Nur Zustellung erforderlich	

3.10 Zusammenfassung und Aufgaben

ZUSAMMENFASSUNG

Der Europäische Zahlungsbefehl

Hat man eine Forderung an einen Schuldner, der seinen Wohn- bzw. Geschäftssitz nicht in Deutschland hat, so kann man einen Europäischen Zahlungsbefehl beantragen.

Örtliche Zuständigkeit

In der Regel das Gericht in dem EU-Land, in dem der Antragsgegner wohnt.

Ist der **Antragsgegner Verbraucher: ausschließlich** das Gericht am Wohnsitz des Schuldners.

Zentrales Mahngericht in Deutschland: Amtsgericht Wedding

Hat der Antragsgegner seinen Wohnsitz bzw. Geschäftssitz in Deutschland (und der Antragsteller mit Wohn- bzw. Geschäftssitz in einem anderen EU-Mitgliedstaat) und handelt es sich **nicht um eine arbeitsrechtliche Angelegenheit.**

Bei **arbeitsrechtlichen Angelegenheiten:** das jeweilige Arbeitsgericht

Rechtsmittel gegen den Europäischen Zahlungsbefehl

Einspruch innerhalb einer Frist von 30 Tagen ab Zustellung bei dem Gericht, das den Zahlungsbefehl erlassen hat.

AUFGABEN

Klaus Müller, wohnhaft in Hamburg, hat eine Geldforderung über 5.500,00 Euro aus einem Kaufvertrag gegen Alain Matinez, wohnhaft in Paris.

Herr Müller möchte einen Europäischen Zahlungsbefehl gegen Herr Matinez beantragen und beauftragt Rechtsanwalt Gerber mit der Beantragung. Der Zahlungsbefehl wird Herrn Matinez am 24.10. zugestellt.

1. Welche Voraussetzungen müssen gegeben sein, damit Herr Müller den Europäischen Zahlungsbefehl beantragen kann?
2. Welches Gericht ist zuständig für den Antrag?
3. Welches Rechtsmittel kann Herr Matinez gegen den Zahlungsbefehl einlegen und bis wann muss er das Rechtsmittel eingelegt haben?
4. Welche Kosten entstehen für den Zahlungsbefehl?
5. Erstellen Sie die Abrechnung für RA Gerber.

4. EUROPÄISCHES VERFAHREN FÜR GERINGFÜGIGE FORDERUNGEN (EUROPEAN SMALL CLAIMS PROCEDURE)

Das europäische Verfahren für geringfügige Forderungen soll es den EU-Bürgern erleichtern, ihre Rechte und Forderungen in Zivil- und Handelssachen bis 5.000,00 Euro grenzüberschreitend, schnell und auf einem einfachen Weg geltend zu machen. Mit der Verordnung (EG Nr. 861/2007 des Europäischen Parlaments und des Rates vom 11. Juli 2007 zur Einführung eines europäischen Verfahrens für geringfügige Forderungen) wurde ein einheitliches europäisches Zivilverfahren für alle Mitgliedstaaten der EU – mit **Ausnahme Dänemarks** – geschaffen.

© dpa

(Die nachfolgende Darstellung des Verfahrens gilt immer für alle EU-Mitgliedstaaten, mit Ausnahme Dänemarks.)

Merkmale des Verfahrens

- Einfach
- Effizient
- Kostengünstig
- Urteil wird in anderen EU-Staaten anerkannt und ist vollstreckbar, ohne dass eine Vollstreckbarerklärung erforderlich ist.

4.1 *Voraussetzungen*

Das europäische Verfahren für geringfügige Forderungen kann nur unter bestimmten Voraussetzungen in Anspruch genommen werden.

Voraussetzungen

- Der Streitwert der Klage darf zum Zeitpunkt des Eingangs beim Gericht 5.000,00 Euro nicht überschreiten (ohne Kosten, Zinsen und Auslagen).
- Das Verfahren ist auch für nicht entgeltliche Ansprüche mit einem Streitwert nicht über 5.000,00 Euro möglich, z. B. Lieferung der Ware.
- Es muss sich um eine „grenzüberschreitende Angelegenheit" im Zivil- und Handelsrecht handeln, d. h., der Schuldner hat seinen Wohn- oder Geschäftssitz im europäischen Ausland.
- Der Anspruch ist aus einem Vertrag heraus entstanden, z. B. Kaufvertrag, Geldforderungen aus einem Mietvertrag.

Das Verfahren gilt z. B. nicht für:

- Steuer- und Zollsachen
- Angelegenheiten aus dem Arbeitsrecht
- Familiensachen, z. B. Unterhalt, eheliche Güterstände
- Erbrechtliche Angelegenheiten
- Verletzungen der Privatsphäre oder der Persönlichkeitsrechte, z. B. Verletzung der Ehre durch Beleidigung
- Verwaltungsrechtliche Angelegenheiten, z. B. Ansprüche an Behörden
- Angelegenheiten aus Vermietung und Verpachtung unbeweglicher Sachen, mit Ausnahme von Geldforderungen, z. B. Wohnungsräumung

4.2 Zuständigkeiten

Die Zuständigkeit für das europäische Verfahren für geringfügige Forderungen ist abhängig von den Vorschriften des jeweiligen EU-Staates.

Zuständigkeiten

im EU-Ausland	in Deutschland (für Antragstellende mit Wohn- bzw. Geschäftssitz in anderen EU-Ländern)
das für den Schuldner zuständige Gericht des jeweiligen EU-Landes	das Amtsgericht, in dessen Bezirk sich der Wohn- bzw. Geschäftssitz des Schuldners befindet

Welches Gericht in welchem Mitgliedstaat zuständig ist, ergibt sich aus der Verordnung (EU) Nr. 1215/2012 des EU-Parlaments. Im „Europäischen Gerichtsatlas für Zivilsachen" kann man unter Angabe des Wohnsitzes des Schuldners das zuständige Gericht herausfinden.

4.3 Ablauf des Verfahrens

Für das europäische Verfahren für geringfügige Forderungen besteht **kein** Anwaltszwang. Die Klage wird direkt beim zuständigen Gericht unter Verwendung des Klageformblattes A für geringfügige Forderungen eingereicht. (siehe unter https://e-justice.europa.eu, Dynamische Formulare, Formulare Geringfügige Forderungen, Formblatt A, Klageformblatt) Das Formblatt muss in der Landessprache des zuständigen Gerichts ausgefüllt werden, bei dem die Klage eingereicht wird. Die Klage muss begründet werden und hilfreiche Beweismittel müssen hinzugefügt sein. Die Einreichung der Klage kann, je nach Mitgliedstaat, durch Post, online oder per Fax erfolgen. Der weitere Ablauf des Verfahrens erfolgt schriftlich. Eine mündliche Verhandlung wird nur auf Wunsch des Gerichts oder auf Antrag einer Partei durchgeführt.

4.3.1 Ablauf nach Klageeinreichung

Ist die Klage beim zuständigen Gericht eingegangen, müssen folgende Fristen berücksichtigt werden:

- Zustellung der Kopie des Klageformblatts und eines Antwortformulars innerhalb von 14 Tagen an den Beklagten durch das Gericht
- Rücksendung des ausgefüllten Antwortformulars vom Beklagten an das Gericht, innerhalb von 30 Tagen nach Zustellung

EUROPÄISCHES VERFAHREN FÜR GERINGFÜGIGE FORDERUNGEN

FORMBLATT A

KLAGEFORMBLATT

(Artikel 3 Absatz 1 der Verordnung (EG) Nr. 861/2007 des Europäischen Parlaments und des Rates zur Einführung eines europäischen Verfahrens für geringfügige Forderungen)

Aktenzeichen (*):
Eingang beim Gericht __/__/____ (*)
(*) Vom Gericht auszufüllen.

WICHTIGER HINWEIS

BITTE LESEN SIE DIE ANLEITUNG ZU BEGINN JEDES ABSCHNITTS — SIE ERLEICHTERT IHNEN DAS AUSFÜLLEN DIESES FORMBLATTS

Sprache
Dieses Formblatt ist in der Sprache des Gerichts auszufüllen, bei dem Sie Ihre Klage einreichen. Das Formblatt ist auf der Internetseite des Europäischen Justiziellen Atlanten unter http://ec.europa.eu/justice_home/judicialatlascivil/html/index_de.htm in allen Amtssprachen der Organe der Europäischen Union erhältlich; möglicherweise hilft Ihnen dies, das Formblatt in der vorgeschriebenen Sprache auszufüllen.

Beweisunterlagen
Diesem Klageformblatt sollten gegebenenfalls alle zweckdienlichen Beweisunterlagen beigefügt werden. Dies hindert Sie jedoch nicht daran, gegebenenfalls im Laufe des Verfahrens weitere Beweisunterlagen vorzulegen.
Eine Kopie des Klageformblatts und gegebenenfalls vorgelegter Beweisunterlagen wird dem Beklagten zugestellt. Der Beklagte erhält Gelegenheit, dazu Stellung zu nehmen.

Gericht

In diesem Feld ist das Gericht anzugeben, bei dem Sie die Klage einreichen. Bei der Auswahl des Gerichts ist dessen Zuständigkeit für das Verfahren zuprüfen. Unter Abschnitt 4 ist eine nicht erschöpfende Aufzählung von Beispielen, worauf sich die gerichtliche Zuständigkeit gründen könnte, zu finden.

1. *Bei welchem Gericht reichen Sie die Klage ein?*
1.1. Bezeichnung:
1.2. Straße und Hausnummer/Postfach:
1.3 PLZ und Ort:
1.4. Staat:

Kläger

In diesem Feld sind Sie als Kläger und gegebenenfalls Ihr Vertreter anzugeben. Sie sind nicht verpflichtet, sich durch einen Rechtsanwalt oder sonstigen Rechtsbeistand vertreten zu lassen.

In manchen Ländern reicht es vielleicht nicht aus, als Anschrift nur ein Postfach anzugeben; daher sollten Sie den Straßennamen und die Hausnummer mit einer Postleitzahl angeben. Das Fehlen dieser Angaben kann dazu führen, dass das Dokument nicht zugestellt wird.

Unter „Sonstige Angaben" können Sie zusätzliche Informationen zur Feststellung Ihrer Person eingetragen werden, z. B. Ihr Geburtsdatum, berufliche Tätigkeit, Stellung im Unternehmen, persönliche Identifikationsnummer und Unternehmensregisternummer in bestimmten Mitgliedstaaten.

- Zustellung einer Kopie des Antwortformulars vom Gericht an den Kläger innerhalb von 14 Tagen nach Eingang bei Gericht
- Innerhalb von 30 Tagen nach Eingang des Antwortformulars des Beklagten erlässt das Gericht ein Urteil. Evtl. fordert das Gericht die Parteien zu weiteren schriftlichen Angaben auf oder es bestimmt Termin zu einer mündlichen Verhandlung. In diesem Fall ergeht das Urteil spätestens 30 Tage nach Vorliegen sämtlicher Unterlagen bzw. innerhalb von 30 Tagen nach der mündlichen Verhandlung.

4.3.2 Rechtsmittel und Kosten des Verfahrens

Gegen das Urteil im europäischen Verfahren für geringfügige Forderungen können die gleichen Rechtsmittel eingelegt werden, die im Verfahrensrecht des angerufenen Staates vorgesehen sind.

Die unterlegene Partei trägt die Kosten des Verfahrens. Die Kosten richten sich nach den Vorschriften des Staates, in dem sich das zuständige Gericht befindet.

Zusätzlich zu den Gerichtskosten können auch Kosten für die Übersetzung und evtl. Reisekosten anfallen.

4.4 *Zusammenfassung und Aufgaben*

ZUSAMMENFASSUNG

Das europäischen Verfahren für geringfügige Forderungen bis 5.000,00 Euro

Merkmale

- Einfach
- Effizient
- Kostengünstig

Voraussetzungen

- Streitwert nicht über 5.000,00 Euro
- Auch für nichtentgeltliche Ansprüche
- „Grenzüberschreitende Angelegenheit"
- Vertraglicher Anspruch

Die Klage muss mit dem Klageformularblatt A beim für dieses EU-Land zuständigen Gericht eingereicht werden.

AUFGABEN

1. Warum ist es für einen EU-Bürger sinnvoll, bei einer „grenzüberschreitenden" Forderung bis 5.000,00 Euro, das europäische Verfahren für geringfügige Forderungen einzuleiten?

2. Prüfen Sie, ob in nachfolgenden Fällen eine Klage im europäischen Verfahren für geringfügige Forderungen möglich ist.

a. Herr A aus Hamburg hat eine Geldforderung über 4.950,00 Euro (+ 20,00 Euro Mahnkosten, + 15,00 Euro Verzugszinsen + 70,00 Euro Auslagen) gegen Herrn B, wohnhaft in Amsterdam (NL).

b. Mila Maier, wohnhaft in Berlin, will ihre Nichte Marie-Luise, wohnhaft in Brüssel (B) in einer Erbstreitigkeit, Streitwert 1.400,00 Euro verklagen.

c. Frau Gordon, wohnhaft in Straßburg (F), will ihren Arbeitgeber mit Geschäftssitz in Karlsruhe wegen einer Streitigkeit aus ihrem Arbeitsvertrag verklagen.

d. Herr Hund hat eine Wohnung in Wien vermietet. Der Mieter Karl Jung hat die letzten beiden Monatsmieten in Höhe von insgesamt 1.600,00 Euro nicht gezahlt.

3. Welches Rechtsmittel kann gegen ein Urteil im europäischen Verfahren für geringfügige Forderungen eingelegt werden?

4. Wer trägt die Kosten für das Verfahren?

5. DAS BESONDERE ELEKTRONISCHE ANWALTSPOSTFACH (BEA)

Durch das Gesetz zur Förderung des elektronischen Rechtsverkehrs (ERV-Gesetz) mit den Gerichten vom 10.10.2013, soll eine stufenweise flächendeckende Einführung des elektronischen Rechtsverkehrs für alle Gerichtsbarkeiten gewährleistet werden. Ab dem 28. November 2016 steht das beA für alle in der Bundesrepublik zugelassenen Rechtsanwälte zur Verfügung. Jeder Rechtsanwalt hat von

beA ® Digital. Einfach. Sicher.

der BRAK ein eigenes elektronisches Anwaltspostfach erhalten. Das ist der erste Schritt zu einer sicheren papierlosen Kommunikation zwischen Rechtsanwälten, Gerichten und Kammern. Dies bedeutet, dass zukünftig der Anwalt einfach und sicher mit Kollegen und der Justiz elektronisch kommunizieren kann. Weitere Informationen und Anwendungshilfen zu beA erhält man über die BRAK (https://www.bea-brak.de/xwiki/bin/view/BRAK/)

5.1 Zeitplan für die Einführung

Stufe 1

2016

Einführung des beA mit einer Übergangsfrist für das EGVP (elektronisches Gerichts- und Verwaltungspostfach).

1. Januar 2017

Rechtsanwälte werden verpflichtet, Schutzschriften ausschließlich beim elektronischen Schutzschriftenregister einzureichen (§ 49c BRAO).

Stufe 2

Alle Gerichte der Zivil-, Arbeits-, Finanz-, Sozial- und Verwaltungsgerichtsbarkeit sind elektronisch erreichbar. (Die einzelnen Bundesländer können die Einführung des elektronischen Rechtsverkehrs auf Januar 2019 oder Januar 2020 verschieben.)

Die Rechtsanwälte können Dokumente ab jetzt über ihr beA ohne qualifizierte Signatur versenden.

Ein elektronisches Empfangsbekenntnis (EB) kann direkt über das beA abgegeben werden.

Stufe 3

1. Januar 2020

Die Länder können per Rechtsverordnung die anwaltliche Verpflichtung zur elektronischen Einreichung von Dokumenten bei den Gerichten von 2022 auf 2020 oder 2021 vorziehen.

1. Januar 2022

Rechtsanwälte sind spätestens jetzt flächendeckend verpflichtet, Dokumente den Gerichten elektronisch zu übermitteln.

Vorteile des beA	Nachteile des beA
Einsparung von Porto-, Druck- und Papierkosten	Zeitlicher, technischer und organisatorischer Mehraufwand, denn alle Dokumente in Papierform, die der Mandant dem Anwalt aushändigt, müssen zur elektronischen Übermittlung eingescannt werden.
Verkürzte Bearbeitungszeiten, da Wegfall der Versendungszeit	Für das beA entstehen Kosten für den RA für die Bereitstellung, ca. 65,00 Euro bis 70,00 Euro pro Jahr.
Einfachere Zuordnung von Dokumenten zu den einzelnen Akten	Evtl. Mehrkosten durch neue Hardware, Chipkarte, Kartenlesegerät usw.
Schneller und sicherer Zugang der Zustellungen, da automatische Benachrichtigung	
Elektronisches EB erleichtert die Zustellung von Anwalt zu Anwalt.	

5.2 Sicherheit des beA

Die Sicherheit des Systems hat bei der Einführung des beA höchste Priorität. Deshalb werden nur neueste Authentifizierungs- und Verschlüsselungstechniken verwendet, damit sich kein Unbefugter Zugang zum Postfach verschaffen kann.

© nasir1164 – Fotolia.com

Auf einfachen Zugriff und auf Nutzerfreundlichkeit wurde sehr großer Wert gelegt. Jeder Anwalt mit einem Computer mit leistungsfähigem Internetanschluss oder einer entsprechenden Kanzleisoftware kann auf das beA zugreifen. Mit einer Zugangskarte, PIN und einem Kartenlesegerät ist ein Zugang möglich.

Durch eine Ende-zu-Ende-Verschlüsselung wird eine sichere Übermittlung der Daten gewährleistet. Die Nachricht bleibt vom Absenden beim Absender, im Gegensatz zur herkömmlichen E-Mail-Übermittlung, bis zum Eingang beim Empfänger verschlüsselt. Es kann also niemand außer dem Absender und dem Empfänger Kenntnis vom Inhalt der Nachricht erlangen. Ein Öffnen oder Manipulieren der Nachrichten durch Unbefugte ist also nicht möglich.

Wird die Nachricht nach dem Öffnen wieder verschlossen, ist sie automatisch wieder verschlüsselt, aber der Betreff bleibt sichtbar.

5.3 Hardware für das beA

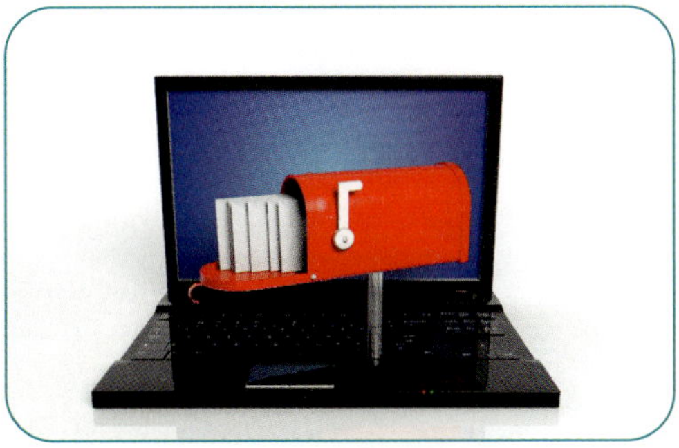

© viperagp – Fotolia.com

Die Anmeldung im beA erfolgt über eine Sicherheitskarte und eine PIN. Um die Sicherheitsvoraussetzungen zu gewährleisten, wird die BRAK eine eigene Karte (spezielle beA-Karte für die Erstregistrierung) herausgeben. Diese spezielle Karte kann dann auch für die weiteren täglichen Anmeldungen zum beA verwendet werden. Damit diese Karte genutzt werden kann, muss ein Kartenlesegerät verwendet werden, das für die Erzeugung einer qualifizierten elektronischen Signatur (qeS) geeignet ist. Bis 2018 müssen die Dokumente, die über das beA versendet werden, mit dieser qeS versehen sein. Das Kartenlesegerät muss ein sogenanntes PIN-Pad besitzen, damit der jeweilige PIN eingegeben werden kann.

Ebenfalls kann über ein sogenanntes Softwarezertifikat auf das beA zugegriffen werden. Das Softwarezertifikat ist auf einem Speichermedium gespeichert, z. B. USB-Stick, Karte o. Ä. oder auf dem Rechner direkt, was weitere Sicherheitsvorkehrungen notwendig macht. Allerdings ist ein solches Softwarezertifikat nicht für eine qeS geeignet.

Ein Drucker und ein Scanner mit verschiedenen Auflösungen sind ein Muss für die Nutzung des beA.

Das beA ist ein barrierefreies Postfach, d. h., es ist auch für blinde und sehbehinderte Anwälte gut nutzbar.

5.4 Zugriffsrechte

Der Anwalt kann, als Postfachinhaber, seinen Mitarbeitern oder Kollegen unterschiedliche Berechtigungen zuweisen, z. B. nur Leseberechtigung oder auch Versendungsbefugnis bis hin zur Befugnis, selbst Berechtigungen zu erteilen. Es gibt einen Katalog mit etwa 30 unterschiedlichen Befugnissen, die einzeln oder kombiniert vergeben werden können.

5.5 Funktionsweise des beA

Das beA ähnelt in seiner Funktion gängigen E-Mail-Clients. Es gibt einen Posteingang, Postausgang, Ordner für Entwürfe und einen Papierkorb. Darüber hinaus kann der Postein- und -ausgang bearbeitet werden, Fristen notiert und EB vorbereitet und Entwürfe angefertigt werden.

5.6 Fristgerechter Zugang

Das beA ist so konzipiert, dass alle Nachrichten sicher und pünktlich dem Empfänger zugehen.

Bricht aber dennoch das Netz einmal zusammen, so gibt es im beA-System nicht-veränderbare Nachrichten- und Postfach-Journale. Alles wird rechtssicher dokumentiert und somit ist eine Wiedereinsetzung möglich. Dauert die Störung länger, so ist eine nicht-elektronische Übermittlung aus technischen Gründen weiterhin zulässig. Die Unmöglichkeit muss glaubhaft gemacht werden und auf Anforderung ist das elektronische Dokument nachzureichen.

5.7 Zusammenfassung und Aufgaben

ZUSAMMENFASSUNG

Einführung des beA in Stufen

2016	Einführung
2017	Schutzvorschriften müssen auf elektronischem Weg beim zentralen elektronischen Schutzvorschriftenregister eingereicht werden.
2022	Flächendeckende Verpflichtung für Rechtsanwälte, elektronisch mit der Justiz zu kommunizieren.

Bedeutung

Sämtliche Kommunikation zwischen den Anwälten und der Justiz soll künftig auf elektronischem Weg stattfinden.

Nutzung

Zur Erstregistrierung und zur Nutzung des beAs benötigt der Rechtsanwalt eine spezielle Chip-Karte und ein spezielles Lesegerät mit PIN-Pad, damit die qualifizierte Signatur erstellt werden kann.

Zugriff

Das Postfach ist an den bei der Erstregistrierung erfassten Rechtsanwalt gebunden.

Es besteht jedoch die Möglichkeit, dass der Rechtsanwalt verschiedene Berechtigungen, z. B. Empfangs-, Lese- und Sendeberechtigungen, an seine Mitarbeiter vergibt.

Sicherheit

neueste Authentifizierungs- und Verschlüsselungstechniken mit Ende-zu-Ende-Verschlüsselung

AUFGABEN

1. Warum wird das beA eingeführt?
2. Welche Vorteile verspricht sich die Justiz von der Einführung des beA?
3. Sicherheit hat höchste Priorität. Mit welchen Mitteln versucht man diese Sicherheit zu gewährleisten, im Gegensatz zu einer „normalen" E-Mail?
4. Erläutern Sie die Sicherheitsvorkehrungen, wenn es zu einem Zusammenbruch des Kommunikationsnetzes kommt.
5. Skizzieren Sie kurz die Anmeldung zum beA!

LERNFELD 9A

Dienstordnungs- und beurkundungsrechtliche Vorschriften anwenden

1. URKUNDSTÄTIGKEIT IM NOTARIAT

1.1 Urkunden

§ 1 BNotO

Gemäß § 1 der Bundesnotarordnung (BNotO) werden im Notariat „für die **Beurkundung** von Rechtsvorgängen und andere Aufgaben auf dem Gebiet der vorsorgenden Rechtspflege“ bestellt. Nach § 20 BNotO sind sie zuständig für Beurkundungen jeder Art und die Beglaubigung von Unterschriften, Handzeichen und Abschriften. Dazu kommen nach den §§ 23, 24 BNotO **sonstige Aufgaben.** Der Kern der notariellen Arbeit ist aber eindeutig die **Beurkundungstätigkeit.**

EXKURS

Gendergerechte Sprache

Im allgemeinen Sprachgebrauch hat sich die gleichberechtigte Verwendung von weiblichen und männlichen Berufsbezeichnungen mittlerweile auf breiter Basis durchgesetzt. Eine Gleichbehandlung von Mann und Frau ist durch das Allgemeine Gleichstellungsgesetz und die Gleichstellungsgesetze der Bundesländer gesetzlich verankert und wird überwiegend als gesellschaftliche Selbstverständlichkeit angesehen. In juristischen Gesetzestexten, die in ihrem Kern teilweise noch auf das 19. Jahrhundert zurückgehen, ist dies allerdings noch längst nicht überall angekommen. So sprechen das Beurkundungsgesetz und die Bundesnotarordnung in der Tat nur von „dem Notar“, die Dienstordnung ist dagegen immerhin schon „für Notarinnen und Notare“.

1.1.1 Begriff der Urkunde

Was unterscheidet nun eine Urkunde von einem „gewöhnlichen" Schriftstück? Hier wird vor allem nach dem **Inhalt** differenziert: Eine Urkunde muss einen **rechtlich bedeutsamen Inhalt** haben und die **ausstellende Person erkennen lassen.** Auf die äußere Form kommt es dabei nicht an: Eine Urkunde kann natürlich ein Schriftstück sein, dies ist aber nicht zwingend. Auch ein Kfz-Kennzeichen erfüllt z. B. diese Voraussetzungen. Auch elektronische Dokumente können Urkunden sein, vgl. § 126 a BGB.

BEISPIEL

Die Auszubildende Aylin hat von einer Bekannten einen Gebrauchtwagen erworben. Wie vereinbart, bestätigt sie der Bekannten im Nachhinein die Vertragsbedingungen per E-Mail. Bei dieser E-Mail handelt es sich um eine Urkunde, und zwar unabhängig davon, ob sie lediglich elektronisch gespeichert bleibt oder ausgedruckt wird.

1.1.2 Öffentliche und private Urkunden

Urkunden werden in **öffentliche** und **private Urkunden** eingeteilt. Wird eine Urkunde von einer öffentlichen Behörde (z. B. Städte und Gemeinden, Kirchenbehörden, Standesämter) oder einer mit öffentlichem Glauben versehenen Person (insbesondere: Notare) erstellt, so handelt es sich um eine öffentliche Urkunde, § 415 ZPO. Die Unterscheidung ist im Rechtsverkehr deshalb von erheblicher Bedeutung, weil für die öffentliche Urkunde die **Vermutung der Echtheit** spricht, § 437 ZPO, und zugleich davon ausgegangen wird, dass die beurkundete Tatsache so stattgefunden hat und auch **wahr** ist, §§ 415, 418 ZPO. Diese Vermutung gilt nicht für private Urkunden, also alle Urkunden, die nicht öffentliche Urkunden sind. Wer in einem Rechtsstreit eine private Urkunde vorlegt, muss zunächst beweisen, dass diese Urkunde echt ist. Dies ist bei z. B. einer notariellen Urkunde nicht der Fall.

§§ 415, 418, 437 ZPO

© h_lunke – Fotolia.com

BEISPIEL

In einem Rechtsstreit um eine Erbschaft behaupten zwei Kinder des Erblassers, sie seien jeweils die rechtmäßigen Alleinerben eines großen Vermögens. Die Tochter legt vor Gericht ein notariell beurkundetes Testament vor, in welchem sie zur Alleinerbin eingesetzt wird. Der Sohn behauptet, dieses Testament habe der Erblasser später widerrufen und ihn, den Sohn, zum Alleinerben eingesetzt. Er legt ein eigenhändiges Testament des Erblassers vor, welches später datiert ist als das notariell beurkundete Testament.

BEISPIEL

Das Gericht wird gemäß §§ 415, 418, 437 ZPO ohne weitere Beweiserhebung davon ausgehen, dass das notarielle Testament echt ist und der Erblasser die von der Tochter behaupteten Erklärungen abgeben hat. Der Sohn müsste, z. B. mittels Zeugenaussagen und Sachverständigengutachten, beweisen, dass das eigenhändige Testament tatsächlich vom Erblasser stammt und später verfasst wurde als das notariell beurkundete. Kann er diesen Beweis nicht führen, wird die Tochter den Prozess gewinnen.

1.1.3 Bewirkende und berichtende Urkunden

Urkunden können entweder selbst durch ihren Inhalt die **Rechtslage unmittelbar verändern** (bewirkende Urkunden) oder lediglich von einem rechtlich relevanten Vorgang **berichten.** Gerichtsurteile z. B. sind bewirkende Urkunden, bei Unterschriftsbeglaubigungen handelt es sich um berichtende Urkunden. Die Unterscheidung ist deshalb von Bedeutung, weil bei bewirkenden Urkunden der Rechtsakt ohne die Urkunde selbst überhaupt nicht vorhanden ist.

1.1.4 Notarielle Urkunden des Notars

Sofern die Notare Urkunden innerhalb des ihnen zugewiesenen Geschäftskreises in der vorgeschriebenen Form aufgenommen haben (§ 415 ZPO), handelt es sich bei diesen Urkunden stets um öffentliche Urkunden, für sie streitet also die Vermutung der Echtheit und Wahrheit.

1.1.5 Notarielle Urkunden über Willenserklärungen, Tatsachen und Beglaubigungen

§§ 8, 36 BeurkG

Bei den Urkunden, die von Notaren erstellt werden, unterscheidet man vor allen zwischen der Beurkundung von **Willenserklärungen,** § 8 BeurkG i. V. m. § 20 BNotO, und der Beurkundung von sonstigen Erklärungen, Tatsachen und der Beglaubigung von Unterschriften, Handzeichen und Abschriften, §§ 36 ff. BeurkG.

Willenserklärungen sind die auf eine Rechtsfolge, also eine Änderung der Rechtslage, gerichtete Äußerungen von Personen, z. B. Antrag und Annahme bei einem Grundstückskaufvertrag, Testamente, Eheverträge etc.

Werden z. B. Vermögensverzeichnisse (vor allem Nachlassverzeichnisse) aufgenommen, so stellt dies keine Beurkundung von Willenserklärung dar, sondern man spricht von der Wahrnehmung sonstiger Tatsachen.

Die Unterscheidung zwischen der Beurkundung von Willenserklärungen einerseits und der Beurkundung sonstiger Erklärungen hat erhebliche praktische Auswirkungen bei der Erstellung der Urkunden: Werden Willenserklärungen beurkundet, muss die besonders strenge Form der Niederschrift nach den §§ 8 ff. BeurkG eingehalten werden. Ist dies nicht der Fall, kann die vereinfachte Niederschrift nach den §§ 36 ff. BeurkG erstellt werden.

1.2 Zusammenfassung und Aufgaben

ZUSAMMENFASSUNG

Urkunden

Ausstellende Stelle
- Private Urkunden
- Öffentliche Urkunden

Inhalt
- Berichtende Urkunden
- Bewirkende Urkunden

Notarielle Urkunden
- Willenserklärungen
- Sonstige Erklärungen, Tatsachen, Beglaubigungen

AUFGABEN

1. Was sind die Merkmale einer Urkunde?
2. Welches dieser Dokumente ist eine Urkunde im Rechtssinn:
   a. Eigenhändiges Testament
   b. Faxschreiben, mit dem von einem Arbeitnehmer eine Kündigung angekündigt wird.
   c. Prospekt eines Möbelhauses
   d. Grundbuchauszug
3. Was sind die wesentlichen Unterschiede zwischen einer privaten und einer öffentlichen Urkunde?
4. Bitte geben Sie je ein Beispiel für eine bewirkende und eine berichtende Urkunde.
5. In welchen Vorschriften ist geregelt, in welcher **Form**
   a. Beurkundungen über Willenserklärungen und
   b. Beurkundungen über sonstige Erklärungen
   zu verfassen sind?

2. BERUFSRECHTLICHE VORSCHRIFTEN FÜR DIE ERSTELLUNG VON URKUNDEN

Wie gesehen, handelt es sich bei den von Notaren erstellten Dokumenten um öffentliche Urkunden mit weitreichenden rechtlichen Folgen und oftmals großer Bedeutung für die Beteiligten. Um ihrer verantwortungsvollen Stellung gerecht zu werden, müssen Notare bei der Erstellung von Urkunden eine Vielzahl von Regeln beachten, insbesondere nach dem Beurkundungsgesetz. Diese alle hier darzustellen, würde den Umfang dieses Werks sprengen. Es sollen daher im Folgenden nur einige berufsrechtliche Vorschriften dargestellt werden, die bei der Erstellung von Urkunden insbesondere zu beachten sind.

2.1 Prüfungs- und Belehrungspflichten

§ 17 BeurkG

Gemäß § 17 BeurkG sollen Notare den **Willen der Beteiligten erforschen,** den **Sachverhalt klären,** die Beteiligten über die **rechtliche Tragweite des Geschäfts belehren** und ihre Erklärungen klar und unzweideutig in der Niederschrift wiedergeben. Dabei soll darauf geachtet werden, dass **Irrtümer und Zweifel vermieden** sowie **unerfahrene und ungewandte Beteiligte nicht benachteiligt** werden.

© Jeanette Dietl – Fotolia.com

Es handelt sich hier um eine der zentralen Vorschriften des Beurkundungsrechts. Sie verlangt, in allen Phasen der Beurkundung streng darauf zu achten, dass die Rechte aller Beteiligten gewahrt werden und Notare ihrer Stellung als **unabhängige und unparteiische Betreuende der Beteiligten,** § 14 BNotO, gerecht werden. Dies bedeutet, dass auch die Mitarbeiter, nicht nur, aber vor allem in der Vorbereitung der Urkunden größte Sorgfalt walten lassen müssen, um die Einhaltung der Pflichten aus § 17 BeurkG im Beurkundungsverfahren zu gewährleisten. Dies gilt insbesondere bei **Verbraucherverträgen** im Sinne des § 310 III BGB. Hier soll daraufhingewirkt werden, dass der Verbraucher (vgl. § 13 BGB) persönlich erscheint oder sich durch eine Vertrauensperson vertreten lässt, § 17 Abs. 2a Nr. 1 BeurkG. Dies bedeutet u. a., dass die vollmachtlose Vertretung eines Verbrauchers im Beurkundungsverfahren die absolute Ausnahme bleiben muss.

Praktisch sehr bedeutsam bei der Vorbereitung der Beurkundung ist § 17 Abs. 2a Nr. 2 BeurkG: Ist einer der Beteiligten Verbraucherin oder Verbraucher, soll ausreichend Gelegenheit sein, sich mit dem Gegenstand der Beurkundung auseinanderzusetzen. Dies geschieht in der Regel dadurch, dass der Text der

Erklärung im Entwurf rechtzeitig vorab zur Verfügung gestellt wird. Bei der Beurkundung von Grundstücksverträgen nach § 311b BGB wird hierfür eine Frist von mindestens zwei Wochen genannt. Wird diese Frist unterschritten, sollen die Gründe dafür in der Niederschrift genannt werden.

2.2 Ausschluss des Notars von der Beurkundung

Wie gezeigt, sind Notare unparteiische Betreuer aller Beteiligten, § 14 Abs. 1 BnotO. Mit dieser Stellung ist es unvereinbar, wenn Notare in irgendeiner Weise mit einem der Beteiligten eine Verbindung haben, die den Anschein der Befangenheit erwecken könnte. In diesem Fall soll die Beurkundung abgelehnt werden, § 16 Abs. 2 BNotO.

§ 16 II BNotO

2.2.1 Mitwirkungsverbote (§ 3 Abs. 1 BeurkG)

Gemäß § 3 Abs. 1 BeurkG dürfen Notare in einer Vielzahl von Fällen nicht an der Beurkundung mitwirken. Zusammengefasst handelt es sich um Angelegenheiten, bei denen sie entweder selbst beteiligt sind oder waren, oder an denen Personen beteiligt sind, mit denen sie verheiratet, (nah) verwandt, verschwägert oder wirtschaftlich verbunden sind.

Gemäß § 3 Abs. 1 Nr. 7 BeurkG dürfen sie auch dann nicht mitwirken, wenn sie oder mit ihnen beruflich verbundene Personen schon außerhalb der Notartätigkeit in der Angelegenheit, die Gegenstand der Beurkundung ist, tätig waren. Hiernach müssen Notare vor der Beurkundung fragen und die Antwort in der Urkunde aufnehmen.

Praktisch wird zur Vermeidung von Verstößen gegen Mitwirkungsverbote durch die Mitarbeitenden im Notariat eine Kollisionsprüfung durchgeführt; diese erfolgt softwaregestützt.

2.2.2 Unwirksamkeit der Beurkundung (§§ 6, 7 BeurkG)

Wird gegen ein Mitwirkungsverbot verstoßen, stellt sich die Frage, welche Auswirkungen dies hat. In jedem Fall stellt dies einen Verstoß gegen Dienstpflichten dar, für die dienstrechtliche Konsequenzen möglich sind. Handelt es sich bei der Angelegenheit um eine Beurkundung von **Willenserklärungen,** so ist diese gemäß §§ 6, 7 BeurkG **unwirksam.** Alle anderen Beurkundungen bleiben wirksam (mit Ausnahme der Beglaubigung der eigenen Unterschrift von Notaren).

2.2.3 Gesetzliche Vermutung der Befangenheit (§ 3 Abs. 2, Abs. 3 BeurkG)

Nicht jeder Fall, in dem eine Befangenheit nicht auszuschließen ist, führt zu einem Mitwirkungsverbot. War oder ist der Notar als gesetzliche Vertretung oder bevollmächtigte Person eines der Beteiligten tätig (§ 3 Abs. 2 BeurkG) oder in den Fällen des § 3 Abs. 3 BeurkG, müssen die Beteiligten darauf hingewiesen werden. Sind sie mit der Beteiligung des jeweiligen Notars einverstanden, kann die Beurkundung durchgeführt werden.

2.3 *Herstellung und Behandlung der Urkunden*

Die Erstellung und Behandlung von noatriellen Urkunden ist in den §§ 12–14 DONot, in §§ 44–54 BeurkG sowie in der NotAktVV geregelt.

2.3.1 Form der Urkunden

Urkunden müssen aufgrund der genannten Beweiskraft im Rechtsverkehr sorgfältig erstellt, in allen Details gut lesbar, lange haltbar und fälschungssicher sein. Wie dies im Einzelnen sicherzustellen ist, regelt zunächst § 12 DONot. Danach dürfen nur bestimmtes Papier und bestimmte Tinte in den Farben Blau oder Schwarz und nur bestimmte Druckverfahren bei der Herstellung und Bearbeitung von Urkunden verwendet werden. Stempel und Vordrucke dürfen nur in bestimmten Fällen benutzt werden, § 12 Abs. 2 und 3 DONot. Mehrere Blätter einer Urkunde sollen mit Schnur und Prägesiegel verbunden werden, § 44 BeurkG, § 14 DONot. Auf einer Urkunde darf nichts unleserlich gemacht werden, § 3 Abs. 2 NotAktVV.

§ 44 BeurkG

Wenn sich Änderungen oder Zusätze ergeben, soll dies am Schluss vor den Unterschriften oder am Rand der Urkunde vermerkt werden. Vermerke am Rand sollen jeweils gesondert unterzeichnet werden, § 44a BeurkG.

2.3.2 Die Urschrift

Die Urschrift ist das Original der notariellen Urkunde. Auf der Urschrift jeder Urkunde sowie auf jeder Ausfertigung oder Abschrift hat die Notarin oder der Notar die Urkundenverzeichnisnummer und die Jahreszahl anzugeben, § 3 Abs. 3 NotAktVV.

2.3.2.1 Verwahrung der Urschrift

Die Urschrift verbleibt grundsätzlich, wenn sie nicht auszuhändigen ist, in der Verwahrung des Notariats, § 45 BeurkG, und zwar in der Urkundensammlung, § 31 NotAktVV. Diese muss vor Unbefugten geschützt werden, indem sie in verschlossenen Schränken oder Räumen aufbewahrt wird. Durch die Verwahrung der Urschrift im Notariat wird dauerhaft über viele Jahre zuverlässig die Beweiskraft dieser öffentlichen Urkunden im Rechtsverkehr sichergestellt, da Berechtigte jederzeit auf das Original des Dokuments zurückgreifen können. Außerdem werden Urkunden seit 2022 zusätzlich in der elektronischen Urkundensammlung erfasst, § 34 NotAktVV.

2.3.2.2 Aushändigung der Urschrift

In Einzelfällen ist jedoch vorgesehen, dass die Urschrift nicht in der Urkundensammlung aufbewahrt wird.

- Testamente und Erbverträge werden (in einem gesiegelten und unterzeichneten Umschlag) in die besondere amtliche Verwahrung des Amtsgerichts (Nachlassgerichts) gegeben, § 34 Abs. 1, Abs. 2 BeurkG. Bei Erbverträgen können die Beteiligten dies jedoch ausschließen, dann bleibt die Urschrift in der Verwahrung des Notariats.
- Bei Urkunden, die für die Verwendung im Ausland bestimmt sind, kann die Urschrift mit Zustimmung aller Personen, die eine Ausfertigung verlangen können, ausgehändigt werden, § 45a Abs. 1 NotAktVV.
- Schließlich werden Urschriften in der Form des Vermerks, §§ 39 ff. BeurkG, an die Beteiligten ausgehändigt, § 45a Abs. 2 NotAktVV.

In allen Fällen, in denen die Urschrift nicht im Notariat verbleibt, ist eine Abschrift einschließlich der Kostenberechnung oder ein entsprechendes Vermerkblatt in der Urkundensammlung und der elektronischen Urkundensammlung aufzubewahren, §§ 31; 34 NotAktVV.

2.3.2.3 Ersetzung der Urschrift

Es kann der Fall eintreten, dass eine Urschrift ganz oder teilweise zerstört wird oder sie abhandenkommt. Falls dann noch eine Ausfertigung oder beglaubigte Abschrift der Urkunde vorhanden ist, kann, sofern Anlass dazu besteht, auf dieser Ausfertigung oder beglaubigten Abschrift vermerkt werden, dass sie an Stelle der Urschrift tritt, § 46 BeurkG. Falls sich in der Urkunde ein Beteiligter der sofortigen Zwangsvollstreckung unterworfen hat, soll dieser gehört werden, bevor die Urschrift auf diese Art ersetzt wird, § 46 Abs. 5 BeurkG. Hierdurch soll eine erneute Beitreibung einer Schuld im Wege der Zwangsvollstreckung vermieden werden.

2.3.2.4 Vermerke auf der Urschrift

Nach § 49 Abs. 4 BeurkG soll auf der Urschrift vermerkt werden, wann und wem eine Ausfertigung der Urkunde erteilt wurde.

2.3.3 Die Ausfertigung

© Björn Wylezich – Fotolia.com

Die Ausfertigung „vertritt die Urschrift im Rechtsverkehr", § 47 BeurkG. Damit wird sie zum im praktischen Einsatz wichtigsten Exemplar der Urkunde. Überall dort, wo durch Urkunden rechtliche Wirkungen erzielt werden sollen, kommt nicht die Urschrift – die in der Regel sicher verwahrt ist – zum Einsatz, sondern die Ausfertigung. Sie beinhaltet tatsächlich die Willenserklärung. Ist also die Form der notariellen Beurkundung vorgesehen, genügt nicht die Vorlage einer Abschrift, sondern es muss die Ausfertigung (oder die Urschrift) zugehen.

BEISPIEL

Für die Kündigung eines Arbeitsvertrags ist gemäß § 623 BGB die Schriftform vorgesehen. Möchte also der Arbeitnehmer kündigen, genügt es nicht, dem Arbeitgeber ein Telefax oder eine E-Mail zu schicken. Vielmehr muss der Arbeitgeber die Kündigung einschließlich der Original-Unterschrift in Händen halten.

Dies gilt entsprechend für Abschrift und Ausfertigung: Werden z.B. Antrag und Annahme eines notariell beurkundungspflichtigen Grundstückskaufvertrags getrennt voneinander beurkundet, §§ 311b, 128 BGB, so muss die emfpangsberechtigte Person des Antrags die Ausfertigung erhalten. Eine beglaubigte Abschrift reicht nicht aus – ein Vertrag würde sonst nicht zustande kommen.

2.3.3.1 Zuständigkeit und Form

Für die Erteilung der Ausfertigung ist nach § 48 BeurkG die Stelle zuständig, welche die Urschrift verwahrt, in der Regel also der Notar oder der Urkundsbeamte des Nachlassgerichts.

Die Ausfertigung wird dadurch erstellt, dass eine Abschrift (also eine Kopie) der Urschrift erstellt und mit dem Ausfertigungsvermerk versehen wird, § 49 BeurkG. Sie soll in der Überschrift als Ausfertigung bezeichnet sein. Der Ausfertigungsvermerk soll den Tag und den Ort der Erteilung angeben, die Person bezeichnen, der die Ausfertigung erteilt wird, und die Übereinstimmung der Ausfertigung mit der Urschrift bestätigen. Er muss unterschrieben und mit dem Siegel der erteilenden Stelle versehen sein.

2.3.3.2 Anspruch auf Erteilung von Ausfertigungen und Abschriften, Recht auf Einsicht in Urkunden

§ 51 BeurkG regelt, wer überhaupt eine Ausfertigung oder Abschrift einer Urkunde erhalten darf: jede Person, die eine Erklärung im eigenen Namen abgegeben hat oder in deren Namen eine Erklärung abgegeben worden ist. Dies bedeutet, dass nur tatsächlich an einem Vertrag **beteiligte Personen** (oder deren Rechtsnachfolger) Ausfertigungen oder Abschriften bekommen, nicht jedoch solche Personen, die lediglich als Vertretende der Beteiligten an der Beurkundung teilgenommen haben. Bei anderen Niederschriften als solchen über Willenserklärungen, also z. B. Unterschriftsbeglaubigungen, können diejenigen, welche die Aufnahme der Urkunde beantragt haben, eine Ausfertigung verlangen.

Wer eine Ausfertigung erhalten darf, kann genauso auch eine einfache oder beglaubigte Abschrift verlangen und die Urkunde einsehen, § 51 Abs. 3 BeurkG.

2.3.3.3 Vollstreckbare Ausfertigung

Aus einer notariellen Urkunde kann, wenn sie einen vollstreckbaren Inhalt hat und sich der Schuldner in der Niederschrift der sofortigen Zwangsvollstreckung unterworfen hat, die Zwangsvollstreckung betrieben werden, § 52 BeurkG, § 794 Abs. 1 Nr. 5 ZPO. Dafür muss dem Gläubiger eine vollstreckbare Ausfertigung erteilt werden, wofür der Notar zuständig ist, der die Urkunde verwahrt, § 797 Abs. 2 ZPO. Sie muss gemäß § 725 ZPO mit einer Vollstreckungsklausel versehen werden:

„Vorstehende Ausfertigung wird dem usw. (Bezeichnung der Partei) zum Zwecke der Zwangsvollstreckung erteilt."

Vor Durchführung der Zwangsvollstreckung muss dem Schuldner mindestens zwei Wochen vorher der Schuldtitel, also die notarielle Urkunde, zugestellt werden, § 798 ZPO.

2.3.4 Die Abschriften

Abschriften sind im Beurkundungsgesetz nur in § 51 Abs. 3 kurz erwähnt. Abschriften sind schlichte Kopien der Urkunde, man unterscheidet zwischen **einfachen** und **beglaubigten** Abschriften. Beglaubigte Abschriften werden mit einem Beglaubigungsvermerk versehen, welcher die inhaltliche Übereinstimmung mit der Hauptschrift bestätigt. Dies kann entweder die Urschrift, die Ausfertigung oder selbst eine beglaubigte Abschrift sein. Durch die beglaubigte Abschrift wird nicht die Vermutung der Wahrheit der darin enthaltenen Tatsachen begründet.

2.3.5 Zusammenfassung und Aufgaben

ZUSAMMENFASSUNG

Das Beurkundungsverfahren
Das gesamte Beurkundungsverfahren ist so auszugestalten,

- **dass die Unparteilichkeit von Notaren zu jedem Zeitpunkt gewahrt wird,**
- **dass keiner der Beteiligten vermeidbare Nachteile erleidet.**

Dazu gehören
- die sorgfältige Erhebung aller notwendigen Daten und Informationen,
- die Erforschung des wahren Willens der Beteiligten und
- deren rechtzeitige Benachrichtigung über alle wesentlichen Vorgänge.

Es muss außerdem jeglicher Anschein der Befangenheit vermieden werden.

Art der Urkunde		Vorschriften
Urschrift	Original der Urkunde	§§ 45, 46 BeurkG
Ausfertigung	Vertritt die Urschrift im Rechtsverkehr	§§ 47–51 BeurkG
Vollstreckbare Ausfertigung	Wird dem Gläubiger zum Zweck der Zwangsvollstreckung erteilt	§ 52 BeurkG, §§ 794 Abs. 1 Nr. 5, 725, 797 Abs. 2 ZPO
Einfache Abschrift	Kopie	§ 51 Abs. 3 BeurkG
Beglaubigte Abschrift	Kopie der Urschrift, Ausfertigung oder einer beglaubigten Abschrift, die mit einem Beglaubigungsvermerk versehen ist	§ 51 Abs. 3 BeurkG

AUFGABEN

1. Erläutern Sie die folgenden Begriffe:
   a. Ausfertigung
   b. Urschrift
   c. Vollstreckbare Ausfertigung
   d. Beglaubigte Abschrift
2. Wo wird die Urschrift verwahrt?
3. Wer hat Anspruch auf Erteilung einer Ausfertigung?
4. Was sind die Voraussetzungen für die Zwangsvollstreckung aus einer notariellen Urkunde?

3. BEURKUNDUNG VON WILLENSERKLÄRUNGEN

Wo das Gesetz die Form der notariellen Beurkundung, § 128 BGB, verpflichtend macht, also z. B. beim Abschluss eines Grundstückskaufvertrages, § 311b BGB, handelt es sich um die Beurkundung von **Willenserklärungen.** Hier schreibt § 8 BeurkG vor, dass eine Urkunde in der besonders ausführlichen Form der **Niederschrift** über die Verhandlung erstellt wird.

3.1 Die Niederschrift

Schematisch ist die Niederschrift (§ 8 ff. BeurkG) wie folgt aufgebaut, wobei nicht alle Elemente in jeder Urkunde enthalten sein müssen:

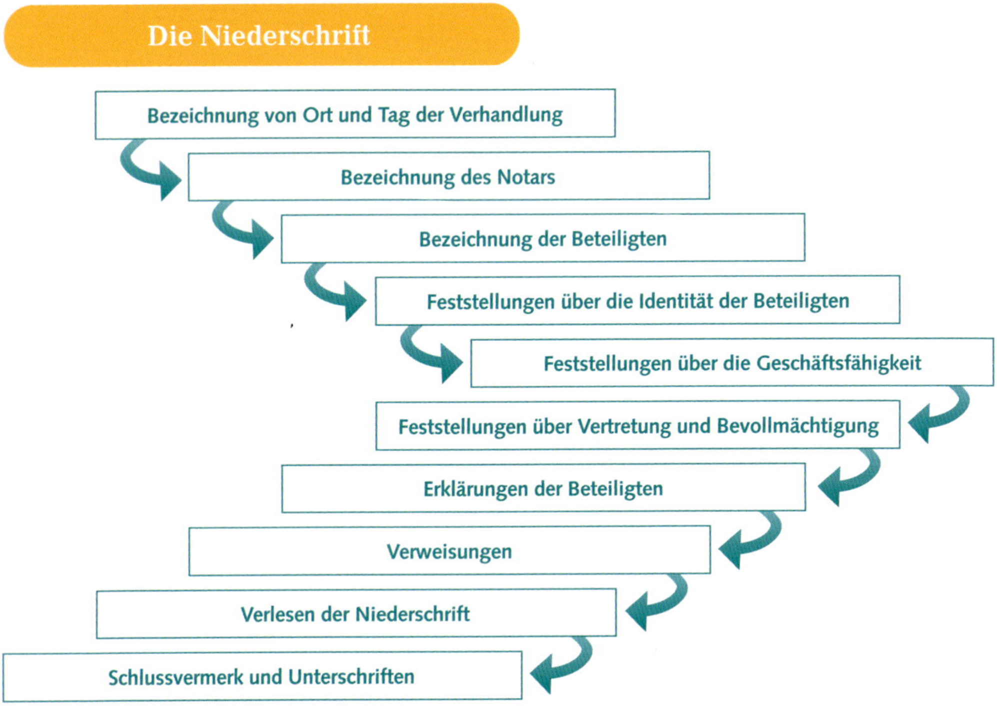

3.1.1 Bezeichnung des Ortes und des Tages der Verhandlung

§ 9 II BeurkG

Jede Niederschrift beginnt, nach Nummer der Urkundenrolle und Jahreszahl, die auf jeder Urschrift zu vermerken sind, § 3 Abs. 3 NotAktVV, mit dem Ort und dem Tag der Verhandlung, § 9 Abs. 2 BeurkG. Hier handelt es sich um eine „Soll"-Vorschrift, das bedeutet, dass Notare daran gebunden sind, ein Fehlen die Urkunde jedoch nicht unwirksam macht.

3.1.2 Bezeichnung des Notars, § 9 Abs. 1 BeurkG

Der beurkundende Notar, die beurkundende Notarin wird mit Amtsbezeichnung und vollem Namen genannt, Notarvertretung oder -verwaltung geben ihren Namen und den Namen der Notarin oder des Notars an, an deren Stelle sie das Amt ausüben.

3.1.3 Bezeichnung der Beteiligten

In der Urkunde sind die Daten der Beteiligten so genau anzugeben, dass Zweifel und Verwechslungen ausgeschlossen werden, § 10 Abs. 1 BeurkG. Dazu gehören gemäß § 26 Abs. 2 DONot und § 12 NotAktVV **Vor-** und **Nachname,** evtl. der **Geburtsname, Geburtsdatum** und **Wohnort** der Beteiligten. In Fällen, in denen Personen vertreten werden, wird bei

§ 10 BeurkG

- Vertretern von juristischen Personen (z. B. Geschäftsführende einer GmbH) die Dienst- oder Geschäftsanschrift der vertretenen Person,
- Mitarbeiterinnen oder Mitarbeitern des Notariats die Anschrift des Notariats

angegeben. Im Bereich des Geldwäschegesetzes, siehe unten, wird zusätzlich die Angabe der **Staatsangehörigkeit** verlangt.

3.1.4 Feststellung über die Identität der Beteiligten

Weiter muss in der Niederschrift festgehalten werden, wie sich der Notar von der Identität der Beteiligen überzeugt hat. Hier gibt es zunächst die Möglichkeit, dass der Notar diese persönlich kennt, § 10 Abs. 2, BeurkG. Es wird dann in der Urkunde festgehalten:

§ 10 BeurkG

„Die/der Erschienene/-n sind dem Notar bekannt/persönlich bekannt/ von Person bekannt."

Falls die Beteiligten teilweise oder insgesamt nicht persönlich bekannt sind, muss sich der Notar Gewissheit über deren Identität verschaffen, § 10 Abs. 3 BeurkG. Hierfür gibt es zwei Möglichkeiten:

3.1.4.1 Vorlage eines Ausweisdokuments

Hierbei kann es sich um einen Personalausweis, einen Reisepass oder ein anderes mit einem Lichtbild versehenes Dokument handeln, solange es dadurch möglich ist, sich von der Identität der Beteiligten zu überzeugen. Es kommen dadurch sogar abgelaufene Ausweispapiere, ein Führerschein oder nichtamtliche Dokumente in Betracht. Dies gilt allerdings nur dann, wenn nicht ein Geschäft nach dem **Geldwäschegesetz** (GwG) beurkundet wird. Im Bereich der notariellen Tätigkeit fallen darunter gemäß § 2 Abs. 1 Nr. 7 GwG

§ 2 GwG

- Kauf und Verkauf von Immobilien oder Gewerbebetrieben,
- Verwaltung von Geld, Wertpapieren oder sonstigen Vermögenswerten,
- Eröffnung oder Verwaltung von Bank-, Spar- oder Wertpapierkonten,

› Beschaffung der zur Gründung, zum Betrieb oder zur Verwaltung von Gesellschaften erforderlichen Mittel,
› Gründung, Betrieb oder Verwaltung von Treuhandgesellschaften, Gesellschaften oder ähnlichen Strukturen.

Ist das Geldwäschegesetz anwendbar, so müssen Notare zum einen bei natürlichen Personen zusätzlich die Staatsangehörigkeit der Beteiligten in der Urkunde vermerken, § 4 Abs. 3 Nr. 1, zum anderen ist zur Identifizierung ein **gültiges amtliches Ausweisdokument notwendig.** Bei juristischen Personen oder Personengesellschaft muss ein Registerauszug eingeholt oder das jeweilige Register eingesehen werden.

3.1.4.2 Vorstellung durch Erkennungszeugen

Neben der Identifizierung durch Vorlage eines Ausweispapiers kann sich die Notarin oder der Notar die Beteiligten auch durch geeignete Personen vorstellen lassen, die ihm bereits vor der Beurkundung bekannt waren. Hierfür kommen z. B. Mitarbeiterinnen und Mitarbeiter des Notariats in Betracht, nicht aber an dem beurkundeten Geschäft Beteiligte oder solche Personen, die dem Notar erst anlässlich der Beurkundung bekannt geworden sind.

§ 11 BeurkG

Kann die Identität der Beteiligten nicht festgestellt werden, so kann nach § 10 Abs. 3 S. 2 BeurkG die Beurkundung auf Bitten der Beteiligten trotzdem durchgeführt werden. Dies muss dann allerdings in der Urkunde z. B. wie folgt vermerkt werden:

„Der/die Erschienene konnte sich nicht ausweisen, verspricht aber, seinen/ihren Personalausweis zur Feststellung der Identität kurzfristig nachzureichen."

3.1.5 Feststellungen über die Geschäftsfähigkeit

Nach § 11 BeurkG soll die Beurkundung abgelehnt werden, wenn einem Beteiligten die erforderliche Geschäftsfähigkeit fehlt. Bei Zweifeln an der Geschäftsfähigkeit sollen diese in der Urkunde vermerkt werden.

Es müssen also nicht in jeder Niederschrift ausdrücklich Feststellungen zur Geschäftsfähigkeit festgehalten werden, sondern grundsätzlich nur dann, wenn sie infrage steht. Ist allerdings eine beteiligte Person **schwer krank,** so ist zu vermerken, welche Feststellungen zur Geschäftsfähigkeit getroffen wurden, § 11 Abs. 2 BeurkG. Auch bei **Verfügungen von Todes wegen** soll die Wahrnehmungen über die Geschäftsfähigkeit stets in der Urkunde dokumentiert werden, z. B. durch die Formulierung:

„Der Notar überzeugte sich im Gespräch mit ... von dessen/deren erforderlicher Geschäfts- und Testierfähigkeit."

In beiden letztgenannten Fällen soll Streitfällen über die Wirksamkeit der Urkunde nach einem möglichen Ableben eines Beteiligten vorgebeugt werden.

Festzustellen ist in allen Fällen lediglich die **„erforderliche“** Geschäftsfähigkeit. Volle Geschäftsfähigkeit (nach Vollendung des 18. Lebensjahres) ist nicht bei allen Geschäften erforderlich. So kann bereits mit Vollendung des 16. Lebensjahrs ein öffentliches Testament errichtet werden (§§ 2229 Abs. 1, 2247 Abs. 4 BGB), eine minderjährige Person nach Vollendung des siebten Lebensjahrs kann bestimmte Geschäfte nach den §§ 107–113 BGB ohne Zustimmung der gesetzlichen Vertretung alleine tätigen.

3.1.6 Feststellungen über Vertretung und Bevollmächtigung

Wird ein Beteiligter bei der Beurkundung durch eine dritte Person vertreten, so sind die zum Nachweis der Vertretungsberechtigung vorgelegten Dokumente im **Original** (Urschrift) oder **Ausfertigung,** § 47 BeurkG, der Niederschrift beizufügen, § 12 BeurkG.

§ 12 BeurkG

Der Vertreter kann für die Beteiligten Erklärungen abgeben aufgrund gesetzlicher oder rechtsgeschäftlicher Vertretungsmacht (Bevollmächtigung).

3.1.6.1 Gesetzliche Vertretung

© alexsokolov – Fotolia.com

Minderjährige Kinder werden durch die Eltern gesetzlich vertreten, § 1626 Abs. 2 BGB, bei nichtverheirateten Eltern allerdings nur dann, wenn sie eine übereinstimmende Sorgeerklärung abgegeben haben, nach der Geburt des Kindes heiraten oder ihnen vom Familiengericht das gemeinsame Sorgerecht übertragen wird, § 1626a BGB. Ansonsten ist bei nichtehelichen Kindern die Mutter allein sorgeberechtigt, § 1626a Abs. 3 BGB. Der **Vormund** bzw. der **Pfleger** sind die gesetzliche Vertretung des Mündels. Deren Bestallungsurkunde ist ein „Ausweis“ im Sinne des § 12 BeurkG.

Die juristischen Personen (GmbH, AG, eingetragene Vereine, etc.) werden durch ihre Organe vertreten, die KG durch Komplementärinnen oder Komplementäre. Zum Nachweis der Vertretungsberechtigung genügt nach § 12 S. 2 BeurkG eine Vertretungsbescheinigung, § 21 BNotO, die der Notar nach Einsicht in das entsprechende Register erstellt.

3.1.6.2 Bevollmächtigung (Rechtsgeschäftliche Vertretung)

Grundsätzlich können sich Beteiligte bei der Abgabe von Willenserklärungen vertreten lassen, indem der Stellvertretung eine Vollmacht erteilt wird,

§ 164 BGB

§ 164 ff. BGB, sofern die Vertretung zulässig ist. Dies ist z. B. nicht der Fall bei **höchstpersönlichen Rechtsgeschäften** wie der Testamentserrichtung und (ohne Befreiung) bei **In-Sich-Geschäften,** § 181 BGB.

Eine **Form** ist für die Vollmacht grundsätzlich nicht vorgeschrieben, § 167 Abs. 2 BGB, die Vollmacht muss also nicht in der Form des zu beurkundenden Rechtsgeschäfts abgeben werden. Allerdings muss dies im Einzelfall geprüft werden. So ist unter anderem dann die öffentliche Beglaubigung der Vollmacht vorgeschrieben, wenn eine Eintragung in einem öffentlichen Register vorzunehmen ist, wie z. B. bei Eintragungen im Grundbuch, § 29 GBO, oder im Handelsregister, § 12 HGB.

3.1.6.3 Vertretung ohne Vertretungsmacht

Aus verschiedenen Gründen kann es der Fall sein, dass an der Beurkundung eine Vertretung ohne Vollmachtsurkunde teilnehmen soll, sei es aus Zeitgründen oder aufgrund kurzfristiger Verhinderung eines Beteiligten. Man spricht dann in der Regel von „Vertretung ohne Vertretungsmacht".

§ 177 I BGB

Die Beurkundung kann in solchen Fällen (außer bei einseitigen Rechtsgeschäften, § 180 Abs. 1 BGB) dennoch stattfinden, allerdings ist das Geschäft nicht sofort wirksam, sondern bleibt schwebend unwirksam, bis die **Genehmigungserklärung** des Vertretenen vorliegt, § 177 Abs. 1 BGB. Geht diese Erklärung nicht ein, so kann die andere an dem Geschäft beteiligte Person den Vertretenen zur Genehmigung auffordern; wird die Genehmigung anschließend nicht innerhalb von zwei Wochen erklärt, gilt sie als verweigert. In diesem Fall ist die Vertretung ohne Vertretungsmacht unter Umständen der anderen Vertragspartei gegenüber zur Vertragserfüllung oder zum Schadensersatz verpflichtet, § 179 Abs. 1 BGB. Auf dieses Risiko muss die Person, die vollmachtlos vertritt, hingewiesen werden.

Grundsätzlich birgt eine Beurkundung mit Vertretung ohne Vertretungsmacht das Risiko, dass die ordnungsgemäße Belehrung (§ 17 BeurkG) einer eigentlich am Vertrag beteiligten Person nicht in ausreichendem Maße stattfindet. Deshalb soll dies die Ausnahme bleiben, genauso wie die Bevollmächtigung von Mitarbeiterinnen und Mitarbeitern des Notars nicht der Regelfall sein sollte – dies gilt insbesondere im Bereich der Verbraucherverträge, vgl. § 17 Abs. 2a Nr. 1 BeurkG.

3.1.7 Erklärungen der Beteiligten

Hierbei handelt es sich um den Kern der Beurkundung. Nachdem die Rahmendaten geklärt und in der Niederschrift festgehalten sind, nehmen Notare an dieser Stelle die rechtsgeschäftlichen Willenserklärungen der Beteiligten auf.

Hierfür muss, wie in § 17 Abs. 1 BeurkG verlangt, zunächst der Sachverhalt geklärt werden; dies erfolgt meist schon im Vorfeld der Beurkundungsverhandlung. Spätestens in der Verhandlung wird in der Erörterung mit den Beteiligten deren wahrer Wille erforscht und sodann möglichst klar und eindeutig formuliert. Notare nehmen nur äußerst selten lediglich den von den Beteiligten formulierten Text zu Protokoll, sondern in der Regel machen sich die Beteiligten das vom Notariat in ihrem Sinne Formulierte als „ihre Erklärungen" zu eigen. Dies hat den Vorteil, dass der eigentliche Wille auch in eine juristisch korrekte Form verpackt wird.

BEISPIEL

Witwer Özer ist zur Beurkundung seines Testaments beim Notar. Er möchte sein gesamtes Vermögen seinem Neffen Bernd „vermachen". Rechtlich zutreffend handelt es sich hierbei nicht um ein Vermächtnis, § 1939 BGB, sondern die Einsetzung zum Erben, 1937 BGB.

3.1.8 Verlesen der Niederschrift

§ 13 BeurkG

Die gesamte Niederschrift muss den Beteiligten vom Notar vorgelesen werden, § 13 Abs. 1 BeurkG, oder in Anwesenheit des Notars (im gleichen Raum) vorgelesen werden. Allerdings müssen nicht alle Erklärungen, die verlesen werden, in der Niederschrift enthalten sein. Vielmehr kann dort auf ein anderes Schriftstück verwiesen werden, das vorgelesen und der Niederschrift als Anlage beigefügt wird, § 9 Abs. 1 S. 2 BeurkG. Bei einem Verweis auf Karten, Zeichnungen oder Abbildungen werden diese natürlich nicht „vorgelesen", sondern den Beteiligten zur Durchsicht vorgelegt und dies in der Urkunde vermerkt, § 13 Abs. 1 S. 1 BeurkG.

3.1.9 Verweisungen

§ 13a BeurkG

Auf andere **notarielle Urkunden** kann auch unter Verzicht auf das Vorlesen und ohne Beifügen als Anlage verwiesen werden, wenn die Beteiligten erklären, dass ihnen diese sogenannte Bezugsurkunde bekannt ist und sie auf das Verlesen verzichten, § 13a BeurkG.

§ 14 BeurkG

Bilanzen, Inventare oder sonstige Bestandsverzeichnisse über Sachen, Rechte und Rechtsverhältnisse müssen ebenfalls nicht vorgelesen werden, wenn sie der Urkunde als Anlage beigefügt werden und die Beteiligten auf das Verlesen verzichten, § 14 Abs. 1 BeurkG. Diese Schriftstücke sollen ihnen in diesem Fall zur Kenntnisnahme gegeben und auf allen Seiten unterzeichnet werden, § 14 Abs. 1 BeurkG.

3.1.10 Schlussvermerk und Unterschriften

Nachdem die gesamte Niederschrift verlesen und die Beteiligten die Erklärungen genehmigt haben, muss sie von den Beteiligten eigenhändig unterschrieben werden, § 13 Abs. 1 BeurkG. Durch die Unterschrift genehmigen die Beteiligten den Inhalt der Urkunde. In der Niederschrift soll vermerkt werden, dass diese zwingenden Elemente – **Vorlesen, Genehmigen, Unterschreiben** – vorlagen. Man nennt dies den Schlussvermerk, z. B.:

„Diese Niederschrift wurde den Erschienenen vorgelesen, von ihnen genehmigt und von ihnen und dem Notar eigenhändig unterschrieben."

Die eigenhändige Unterschrift des Notars bildet den Abschluss der Beurkundung, § 13 Abs. 3 BeurkG.

3.1.11 Beteiligung sprachfremder, schreibunfähiger oder behinderter Personen

3.1.11.1 Beteiligung sprachfremder Personen

§ 16 BeurkG

Nehmen an der Beurkundung Beteiligte teil, die nach ihren eigenen Angaben oder der Überzeugung des Notars nicht hinreichend Deutsch verstehen (oder die Sprache, in der die Beurkundung stattfindet), so muss dies in der Niederschrift vermerkt und diese anstelle des Verlesens für diese Personen **übersetzt** werden, § 16 Abs. 2 BeurkG. Dies kann durch den Notar selbst oder durch einen Dolmetscher erfolgen, § 16 Abs. 3 BeurkG.

3.1.11.2 Beteiligung schreibunfähiger Personen

§ 25 BeurkG

Wenn Beteiligte nicht in der Lage sind, die Urkunde eigenhändig zu unterzeichnen, muss zur Beurkundung ein **Schreibzeuge** oder ein **zweiter Notar** hinzugezogen werden, § 25 BeurkG. Unerheblich ist dabei der Grund für die Schreibunfähigkeit, sei es Krankheit, Unfallfolge oder Analphabetismus der beteiligten Person.

3.1.11.3 Beteiligung behinderter Personen

Das Beurkundungsgesetz sieht besondere Vorschriften zum Schutz körperlich hör-, sprach- oder sehbehinderter Beteiligter vor, um deren besonderer Situation gerecht zu werden. Liegt dagegen eine geistige Behinderung vor, so betrifft dies die Frage der Geschäftsfähigkeit. Notare müssen in diesem Fall, wie gezeigt, entscheiden, ob eine hinreichende Geschäftsfähigkeit vorliegt. In allen Fällen einer Hör-, Sprach- oder Sehbehinderung muss ein Vermerk in der Niederschrift erfolgen und ein **Zeuge** oder ein **zweiter Notar** zur Beurkundung hinzugezogen werden, § 22 BeurkG. Bei hör- oder sprachbehinderten Beteiligten soll auf deren Verlangen zudem ein **Gebärdendolmetscher** eingeschaltet werden.

§ 22 BeurkG

Ist die beteiligte Person **hörbehindert,** so wird die Niederschrift statt des Verlesens zur Durchsicht vorgelegt, die Unterzeichnung erfolgt eigenhändig, § 23 BeurkG.

§ 23 BeurkG

Sind Beteiligte **hör- oder sprachbehindert** und ist zudem eine **schriftliche Verständigung mit ihnen nicht möglich,** so muss zu der Beurkundung eine **Person** hinzugezogen werden, **mit der sich der Beteiligte verständigen** kann, § 24 Abs. 1 BeurkG. Diese Beurteilung darf allerdings keinen rechtlichen Vorteil aus dem beurkundeten Geschäft erlangen, sonst wäre die Beurkundung unwirksam, § 24 Abs. 2 BeurkG.

§ 24 BeurkG

3.2 Zusammenfassung und Aufgaben

ZUSAMMENFASSUNG

Bei der Beurkundung von Willenserklärungen sind besonders strenge Vorschriften zu beachten. In jeder Phase der Angelegenheit, von der ersten Kontaktaufnahme mit den Klienten, über die Fertigung des Entwurfs bis zur Unterschriftsleistung durch Beteiligte und Notar muss die Einhaltung dieser Vorschriften sichergestellt werden, um alle Beteiligten vor Nachteilen zu bewahren.

AUFGABEN

1. Auf welche Arten kann die Identität der Beteiligten festgestellt werden?
2. In welchen Fällen müssen stets Feststellungen über die Geschäftsfähigkeit in der Urkunde vermerkt werden?
3. Was muss die Notarin/der Notar tun, wenn sie/er Zweifel an der Geschäftsfähigkeit eines Beteiligten haben?
4. Bitte formulieren Sie den Schlussvermerk!
5. Wie ist bei der Beurkundung vorzugehen, wenn ein Beteiligter der deutschen Sprache nicht hinreichend mächtig ist?

4. SONSTIGE BEURKUNDUNGEN

4.1 Allgemeines

© Iurii Sokolov – Fotolia.com

Neben der Beurkundungen von Willenserklärungen, der „notariellen Beurkundung“ im engeren Sinne, gibt es noch diverse andere, nachfolgend beschriebene Beurkundungen, die nach den §§ 20–22 BNotO zu den Aufgaben von Notaren gehören, u. a. die Beglaubigung von Unterschriften. Die formalen Regeln hierfür finden sich in den §§ 36 ff. BeurkG.

Grundsätzlich ist auch bei sonstigen Beurkundungen eine ausführliche **Niederschrift** wie beschrieben zu verfassen, § 36 BeurkG. Allerdings kann

§ 39 BeurkG

- bei der Beglaubigung einer Unterschrift oder eines Handzeichens oder der Zeichnung einer Namensunterschrift,
- bei der Feststellung des Zeitpunktes, zu dem eine Privaturkunde vorgelegt worden ist,
- bei Bescheinigungen über Eintragungen in öffentlichen Registern,
- bei der Beglaubigung von Abschriften, Abdrucken, Ablichtungen und dergleichen (Abschriften) und
- bei sonstigen einfachen Zeugnissen kann auch eine knappere Form der Niederschrift, der sogenannte **Vermerk,** erstellt werden, § 39 BeurkG.

Inhalt des Vermerks, § 39 BeurkG

↓

Zeugnis (Wahrnehmungen des Notars)

↓

Unterschrift des Notars

↓

Präge- oder Farbdrucksiegel

↓

Ort und Tag der Ausstellung

Wo ein Vermerk im Sinne des § 39 BeurkG ausreicht, kann dieser gemäß § 39a BeurkG auch in **elektronischer Form** erstellt werden. Hierzu muss das elektronische Dokument mit einer qualifizierten **elektronischen Signatur** versehen und mit einer **Bestätigung der Notareigenschaft** durch die zuständige Stelle verbunden werden.

§ 39a BeurkG

4.1.1 Beurkundung von Eiden und eidesstattlichen Versicherungen

Notare sind in den in § 22 BNotO geregelten Fällen zur Abnahme von Eiden und eidesstattlichen Versicherungen zuständig: bei Eiden für den Gebrauch im Ausland, bei eidesstattlichen Versicherungen für den Gebrauch gegenüber Behörden oder sonstigen Dienststellen zur Glaubhaftmachung von tatsächlichen Behauptungen oder Aussagen.

§ 22 BNotO

Wie bei der Beurkundung von Willenserklärungen ist bei der Beurkundung von Eiden und eidesstattlichen Versicherungen nach § 38 Abs. 1 BeurkG eine **Niederschrift** zu erstellen. Notare sollen die Beteiligten zudem über die Bedeutung eines Eides oder einer eidesstattlichen Versicherung belehren, § 38 Abs. 2 BeurkG. Hierzu gehören insbesondere die strafrechtlichen Folgen einer falschen Abgabe.

4.1.2 Beurkundung von Versammlungsbeschlüssen

Für verschiedene Beschlüsse von Gesellschaften ist die notarielle Beurkundung vorgeschrieben, so z. B. für

- Hauptversammlungsbeschlüsse einer Aktiengesellschaft, § 130 AktG,
- Satzungsänderungen einer GmbH, § 53 Abs. 2 GmbHG.

Die Beurkundung hat in der Form der **Niederschrift** zu erfolgen, § 36 f. BeurkG. Über die dort zwingenden Elemente, s.o., werden bei der Beurkundung von Hauptversammlungsbeschlüssen noch weitere Angaben benötigt, wie z. B. Art und Ergebnis der Abstimmung, Feststellung des Vorsitzenden über die Beschlussfassung etc., § 130 Abs. 2 AktG. Hiervon kann jedoch abgesehen werden, wenn alle Aktionäre darauf verzichten.

4.1.3 Beurkundung sonstiger Tatsachen und Vorgänge

§ 20 BNotO sieht weitere, auf den ersten Blick ungewöhnlich erscheinende Tätigkeiten vor, für die Notare zuständig sind und die in der Form der Niederschrift, §§ 36, 37 BeurkG, beurkundet werden.

§ 20 BNotO

› **Vornahme von Verlosungen und Auslosungen** können Notare entweder selbst vornehmen oder lediglich die von jemand anderem durchgeführte Verlosung dokumentieren.

© ag visuell – Fotolia.com

BEISPIEL

„Die Ziehung der Lottozahlen erfolgt unter notarieller Aufsicht."

› **Vermögensverzeichnisse und Nachlassverzeichnisse oder Nachlassinventare,** also eine (vollständige) Auflistung von Vermögensgegenständen, nehmen Notare ebenfalls auf, entweder indem sie bei der Erstellung mitwirken oder diese in eigener Verantwortung durchführen.

BEISPIEL

Bei Übernahme einer Vormundschaft hat der Vormund das vorhandene Vermögen, das später dem Mündel zufallen wird, zu verzeichnen und das Verzeichnis dem Familiengericht einzureichen, § 1802 BGB. Dabei kann er sich „... eines Notars ... bedienen", § 1802 Abs. 2 BGB.

› § 20 Abs. 1 BNotO weist den Notaren die Zuständigkeit für die **Anlegung und Abnahme von Siegeln** zu; hierüber wird ein Protokoll erstellt.

BEISPIEL

Eine Erbengemeinschaft ist im Streit über das Erbe der verstorbenen Erblasserin. Deshalb lässt sie das Haus der Erblasserin von einem Notar versiegeln, damit vor Auseinandersetzung der Erbschaft keine Vermögensbestände „verschwinden".

› Schließlich gehört auch die **Durchführung von freiwilligen Grundstücksversteigerungen** zum Aufgabenkreis der Notare, § 20 Abs. 2, Abs. 1 BNotO. Hier wird zur Erzielung eines bestmöglichen Preises für ein Grundstück ein Versteigerungsverfahren durchgeführt.

4.1.4 Beglaubigung von Unterschriften und Handzeichen

§ 40 BeurkG

Sehr häufig kommen in der Praxis Unterschriftsbeglaubigungen, § 40 BeurkG, vor. Diese sind u. a. immer dann notwendig, wenn Eintragungen in öffentliche Register vorgenommen werden sollen. In ihnen bestätigen Notare lediglich, dass eine Unterschrift in ihrer Gegenwart vollzogen wurde. Hat die Person die Unterschrift bereits geleistet, so gilt sie als vor dem Notar anerkannt.

Gemäß § 40 Abs. 6 BeurkG können gleichermaßen **Handzeichen** beglaubigt werden. Hierbei handelt es nicht um eine vollständige Unterschrift, sondern z. B. das Namenskürzel oder „drei Kreuze", mit denen die unterzeichnende Person sich das vor dem Handzeichen Stehende zu eigen macht.

© BillionPhotos.com – Fotolia.com

Die Beglaubigung von Unterschriften und Handzeichen kann gemäß § 39 BeurkG vollständig wirksam in der einfachen Form des Vermerks mit den oben schon genannten Elementen Zeugnis, Unterschrift des Notars, Siegel, Ort und Tag der Ausstellung, stattfinden. Nach § 40 Abs. 2, Abs. 3 BeurkG soll die Urkunde daneben noch die genaue Bezeichnung der unterzeichnenden Person und Feststellungen zur Identitätsfeststellung („Ausgewiesen durch Personalausweis …"), § 10 BeurkG, enthalten und vermerken, ob die Unterschrift vor dem Notar geleistet oder anerkannt wurde. Hierbei handelt es sich aber nicht um Wirksamkeitsvoraussetzungen.

Unterschrifts- und Handzeichenbeglaubigungen können entweder von Notaren entworfen werden, oder sie bestätigen lediglich die Unterzeichnung oder Anerkennung der von den Beteiligten mitgebrachten Urkunde.

4.1.5 Beglaubigung von Abschriften

Bei der Abschriftsbeglaubigung wird bestätigt, dass die vorgelegte Kopie mit der Vorlage der Kopie, der „Hauptschrift", übereinstimmt. Bei der Hauptschrift kann es sich um das Original eines Dokuments oder eine Ausfertigung, beglaubigte oder einfache Abschrift handeln. Dies soll im Beglaubigungsvermerk festgehalten werden, § 42 Abs. 1 BeurkG.

§ 42 BeurkG

Enthält die Hauptschrift Lücken, Radierungen oder Ähnliches, so muss dies ebenfalls vermerkt werden, § 42 Abs. 2 BeurkG. Bei einer auszugsweisen Abschrift sollen Notare darauf im Beglaubigungsvermerk hinweisen und bezeugen, dass die Urkunde über diesen Gegenstand keine weiteren Bestimmungen enthält, § 42 Abs. 3 BeurkG.

BEISPIEL

Den Beteiligten eines Grundstückskaufvertrages werden nach dem Beurkundungstermin nur Abschriften des Kaufvertrages **ohne die erklärte Auflassung** überlassen. Hier wird im Beglaubigungsvermerk auf die Tatsache hingewiesen, dass es sich um eine auszugsweise Abschrift handelt und die Hauptschrift weitere, den Kaufvertrag betreffende Bestimmungen nicht enthält.

Gemäß §§ 39, 42 Abs. 4 BeurkG sind Abschriftsbeglaubigungen auch von elektronischen Dokumenten möglich. Daher bestehen verschiedene Kombinationen:

Hauptschrift: Elektronisches Dokument

- Abschrift: Elektronisches Dokument
- Abschrift: Papierdokument

Hauptschrift: Papierdokument

- Abschrift: Elektronisches Dokument
- Abschrift: Papierdokument

4.1.6 Bescheinigungen

Zu den Bescheinigungen, die Notariate – in der Form des **Vermerks,** § 39 BeurkG – ausstellen, gehören:

§§ 20 f. BNotO

Tatsachenbescheinigungen, § 20 Abs. 1 BNotO, z. B.

- Lebensbescheinigungen (zur Vorlage bei der Rentenkasse)
- Feststellung der Vorlegungszeit einer privaten Urkunde, § 43 BeurkG (z. B. um urheberrechtliche Ansprüche zu sichern)

Registerbescheinigungen, § 21 Abs. 1 BNotO

- Bescheinigungen über eine Vertretungsberechtigung
- Bescheinigung über das Bestehen oder den Sitz einer juristischen Person oder Handelsgesellschaft, die Firmenänderung, eine Umwandlung oder sonstige rechtserhebliche Umstände.

Nach Einsicht in das Handelsregister bzw. einen beglaubigten Handelsregisterauszug kann der Notar die entsprechende Tatsache bestätigen.

§§ 54 GmbHG, 181 AktG

Satzungsbescheinigung, § 54 GmbHG, § 181 AktG

Hierbei handelt es sich um die Bestätigung des Notars, dass geänderte Bestimmungen der Satzung mit dem Beschluss über die Satzungsänderung und die unveränderten Bestimmungen mit dem zuletzt zum Handelsregister eingereichten vollständigen Wortlaut der Satzung übereinstimmen.

Übersetzungsbescheinigung, § 50 BeurkG

§ 50 BeurkG

Wenn Notare eine Urkunde in fremder Sprache errichtet haben oder für die Erteilung der Ausfertigung zuständig sind, kann die Übereinstimmung dieser Urkunde mit der deutschen Übersetzung bescheinigt werden, wenn die Urkundsperson der fremden Sprache hinreichend mächtig ist.

4.1.7 Wechselproteste

Bei Wechseln handelt es sich um bargeldlose Zahlungsmittel. Details hierzu sollen an dieser Stelle nicht behandelt werden. Unterbleibt jedoch die Zahlung oder die Annahme, so kann der Inhaber des Wechsels hiergegen vorgehen, indem er „Protest mangels Zahlung oder Annahme erhebt". Dies hat in einer öffentlichen Urkunde zu erfolgen, Art. 44 Wechselgesetz (WG). Für die Aufnahme des Protest sind unter anderem Notare zuständig, § 20 Abs. 1 BNotO.

Art. 44 WG

4.1.8 Vermittlung der Auseinandersetzung eines Nachlasses oder Gesamtgutes

Hat ein Erblasser mehrere Erben, so bilden diese in der Regel eine Erbengemeinschaft, die gemeinschaftlich Eigentum an dem Nachlass hat. Bei der Auseinandersetzung dieses Nachlasses hat auf Antrag das Nachlassgericht zu vermitteln, §§ 2042 BGB, 487 FamFG. Auch hierfür kann unter anderem der Notar herangezogen werden, § 20 Abs. 1 BNotO. Dasselbe gilt für die Auseinandersetzung eines Gesamtgutes, z. B. wenn Ehegatten in Gütergemeinschaft gelebt haben und diese zu teilen ist, § 373 FamFG.

§ 487 FamFG

LERNFELD 9A

4.1.9 Zustellung von Erklärungen

Ausgenommen von Zustellungen in gerichtlichen Verfahren sind Notare auch zuständig für die Zustellung von Erklärungen, § 20 Abs. 1 BNotO.

BEISPIEL

Eheleute haben ein gemeinschaftliches Testament errichtet. Der Ehegatte möchte dieses nachträglich ändern. Dies ist ohne Zustimmung der Ehefrau nur dadurch möglich, dass der notariell beurkundete Widerruf der Ehefrau in Ausfertigung zugestellt wird, §§ 2271, 2296 BGB.

4.2 Zusammenfassung und Aufgaben

ZUSAMMENFASSUNG

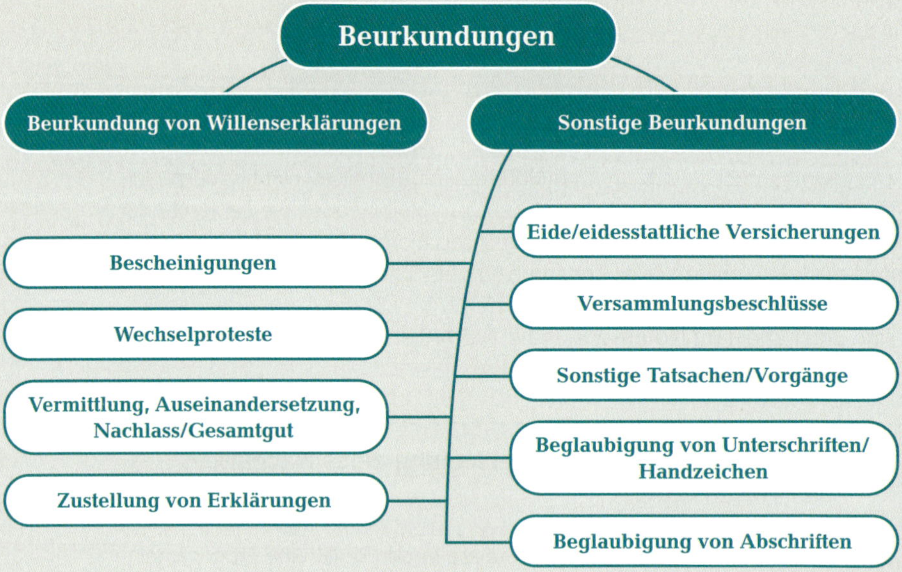

AUFGABEN

1. Nennen Sie bitte drei Beispiele für sonstige Beurkundungen.
2. Erläutern Sie bitte, was eine Unterschriftsbeglaubigung ist und wozu diese z. B. benötigt wird.
3. Bitte entwerfen Sie einen Unterschriftsbeglaubigungsvermerk – die Daten können frei gewählt werden.

5. AKTEN UND VERZEICHNISSE DES NOTARS

© Andrey Popov – Fotolia.com

Alle Tätigkeiten, die im Notariat durchgeführt werden, insbesondere die Beurkundungen, müssen sorgfältig dokumentiert und dauerhaft sicher archiviert werden, sodass unter Umständen nach vielen Jahren noch darauf zugegriffen werden kann. So beträgt beispielsweise die Aufbewahrungsfrist für Eintragungen im Urkundenverzeichnis seit dem 01.01.2022 100 Jahre, § 50 Abs. 1 Nr. 1 NotAktVV. Hierfür werden Akten und Verzeichnisse geführt, deren Form und Inhalt in der Verordnung über die Führung notarieller Akten und Verzeichnisse im Einzelnen geregelt sind. Dort ist auch geregelt, in welcher Weise die Akten im Notariat zu führen sind.

BEISPIEL

- Im Notariat wird ein Erbvertrag beurkundet und auf Verlangen der Beteiligten im Notariat verwahrt. Die Vertragsparteien sind 45 und 49 Jahre alt, der erste der Beteiligten verstirbt im Alter von 82 Jahren. Zu diesem Zeitpunkt muss es dem Notar oder dessen Amtsnachfolger zuverlässig möglich sein, den Erbvertrag aufzufinden.
- Ein Musiker hat im Jahr 1995 ein Stück komponiert. Die Noten wurden dem Notar im selben Jahr gemäß § 43 BeurkG vorgelegt. Im Jahr 2016 entsteht ein Rechtsstreit wegen der Urheberschaft des Musikstücks. Zum Beweis dafür, dass er der Urheber des Stücks ist, will der Musiker die Urkunde aus dem Jahr 1995 vorlegen.

5.1 Verzeichnisse

5.1.1 Das Urkundenverzeichnis

§ 7 NotAktVV

Im Urkundenverzeichnis, dem zentralen Verzeichnis des Notariats, werden gemäß § 7 NotAktVV alle Beurkundungen in Form der Niederschrift und die meisten Beurkundungen in Form eines Vermerks sowie verschiedene andere Geschäfte fortlaufend eingetragen.

Das Urkundenverzeichnis (kurz: UVZ) wird elektronisch geführt und enthält die Daten zu den Urkundsgeschäften.

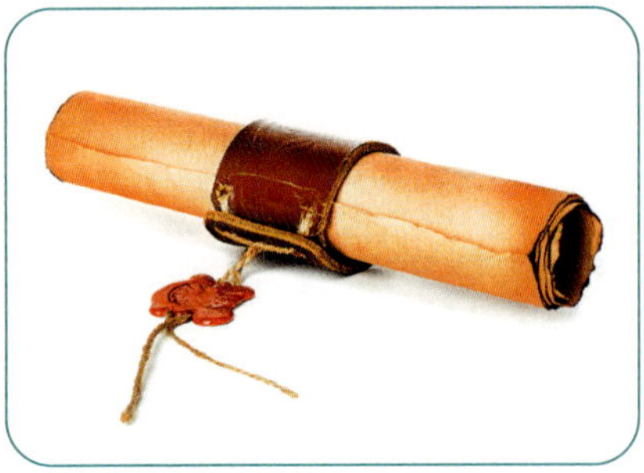

Eintragungen müssen in chronologischer (zeitlicher) Reihenfolge vorgenommen werden, wobei jedes Geschäft zeitnah, spätestens 14 Tage nach der Beurkundung, in ununterbrochener Reihenfolge in das Urkundenverzeichnis eingetragen werden muss, § 18 NotAktVV.

Laufende Nummer UVZ-Nr.

§ 8 Abs. 1 S. 2 NotAktVV:

Fortlaufende Nummern, die Nummerierung beginnt mit jedem Kalenderjahr neu.

Mehrfache Eintragungen unter einer Nummer sind nicht zulässig, genauso wenig wie nachträgliche Einschübe vergessener Eintragungen, § 8 Abs. 2 NotAktVV.

Versehentlich ausgelassene Nummern bleiben frei.

Tag der Ausstellung der Urkunde

§ 9 Nr. 1 NotAktVV:

Entspricht dem Datum der Urkunde, auch wenn eine Urkunde nachträglich eingetragen wird, weil die Eintragung vergessen wurde.

Ort des Amtsgeschäfts

§ 10 NotAktVV:

Entweder Vermerk „Geschäftsstelle“ bei Beurkundung im Notariat; sonst genaue Bezeichnung des Orts mit Anschrift

Amtsperson sowie Name, Wohnort oder Sitz der beteiligten Personen

§§ 11; 12 NotAktVV:

Die Amtsperson ist anzugeben. Beteiligte bzw. diejenigen, welche die Beurkundung veranlasst haben.

Notwendige Angaben: Familienname, ggf. Geburtsname, Wohnort oder Sitz.

Bei mehr als 20 aufzuführenden Personen genügt eine zusammenfassende Bezeichnung, § 12 Abs. 1 S. 2 NotAktVV.

Bei Vertretungsfällen müssen die Personen, die vertreten werden, und die Person, die vertritt, aufgeführt werden.

In gesellschaftsrechtlichen Angelegenheiten ist auch die Gesellschaft aufzuführen.

Gegenstand des Geschäfts

§ 13 NotAktVV:

Deutlich unterscheidbare und stichpunktartige Bezeichnung des Geschäfts.

Bei Beglaubigungen ist anzugeben, ob der Notar den Entwurf gefertigt hat. Bei Beglaubigungen ohne Entwurf kann der Gegenstand der Urkunde aufgeführt werden.

Urkundenart

§ 14 NotAktVV:

Es ist die Urkundenart anzugeben, z.B. die Bezeichnung „Verfügung von Todes wegen" o.Ä.

„Weitere Angaben"

§§ 15–17 NotAktVV:

Ausfertigungsvermerke sind ebenfalls in das UVZ aufzunehmen.

Bei Verfügungen von Todes wegen ist z.B. anzugeben, wo sich die Urkunde befindet – z.B. in der amtlichen Verwahrung des Amtsgerichts.

Wird durch eine Urkunde der Inhalt einer anderen Urkunde berichtigt, geändert, ergänzt oder aufgehoben, so ist bei den Eintragungen zu diesen Urkunden auf die jeweils andere Eintragung zu verweisen.

5.1.2 Verzeichnis der in Verwahrung genommenen Erbverträge

Wird ein Erbvertrag beurkundet, so kann dieser entweder in die besondere amtliche Verwahrung des Amtsgerichts verbracht werden, oder auf Wunsch der Beteiligten vom Notar verwahrt werden, § 34 Abs. 1, Abs. 3 BeurkG. Die Verwahrangaben werden in jedem Fall unverzüglich an die das Zentrale Testamentsregister führende Registerbehörde übermittelt, § 34a BeurkG.

Über die in Verwahrung genommenen Erbverträge haben Notare gem. § 32 NotAktVV eine Erbvertragssammlung zu führen.

5.1.3 Verwahrungsverzeichnis

§ 23 BNotO

§§ 57 ff. BeurkG

Notare sind nach § 23 BNotO auch für die Aufbewahrung von Geld, Wertsachen und Kostbarkeiten oder deren Ablieferung an Dritte zuständig. Unter welchen Voraussetzungen dies zulässig ist und wie das Verwahrungsgeschäft durchgeführt werden muss, ist in den §§ 57 – 62 BeurkG geregelt.

Gelder, Wertsachen und Kostbarkeiten, die in Verwahrung genommen wurden (das Gesetz spricht von „Verwahrungsmassen"), sind im Verwahrungsverzeichnis einzutragen, § 21 NotAktVV.

Diese Verwahrungsgeschäfte (Massen) müssen genau dokumentiert werden. Wird z. B. Geld verwahrt, muss jede Überweisung auf dem jeweiligen Notaranderkonto exakt nachvollziehbar sein.

Das Verwahrungsverzeichnis (VVZ) dokumentiert alle relevanten Informationen zu einem Verwahrungsgeschäft, einschließlich der beteiligten Parteien sowie sämtlicher Ein- und Ausgaben.

§§ 21 ff. NotAktVV

Gem. § 59a Abs. 2 S. 1 BeurkG wird das Verwahrungsverzeichnis elektronisch im Elektronischen Urkundenarchiv geführt.

5.1.4 Jahresübersicht

§ 29 NotAktVV

Nach Abschluss jedes Kalenderjahres sind gem. § 29 NotAktVV alle Eintragungen im Verwahrungsverzeichnis, die sich auf ein Verwahrungsgeschäft beziehen, zeitnah in eine Datei zu exportieren und qualifiziert elektronisch zu signieren.

5.2 Akten des Notars

5.2.1 Die Urkundensammlung

§§ 2; 31 ff. NotAktVV

In der Urkundensammlung werden die in den §§ 31 – 47 NotAktVV abschließend aufgeführten Dokumente der Notarin oder des Notars aufbewahrt. Sie werden in der Nummernfolge des Urkundenverzeichnisses geordnet, sodass für jede Nummer ein Schriftstück im UVZ vorhanden ist. Wurden Nachtragsurkunden erstellt, so ist es auch möglich, diese mit der Haupturkunde zu verbinden und dort aufzubewahren, § 31 Abs. 4 NotAktVV.

5.2.2 Sammelakte über Wechsel- und Scheckproteste

Die Protesturkunden bei Wechsel- und Scheckprotesten, Art. 85 Abs. 2 WG, Art. 55 Abs. 3 ScheckG, sowie die dazugehörigen Vermerke einschließlich der Kostenrechnungen sind in Sammelakten aufzubewahren, § 45 NotAktVV.

§ 45 NotAktVV

5.2.3 Nebenakten

Schriftstücke, die nicht in der Urkundensammlung aufzubewahren sind, z. B. Schriftwechsel mit Beteiligten, Gerichten und Behörden, werden in Nebenakten aufbewahrt, § 40 NotAktVV. Nebenakten können in Papierform und/oder elektronisch geführt werden gem. §§ 42 f. NotAktVV.

§ 40 NotAktVV

5.2.4 Generalakten

Dokumente, die mit der Amtsführung von Notaren im Allgemeinen zu tun haben und nicht einzelnen Geschäften zugeordnet werden können, z. B. Schriftverkehr mit den Aufsichtsbehörden oder den Notarkammern, werden in sogenannten Generalakten geordnet gesammelt, § 46 NotAktVV.

§ 46 NotAktVV.

5.3 Aufbewahrungsfristen

Nach §§ 50 ff. NotAktVV sind Urkunden, Akten und Verzeichnisse der Notarinnen und Notare wie folgt aufzubewahren:

Seit dem 01.01.2022: Eintragungen im UVZ, Dokumente aus der Erbvertrags-, der elektronischen Urkunden- und der Sondersammlung (§ 50 Abs. 1 NotAktVV):	**100 Jahre**
Seit dem 01.01.2022: Eintragungen im Verwahrungsverzeichnis, Dokumente aus der Urkundensammlung und den Generalakten	**30 Jahre**
Dokumente aus den Nebenakten und der Sammelakte für Wechsel- und Scheckproteste	**7 Jahre**
Aufbewahrungsfristen für Altbestände sind in § 51 NotAktVV geregelt.	**5 Jahre**

5.4 Zusammenfassung und Aufgaben

ZUSAMMENFASSUNG

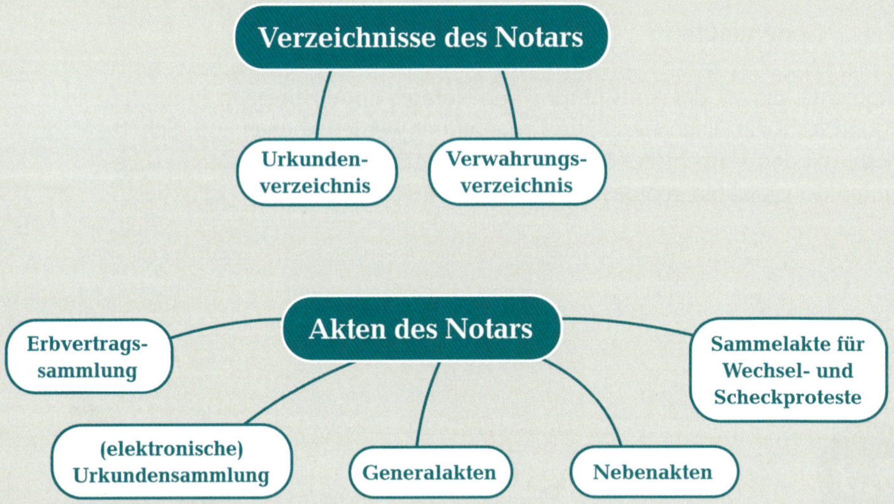

AUFGABEN

1. Welche Vorgänge müssen in das Urkundenverzeichnis eingetragen werden?
2. Wann sind Eintragungen im Urkundenverzeichnis vorzunehmen?
3. Wie geht man vor, wenn die Eintragung einer Beurkundung im Urkundenverzeichnis versehentlich vergessen wurde?
4. Erläutern Sie bitte, wofür das Verwahrungsverzeichnis genutzt wird.
5. Im Zusammenhang mit einer Beurkundung wird ein Geldbetrag auf ein Anderkonto eingezahlt. Wo ist der Eingang zu verzeichnen?
6. Wozu dienen die Generalakten, wozu die Nebenakten?

6. GRUNDZÜGE DES KOSTENRECHTS

6.1 Allgemeines

Grundlegende Ausführungen zu den Kosten in rechtsberatenden Berufen finden sich bereits im Informationsband für das erste Ausbildungsjahr (S. 408 ff.). Dort werden insbesondere der Aufbau des Gebührenverzeichnisses zum RVG und das korrekte Zitieren daraus dargestellt. Das für die Tätigkeit der Notarin und des Notars maßgebliche **Gerichts- und Notarkostengesetz** (GNotKG) ist vom Aufbau her dem RVG ähnlich, verfügt insbesondere auch über ein dem Gebührenverzeichnis des RVG vergleichbares Verzeichnis, das **Kostenverzeichnis.** Bitte schlagen Sie für den Einstieg den für Notare maßgeblichen Teil 2 des Kostenverzeichnisses (Anlage 1 zu § 3 Abs. 2 GNotKG) auf und lesen Sie parallel die Ausführungen zum Gebührenverzeichnis im Informationsband für das erste Ausbildungsjahr, insbesondere S. 412 ff. Sie haben dann bereits einen Überblick über den Aufbau des Kostenverzeichnisses und die richtige Zitierweise.

LF 4 | 3 ▸

In diesem Kapitel erfahren Sie im Überblick,

- was Voraussetzung für eine korrekte Kostenrechnung ist,
- wer der richtige Kostenschuldner ist,
- wie die Kosten von Notaren ermittelt werden,
- wann diese fällig sind,
- wann sie verjähren und
- wie aus einer Kostenrechnung vollstreckt werden kann.

Für die Tätigkeit von Notaren werden **Gebühren** berechnet; hinzu kommen die **Auslagen,** die bei der Tätigkeit entstehen. Beides zusammen sind die **Kosten,** die dem Kostenschuldner in Rechnung gestellt werden. Eine Vereinbarung über Gebühren ist grundsätzlich verboten, § 125 GNotKG, und nur in den sehr engen Grenzen des § 126 GNotKG zulässig. Über die Tatsache, dass für die Tätigkeit von Notaren Kosten entstehen, muss er die Beteiligten nicht vorab informieren.

6.2 Verfahren zur Erhebung der Kosten

6.2.1 Kostenschuldner

§§ 29 ff. GNotKG

Die Kosten trägt, wer dem Notar gegenüber für die Bezahlung der Kosten haftet. Geregelt ist dies in den §§ 29 ff. GNotKG. Danach schuldet die Kosten, wer

1. den Auftrag erteilt oder den Antrag gestellt hat,
2. die Kostenschuld gegenüber dem Notar übernommen hat oder
3. für die Kostenschuld eines Dritten kraft Gesetztes haftet.

Eine Haftung kraft Gesetzes (Nr. 3) ergibt sich zum Beispiel aus § 128 HGB: Der Gesellschafter einer OHG haftet für deren Verbindlichkeiten.

Ist an dem Geschäft nur eine Person beteiligt, haftet diese allein für die Kosten. Gibt es mehrere Beteiligte, zum Beispiel bei der Beurkundung eines Vertrages, wird in der Urkunde meist vereinbart, wer die Kosten zu tragen hat.

BEISPIEL

Bei der Beurkundung eines Grundstückskaufvertrags trägt nach der Vereinbarung in der Urkunde in der Regel die kaufende Partei die Kosten der Beurkundung alleine.

6.2.2 Gesamtschuldnerische Haftung mehrerer Personen

§§ 30, 32 GNotKG

An eine derartige Vereinbarung sind Notare jedoch nicht gebunden. Gemäß §§ 30, 32 GNotKG haften alle Beteiligten, deren Erklärungen beurkundet wurden, als Gesamtschuldner. Die Kosten können also von jeder an der Urkunde beteiligten Person verlangt werden.

BEISPIEL

In vorstehendem Beispiel wurde dem Käufer eine notarielle Kostenrechnung zugeschickt, die dieser trotz Mahnung noch nicht beglichen hat. Der Notar könnte nun seine Kosten vom Verkäufer verlangen; diese müsster sich dann intern mit dem Käufer auseinandersetzen.

6.2.3 Fälligkeit von Gebühren und Auslagen

Die Kosten von Notaren werden fällig, wenn das Geschäft oder Verfahren beendet ist. Auslagen, die dem Notar entstanden sind (und die Gebühren 25300 und 25301 des Kostenverzeichnisses für die Verwahrung von Geldbeträgen, Wertpapieren und Kostbarkeiten), sind sofort nach ihrer Entstehung fällig, § 10 GNotKG.

MERKE

Voraussetzung für die Fälligkeit der Kosten des Notars ist **nicht** die Übersendung der Kostenrechnung.

6.2.4 Abhängigmachen der Tätigkeit von Vorschussleistung

§ 15 GNotKG

Nach § 15 GNotKG kann ein Vorschuss verlangt werden, der zur Deckung der Kosten ausreichend ist. In der Praxis wird von dieser Möglichkeit wenig Gebrauch gemacht, sondern nur dann, wenn zu befürchten ist, dass die Kosten nach Erledigung der Tätigkeit nicht (zeitnah) beglichen werden.

6.2.5 Zurückbehaltungsrecht an Unterlagen

Ist eine Beurkundung durchgeführt worden, die Kostenrechnung aber nicht beglichen worden, stellt sich die Frage, wie vorgegangen werden kann. Statt der Inanspruchnahme eines alternativen Kostenschuldners oder der Einleitung von Zwangsvollstreckungsmaßnahmen (s. u.), kann die nicht zahlende Partei unter Umständen dadurch zur Zahlung angeregt werden, dass Unterlagen gemäß § 11 GNotKG bis zur Bezahlung der Kosten zurückgehalten werden. Dies ist allerdings nicht möglich, wenn Unterlagen gemäß § 53 BeurkG beim Grundbuchamt oder Registergericht eingereicht werden müssen.

LF 9a | 6.2.1 ▸

BEISPIEL

Eheleute wollen sich scheiden lassen und haben im Notariat eine Scheidungsfolgenvereinbarung abgeschlossen, um das gerichtliche Scheidungsverfahren möglichst schnell und günstig durchführen zu können. Die Kostenrechnung wurde jedoch noch nicht beglichen. Hier kann die Ausfertigung der Scheidungsfolgenvereinbarung zurückgehalten werden, bis die Kosten gezahlt sind.

6.2.6 Gebührenermäßigung für bestimmte Kostenschuldner

In § 91 GNotKG werden bestimmte Kostenschuldner genannt, denen Notarinnen und Notare in den in § 91 Abs. 1 GNotKG geregelten Fällen eine Ermäßigung der Gebühren zwischen 30 und 60 % zu gewähren haben. Es handelt sich hierbei vor allem um Bund, Länder, Gemeinden und Kirchen, aber auch um Körperschaften, Vereinigungen und Stiftungen, die ausschließlich mildtätige oder kirchliche Zwecke verfolgen.

6.2.7 Nichterhebung von Kosten wegen unrichtiger Sachbehandlung

§ 21 GNotKG

§ 21 GNotKG sieht vor, dass Kosten nicht erhoben werden, wenn sie auf „unrichtiger Sachbehandlung" beruhen. Dies bedeutet, dass aufgrund eines Fehlers im Notariat Kosten entstanden sind, die bei richtiger Sachbehandlung nicht angefallen wären.

BEISPIEL

Bei der Beurkundung eines Grundstückskaufvertrages wird die Kaufpreiszahlung über ein Notaranderkonto abgewickelt, obwohl ein berechtigtes Sicherungsinteresse der Beteiligten, § 58 BeurkG, nicht besteht. Die zusätzlichen Kosten für die Abwicklung über das Anderkonto sind unnötig entstanden und dürfen den Beteiligten nicht in Rechnung gestellt werden.

Ebenfalls nicht erhoben werden dürfen zusätzliche Kosten, die durch eine Terminsverlegung oder -vertagung (Fortsetzung des Termins an einem anderen Tag) entstehen, die „von Amts wegen" erfolgt, also nicht von den Beteiligten verursacht wird.

6.2.8 Verjährung der Kosten

§ 6 I GNotKG

Die Kostenansprüche von Notaren verjähren nach § 6 Abs. 1 S. 3 GNotKG innerhalb von 4 Jahren nach Ablauf des Kalenderjahres, in dem die Kosten fällig geworden sind.

BEISPIEL

Im Jahr 2016 wird eine Unterschriftsbeglaubigung durchgeführt und dem Klienten in Rechnung gestellt. Fälligkeit ist nach § 10 GNotKG mit Beendigung des Geschäfts im Jahr 2020 eingetreten. Die Verjährung beginnt mit Ablauf des 31. Dezember 2020 und endet vier Jahre später mit Ablauf des 31. Dezember 2024.

Wie oben angesprochen ist die Übersendung der Kostenrechnung nicht Fälligkeitsvoraussetzung, die Verjährung beginnt also unter Umständen schon vor Übersendung der Rechnung, §§ 10, 19 Abs. 1 GNotKG.

BEISPIEL

In obigem Beispiel wurde das Verschicken der Kostenrechnung an den Beteiligten versäumt. Dennoch ist die Forderung mit Ablauf des Jahres 2024 verjährt und kann anschließend nicht mehr durchgesetzt werden.

Allerdings führt die Übersendung der Kostenrechnung, genauso wie eine Zahlungsaufforderung oder die Mitteilung einer Stundung, zum Neubeginn der Verjährung, § 6 Abs. 3 GNotKG, § 212 I BGB.

BEISPIEL

Nun wurde im Jahr 2021 bemerkt, dass die Kostenrechnung nicht abgesandt wurde. Der Beteiligte erhält sie daher am 15. März 2021. Die Verjährung tritt damit vier Jahre später, mit Ablauf des 15. März 2025 ein.

6.2.9 Die Kostenberechnung

§ 19 GNotKG

Nach § 19 Abs. 1 GNotKG ist eine dem Kostenschuldner mitgeteilte Kostenrechnung (das Gesetz spricht von „Berechnung") Voraussetzung dafür, dass die Kosten geltend gemacht werden können. Weitere Voraussetzung für die Geltendmachung ist, dass sie den inhaltlichen Anforderungen des § 19 Abs. 2 GNotKG entspricht. Enthält sie nicht alle Mindestvoraussetzungen, ist sie unwirksam, § 19 Abs. 4 GNotKG. Aus diesem Grund ist die Erstellung einer vollständigen Rechnung von erheblicher Bedeutung: Aufgrund einer unrichtigen Kostenberechnung kann die Forderung gegen den Kostenschuldner nicht geltend gemacht werden, gleichzeitig läuft aber die Verjährung der Ansprüche.

© Kurhahn – Fotolia.com

Gemäß § 19 Abs. 2 GNotKG **muss** die Kostenberechnung enthalten:

1. eine Bezeichnung des Verfahrens oder Geschäfts,

2. die angewandten Nummern des Kostenverzeichnisses,

3. den Geschäftswert bei Gebühren, die nach dem Geschäftswert berechnet sind,

4. die Beträge der einzelnen Gebühren und Auslagen, wobei bei den jeweiligen Dokumentenpauschalen (Nummern 32000 bis 32003 KV) und bei den Entgelten für Post- und Telekommunikationsdienstleistungen (Nummer 32004 KV) die Angabe des Gesamtbetrags genügt, und

5. die gezahlten Vorschüsse.

Darüber hinaus **soll** enthalten sein

1. eine kurze Bezeichnung des jeweiligen Gebührentatbestands und der Auslagen,

2. die Wertvorschriften der §§ 36, 40 bis 54, 97 bis 108, 112 bis 124 GNotKG, aus denen sich der Geschäftswert für die jeweilige Gebühr ergibt, und

3. die Werte der einzelnen Gegenstände, wenn sich der Geschäftswert aus der Summe der Werte mehrerer Verfahrensgegenstände ergibt (§ 35 Abs. 1 GNotKG).

Schließlich **muss** jede notarielle Kostenrechnung mit einer **Rechtsbehelfsbelehrung** versehen werden, § 7a GNotKG.

6.2.10 Verzinsung, § 88 GNotKG

Die Kostenforderung ist mit fünf Prozentpunkten über dem Basiszinssatz (§ 247 BGB) zu verzinsen, wenn dem Kostenschuldner eine **vollstreckbare Ausfertigung der Kostenberechnung** zugestellt wird, welche Angaben über die Höhe der zu verzinsenden Forderung, den Verzinsungsbeginn und den Zinssatz enthält. Der Verzinsungsbeginn ist einen Monat nach der Zustellung der vollstreckbaren Ausfertigung. Diese Wirkung tritt natürlich nur dann ein, wenn die übersandte Kostenrechnung den Anforderungen der §§ 19, 7a GNotKG entspricht und nicht unwirksam ist.

6.2.11 Zwangsvollstreckung wegen der Kosten

§ 89 GNotKG

Werden die Kosten nicht beglichen, kann auch die Zwangsvollstreckung nach den Vorschriften der ZPO betrieben werden, § 89 GNotKG. Die Voraussetzungen für die Zwangsvollstreckung sind:

Titel — **Klausel** — **Zustellung**

Bei dem Titel handelt es sich um die – den Voraussetzungen des § 19 GNotKG entsprechende – Kostenberechnung. Diese muss mit der Vollstreckungsklausel versehen werden, was durch den Notar selbst geschehen kann, z. B. wie folgt:

„Vorstehende Ausfertigung meiner Kostenberechnung vom … erteile ich mir zum Zwecke der Zwangsvollstreckung."

Die mit der Vollstreckungsklausel versehene Kostenberechnung muss dann dem Schuldner zugestellt werden; erst zwei Wochen nach der Zustellung kann mit der Zwangsvollstreckung begonnen werden, §§ 89 GNotKG, 798 ZPO.

6.2.12 Einwendungen gegen die Kostenberechnung

Ist die Person, die die Kosten schuldet, der Ansicht, die Kostenberechnung selbst sei unzutreffend oder sie sich gegen die Verzinsung, die Zahlungspflicht, die Ausübung des Zurückbehaltungsrechts oder die Erteilung der Vollstreckungsklausel wenden möchte, so steht ihr dazu die Möglichkeit offen, eine Entscheidung des zuständigen Landgerichts zu beantragen, § 127 GNotKG. Auch Notare können die Entscheidung des Landgerichts beantragen, wenn der Kostenschuldner dem Notariat gegenüber die Kostenberechnung beanstandet.

§ 127 GNotKG

6.3 Ermittlung der Gebühren

Im Folgenden wird erläutert, wie die Ermittlung der Gebühren prinzipiell funktioniert. Eine umfassende Darstellung ist in diesem Rahmen nicht möglich; hier muss auf vertiefende Werke zum Notarkostenrecht verwiesen werden.

Um den Anforderungen des § 19 Abs. 2 GNotKG für die notarielle Kostenberechnung zu genügen, müssen drei wesentliche Elemente für die Ermittlung der Gebühren vorhanden sein:

© foromek – Fotolia.com

Verfahren/ Geschäft + **Geschäftswert nach §§ 36 ff. GNotKG** + **Gebühr nach dem Kostenverzeichnis** = **Gebührenbetrag in Euro nach der Gebührentabelle**

BEISPIEL

Es wird ein *Grundstückskaufvertrag* beurkundet, der vereinbarte Kaufpreis (der dem tatsächlichen Verkehrswert des Grundstücks entspricht) beträgt 220.000,00 Euro.

Gemäß §§ 47 S. 1, 97 Abs. 3 GNotKG ist der *Geschäftswert 220.000,00 Euro.*

Nach *Nr. 21100 KV* GNotKG ist für das Beurkundungsverfahren eine 2,0 Gebühr anzusetzen.

Aus der *Gebührentabelle B zu § 34 GNotKG* lässt sich als 2,0 Gebühr aus einem Geschäftswert bis 230.000,00 Euro ein **Gebührenbetrag in Höhe von 970,00 Euro** ablesen.

6.3.1 Ermittlung des Geschäftswerts

Steht fest, um was für ein Geschäft oder Verfahren es sich handelt, lässt sich in der Regel aus den § 36 ff. des GNotKG der Geschäftswert ermitteln und in die Kostenberechnung aufnehmen. Das Gesetz zählt den Großteil der notariellen Geschäfte und Verfahren auf, sodass in der Regel die Geschäftswertermittlung durch genaues Studium der Vorschriften problemlos möglich ist.

Falls sich ein Geschäftswert aus den Vorschriften des GNotKG nicht ermitteln lässt, ist er gemäß § 36 Abs. 1, Abs. 2 **nach billigem Ermessen** zu ermitteln. In nichtvermögensrechtlichen Angelegenheiten darf er 1 Million Euro nicht überschreiten. Bestehen **keine genügenden Anhaltspunkte** für eine Wertbestimmung, so ist ein Geschäftswert von 5.000,00 EUR in Ansatz zu bringen.

Kompliziert wird es in den Fällen, in denen **in einer Urkunde mehrere Beurkundungsgegenstände** enthalten sind. Dann ist zu unterscheiden:

6.3.2 Beurkundungen mit demselben Beurkundungsgegenstand

Grundsätzlich ist gemäß § 86 Abs. 2 GNotKG davon auszugehen, dass mehrere Rechtsverhältnisse, Tatsachen oder Vorgänge auch verschiedene Beurkundungsgegenstände sind. Als Ausnahme hiervon führt allerdings § 109 bestimmte Fälle auf, in denen nur von einem Beurkundungsgegenstand auszugehen ist.

Liegt gemäß § 109 Abs. 1 GNotKG zwischen zwei Rechtsverhältnissen ein Abhängigkeitsverhältnis vor, so richtet sich der Geschäftswert nur nach dem Wert des Rechtsverhältnisses, zu dessen Erfüllung, Sicherung oder sonstiger Durchführung die anderen Rechtsverhältnisse dienen.

BEISPIEL

Beurkundung eines Grundstückskaufvertrages, Kaufpreis 220.000,00 Euro mit gleichzeitiger Übernahme einer durch Grundpfandrecht am Kaufgrundstück gesicherten Darlehensschuld in Höhe von 100.000,00 Euro. Der Geschäftswert ist hier gemäß §§ 47 S. 1, 97 Abs. 3, 86 Abs. 2, 109 Abs. 1 GNotKG lediglich 220.000,00 Euro, eine Addition der Werte findet nicht statt.

Nach § 109 Abs. 2 GNotKG ist auch bei den dort aufgelisteten Erklärungen, z. B. dem Vorschlag zur Person eines Betreuers und gleichzeitiger Beurkundung einer Patientenverfügung, von einem Beurkundungsgegenstand auszugehen. Dann bestimmt sich der Geschäftswert nach dem höchsten in Betracht kommenden Wert.

6.3.3 Beurkundungen mit verschiedenen Beurkundungsgegenständen, § 109 GNotKG

Obwohl zwischen zwei Rechtsverhältnissen ein **Abhängigkeitsverhältnis** vorliegt, wie in § 109 GNotKG beschrieben, zählt § 110 GNotKG abschließend Fälle auf, in denen von **verschiedenen Beurkundungsgegenständen** auszugehen ist und damit eine Addition der Geschäftswerte zu erfolgen hat, z. B. Beschlüsse von Organen einer Vereinigung oder Stiftung einerseits und Erklärungen dieser Organe andererseits.

6.3.4 Besondere Beurkundungsgegenstände, § 111 GNotKG

Schließlich führt § 111 GNotKG Erklärungen auf, die stets besondere Beurkundungsgegenstände sind, deren Geschäftswerte also zu den Geschäftswerten anderer Erklärungen in derselben Urkunde zu addieren sind:

› Verfügungen von Todes wegen,
› Eheverträge im Sinne des § 1408 Abs. 1 BGB,
› eine Anmeldung zu einem Register und
› eine Rechtswahl nach dem internationalen Privatrecht.

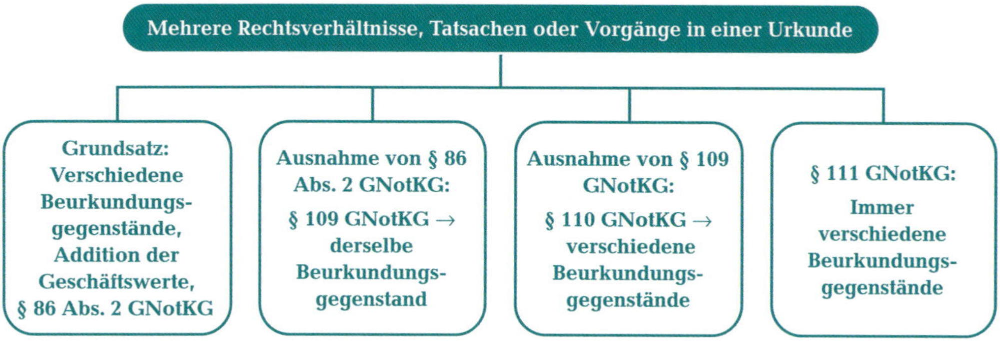

6.4 Notargebühren

6.4.1 Ermittlung der Notargebühren mithilfe von Kostenverzeichnis und Gebührentabelle

Steht die Art des Verfahrens oder Geschäfts und der Geschäftswert (bzw. die Geschäftswerte) fest, so werden die letztendlich in Rechnung zu stellenden Notargebühren mithilfe des **Kostenverzeichnisses, Anlage 1 zu § 3 Abs. 3 GNotKG, Teil 2 und 3,** ermittelt. Das Kostenverzeichnis ist wie folgt unterteilt:

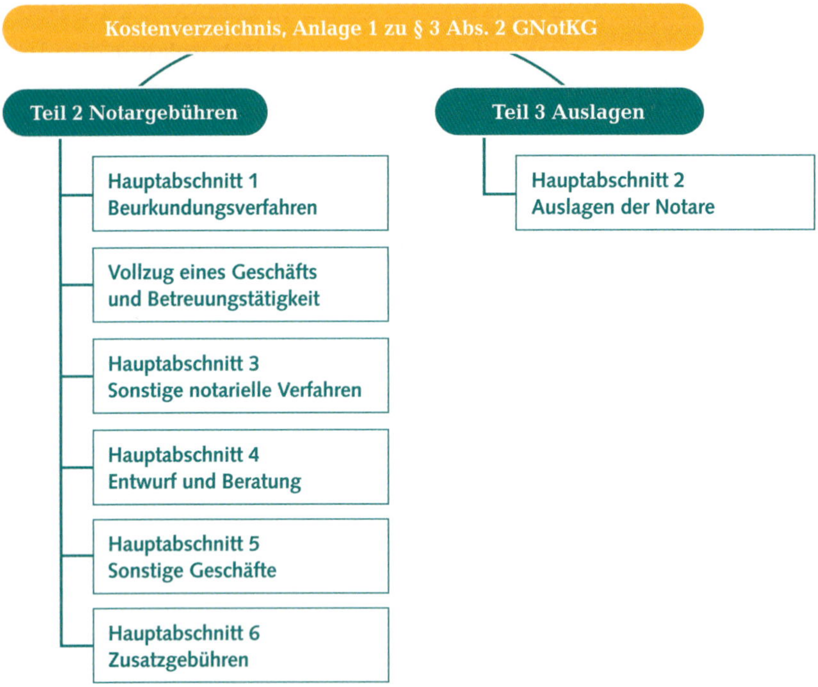

Aus dem Kostenverzeichnis ergibt sich entweder ein **Gebührensatz** (z. B. „2,0 Gebühr"), aus dem sich zusammen mit dem Geschäftswert in der **Gebührentabelle** B zu § 34 GNotKG ein Gebührenbetrag in Euro ablesen lässt.

BEISPIEL

Beurkundung eines Kaufvertrages, Geschäftswert 300.000,00 Euro, 2,0 Gebühr, Nr. 21100 KV GNotKG, Gebührenbetrag: 1.270,00 Euro.

Alternativ weist das Kostenverzeichnis auch **feste Gebühren** aus bzw. gestattet, **Auslagen** in der Höhe, in der sie entstanden sind, zum Ansatz zu bringen.

Hinzu kommt schließlich auf die Kostenberechnung die **Umsatzsteuer,** Nr. 32014 KV GNotKG.

6.4.2 Mehrere Gebührensätze, § 94 GNotKG

Werden wie oben ausgeführt, unterschiedliche Tätigkeiten in einer Urkunde zusammengefasst, so ist neben der in §§ 86, 109–111 GNotKG geregelten Frage, ob ein oder mehrere Beurkundungsgegenstände vorliegen, mithilfe von § 94 GNotKG der **zutreffende Gebührensatz** zu wählen und gegebenenfalls eine **Vergleichsberechnung** anzustellen.

Beurkundungsgegenstand		Anzuwendender Gebührensatz
Derselbe Beurkundungsgegenstand, § 109 Abs. 1: Geschäftswert bestimmt sich nach dem vorherrschenden Rechtsverhältnis	**Identische Gebührensätze** *(Beispiel: Dienstbarkeit, 0,5 Nr. 21201 Nr. KV und Rangrücktritt, 0,5 Nr. 21201 Nr. 4 KV)*	Unproblematisch, Gebührensätze gleich. *(Im Beispiel: 0,5)* Vergleichsberechnung, § 94 Abs. 2, nicht notwendig.
	Verschiedene Gebührensätze *(Beispiel: Grundstückskaufvertrag, 2,0 Nr. 21100 KV, und Löschungsbewilligung, 0,5 Nr. 21201 Nr. 4 KV)*	**§ 94 Abs. 2: Höchster in Betracht kommender Gebührensatz** *(Im Beispiel: 2,0)* Vergleichsberechnung, § 94 Abs. 2, nicht notwendig.
Derselbe Beurkundungsgegenstand, § 109 Abs. 2: Geschäftswert bestimmt sich nach dem höchsten in Betracht kommenden Geschäftswert	**Identische Gebührensätze** *(Beispiel: Beschluss über die Kapitalerhöhung einer GmbH, 2,0 Nr. 21100 KV, und Beschluss über Änderung des Gesellschaftsvertrages der GmbH, 2,0 Nr. 21100 KV)*	**Gebühr entsteht nach dem höchsten Geschäftswert** *(Im Beispiel: 2,0 aus dem höheren der beiden Geschäftswerte)* Vergleichsrechnung, § 94 Abs. 2, nicht notwendig
	Verschiedene Gebührensätze *(Beispiel: Grundschuld 250.000,00 Euro, 0,5 Nr. 21201 Nr. 4 KV und Schuldanerkenntnis 100.000,00 Euro, 1,0 Nr. 21200 KV)*	**§ 94 Abs. 2: Höchster Gebührensatz aus höchstem Geschäftswert, wenn nicht bei getrennter Beurkundung geringere Gebühren anfallen würden.** *(Im Beispiel: 1,0 aus 250.000,00 Euro ergibt Gebühren i.H.v. 535,00 Euro – günstiger als 0,5 aus 250.000,00 Euro + 1,0 aus 100.000,00 Euro = 540,50 Euro)*

Unterschiedliche Beurkundungsgegenstände, §§ 110, 111: Geschäftswerte werden addiert, § 35 Abs. 1

Identische Gebührensätze

(Beispiel: General- und Vorsorgevollmacht, 200.000,00 Euro, 1.0 Nr. 21200 KV und Patientenverfügung 10.000,00 Euro, 1,0 Nr. 21200 KV)

→ **Gebühr aus dem addierten Geschäftswert**

(Im Beispiel: 1,0 aus 210.000,00 Euro)

Verschiedene Gebührensätze

(Beispiel: Grundstückskaufvertrag, 350.000,00 Euro, 2,0 Nr. 21100 KV und Grundschuldübernahme, 200.000,00 Euro, 1,0 Nr. 21200 KV)

→ **§ 94 Abs. 1: Getrennte Berechnung, wenn nicht die nach dem höchsten Gebührensatz aus dem addierten Geschäftswert geringer ist.**

(Im Beispiel: 2,0 aus 350.000,00 Euro + 1,0 aus 200.000,00 Euro ergibt Gebühren i. H. v. 1.805,00 Euro – günstiger als 2,0 aus 550.000,00 Euro: 2.030,00 Euro)

6.5 Zusammenfassung und Aufgaben

ZUSAMMENFASSUNG

Die Kosten des Notars werden nach den Vorschriften des GNotKG ermittelt, in Rechnung gestellt und gegebenenfalls (in Verbindung mit der ZPO) vollstreckt.

Kostenschuldner

Die Kosten schulden alle beteiligten Person als Gesamtschuldner nach den §§ 29 ff. GNotKG.

Kostenberechnung

Voraussetzung für einen Anspruch ist jedoch eine formal und inhaltlich vollständige und richtige **Kostenberechnung,** die dem Kostenschuldner mitgeteilt wird, § 19 GNotKG. Kosten, die nicht in der richtigen Art und Weise in Rechnung gestellt oder die durch unrichtige Sachbehandlung entstanden sind (§ 21 GNotKG), können vom Kostenschuldner nicht verlangt werden.

Fälligkeit und Verjährung

Fällig sind Notarkosten bereits nach Beendigung des Geschäfts, für die **Verjährung** – in vier Jahren ab dem Schluss des Jahres, in dem sie fällig wurden, – ist also die Übersendung einer Kostenberechnung nicht maßgeblich.

Vollstreckung

Vollstreckt werden kann aus einer notariellen Kostenberechnung nur, wenn sie (vom Notar selbst) mit der **Vollstreckungsklausel** versehen, dem Kostenschuldner **zugestellt** und die Wartefrist von 14 Tagen ab Zustellung eingehalten wurde.

Einwendungen

Falls er eine Kostenberechnung für nicht richtig erachtet, kann die Person, die die Kosten schuldet, **Einwendungen beim zuständigen Landgericht** geltend machen, § 127 GNotKG.

Die Gebühren und Auslagen, die Notare Kostenschuldnern in Rechnung stellen, werden dadurch ermittelt, dass

1. die für den Klienten durchgeführten **Verfahren und Tätigkeiten** identifiziert werden,
2. daraus der **Geschäftswert** abgeleitet wird, je nachdem, ob ein oder mehrere Beurkundungsgegenstände vorliegen,
3. mit dem Kostenverzeichnis die **Gebührensätze** ermittelt werden,
4. bei Vorliegen von Gebührensätzen und Geschäftswerten unter Beachtung des § 94 GNotKG (mehrere Gebührensätze) die **Gebührenbeträge** in der **Gebührentabelle** abgelesen werden und
5. **Auslagen** und **Umsatzsteuer** nach dem Kostenverzeichnis addiert werden.

Die Kostenberechnung ist zudem mit einer **Rechtsbehelfsbelehrung** zu versehen, § 7a GNotKG.

AUFGABEN

1. Wer ist Kostenschuldner einer notariellen Urkunde?
2. Wann verjähren die Kosten von Notaren?
3. Worauf erstreckt sich das Zurückbehaltungsrecht wegen der Kosten?
4. Was sind die Voraussetzungen der Zwangsvollstreckung aus einer notariellen Kostenberechnung?
5. Wie wird der Geschäftswert bestimmt, wenn er nicht aus Vorschriften des GNotKG zu ermitteln ist und nicht feststeht?
6. Erläutern Sie bitte die Vergleichsberechnungen nach § 94 I und II GNotKG.

LERNFELD 10

Das zivilrechtliche Mandat im erstinstanzlichen Verfahren bearbeiten

1. DAS KLAGEVERFAHREN

1.1 Grundsätzliches

Kann der Anspruch der Mandanten außergerichtlich nicht durchgesetzt werden, so muss bei Vorlage eines entsprechenden Mandats gerichtliche Hilfe in Anspruch genommen werden. Bei Zahlungsansprüchen (vgl. § 688 ZPO) kann im Einvernehmen zwischen Mandanten und Rechtsanwältin oder Rechtsanwalt entschieden werden, ein oft schnelleres und kostengünstigeres **Mahnverfahren** durchzuführen. Sollen andere Ansprüche geltend gemacht werden, so ist direkt der **Klageweg** zu beschreiten. Aber auch einem Mahnverfahren kann sich ein Klageverfahren anschließen, wenn Widerspruch gegen den Mahnbescheid, § 696 ZPO, oder Einspruch gegen den Vollstreckungsbescheid, § 700 ZPO, eingelegt wird.

LF 9 ▸

1.1.1 Klagearten

Je nach Anliegen der Mandanten ist zunächst zu entscheiden, welche Klageart vorliegt. Dies ist deshalb von Bedeutung, weil dementsprechend die Anträge in der Klageschrift formuliert werden müssen.

Die ZPO kennt drei unterschiedliche Klageverfahren:

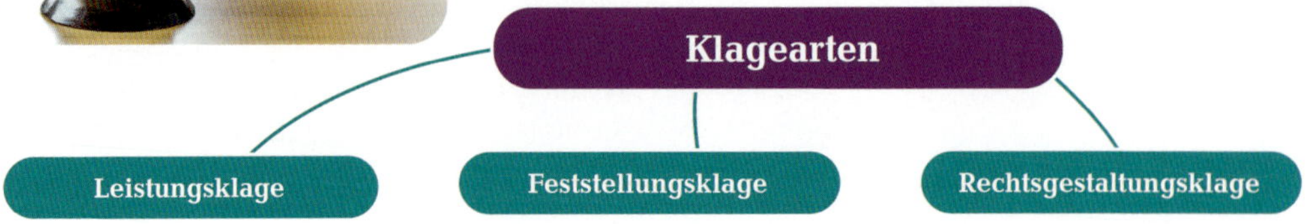

1.1.1.1 Leistungsklage

Die häufigste Klageart im Zivilprozess ist die Leistungsklage. Ihr Ziel ist es, ein **Tun, Dulden oder Unterlassen** des oder der Beklagten zu erreichen. Es ist sogar möglich, Klage auf eine Leistung zu erheben, die erst zukünftig fällig wird, vgl. § 257 ZPO.

BEISPIEL

- Ein Handwerker möchte von seinem Auftraggeber Bezahlung der durchgeführten Reparatur.
- Der Verkäufer einer mangelhaften Sache muss Nacherfüllung leisten.
- Der Vermieter möchte eine neue Heizung in einer Mietwohnung einbauen lassen und verlangt vom Mieter, die Arbeiten zu gestatten.
- Eine Prominente will vermeiden, dass eine Illustrierte private Fotos von ihr veröffentlicht.

1.1.1.2 Feststellungsklage

Mit der Feststellungsklage kann das **Bestehen oder Nichtbestehen eines Rechtsverhältnisses,** die Anerkennung einer Urkunde oder die Feststellung ihrer Unechtheit begehrt werden, § 256 Abs. 1 ZPO. Dies ist allerdings nur dann möglich, wenn nicht mit einer Leistungsklage direkt Ansprüche geltend gemacht werden können.

§ 256 Abs. 1 ZPO

BEISPIEL

Bei einem Verkehrsunfall entsteht nicht nur Sachschaden, sondern das Unfallopfer erleidet schwere Verletzungen, die zu dauerhaften Beeinträchtigungen führen können. Hier kann gerichtlich festgestellt werden, dass der Unfallverursacher und seine Versicherung auch für erst zukünftig bezifferbare Schäden aufkommen müssen.

EXKURS

Feststellungsklage im Arbeitsrecht

Während im Zivilprozess die Feststellungsklage seltener vorkommt als die Leistungsklage, ist sie im arbeitsgerichtlichen Verfahren sehr häufig. Die **Kündigungsschutzklage,** mit der sich ein Arbeitnehmer gegen eine vom Arbeitgeber ausgesprochene Kündigung wendet, ist nämlich eine Feststellungsklage: falls der gekündigte Arbeitnehmer im Rechtsstreit obsiegt, stellt das Arbeitsgericht fest, dass das Arbeitsverhältnis fortbesteht und nicht durch die Kündigung des Arbeitgebers beendet wurde.

1.1.1.3 Rechtsgestaltungsklage

Während durch die Leistungsklage der Beklagte zu einem Tun veranlasst werden kann und die Feststellungklage das Bestehen eines Rechtsverhältnisses feststellt, kann durch die Rechtsgestaltungsklage die **Begründung, Aufhebung oder Veränderung eines Rechtsverhältnisses** erreicht werden.

BEISPIEL

- Scheidungsverfahren
- Teilung einer Erbengemeinschaft

Es wird also **durch das Gericht** unmittelbar eine Veränderung der Rechtslage herbeigeführt, man spricht vom „richterlichen Gestaltungsakt“. Während bei der Leistungs- und Feststellungsklage zur Durchsetzung der Ansprüche aus der richterlichen Entscheidung unter Umständen noch Zwangsvollstreckungsmaßnahmen durchgeführt werden müssen, ist dies bei der Rechtsgestaltungsklage nicht notwendig und möglich. Beim Scheidungsverfahren z. B. besteht die Ehe anschließend nicht mehr, ohne dass weitere Handlungen der (früheren) Eheleute notwendig sind.

1.1.2 Klagehäufung

In einem Klageverfahren können gleichzeitig **mehrere** Begehren des Klägers oder der Klägerin verfolgt werden **(objektive** Klagehäufung), oder Ansprüche werden von **mehreren** Klägern und/oder gegen **mehrere** Beklagte geltend gemacht **(subjektive** Klagehäufung).

1.1.2.1 Objektive Klagehäufung

§ 260 ZPO

Werden in einem Rechtsstreit unterschiedliche Ansprüche verfolgt, so spricht man von objektiver Klagehäufung bzw. „Anspruchshäufung“, § 260 ZPO. Dies wird dadurch gekennzeichnet, dass in der Klageschrift mehrere Anträge gestellt werden.

Hier ist es zum einen möglich, dass mehrere Ansprüche **nebeneinander** geltend gemacht werden, die sogenannte **kumulative** Klagehäufung.

BEISPIEL

Ein Opfer eines Verkehrsunfalls begehrt in einer Klage

Ersatz des Schadens am Fahrzeug (materiellen Schadensersatz) + Zahlung eines angemessenen Schmerzensgeldes (immateriellen Schadensersatz)

In manchen Fällen werden Anträge so gestellt, dass der zweite Antrag nur dann zum Tragen kommt, wenn der erste Antrag nicht erfolgreich war. Diese Kombination aus **Haupt- und Hilfsantrag** ist die **eventuelle** Klagehäufung.

BEISPIEL

Der Käufer einer mangelhaften Sache verlangt mit dem **Hauptantrag** die **Nachlieferung,** also die Lieferung einer mangelfreien Sache. Für den Fall, dass dies dem Verkäufer nicht möglich sein sollte (z. B., weil die Ware nicht mehr lieferbar ist), will der Käufer **Schadensersatz** geltend machen und stellt einen entsprechenden **Hilfsantrag.**

Schließlich gibt es den Fall der **alternativen** Klagehäufung, in der entweder von zwei Anträgen nur der eine oder der andere als gestellt gelten soll, oder sich ein Antrag auf zwei unterschiedliche Geschehensabläufe stützt. Dies ist grundsätzlich nicht möglich, da Kläger gemäß § 253 Abs. 2 Nr. 2 ZPO hinreichend **bestimmte** Anträge stellen müssen und die Entscheidung, was sie eigentlich geltend machen wollen, nicht dem Gericht überlassen dürfen. In Ausnahmefällen kann die alternative Klagehäufung allerdings doch möglich sein, wenn eine **Wahlschuld** zwischen Klägern und Beklagten vereinbart wird.

BEISPIEL

Ein Ehepaar hat eine „Gemüsekiste" abonniert: Ein Bauernhof liefert wöchentlich Obst und Gemüse in einem bestimmten Warenwert, wobei die Auswahl, was geliefert wird, dem Bauernhof überlassen bleibt, je nachdem, was saisonal gerade zur Verfügung steht. Obwohl bereits im Voraus bezahlt wurde, hat der Bauernhof die Lieferung eingestellt.

Hier kann nicht auf Lieferung einer bestimmten Ware geklagt werden, sondern nur auf mehrere Alternativen nach Wahl des beklagten Bauernhofs.

1.1.2.2 Subjektive Klagehäufung

Mehrere Personen können in einem Verfahren gemeinsam klagen oder gemeinsam verklagt werden, wenn

§§ 59 ff. ZPO

- sie hinsichtlich des Streitgegenstandes in **Rechtsgemeinschaft** stehen oder wenn sie aus **demselben tatsächlichen und rechtlichen Grund** berechtigt oder verpflichtet sind, § 59 ZPO;
- gleichartige und auf einem im Wesentlichen **gleichartigen tatsächlichen und rechtlichen Grund** beruhende Ansprüche oder Verpflichtungen den Gegenstand des Rechtsstreits bilden, § 60 ZPO.

Dies kann auf der freiwilligen Entscheidung des oder der Kläger beruhen. Im Fall des § 62 ZPO ist diese **Streitgenossenschaft** dagegen vorgeschrieben, wenn das streitige Rechtsverhältnis nur einheitlich festgestellt werden kann oder eine einheitliche Entscheidung aus anderen Gründen notwendig ist.

BEISPIEL

Mehrere Gesamtschuldner können nach Wahl des Gläubigers gemeinsam in Anspruch genommen werden: Nach einem Verkehrsunfall werden der Fahrer des Fahrzeugs, dessen Halter (derjenige, auf den das Fahrzeug zugelassen ist) und die Haftpflichtversicherung des Fahrzeughalters vom Unfallopfer verklagt.

1.2 Prozessvoraussetzungen

© eccolo – Fotolia.com

Wird ein Klageverfahren eingeleitet, so sind zunächst (und auch im weiteren Fortgang des Verfahrens) von Amts wegen die Prozessvoraussetzungen (oder „Sachurteilsvoraussetzungen") durch das Gericht zu prüfen. Es ist hierbei nicht relevant, ob dies durch Einreichung einer Klageschrift oder durch Übergang aus dem Mahnverfahren geschieht.

Hierbei handelt es sich um sämtliche Voraussetzungen, welche vorliegen müssen, damit ein Verfahren vor einem Zivilgericht durchgeführt werden kann. Liegen diese zu Beginn nicht vor, wird ein Klageverfahren erst gar nicht eingeleitet; entfallen sie zu einem späteren Zeitpunkt, kann das Verfahren nicht fortgesetzt werden. Weiter dürfen keine Sachurteilshindernisse, wie z. B. die anderweitige Rechtshängigkeit des Verfahrens bestehen.

1.2.1 Deutsche Gerichtsbarkeit

LF 1 | 1.4 ▸

Bitte lesen Sie zur deutschen und internationalen Gerichtsbarkeit sowie zum Rechtsweg und den Zuständigkeiten noch einmal die Informationen im Band für das 1. Ausbildungsjahr, S. 33 ff.!

Ganz grundsätzliche Voraussetzung für die Durchführung eines Verfahrens ist die Frage, ob überhaupt die deutsche Gerichtsbarkeit zuständig ist. Dies ist grundsätzlich bei allen Personen der Fall, die deutsche Staatsbürger sind oder sich auf dem Gebiet der Bundesrepublik Deutschland aufhalten. Ausnahmen gibt es lediglich nach den §§ 18–20 des Gerichtsverfassungsgesetzes (GVG) bei Personen, die im weitesten Sinne ausländische Diplomaten sind, deren Mitarbeitern und Familienmitgliedern.

Bei Angelegenheiten mit Auslandsbezug, z. B. bei Beteiligung von ausländischen Staatsangehörigen oder wenn sich das streitgegenständliche Ereignis im Ausland abgespielt hat, muss die internationale Zuständigkeit im Einzelfall geprüft werden, was im Einzelfall sehr kompliziert sein kann. Es existieren diesbezüglich unterschiedliche völkerrechtliche Abkommen; hier sei nur beispielhaft auf die Verordnung der Europäischen Union über die gerichtliche Zuständigkeit und die Anerkennung und Vollstreckung von Entscheidungen in Zivil- und Handelssachen, EuGVVO, hingewiesen.

1.2.2 Rechtsweg

LF 1 | 1.2.4.1

Je nachdem, ob es sich um privates oder öffentliches Recht handelt und welches konkrete Rechtsgebiet betroffen ist, entscheidet sich, welcher Rechtsweg eröffnet ist. Zivilsachen (dazu gehören die Bürgerlichen Rechtsstreitigkeiten, die Familiensachen und die Angelegenheiten der freiwilligen Gerichtsbarkeit) sind gemäß § 13 GVG der **ordentlichen Gerichtsbarkeit** zugewiesen. Ausgenommen sind arbeitsrechtliche Angelegenheiten, die nach § 2 des Arbeitsgerichtsgesetzes (ArbGG) vor den Arbeitsgerichten verhandelt werden.

§ 13 GVG

1.2.3 Obligatorische Streitschlichtung

In den meisten Bundesländern besteht eine gesetzliche Regelung, dass bei bestimmten Streitigkeiten vor Klageerhebung verpflichtend (= obligatorisch) ein Streitschlichtungsversuch bei einer von den jeweiligen Landesjustizverwaltungen eingerichteten oder anerkannten Gütestelle durchzuführen ist. Die Regelungen in den Bundesländern setzen die Vorschrift des § 15 a des Gesetzes zur Einführung der ZPO (EGZPO) um. Danach ist die Streitschlichtung vor Klagerhebung verpflichtend;

© arahan – Fotolia.com

1. in vermögensrechtlichen Streitigkeiten vor dem Amtsgericht über Ansprüche, deren Gegenstand an Geld oder Geldeswert die Summe von 750,00 Euro nicht übersteigt;
2. in Streitigkeiten über Ansprüche aus dem Nachbarrecht nach den §§ 910, 911, 923 des Bürgerlichen Gesetzbuchs und nach § 906 des Bürgerlichen Gesetzbuchs sowie nach den landesgesetzlichen Vorschriften im Sinne des Artikels 124 des Einführungsgesetzes zum Bürgerlichen Gesetzbuch, sofern es sich nicht um Einwirkungen von einem gewerblichen Betrieb handelt;
3. in Streitigkeiten über Ansprüche wegen Verletzung der persönlichen Ehre, die nicht in Presse oder Rundfunk begangen worden sind;
4. in Streitigkeiten über Ansprüche nach Abschnitt 3 des Allgemeinen Gleichbehandlungsgesetzes.

Die obligatorische Streitschlichtung dient der Entlastung der Zivilgerichte in Fällen, die erkennbar vom Gesetzgeber als weniger gravierend eingestuft wurden. Wird die Streitschlichtung nicht durchgeführt, ist die Klage nicht zulässig.

1.2.4 Zuständigkeiten der Zivilgerichte

LF 1 | 1.4.8 ▶

Einen ersten Überblick über die **sachliche Zuständigkeit** der Zivilgerichte haben Sie bereits im Band für das 1. Ausbildungsjahr, dort 1.4.8, erhalten. Hier werden wir uns nun vertieft mit der Frage beschäftigen, welches Zivilgericht für die Entscheidung einer konkreten Rechtsstreitigkeit zuständig ist.

BEISPIEL

In Köln ereignet sich ein Autounfall, Sachschaden: 3.000,00 Euro. Unfallverursacher ist ein Pkw-Fahrer aus Hamburg, der mit einem Mietwagen unterwegs war. Das Mietwagenunternehmen hat seinen Sitz in München. Die Haftpflichtversicherung des Mietwagenunternehmens hat ihren Sitz in Hannover. Die Geschädigte, die mit ihrem eigenen Pkw fuhr, stammt aus Dresden. Sie will ihre Ansprüche gegen Fahrer, Halter (dem Mietwagenunternehmen) und Versicherung gerichtlich durchsetzen. Welches Gericht oder welche Gerichte sind für die Entscheidung des Rechtsstreits/der Rechtsstreite zuständig?

1.2.4.1 Sachliche Zuständigkeit der Zivilgerichte

Innerhalb der ordentlichen Zivilgerichtsbarkeit ist zunächst zu entscheiden, ob das Amts-, Land- oder Oberlandesgericht oder der Bundesgerichtshof für eine Rechtsstreitigkeit zuständig ist. Regelungen zur Klärung dieser Frage, der **sachlichen Zuständigkeit,** finden sich vor allem im GVG, aber auch in der ZPO und dem FamFG.

Anknüpfungspunkt ist dabei der **Streitgegenstand,** also der Anspruch, der klageweise geltend gemacht wird, wie er durch die Anträge in der Klageschrift konkretisiert wird.

Für Verfahren in der **ersten Instanz** sind ausschließlich die Amts- und Landgerichte zuständig, Oberlandesgerichte und der Bundesgerichtshof entscheiden nur in Rechtsmittelverfahren, also Angelegenheiten, die schon zuvor von anderen Gerichten behandelt wurden.

Erstinstanzliche Zuständigkeit der Amts- und Landgerichte

Amtsgerichte

Zuständigkeit	Vorschrift
Vermögensrechtliche Streitigkeiten mit einem **Streitwert bis einschließlich 5.000,00 EUR.**	**§ 23 Nr. 1 GVG**
Ohne Rücksicht auf den Wert des Streitgegenstandes **(ausschließliche Zuständigkeit),** z. B. für:	**§ 23 Nr. 2 GVG**
› Mietstreitigkeiten über Wohnraum	
› Streitigkeiten aus Reiseverkehr	
› Ansprüche aus Wildschaden	
› Entscheidungen über **Familiensachen** als Familiengericht und Angelegenheiten der freiwilligen Gerichtsbarkeit	**§ 23a GVG**
Besondere Verfahren wie das	
› Mahnverfahren	**§ 689 ZPO**
› selbstständige Beweisverfahren	**§ 486 Abs. 3 ZPO**
› Aufgebotsverfahren	**§ 433 ff. FamFG**

Landgerichte

Zuständigkeit	Vorschrift
Vermögensrechtliche Streitigkeiten mit einem **Streitwert über 5.000,00 Euro,** soweit keine ausschließliche Zuständigkeit des Amtsgerichts begründet ist.	**§§ 23, 71 Abs. 1 GVG**
Ohne Rücksicht auf den Wert des Streitgegenstandes **(ausschließliche Zuständigkeit),** z. B. für:	
› Streitigkeiten über Amtspflichtverletzungen von Richtern und Beamten	**§ 71 Abs. 2 Nr. 2 GVG**
› Anfechtungs- und Nichtigkeitsklagen gegen Hauptversammlungsbeschlüsse einer Aktiengesellschaft	**§§ 249 Abs. 1, 246 Abs. 3 S. 1 AktG**
› Auflösungs- und Anfechtungsklagen gegen eine GmbH	**§ 61 Abs. 3 GmbHG**
› Ansprüche wegen unwahrer Angaben bei Emissionen von Wertpapieren	**§ 71 Abs. 2 Nr. 3 GVG**

Zuständigkeit nach Streitwert

In den meisten erstinstanzlichen Verfahren entscheidet die Grenze von 5.000,00 Euro darüber, ob ein Rechtsstreit vor dem Amts- oder Landgericht geführt wird. Nach § 23 Nr. 1 GVG sind die Amtsgerichte für Angelegenheiten, deren **Streitwert** 5.000,00 Euro nicht übersteigt, zuständig. Die Zuständigkeit der Landgerichte beginnt also bei einem Streitwert von 5.000,01 Euro.

§ 23 Nr. 1 GVG

Wie der für die sachliche Zuständigkeit maßgebliche **Zuständigkeits- oder Zulässigkeitsstreitwert** ermittelt wird, richtet sich nach den §§ 3 bis 9 ZPO. Für die Gerichtskosten muss vom Gericht zudem der Gebührenstreitwert nach dem

§ 23 Nr. 1 GVG

Gerichtskostengesetz bestimmt werden, der für den nach § 12 GKG zu zahlenden Gerichtskostenvorschuss maßgeblich ist.

Die Festsetzung des Streitwerts liegt im **freien Ermessen des Gerichts,** § 3 ZPO. Meist ist die Höhe des Streitwerts und damit die Zuständigkeit von Amts- oder Landgericht unproblematisch, wenn eine bestimmte Geldsumme eingeklagt werden soll. Maßgeblich ist der Zeitpunkt der Klageerhebung, Nebenkosten wie Zinsen oder vorgerichtlich entstandene Rechtsanwaltsgebühren werden nicht mit eingerechnet, § 4 ZPO.

BEISPIEL

In unserem obigen Beispiel ist ein Sachschaden von 3.000,00 Euro entstanden, weitere Ansprüche sind nicht zu erkennen. Der Zuständigkeitsstreitwert beträgt daher 3.000,00 Euro und das Amtsgericht ist für die Entscheidung des Rechtsstreits sachlich zuständig.

§ 5 ZPO

Werden **mehrere Ansprüche** geltend gemacht, so ist der Streitwert durch Addition der einzelnen Werte zu ermitteln, § 5 ZPO. Dies gilt nicht, wenn auf eine Klage eine Widerklage („Gegenklage") folgt. Macht also der oder die Beklagte im selben Verfahren Ansprüche gegen den Kläger geltend, findet keine Zusammenrechnung statt. In diesem Fall ist der höhere Wert als Streitwert anzunehmen.

§ 8 ZPO

Wenn wegen des **Bestehens** oder der **Dauer** eines **Pacht- oder Mietverhältnisses** gestritten wird, so ist nach § 8 ZPO die gesamte Miete oder Pacht für den im Streit stehenden Zeitraum als Streitwert anzusetzen. Sollte jedoch die **25-fache Jahresmiete oder -pacht** geringer sein, dann ist diese in Ansatz zu bringen.

§ 9 ZPO

Bei **wiederkehrenden Leistungen,** wenn also z. B. ausstehende Mietzahlungen (Unterschied zum Bestehen eines Mietverhältnisses) oder Unterhalt eingeklagt werden, ist der Streitwert der **dreieinhalbfache Jahresbetrag,** § 9 ZPO.

Ausschließliche Zuständigkeit des Amtsgerichts

Unabhängig vom Streitwert sind **nur** die Amtsgerichte in bestimmten Angelegenheiten erstinstanzlich zuständig. Dies sind vor allem Streitigkeiten über Wohnraummiete, Reisevertragsangelegenheiten und Familiensachen. Hier kommt es also nicht darauf an, um welchen Geldbetrag gestritten wird.

Besondere Verfahren

Schließlich sind die Amtsgerichte auch für unterschiedliche Verfahren allein erstinstanzlich zuständig. Hierunter fällt insbesondere das Mahnverfahren, § 689 ZPO.

1.2.4.2 Örtliche Zuständigkeit

Ist geklärt, ob das Verfahren beim Amts- oder Landgericht durchzuführen ist, stellt sich die Frage, welches der 646 Amtsgerichte oder 115 Landgerichte (Stand: Februar 2015) örtlich zuständig ist. Die Zivilprozessordnung spricht hier vom **Gerichtsstand.** Eine Übersicht über die wichtigsten Gerichtsstände können Sie dem folgenden Schaubild entnehmen.

Örtliche Zuständigkeit

Allgemeiner Gerichtsstand
- Wohnsitz, § 13 ZPO
- Sitz, § 17 ZPO
- Behördensitz, § 18 ZPO
- Sitz des Insolvenzgerichts, § 19a ZPO

Ausschließlicher Gerichtsstand
- Dinglicher Gerichtsstand, §§ 24–26 ZPO
- Miet- oder Pachträume, § 29a ZPO
- Familiensachen, §§ 122, 232 FamFG

Besonderer Gerichtsstand
- Aufenthaltsort, § 20 ZPO
- Niederlassung, § 21 ZPO
- Erbschaft, § 27 ZPO
- Erfüllungsort, § 29 ZPO
- Wohnungseigentum, § 32 ZPO
- Widerklage, § 33 ZPO
- Gebührenklage, § 34 ZPO

Allgemeiner Gerichtsstand

Die ZPO geht grundsätzlich davon aus, dass dort geklagt werden kann, wo der oder die **Beklagte** ihren „allgemeinen Gerichtsstand" hat. Der allgemeine Gerichtsstand ist in den §§ 13–19 ZPO geregelt:

Natürliche Personen
- Wohnsitz, § 13 ZPO
- Exterritoriale Deutsche ohne Wohnsitz in Deutschland: letzter inländischer Wohnsitz, sonst Amtsgericht Berlin-Schöneberg, § 15 ZPO
- Personen ohne Wohnsitz: Aufenthaltsort im Inland, sonst letzter Wohnsitz, § 16 ZPO

Juristische Personen

Gemeinden, Kapitalgesellschaften, eingetragene Vereine, Genossenschaften, Stiftungen etc. werden an ihrem **Sitz** verklagt, also dem Ort, an dem die Verwaltung geführt wird, § 17 ZPO.

Fiskus

Rechtsstreite gegen den Staat werden dort geführt, wo die **Behörde** ihren **Sitz** hat, die den Staat vertritt, § 18 f. ZPO.

Insolvenzverwalter

Die Insolvenzverwalter werden in Streitigkeiten um die Insolvenzmasse am **Sitz des Insolvenzgerichts** verklagt.

BEISPIEL

Bei unserem Verkehrsunfall, s.o., gibt es mehrere Klagegegner. Als örtlich zuständige Amtsgerichte kommen also in Betracht:

- Hamburg (Wohnsitz des Fahrers)
- München (Sitz des Mietwagenunternehmens)
- Hannover (Sitz der Haftpflichtversicherung)

Der Wohnsitz der Klägerin, Dresden, spielt für den Gerichtsstand keine Rolle.

Besonderer Gerichtsstand

Alternativ zum allgemeinen Gerichtsstand kann ein Rechtsstreit auch dort geführt werden, wo ein **besonderer Gerichtsstand** vorliegt. Dieser knüpft oft an die Angelegenheit an, die dem Rechtsstreit zugrunde liegt, also z. B.

der Erfüllungsort, § 29 ZPO	Ort, wo die vertragliche Leistung erbracht werden soll
bei Haustürgeschäften, § 29 a ZPO	der Ort, an dem der Verbraucher (Käufer) zum Zeitpunkt der Klageerhebung seinen Wohnsitz hat,
der Ort der „unerlaubten Handlung“, § 32 ZPO	Bei einem Ereignis, das einen Schaden, z. B. gemäß § 823 BGB, verursacht hat, kann auch dort geklagt werden, wo das Ereignis stattgefunden hat.

Liegt ein besonderer Gerichtsstand vor, kann nach Wahl des Klägers oder der Klägerin das Verfahren am allgemeinen Gerichtsstand des Beklagten oder dem besonderen Gerichtsstand durchgeführt werden.

BEISPIEL

Da sich der Verkehrsunfall in Köln ereignet hat, könnte der Rechtsstreit um den Schadensersatz auch beim Amtsgericht Köln geführt werden, § 32 ZPO.

Ausschließlicher Gerichtsstand

Im Gegensatz zum besonderen Gerichtsstand besteht bei Vorliegen eines **ausschließlichen** Gerichtsstands **keine** Wahlmöglichkeit – unabhängig davon, ob noch ein allgemeiner oder besonderer Gerichtsstand existiert, muss das Verfahren am für den ausschließlichen Gerichtsstand zuständigen Gericht durchgeführt werden.

Dies ist z. B.

der Bezirk,	in dem eine Mietwohnung liegt, wenn über ein Mietverhältnis gestritten wird, § 29a ZPO,
der Ort,	in dessen Bezirk sich das Grundstück befindet bei Klagen wegen des Eigentums an einem Grundstück, § 24 ZPO,
zunächst das Gericht,	in dem ein Ehegatte mit allen gemeinschaftlichen minderjährigen Kindern seinen gewöhnlichen Aufenthalt hat für Scheidungsverfahren, § 122 FamFG.

Bei der Ermittlung des örtlich zuständigen Gerichts ist also zunächst zu prüfen, ob ein ausschließlicher Gerichtsstand vorliegt; nur, wenn dies nicht der Fall ist, kann am allgemeinen oder, soweit vorhanden, einem besonderen Gerichtsstand geklagt werden.

1.2.4.3 Funktionelle Zuständigkeit

Mit dem in der Zivilprozessordnung nicht verwendeten Begriff der funktionellen Zuständigkeit ist die Zuständigkeit innerhalb eines sachlich und örtlich zuständigen Gerichts gemeint, also die Frage, wer mit der konkreten Tätigkeit betraut ist – Richter, Rechtspfleger, Urkundsbeamter, Justizfachangestellte etc. Dies ist allerdings keine Zulässigkeitsvoraussetzung, zur Klageeinreichung muss dies nicht geklärt werden.

1.2.4.4 Gerichtsstandsvereinbarungen

Ein Verfahren kann bei einem an sich – sachlich und/ oder örtlich – unzuständigen Gericht durchgeführt werden, wenn die Parteien des Rechtsstreits dies wirksam vereinbart haben.

Eine solche Gerichtsstandsvereinbarung ist nach § 40 ZPO unwirksam, wenn sie sich nicht auf ein bestimmtes Rechtsverhältnis und die daraus entstehenden Rechtsstreitigkeiten bezieht. Sie ist unzulässig, wenn dadurch die ausschließliche Zuständigkeit eines Amtsgerichts betroffen ist.

§ 40 ZPO

Zulässig sind Gerichtsstandsvereinbarungen unter Kaufleuten, juristischen Personen des öffentlichen Rechts oder öffentlich-rechtlichen Sondervermögen, § 38 Abs. 1 ZPO, und dann, wenn mindestens eine der Parteien keinen inländischen Gerichtsstand hat, § 38 Abs. 2 ZPO.

§ 38 ZPO

Außer in den genannten Fällen, also z. B. bei Beteiligung von Verbrauchern am Rechtsstreit, ist eine Gerichtsstandsvereinbarung nur dann zulässig, wenn sie gemäß § 38 Abs. 3 ZPO ausdrücklich und schriftlich

› nach Entstehen der Streitigkeit abgeschlossen wurde oder
› für den Fall geschlossen wird, dass die im Klageweg in Anspruch zu nehmende Partei nach Vertragsschluss ihren Wohnsitz oder gewöhnlichen Aufenthaltsort aus dem Geltungsbereich dieses Gesetzes verlegt oder ihr Wohnsitz oder gewöhnlicher Aufenthalt im Zeitpunkt der Klageerhebung nicht bekannt ist.

Das bedeutet z. B., dass eine entsprechende Vereinbarung in einem Vertrag mit einem Verbraucher, insbesondere in den Allgemeinen Geschäftsbedingungen, nicht bindend ist, da sie vor dem Rechtsstreit geschlossen wurde.

1.2.4.5 Rügelose Einlassung

§ 39 ZPO

Wird eine Klage bei einem eigentlich unzuständigen Gericht erhoben, so steht es dem Beklagten frei, dies zu rügen oder sich trotzdem zur Sache einzulassen und Anträge zu stellen. In diesem Fall wird das angerufene Gericht gemäß § 39 ZPO zuständig. In amtsgerichtlichen Verfahren muss der oder die Beklagte vor der Verhandlung auf die Unzuständigkeit und die Folgen einer rügelosen Einlassung hingewiesen werden, §§ 39, 504 ZPO.

Die ausschließliche Zuständigkeit eines Gerichts kann allerdings nicht durch rügelose Einlassung „durchbrochen" werden, § 40 Abs. 2 S. 2 ZPO.

LF 4 | 2.2 ▸

1.2.5 Partei- und Prozessfähigkeit, gesetzliche Vertretung

Weitere Zulässigkeitsvoraussetzungen sind die Partei- und Prozessfähigkeit.

Parteifähigkeit ist die Fähigkeit, Partei eines Rechtstreits sein zu können. Parteifähig ist gemäß § 50 ZPO, wer rechtsfähig ist. Hierunter fallen natürliche Personen, juristische Personen und Personengesellschaften, bei denen Teilrechtsfähigkeit und damit Parteifähigkeit vorliegt.

Prozessfähig ist, wer einen Prozess für sich selbst oder für andere führen kann oder andere Personen mit der Führung eines Prozesses beauftragen kann, § 52 ZPO.

Eine nicht prozessfähige Partei wird im Rechtsstreit durch ihren **gesetzlichen Vertreter** vertreten, minderjährige Kinder z. B. im Regelfall durch die Eltern, die GmbH durch ihren Geschäftsführer etc.

1.2.6 Prozessführungsbefugnis

Der Begriff Prozessführungsbefugnis findet sich nicht in der Zivilprozessordnung. Er bedeutet, dass jemand im Rahmen eines Gerichtsprozesses ein Recht in **eigenem Namen** geltend macht. Obwohl zivilprozessual nicht geregelt, ist eine Klage **unzulässig,** wenn der Kläger oder die Klägerin keine Prozessführungsbefugnis hat.

Allerdings ist es möglich, in einem Gerichtsverfahren ein **fremdes** Recht in eigenem Namen geltend zu machen. Dies nennt man **Prozessstandschaft**. Hier unterscheidet man zwei Arten.

1.2.6.1 Gesetzliche Prozessstandschaft

In bestimmten Fällen sind Personen aufgrund gesetzlicher Regelung berechtigt, Rechte Dritter in eigenem Namen einzuklagen. Dies ist z. B. der Fall, wenn bei verheirateten, aber getrennt lebenden Ehegatten derjenige, bei dem das gemeinsame minderjährige Kind lebt, Unterhaltsansprüche **des Kindes** in eigenem Namen gegen den anderen Elternteil geltend macht, § 1368 Abs. 3 BGB. In diesem Fall wirkt eine gerichtliche Entscheidung auch für und gegen das Kind.

Weitere Beispiele sind die Prozessstandschaft des Insolvenzverwalters, §§ 80, 85 InsO oder die Fortführung eines in eigenem Namen begonnenen Prozesses nach Verkauf einer Sache, § 265 ZPO.

1.2.6.2 Gewillkürte Prozessstandschaft

In engen Grenzen ist es möglich, die Prozessführungsbefugnis auf einen Dritten zu übertragen, wenn der Dritte ein **eigenes, schutzwürdiges Interesse** an der Angelegenheit hat und der Anspruch übertragbar ist. Außerdem darf die Übertragung nicht missbräuchlich sein.

BEISPIEL

Buchhändler Müller in Berlin bestellt beim Verlag Libri GmbH in Dortmund mehrere Bücher. Es wird vereinbart, dass diese Bücher per Post (Deutsche Post AG) versandt werden. Die Bücher werden von der Libri GmbH ordnungsgemäß aufgegeben, kommen aber auf dem Postweg abhanden. Hier ergibt sich folgendes Problem:

Gemäß § 447 BGB geht beim Versendungskauf die Gefahr auf den Käufer über, sobald der Verkäufer die Sache dem Spediteur übergeben hat.

- Der Buchhändler kann also nicht erneute Lieferung von seinem Vertragspartner beanspruchen.
- Der Verlag könnte zwar die Deutsche Post AG in Anspruch nehmen, hat aber hieran kein Interesse, da er gemäß §§ 447, 433 Abs. 2 BGB den Kaufpreis vom Buchhändler beanspruchen kann.
- Der Buchhändler kann nicht gegen die Deutsche Post AG vorgehen, da diese nicht seine Vertragspartnerin ist.

Lösung:

Der Vertrag überträgt seinen Anspruch gegen die Deutsche Post AG auf den Buchhändler, dieser macht seine Ansprüche im eigenen Namen gegen diese geltend – ein Fall der **zulässigen gewillkürten Prozessstandschaft.**

1.2.7 Postulationsfähigkeit

§ 79 ZPO

Grundsätzlich können alle prozessfähigen Parteien entscheiden, ob sie den Prozess selbst führen oder sich durch einen Rechtsanwalt oder eine andere geeignete Person vertreten lassen, § 79 ZPO. Dieser sogenannte **Parteiprozess** ist der gesetzliche Normalfall. Lediglich in Verfahren vor den Land- und Oberlandesgerichten und dem Bundesgerichtshof, § 78 ZPO, sowie in Ehe- und Folgesachen vor dem Familiengericht, § 114 Abs. 1 FamFG, ist eine Vertretung durch einen zugelassenen Rechtsanwalt zwingend geboten **(Anwaltsprozess).** Nur bei dem jeweiligen Gericht zugelassene Anwälte sind **postulationsfähig,** also fähig, wirksame Rechtshandlungen vor Gericht vorzunehmen, z. B. Anträge zu stellen. Tritt in Verfahren, in denen eine anwaltliche Vertretung vorgeschrieben ist, eine Partei ohne einen Rechtsanwalt auf, so gilt sie als „nicht erschienen", sie kann also keine Anträge stellen oder andere Rechtshandlungen vornehmen.

BEISPIEL

Der Dachdeckermeister Schmidt wird aufgrund angeblich fehlerhafter Arbeiten an einem Gebäude auf Zahlung von Schadensersatz in Höhe von 8.500,00 Euro verklagt. Ihn trifft in Wirklichkeit keine Schuld an dem Schaden, was er auch beweisen könnte. Gemäß §§ 23 Nr. 1, 71 Abs. 1 GVG wird das Verfahren vor dem Landgericht durchgeführt. Um Kosten zu sparen, verzichtet Schmidt auf die Beauftragung eines Rechtsanwalts und nimmt selbst zur Klage Stellung. Da er vor dem Landgericht nicht **postulationsfähig** ist, werden seine Ausführungen jedoch nicht beachtet, da sie nicht von einem zugelassenen Rechtsanwalt stammen. Das Gericht wird vielmehr, wenn nicht noch rechtzeitig ein Anwalt auftritt, ein Versäumnisurteil erlassen, § 331 Abs. 3 ZPO; Herr Schmidt kann den Prozess verlieren, obwohl er materiell im Recht ist.

Rechtsanwältinnen und Rechtsanwälte sind ohne Weiteres bei allen deutschen Amts-, Land- und Oberlandesgerichten postulationsfähig, lediglich vor dem Bundesgerichtshof ist eine besondere Zulassung erforderlich, die durch das Bundesministerium für Justiz und Verbraucherschutz erfolgt, § 170 BRAO.

Lässt sich eine Partei vertreten, so muss die Bevollmächtigung durch schriftliche Vollmacht nachgewiesen werden, § 80 ZPO. Liegt diese Vollmacht nicht vor, muss dies vom Gericht von Amts wegen, also ohne dass die andere Seite dies vorbringt, berücksichtigt werden. Ist der Bevollmächtigte allerdings ein Rechtsanwalt oder eine Rechtsanwältin, prüft das Gericht die wirksame Vollmacht nur, wenn die Gegenseite die Bevollmächtigung in Zweifel zieht.

1.2.8 Ordnungsgemäße Klageerhebung

Wirksam erheben kann man eine Klage nur durch eine Klageschrift, die den Ansprüchen des § 253 ZPO genügt.

§ 253 ZPO

Verpflichtend sind folgende Angaben:

- Bezeichnung der **Parteien**
- Angabe des **Gerichts**
- Die bestimmte Angabe des **Streitgegenstandes**
- Der **Grund** des erhobenen Anspruchs
- Ein bestimmter **Antrag**

Die Klage soll weiterhin enthalten:

- die Angabe, ob der Klageerhebung der Versuch einer **Mediation** oder eines anderen Verfahrens der **außergerichtlichen Konfliktbeilegung** vorausgegangen ist, sowie eine Äußerung dazu, ob einem solchen Verfahren Gründe entgegenstehen;
- die Angabe des **Wertes des Streitgegenstandes,** wenn hiervon die Zuständigkeit des Gerichts abhängt und der Streitgegenstand nicht in einer bestimmten Geldsumme besteht;
- eine Äußerung dazu, ob einer **Entscheidung der Sache durch den Einzelrichter** Gründe entgegenstehen

Außerdem sind auch die Vorschriften über die vorbereitenden Schriftsätze, insbesondere § 130 ZPO, zu beachten, sodass eine

§ 130 ZPO

› **Klagebegründung** und
› die **Unterschrift**

ebenfalls erforderlich sind.

Inhalt der Klageschrift

- Bezeichnung der Parteien
- Bezeichnung des Gerichts
- Angabe des Streitgegenstandes Grund des Anspruchs
- Bestimmter Antrag
- Begründung
- Unterschrift

Muster einer Klageschrift

RAe Dr. Schmidt, Gerber & Partner
Lindenstraße 20
40477 Düsseldorf

An das
Amtsgericht Düsseldorf
Werdener Straße 1
40227 Düsseldorf

Düsseldorf, den …
02023/15 LS

Klage

der Frau Maria Friedrich, Hausstraße 54, 40… Düsseldorf,

\- Klägerin -

Prozessbevollmächtigte: RAe Dr. Schmidt, Gerber & Partner, 40477 Düsseldorf

g e g e n

Herrn Harald Jost, Strauchweg 15, 40… Düsseldorf,

\- Beklagter -

wegen: Schadensersatz

Namens und in Vollmacht der Klägerin erheben wir Klage und werden beantragen,

> **den Beklagten zu verurteilen, an die Klägerin 2.723,45 Euro zuzüglich … % Zinsen seit dem 11. Dezember 20.. zu bezahlen und das Urteil, nötigenfalls gegen Sicherheitsleistung, für vorläufig vollstreckbar zu erklären.**

Begründung:
…

Gezeichnet

Rechtsanwalt

1.2.9 Rechtsschutzbedürfnis

Die Bereitstellung einer funktionsfähigen Justiz ist ein enormer staatlicher Aufwand, der, auch wenn Gerichtskosten erhoben werden, weit überwiegend durch Steuermittel getragen wird. Deshalb ist die Anrufung der Gerichte nur dann zulässig, wenn ein **berechtigtes Interesse** an ihrer Inanspruchnahme besteht, das Rechtsschutzbedürfnis. Dies ist immer dann nicht gegeben, wenn der Kläger auf einfacherem oder schnellerem Wege sein Ziel erreichen kann oder die Klage rechtsmissbräuchlich ist.

Schneller ist z. B. eine Titelumschreibung, das Verfahren, mit dem ein gegen einen anderen Schuldner gerichteter Vollstreckungstitel auf den jetzigen Schuldner umgeschrieben wird. In diesem Fall wäre ein neues Klageverfahren gegen den jetzigen Schuldner unzulässig.

BEISPIEL

In unserem obigen Verkehrsrechtstreit wurde ein Urteil gegen die Haftpflichtversicherung erstritten. Diese wurde zwischenzeitlich von einem anderen Versicherungsunternehmen aufgekauft, sodass die ursprüngliche Gesellschaft in einer anderen aufgegangen ist und als eigenständige juristische Person nicht mehr existiert. Hier kann kein erneutes Klageverfahren durchgeführt werden, vielmehr muss das ursprüngliche Urteil, der Titel, umgeschrieben werden.

Rechtsmissbräuchlich ist ein Verfahren, wenn es dem Kläger oder der Klägerin nur „ums Prinzip" geht, also z. B. beim Einklagen eines ganz niedrigen Geldbetrages. Ob dies der Fall ist, entscheidet das Gericht nach den Umständen des Einzelfalles.

BEISPIEL

Von einer ursprünglich bestehenden Forderung in Höhe von 2.000,00 Euro sind aus ungeklärten Gründen in mehreren Raten lediglich 1.999,30 Euro bezahlt worden. Materiell-rechtlich hat der Gläubiger zwar Anspruch auf Bezahlung der restlichen 70 Cent, prozessual ist aber eine Klage in dieser Höhe mangels Rechtsschutzbedürfnisses nicht zulässig.

1.2.10 Keine anderweitige Rechtshängigkeit

Wegen derselben Angelegenheit kann eine Klage nicht bei mehreren Gerichten erhoben werden. Sie ist unzulässig, wenn anderweitige Rechtshängigkeit besteht, also die Klage durch ein anderes Gericht bereits dem Beklagten zu-

§ 261 ZPO

gestellt wurde. Während der Dauer der Rechtshängigkeit kann die Streitsache von keiner Partei anderweitig geltend gemacht werden, § 261 Abs. 3 Nr. 1 ZPO.

1.2.11 Keine entgegenstehende Rechtskraft

Schließlich ist es natürlich nicht möglich, dieselbe Angelegenheit nach ihrem Abschluss erneut bei Gericht einzureichen. Liegt eine rechtskräftige Entscheidung vor, ist eine erneute Klage unzulässig.

1.3 Gerichtskostenvorschuss

Liegen die genannten Prozess- (oder Sachurteils-)Voraussetzungen nicht vor bzw. bestehen Sachurteilshindernisse, wird ein Rechtsstreit durch das Gericht als unzulässig abgewiesen.

Bevor das Gericht die Klage allerdings nur an den Beklagten zustellt und sich selbst damit befasst, muss ein **Gerichtskostenvorschuss** in Höhe von 3,0 Gerichtsgebühren eingezahlt werden, § 12 GKG i. V. m. Nr. 1210 des Kostenverzeichnisses, Anlage 1 zu § 3 Abs. 2 GKG. Die Höhe der Gerichtsgebühren richtet sich nach dem Streitwert des Verfahrens.

MERKE

Mit Einreichung der Klage ist die Sache **anhängig,** mit Zustellung wird sie **rechtshängig.**

LF 10 | 2

Bei Gewährung von **Prozesskostenhilfe** ist die Einzahlung eines Gerichtskostenvorschusses nicht erforderlich.

1.4 Zusammenfassung und Aufgaben

ZUSAMMENFASSUNG

AUFGABEN

1. Bitte nennen Sie die verpflichtenden Angaben, die in einer Klageschrift gemacht werden, und geben Sie die entsprechende Vorschrift im Gesetz an.

2. Bitte erläutern Sie die Begriffe Partei- und Prozessführungsbefugnis.

3. In welchen Verfahren müssen sich die Parteien anwaltlich vertreten lassen?

4. Was sind die Voraussetzungen für eine wirksame Gerichtsstandsvereinbarung?

5. Bitte nennen Sie die drei unterschiedlichen Klagearten.

»

»

6. Wo ist die sachliche, wo die örtliche Zuständigkeit der Gerichte geregelt?

7. Bitte geben Sie in den folgenden Fällen an, welches Gericht für die Entscheidung des Rechtsstreits sachlich und örtlich zuständig ist.

a. Ariane aus Erfurt verklagt Ben aus Weimar auf Rückzahlung eines Darlehens in Höhe von 2.500,00 Euro.

b. Carla und Daniel sind kinderlos und möchten sich scheiden lassen. Sie ist aus dem gemeinsamen Einfamilienhaus (Wert: 280.000,00 Euro) in Frankfurt am Main ausgezogen und lebt in Wiesbaden. Er lebt nach wie vor in Frankfurt. Außer dem gemeinsamen Haus haben die Ehegatten kein wesentliches Vermögen.

c. Wie wäre Fall b. zu beurteilen, wenn Carla mit zwei gemeinsamen minderjährigen Kindern nach Wiesbaden gezogen wäre?

d. Efren aus München war zum Karneval in Köln. Dort wurde er von Franz aus Bonn grundlos zunächst beleidigt und dann tätlich angegriffen. Efren möchte Schmerzensgeld einklagen.

e. Gerhard, wohnhaft in Pinneberg, hat Helena eine Wohnung in Hamburg-Altona vermietet. Helena ist vor drei Monaten ohne Kündigung ausgezogen und lebt nun in Lüneburg. Insgesamt bestehen Mietrückstände in Höhe von 4.000,00 Euro und Schadensersatzansprüche wegen der in schlechtem Zustand hinterlassenen Wohnung in Höhe von 3.000,00 Euro, die Gerhard gerichtlich geltend machen möchte.

2. DIE PROZESSKOSTENHILFE

2.1 Allgemeines

Ein Rechtsstreit vor Gericht kostet Geld. Neben den Gerichtskosten fallen auch noch die Kosten für einen Rechtsanwalt an, falls das Gesetz eine anwaltliche Vertretung vorschreibt oder aus sonstigen Gründen ein Rechtsanwalt notwendig ist. Damit auch ärmere Bürger ihre berechtigten Ansprüche gerichtlich geltend machen können, gewährt der Staat ihnen, unter bestimmten Voraussetzungen, Prozesskostenhilfe. Dabei sollen für sie das Kostenrisiko und die Kostenbelastung möglichst gering sein. Der Staat übernimmt die Kosten zum Teil oder sogar ganz. Nach § 116 ZPO kann auch juristischen Personen, parteifähigen Personenvereinigungen oder einer Partei kraft Amtes (z. B. Testamentsvollstrecker) Prozesskostenhilfe gewährt werden.

Die Prozesskostenhilfe kann für alle gerichtlichen Verfahren bewilligt werden sowie für die Zwangsvollstreckungsmaßnahmen ins bewegliche Vermögen, einschließlich für das Verfahren zur Abgabe der Vermögensauskunft.

In Familiensachen spricht der Gesetzgeber von Verfahren und nicht von Prozessen. Deshalb heißt es hier Verfahrenskostenhilfe.

2.2 Voraussetzungen der Prozesskostenhilfe

Dem Antrag auf Bewilligung der Prozesskostenhilfe folgt ein Prozesskostenprüfungsverfahren. Damit die Prozesskostenhilfe bewilligt wird, müssen bestimmte Voraussetzungen vorliegen (vgl. § 114 ZPO).

Voraussetzungen

- **Die Partei kann nach ihren persönlichen und wirtschaftlichen Verhältnissen die Kosten des Prozesses nicht, nur zum Teil oder nur in Raten aufbringen.**
- **Die Rechtsverfolgung oder Rechtsverteidigung hat Aussicht auf Erfolg.**
- **Die Prozessführung erscheint nicht mutwillig.**

2.3 Persönliche und wirtschaftliche Verhältnisse

Der Antragsteller muss seine familiären, beruflichen und wirtschaftlichen Verhältnisse offenlegen. Er gibt ausführlich Auskunft über seine Familienverhältnisse (ledig, verheiratet, geschieden), seine berufliche Tätigkeit, seine Unterhaltsverpflichtungen, sein Einkommen, sein Vermögen und seine Schulden. Gem. § 117 Abs. 2 ZPO sind dem Antrag die entsprechenden Belege beizufügen.

Bezeichnung, Ort und Geschäftsnummer des Gerichts:

Erklärung über die persönlichen und wirtschaftlichen Verhältnisse bei Prozess- oder Verfahrenskostenhilfe

– Belege sind in Kopie durchnummeriert beizufügen –

A Angaben zu Ihrer Person

Name, Vorname, ggf. Geburtsname	Beruf, Erwerbstätigkeit	Geburtsdatum	Familienstand
Anschrift (Straße, Hausnummer, Postleitzahl, Wohnort)		Tagsüber tel. erreichbar unter Nummer	
Sofern vorhanden: Gesetzlicher Vertreter (Name, Vorname, Anschrift, Telefon)			

B Rechtsschutzversicherung/Mitgliedschaft

1. Trägt eine Rechtsschutzversicherung oder eine andere Stelle/Person (z. B. Gewerkschaft, Mieterverein, Sozialverband) die Kosten Ihrer Prozess- oder Verfahrensführung? — Beleg Nummer

☐ Nein ☐ Ja:

In welcher Höhe? Wenn die Kosten in voller Höhe von einer Versicherung oder anderen Stelle/Person getragen werden, ist die Bewilligung von Prozess- oder Verfahrenskostenhilfe nicht möglich und damit die Beantwortung der weiteren Fragen nicht erforderlich.

2. Wenn nein: Besteht eine Rechtsschutzversicherung oder die Mitgliedschaft in einem Verein/einer Organisation (z. B. Gewerkschaft, Mieterverein, Sozialverband), der/die die Kosten der beabsichtigten Prozess- oder Verfahrensführung tragen oder einen Prozessbevollmächtigten stellen könnte? — Beleg Nummer

☐ Nein ☐ Ja:

Bezeichnung der Versicherung/des Vereins/der Organisation. Klären Sie möglichst vorab, ob die Kosten getragen werden. Bereits vorhandene Belege über eine (Teil-)Ablehnung seitens der Versicherung/des Vereins/der Organisation fügen Sie dem Antrag bei.

C Unterhaltsanspruch gegenüber anderen Personen

Haben Sie Angehörige, die Ihnen gegenüber gesetzlich zur Leistung von Unterhalt verpflichtet sind (auch wenn tatsächlich keine Leistungen erfolgen)? z. B. Mutter, Vater, Ehegatte/Ehegattin, eingetragene(r) Lebenspartner/Lebenspartnerin — Beleg Nummer

☐ Nein ☐ Ja:

Name des Unterhaltsverpflichteten. Bitte geben Sie auf einem weiteren Exemplar dieses Formulars seine persönlichen und wirtschaftlichen Verhältnisse an, sofern diese nicht bereits vollständig aus den folgenden Abschnitten ersichtlich sind.

D Angehörige, denen Sie Bar- oder Naturalunterhalt gewähren

Name, Vorname, Anschrift (sofern sie von Ihrer Anschrift abweicht)	Geburtsdatum	Verhältnis (z. B. Ehegatte, Kind, Mutter)	Monatsbetrag in EUR, soweit Sie den Unterhalt nur durch Zahlung gewähren	Haben diese Angehörigen eigene Einnahmen? z. B. Ausbildungsvergütung, Unterhaltszahlung vom anderen Elternteil usw.		Beleg Nummer
1				☐ Nein	☐ Ja: mtl. EUR netto	
2				☐ Nein	☐ Ja: mtl. EUR netto	
3				☐ Nein	☐ Ja: mtl. EUR netto	
4				☐ Nein	☐ Ja: mtl. EUR netto	
5				☐ Nein	☐ Ja: mtl. EUR netto	

2.4 Die Rechtsverfolgung oder Rechtsverteidigung mit Aussicht auf Erfolg

Das Streitverhältnis der Parteien muss im Antrag vollständig und ausführlich dargestellt werden. Die Beweismittel sind ebenfalls anzugeben. Die hinreichende Aussicht auf Erfolg muss sich für das Gericht schlüssig ergeben.

BEISPIEL

Bernd Eisenschmied will gegen Klaus Kleinknecht Klage wegen einer Geldforderung über 2.500,00 Euro erheben. Die Forderung ist aber schon verjährt. Die Klage hat demnach keine hinreichende Aussicht auf Erfolg.

Gem. § 119 Abs. 2 ZPO ist der Antrag in einem höheren Rechtszug nicht mehr dahingehend zu prüfen, ob die Rechtsverfolgung oder Rechtsverteidigung hinreichend Aussicht auf Erfolg hat, wenn der Gegner das Rechtsmittel eingelegt hat.

2.5 Nicht mutwillige Prozessführung

§ 114 Abs. 2 ZPO: Mutwillig ist die Rechtsverfolgung oder Rechtsverteidigung, wenn eine Partei, die keine Prozesskostenhilfe beansprucht, bei verständiger Würdigung aller Umstände von der Rechtsverfolgung oder Rechtsverteidigung absehen würde, obwohl eine hinreichende Aussicht auf Erfolg besteht.

Mutwillig wäre eine Rechtsverfolgung u. a., wenn die Realisierung der Forderung auf Dauer aussichtslos erscheint und eine vermögende Partei in diesem Fall auch nicht klagen würde*.

› Die Zwangsvollstreckung erscheint endgültig und für alle Zeiten aussichtslos**. Dies gilt aber nicht, wenn ein sachliches Interesse an der Titulierung besteht, insbesondere eine qualifizierte Titulierung (etwa § 850 f. Abs. 2 ZPO) weitere Vollstreckungsmöglichkeiten eröffnet.
› Die Prozesskosten übersteigen den Streitwert mehrfach und dem Streitgegenstand kommt keine existenzielle Bedeutung zu***.

* *OLG Köln MDR 90,1020*
** *OLG Hamm JurBüro 87, 1557; OLG Oldenburg FamRZ 10,2095*
*** *LG Ulm NJW-RR 90, 637*

2.6 Antrag auf Bewilligung der Prozesskostenhilfe

Der Antrag auf Prozesskostenhilfe muss gem. § 117 ZPO bei dem Prozessgericht gestellt werden, das auch für den Rechtsstreit zuständig ist. In dem Antrag ist das Streitverhältnis unter Angabe der Beweismittel darzustellen. Im Zwangsvollstreckungsverfahren ist der Antrag bei dem für die Zwangsvollstreckung zuständigen Gericht zu stellen. Dem Antrag sind die Erklärung über die persönlichen und wirtschaftlichen Verhältnisse und die entsprechenden Belege beizufügen. Für jeden Rechtszug muss der Antrag gesondert gestellt werden. Für die Antragstellung müssen die entsprechenden Antragsvordrucke verwendet werden.

In der Praxis wird der Antrag auf Prozesskostenhilfe häufig mit der Klage verbunden, denn für die Klage müssen dieselben Beweismittel und Behauptungen vorgebracht werden. In der Klageschrift wird dies wie folgt formuliert:

„Die Klage soll nur dann als eingereicht gelten, wenn dem Antrag auf Prozesskostenhilfe stattgegeben wurde."

2.7 Das Bewilligungsverfahren

Bevor die Prozesskostenhilfe bewilligt wird, muss dem Gegner gem. § 118 ZPO die Gelegenheit zur Stellungnahme gegeben werden, ob er die Voraussetzungen für die Bewilligung der Prozesskostenhilfe für gegeben hält. Er kann sich zu den persönlichen und wirtschaftlichen Verhältnissen des Antragstellers umfassend äußern, soweit dies aus besonderen Gründen nicht unzweckmäßig erscheint.

Sieht das Gericht die Möglichkeit, dass sich die Parteien einigen, so kann es diese zu einer mündlichen Erörterung laden. Ein Vergleich kann als gerichtlicher Vergleich zu Protokoll gegeben werden.

Das Gericht kann verlangen, dass der Antragsteller seine Angaben glaubhaft macht, z.B. durch eine Versicherung an Eides statt. Für die bedürftige Partei wird es damit schwieriger, Einkommen und Vermögen zu verschweigen, wenn der Gegner hierüber in Kenntnis gesetzt wird.

2.7.1 Wirkungen der Bewilligung

Auswirkungen

für den Antragsteller

- Der Antragsteller ist von der Zahlung der Gerichtskosten, der Anwaltskosten, der Vorschüsse für Zeugen und Sachverständige befreit.
- Je nach Einkommenshöhe und Vermögen muss der Antragsteller die Prozesskosten in Monatsraten (max. 4 Jahre = 48 Monate) an die Staatskasse zurückzahlen (§ 120 ZPO). Sind diese Gebühren schon vor Ablauf von vier Jahren getilgt, muss der Antragsteller weitere Raten an das Gericht bezahlen, die jetzt der Anwalt erhält. Dadurch bekommt der Anwalt in seltenen Fällen auch die Differenz zwischen den Gebühren der Prozesskosten und den normalen Gebühren (§ 50 RVG).
- Verliert der Antragsteller den Prozess, so muss er die gegnerischen Anwaltskosten in voller Höhe nach der normalen Gebührentabelle (§ 13 RVG) erstatten (§ 123 ZPO).

für den Gegner

- Verliert der Gegner den Prozess, so muss er, wie immer, die Kosten von beiden Anwälten in normaler Höhe tragen.
- Gewinnt der Gegner den Prozess, so müssen seine Anwaltskosten vom Prozesskosten-Antragsteller getragen werden. Wenn dieser jedoch nicht zahlt, dann haftet der Gegner seinem Anwalt als Auftraggeber.

für den Rechtsanwalt

- Der Rechtsanwalt stellt seine Gebühren der Staatskasse in Rechnung. Die Gebühren sind ab einem Gegenstandswert von mehr als 4.000,00 EUR geringer als bei der normalen Gebührentabelle (§ 49 RVG). Ein Vorschuss aus der Staatkasse ist möglich (§ 47 RVG)
- Gewinnt der Rechtsanwalt des Antragstellers den Prozess, so kann er vom Gegner die vollen Gebühren in normaler Höhe, gem. § 13 RVG verlangen.

  Hinweis: Von der Staatskasse kann er nur die ermäßigten Gebühren verlangen und für die Differenz einen Kostenfestsetzungsantrag stellen.
- Für Angelegenheiten, die nicht zum Hauptprozess gehören, mit diesem aber in Zusammenhang stehen, erhält der Rechtsanwalt nur eine Vergütung, wenn diese beantragt und der Rechtsanwalt beigeordnet wurde.

für die Staatskasse

Die Staatskasse zahlt die Gerichtskosten, die Anwaltskosten, die Vorschüsse für Zeugen und Sachverständige. Eventuell erhält sie diese durch Ratenzahlungen des Antragstellers teilweise oder sogar ganz zurück.

BEISPIEL

Herr Neumann ist verheiratet und hat zwei minderjährige Kinder (Hannah 8 Jahre und Jonas 16 Jahre). In einer Erbangelegenheit über 10.000 Euro will er seine Geschwister verklagen, weil diese ihn nicht als Erbe anerkennen. Herr Neumann verfügt nur über ein Nettoeinkommen von 3.426,00 Euro. Pro Kind erhält Herr Neumann 255,00 Euro Kindergeld (Stand Januar 2025). [Bei der Prüfung der PKH-Bedürftigkeit ist auf Seiten der antragstellenden Partei das Kindergeld als Einkommen zu berücksichtigen (OLG Celle 19.11.02, 16 W 71/02 n.v.)(Abruf-Nr. 030379)]. Davon muss er 900,00 Euro Miete zahlen und 100,00 Euro monatliche Rückzahlungsrate für einen Kredit. Er möchte seine Geschwister verklagen, aber er sieht enorme Kosten auf sich zukommen und er weiß, wenn er den Prozess verliert, muss er nicht nur die Gerichtskosten tragen, sondern auch seine Rechtsanwaltskosten und die der Beklagten. Herr Neumann beantragt deshalb Prozesskostenhilfe. Welche monatliche Rate muss Herr Neumann an den Staat zurückzahlen, wenn die Prozesskostenhilfe bewilligt wird?

Gem. § 115 ZPO werden vom Nettoeinkommen der Erwerbstätigenbonus, die Einkommensfreibeträge für die Partei, Ehegatten und Kinder, Schulden und die Miete abgezogen. Das ergibt dann das einzusetzende Einkommen. Von diesem einzusetzenden Einkommen sind Monatsraten in Höhe der Hälfte dieses Einkommens festzusetzen. Die Monatsraten sind auf volle Euro abzurunden (§ 115 (2) ZPO). Beträgt die Höhe einer Monatsrate weniger als 10,00 Euro, ist von der Festsetzung einer Monatsrate abzusehen. Bei einem einzusetzenden Einkommen von mehr als 600,00 Euro beträgt die Monatsrate 300,00 Euro zuzüglich des Teils des einzusetzenden Einkommens, der 600,00 Euro übersteigt. Unabhängig von der Zahl der Raten sind höchstens 48 Monatsraten aufzubringen.

Berechnung der Rate:*

  3.936,00 Euro (Nettoeinkommen + Kindergeld (2 · 255,00 Euro))
– 900,00 Euro (Miete)
– 100,00 Euro (Kreditrate)
– 282,00 Euro (Erwerbstätigenbonus)
– 619,00 Euro (für die Partei)
– 619,00 Euro (für den Ehegatten)
– 518,00 Euro (älteres Kind)
– 429,00 Euro (jüngeres Kind)
= 469,00 Euro einzusetzendes Einkommen

469,00 Euro: 2 = 234,50 Euro, abgerundet 234,00 Euro sind als monatliche Rate an die Staatskasse zu zahlen.

Angenommen, Herr Neumann verdient 3.626,00 Euro netto (plus 255,00 Euro Kindergeld pro Kind), dann verblieben ihm nach allen Abzügen (Abzüge 2025 insgesamt 3.467,00 Euro) 669,00 Euro als einzusetzendes Einkommen. Jetzt beträgt die Monatsrate 300,00 Euro (§ 115 ZPO,) zuzüglich des Teils des einzusetzenden Einkommens, der 600,00 Euro übersteigt (hier also 69,00 Euro).

Herr Neumann müsste in diesem Fall eine monatliche Rate von 369,00 Euro an die Staatskasse zurückzahlen.

** Zahlen Rechtsstand: Januar 2025*

2.7.2 Änderung der Bewilligung

Innerhalb von vier Jahren ab rechtskräftiger Entscheidung besteht die Möglichkeit, dass das Gericht diese Entscheidung abändert gem. § 120a ZPO. Demnach hat der Antragsteller folgende Verpflichtung:

- Auf Verlangen des Gerichts **muss** der Antragsteller jederzeit erklären, ob eine Veränderung seiner persönlichen oder wirtschaftlichen Verhältnisse eingetreten ist.
- Ebenso ist der Antragsteller verpflichtet, **ohne Aufforderung** eine wesentliche Änderung seiner wirtschaftlichen Verhältnisse oder eine Anschriftenänderung dem Gericht umgehend mitzuteilen. Eine Einkommensverbesserung ist wesentlich, wenn sie nicht nur einmalig 100,00 EUR übersteigt.

Eine Verletzung dieser Verpflichtung führt zu einer rückwirkenden Aufhebung der gewährten Prozesskostenhilfe.

Ist der Antragsteller durch das Verfahren zu Geld gekommen, muss er dieses Geld für die Kosten der Prozessführung einsetzen. Das Gericht prüft, ob eine Änderung der Entscheidung über die zu leistende Zahlungen geboten ist.

2.7.3 Aufhebung der Bewilligung

Nach § 124 ZPO kann das Gericht die Bewilligung der Prozesskostenhilfe aufheben, wenn entsprechende Gründe vorliegen. Insbesondere dann, wenn der Antragsteller mehr als drei Monate mit der Zahlung der Monatsrate im Rückstand ist oder er unrichtige Angaben zu seinen persönlichen und wirtschaftlichen Verhältnissen gemacht hat.

2.8 *Rechtsmittel im Prozesskostenhilfeverfahren*

Die Entscheidungen über den Antrag auf Prozesskostenhilfe ergehen ohne mündliche Verhandlung. Gegen die Ablehnung des Prozesskostenhilfeantrags ist die sofortige Beschwerde zulässig (§ 127 ZPO), wenn:

- das Gericht ausschließlich die persönlichen und wirtschaftlichen Verhältnisse für die Prozesskostenhilfe verneint hat. Das heißt, dass das Gericht davon ausgeht, dass der Antragsteller, aufgrund seiner persönlichen und wirtschaftlichen Verhältnisse, in der Lage ist, die Kosten des Prozesses selbst zu tragen.

  oder
- der Streitwert der Hauptsache die Berufungssumme von 600,00 Euro übersteigt.

Die Einlegung der sofortigen Beschwerde erfolgt durch Einreichung einer Beschwerdeschrift oder durch Erklärung zu Protokoll bei der Geschäftsstelle, § 569 Abs. 2 und Abs. 3 ZPO.

Die Frist ist eine Notfrist und beträgt einen Monat ab Zustellung der Entscheidung, § 127 Abs. 2 ZPO.

2.9 Abrechnung der Prozesskostenhilfe

Wurde dem Antragsteller die Prozesskostenhilfe gewährt, so richten sich die Gebühren des Rechtsanwalts bis zu einem Gegenstandswert von 4.000,00 Euro nach den normalen Gebühren nach § 13 RVG. Bei einem Gegenstandswert über 4.000,00 Euro bis 80.000,00 Euro richtet sich die Abrechnung des Anwalts nach der Tabelle im § 49 RVG. Diese Gebühren sind geringer als die normalen Gebühren. Bei einem Gegenstandswert über 80.000,00 Euro beträgt die Gebühr immer 786,00 Euro.

2.9.1 Gebühren für das Prozesskostenhilfe-Prüfungsverfahren

Wird der Antrag auf Prozesskostenhilfe eingereicht, folgt das Prüfungsverfahren (Bewilligungs- oder Prozesskostenhilfeverfahren). Für seine Tätigkeit in diesem Verfahren darf der Rechtsanwalt eine 1,0 Verfahrensgebühr gem. Nr. 3335 RVG berechnen. Endet der Auftrag, bevor der Auftrag eingereicht wird, darf er nur eine 0,5 Verfahrensgebühr gem. Nr. 3337 RVG berechnen.

Diese Gebühren richten sich nach § 13 RVG, d.h., hier werden die normalen Gebühren berechnet und nicht die ermäßigten. Der Gegenstandswert ist der Wert der Hauptsache.

Die Gebühren müssen auf die später entstehenden Gebühren angerechnet werden. Der Anwalt erhält diese Gebühren i.d.R. nur dann, wenn der Antrag auf Prozesskostenhilfe abgelehnt wird und es im Anschluss nicht zum Prozess kommt.

BEISPIEL

Herr Neumann bittet RA Gauss, für ihn in der Sache wegen der Erbstreitigkeit über 10.000,00 EUR einen Antrag auf Prozesskostenhilfe zu stellen. RA Gauss erhält keinen Klageauftrag von Herrn Neumann. RA Gauss stellt den Antrag auf Prozesskostenhilfe und beantragt gleichzeitig seine Beiordnung. Der Antrag wird vom Gericht abgelehnt. Herr Neumann möchte seinen Anspruch nicht weiter gerichtlich verfolgen.

Die Vergütungsabrechnung von RA Gauss sieht folgendermaßen aus:

BEISPIEL

1,0 Verfahrensgebühr aus 10.000 Euro gem. Nr. 3335 VV RVG	652,00 Euro	
Post- und Telekompauschale gem. Nr. 7002 VV RVG	20,00 Euro	
Zwischensumme		672,00 Euro
19 % USt gem. Nr. 7008 VV RVG		127,68 Euro
Gesamt		799,68 Euro

2.9.2 Gebühren für das Verfahren nach Genehmigung der Prozesskostenhilfe

Wird dem Antrag auf Prozesskostenhilfe stattgegeben, berechnet der Rechtsanwalt die Gebühren wie in jedem anderen Prozess auch. Bei einem Gegenstandswert von mehr als 4.000,00 Euro muss die Tabelle des § 49 RVG angewandt werden.

§ 49 RVG Wertgebühren aus der Staatskasse

Bestimmen sich die Gebühren nach dem Gegenstandswert, werden bei einem Gegenstandswert von mehr als 4.000,00 EUR anstelle der Gebühr nach § 13 Abs. 1 RVG folgende Gebühren vergütet:

Gegenstandswert bis ... Euro	Gebühr ... Euro	Gegenstandswert bis ... Euro	Gebühr ... Euro
5.000	319	22.000	434
6.000	330	25.000	449
7.000	341	30.000	488
8.000	352	35.000	527
9.000	363	40.000	566
10.000	374	45.000	605
13.000	389	50.000	644
16.000	404	65.000	692
19.000	419	80.000	739
		über 80.000	786

Nach § 16 Nr. 2 RVG ist zu beachten: Das Verfahren über die Prozesskostenhilfe und das Verfahren, für das die Prozesskostenhilfe beantragt worden ist, gelten als eine Angelegenheit.

Die Gebühren für das Prozesskostenhilfe-Prüfungsverfahren sind auf die Gebühren für das anschließende Verfahren anzurechnen. Nur eine Abrechnung wird erteilt und es darf auch nur eine Post- und Telekompauschale berechnet werden.

BEISPIEL

Dem Antrag auf Prozesskostenhilfe von Herrn Neumann in seiner Angelegenheit über einen Erbstreit mit einem Gegenstandswert über 10.000,00 Euro wird stattgegeben (siehe vorheriges Beispiel). Herr Neumann erteilt nun RA Gauss Klageauftrag. Im Termin wird nach streitiger Verhandlung die Klage abgewiesen.

Die Vergütungsberechnung für RA Gauss gem. § 49 RVG

(1,0 Verfahrensgebühr aus 10.000,00 Euro Nr. 3335 VV RVG	652,00 Euro)	
1,3 Verfahrensgebühr aus 10.000,00 Euro Nr. 3100 VV RVG, § 49 RVG	486,20 Euro	
1,2 Terminsgebühr aus 10.000,00 Euro Nr. 3104 VV RVG, § 49 RVG	448,80 Euro	
Post- und Telekompauschale gem. Nr. 7002 VV RVG	20,00 Euro	
Zwischensumme		955,00 Euro
19 % Umsatzsteuer gem. Nr. 7008 VV RVG	181,45 Euro	
Gesamt		1.136,45 Euro

2.10 Zusammenfassung und Aufgaben

ZUSAMMENFASSUNG

Prozesskostenhilfe

Prozesskostenhilfe soll auch wirtschaftlich schwächeren Bürgern die Möglichkeit geben, ihre Ansprüche vor Gericht geltend zu machen.

Voraussetzungen

- Die Partei kann nach ihren persönlichen und wirtschaftlichen Verhältnissen die Kosten nicht oder nur in Raten aufbringen.
- Die Klage hat Aussicht auf Erfolg.
- Die Prozessführung erscheint nicht mutwillig.

Prozesskostenhilfe

Zuständigkeit

Prozessgericht, das auch für die Prozessführung zuständig wäre.

Rechtsmittel

Gegen die Entscheidung des Gerichts ist die sofortige Beschwerde zulässig mit einer Notfrist von einem Monat nach Zustellung der Entscheidung.

Gebühren

Wird die Prozesskostenhilfe gewährt, muss der Rechtsanwalt bei einem Gegenstandswert von mehr als 4.000,00 Euro die Tabelle des § 49 RVG zur Abrechnung heranziehen.

AUFGABEN

Frau Huber hat ihr Auto an Frau Geiger verkauft. Trotz mehrfacher Mahnung weigert sich Frau Geiger, die Rechnung über 3.600,00 Euro zu begleichen, da das Auto erhebliche Mängel aufweise. Frau Huber wendet sich an Rechtsanwalt Gut, der ihr empfiehlt, eine Klage gegen Frau Geiger zu erheben. Da Frau Huber nicht in der Lage ist, für die Verfahrenskosten aufzukommen, will RA Gut Prozesskostenhilfe für Frau Huber beantragen.

1. Bei welchem Gericht muss RA Gut den Antrag stellen?

2. Welche Voraussetzungen müssen vorliegen, damit die Prozesskostenhilfe gewährt wird?

3. Welche Unterlagen sind mit diesem Antrag einzureichen?

Das Gericht gewährt die Prozesskostenhilfe, allerdings werden Frau Huber monatliche Zahlungen auferlegt. Das Gericht geht von einem einzusetzenden Einkommen von Frau Huber in Höhe von 200,00 Euro aus.

4. Wie hoch sind die monatlichen Raten, die Frau Huber zahlen muss?

5. Wenn Frau Huber mit dieser Entscheidung des Gerichts nicht einverstanden ist, welche Möglichkeit hat sie, diese Entscheidung anzufechten?

6. Welche Frist muss Frau Huber beachten, wenn sie gegen diese Entscheidung vorgehen will?

3. ABLAUF DES ERSTINSTANZLICHEN VERFAHRENS

3.1 Rechtshängigkeit

Wenn die Sachurteilsvoraussetzungen durch das Gericht geprüft und der Gerichtskostenvorschuss eingezahlt ist oder Prozesskostenhilfe bewilligt wurde, wird die Klage dem oder den Beklagten **zugestellt.** Die Einzelheiten der Zustellung haben Sie bereits im **Lernfeld 9** kennengelernt.

LF 9 ▸

Durch die Zustellung wird die Streitsache **rechtshängig,** §§ 253, 261 ZPO. Die Rechtshängigkeit bleibt bis zur rechtskräftigen Entscheidung bestehen und hat sowohl **materiell-rechtliche** wie auch **prozessuale Wirkungen.**

3.1.1 Materiell-rechtliche Wirkungen der Rechtshängigkeit

§ 204 Abs. 1 Nr. 1 BGB

Materiell-rechtlich (also den streitgegenständlichen Anspruch selbst betreffend, z.B. nach dem BGB oder HGB) ist die wichtigste Wirkung der Rechtshängigkeit, dass sie den Eintritt der **Verjährung hemmt,** § 204 Abs. 1 Nr. 1 BGB. Diese Wirkung tritt im Übrigen bereits mit **Einreichung der Klage** (oder des Mahnbescheids) ein, wenn die Zustellung **demnächst** erfolgt, § 167 ZPO. Falls Ihre Kanzlei zwischen Weihnachten und Neujahr Urlaubssperre hat, liegt dies wahrscheinlich hieran: Ansprüche, die der regelmäßigen Verjährung unterliegen, verjähren mit Ablauf des 31. Dezembers. Durch rechtzeitige Einreichung des

Mahnbescheids oder der Klage „auf den letzten Drücker" kann die Verjährung eines nicht erfüllten Anspruchs verhindert werden.

Eine weitere wesentliche Wirkung ist, dass ab Eintritt der Rechtshängigkeit Geldschulden zu **verzinsen** sind, auch wenn der Schuldner zuvor gar nicht in Verzug war, § 291 BGB. Ist kein anderer Zinssatz vereinbart oder gemäß § 288 Abs. 3 BGB zu bezahlen, stehen dem Gläubiger als Prozesszinsen fünf Prozentpunkte über dem Basiszinssatz bzw., wenn kein Verbraucher beteiligt ist, neun Prozentpunkte über dem Basiszinssatz zu, §§ 288 Abs. 1, Abs. 2, 291 S. 2 BGB.

§ 291 BGB

Darüber hinaus führt die Rechtshängigkeit zu einer **verschärften Haftung** des Schuldners, wenn er auf **Herausgabe eines Gegenstandes** verklagt wird, § 292 BGB, und berechtigt dazu, **Unterhalt für die Vergangenheit,** zu verlangen, § 1613 BGB.

3.1.2 Prozessuale Wirkungen der Rechtshängigkeit

Für den Prozess selbst hat die Rechtshängigkeit gemäß § 261 Abs. 3 Nr. 1 zunächst die Wirkung, dass dieselbe Sache **nicht bei einem anderen Gericht anhängig** gemacht werden kann. Dadurch soll vermieden werden, dass ein Kläger verschiedene Gerichte in Anspruch nimmt, um zumindest ein ihm genehmes Urteil zu erlangen. Eine Klage bei einem anderen Gericht wäre unzulässig.

§ 261 Abs. 3 ZPO

Daneben bleibt nach § 261 Abs. 3 Nr. 2 ZPO ein Gericht, das einmal für die Entscheidung des Rechtsstreits **zuständig** war, auch dann zuständig, wenn sich die Umstände ändern.

BEISPIEL

- Eine Klage wird beim gemäß §§ 12, 13 ZPO für den Wohnsitz des Beklagten zuständigen Gericht eingereicht. Nach Zustellung der Klage zieht dieser um und wohnt nun in einem anderen Gerichtsbezirk. Das ursprünglich zuständige Gericht kann dennoch den Rechtsstreit entscheiden.
- Nach Einreichung einer Klage über 13.000,00 Euro beim zuständigen Landgericht vergleichen sich die Parteien über einen Betrag in Höhe von 9.000,00 Euro. Die Zuständigkeit des Landgerichts für den Rechtsstreit, der jetzt nur noch über 4.000,00 Euro weitergeführt wird, wird davon nicht berührt.

Schließlich wird durch die Rechtshängigkeit auch der Streitgegenstand fixiert, soll die **Klage** danach **geändert** werden, kann dies nur mit Zustimmung des Beklagten erfolgen oder wenn das Gericht dies für sachdienlich erachtet, § 263 ZPO. Der Beklagte hat grundsätzlich einen Anspruch darauf, dass über die ihm aufgezwungene Klage in der ursprünglichen Form entschieden wird; der Kläger könnte diese sonst im Extremfall je nach Prozessverlauf so lange anpassen, bis er damit Erfolg hätte.

§ 263 ZPO

3.2 Verfahrensgrundsätze

Der Aufbau der deutschen Justiz sowie die Ausgestaltung aller gerichtlichen Verfahren ist, unter anderem aufgrund historischer Erfahrungen, darauf ausgerichtet, alle Beteiligten, sei es im Zivil-, Verwaltungs- oder Strafverfahren, gleich und fair zu behandeln und ihre Menschenwürde zu wahren. Deshalb sind elementare Grundsätze des Verfahrens sogar im Grundgesetz festgelegt.

Art 101 Abs. 1 GG

Dazu gehört unter anderem der Anspruch auf den **gesetzlichen Richter, Art. 101 Abs. 1 S. 2 GG.** Durch die Regelungen zur sachlichen, örtlichen und funktionalen Zuständigkeit, z. B. in den Geschäftsverteilungsplänen der einzelnen Gerichte, ist schon **vor Entstehung eines Rechtsstreits** festgelegt, welches Gericht und welcher konkrete Richter bzw. welche Kammer für die Entscheidung zuständig ist. Dadurch wird vermieden, dass im Einzelfall der „passende" Richter ausgesucht werden kann.

Art. 97 GG

Weiter wird Einflussnahme auf gerichtliche Verfahren durch die **richterliche Unabhängigkeit, Art. 97 GG,** unterbunden. Jeder einzelne Richter ist unabhängig und nur dem Gesetz unterworfen; er unterliegt keinen Weisungen durch Regierung, Verwaltung, Vorgesetzte oder andere Richter und kann gegen seinen Willen nur auf richterliche Anordnung hin versetzt oder des Amtes enthoben werden. Dieser Grundsatz ist in der anwaltlichen Praxis oft unbequem, weil je nach Persönlichkeit des Richters oder der Richterin eine Einflussnahme auf z. B. die Terminierung von Verhandlungen und die Verfahrensdauer insgesamt erschwert oder unmöglich ist, ist aber als rechtsstaatlicher Grundsatz unabdingbar.

Während die vorgenannten Grundsätze übergeordnete Prinzipien aller Gerichtsverfahren sind, haben eine Reihe anderer Verfahrensgrundsätze noch direktere Auswirkungen auf den Ablauf des Zivilprozesses.

3.2.1 Rechtliches Gehör

Art. 103 Abs. 1 GG

Jede Partei eines (Zivil-)Prozesses hat Anspruch darauf, vor Gericht Anträge zu stellen, Erklärungen zur Sache abzugeben und zum gegnerischen Vorbringen Stellung zu nehmen. Dies ergibt sich direkt aus dem Grundgesetz, Art. 103 Abs. 1 GG, und ermöglicht der Partei, deren rechtliches Gehör verletzt wurde, sich dagegen gemäß § 321a ZPO innerhalb einer Notfrist von zwei Wochen ab Kenntnis von der Verletzung zu wenden. Wurde eine gerichtliche Entscheidung unter Verletzung des Anspruchs auf rechtliches Gehör getroffen, wird das Verfahren nach einer fristgerechten Gehörsrüge wieder in den Verfahrensstand zurückversetzt, in der es sich vor dem Schluss der mündlichen Verhandlung befand, § 321 a Abs. 4 ZPO. Die betroffene Partei kann in diesem Fall also noch Erklärungen zur Sache abgeben oder Anträge stellen.

3.2.2 Öffentlichkeitsgrundsatz

§ 169 GVG

Nach § 169 GVG sind Gerichtsverhandlungen öffentlich. Das bedeutet, dass jedermann sich jederzeit Gerichtsverhandlungen ansehen kann, einschließlich der Urteilsverkündung und -begründung. Dies dient der Kontrolle der Gerichte durch die Bürgerinnen und Bürger und der Vermeidung von „Geheimverhandlungen". Bei Verhandlungen, die großes mediales Interesse hervorrufen, müssen interessierte Zuschauer teilweise abgewiesen werden. Dies stellt keinen Verstoß gegen den Öffentlichkeitsgrundsatz dar.

Ausnahmen vom Öffentlichkeitsgrundsatz gibt es in wenigen Fällen, in denen das Interesse der Öffentlichkeit an dem Verfahren zurücktreten muss. Dies ist in Familiensachen der Fall, § 170 Abs. 1 GVG, und in den Fällen der §§ 171, 172, wenn z.B. persönliche Umstände erörtert werden müssen, Beteiligten Gefahr für Leib und Leben droht oder die Staatssicherheit gefährdet ist.

In jedem Fall muss allerdings die Verkündung des Urteilsspruchs öffentlich erfolgen, für die Begründung des Urteils kann die Öffentlichkeit wiederum ausgeschlossen werden.

3.2.3 Dispositionsmaxime

Die Dispositionsmaxime (oder Dispositionsgrundsatz, auch „Verfügungsgrundsatz") besagt, dass die Parteien die Herren des Verfahrens sind. Sie bestimmen also, ob überhaupt ein Verfahren eingeleitet wird, ob das Verfahren bis zum Ende durchgeführt oder vorzeitig beendet wird, z.B. durch Klagerücknahme oder Anerkenntnis des Anspruchs. Außerdem wird durch sie auch darüber entschieden, in welchem Umfang wechselseitig bestehende Ansprüche zum Gegenstand des Verfahrens gemacht werden.

BEISPIEL

Aus einer Forderung des Gläubigers besteht ein Zahlungsanspruch in Höhe von 10.000,00 EUR gegen den Schuldner, der sich seit Längerem in Verzug befindet. Der Gläubiger entscheidet alleine darüber, ob er die Angelegenheit überhaupt gerichtlich verfolgen möchte, ob er zunächst ein Mahnverfahren einleiten oder direkt den Klageweg beschreiten will, ob er die volle Summe oder nur einen Teilbetrag geltend machen möchte. Stellt sich im gerichtlichen Verfahren heraus, dass über die Hauptforderung hinaus noch z.B. Schadensersatzansprüche bestehen, kann das Gericht dies nicht von sich aus dem Kläger zusprechen. Es ist an den Umfang des Anspruchs gebunden, wie er vom Beklagten geltend gemacht wird.

3.2.4 Verhandlungsgrundsatz

§ 138 ZPO

Alle Tatsachen und Beweismittel, die das Gericht der Entscheidung zugrunde legen darf, müssen von den Parteien des Zivilprozesses beigebracht werden. Sie entscheiden also alleine darüber, welche tatsächlichen Ausführungen sie in den Prozess einbringen wollen. Sie müssen sich gemäß § 138 ZPO vollständig und wahrheitsgemäß über tatsächliche Umstände erklären, Tatsachen, die von ihnen nicht in den Prozess eingeführt werden, darf das Gericht nicht berücksichtigen. Es hat allerdings gemäß § 139 ZPO eine Frage- und Aufklärungspflicht. **Rechtliche Bewertungen** sind nicht Gegenstand des Verhandlungsgrundsatzes, das Gericht darf den von den Parteien vorgetragenen Sachverhalt in jeder Hinsicht rechtlich bewerten, auch wenn die Parteien selbst nichts Entsprechendes vorgetragen haben.

Anders als im Zivilverfahren herrscht im Straf- und Verwaltungsverfahren der Amtsermittlungs- (oder Untersuchungs-)grundsatz, hier sind also die Gerichte nicht an den Vortrag der Parteien gebunden. In diesen Verfahren können von Amts wegen Zeugen vernommen oder andere Beweise erhoben werden. Im Zivilprozess findet dagegen eine Beweiserhebung nur statt, wenn die Parteien Beweisthema (was soll bewiesen werden?) und -mittel (wodurch soll es bewiesen werden, z. B. durch Sachverständigengutachten, Zeugenaussage) ausdrücklich benannt haben.

BEISPIEL

Wie im vorherigen Fall ist Gegenstand des Verfahrens unter anderem der Verzug des Beklagten. Es ist es Aufgabe des Klägers, die anspruchsbegründenden Voraussetzungen des Schuldnerverzugs, also z. B. die Fälligkeit der Forderung und die Übersendung einer Mahnung, vorzutragen. Liegt ein entsprechender Vortrag vor, muss das Gericht das Recht zutreffend anwenden, auch wenn die Parteien selbst die wesentlichen Rechtsfragen möglicherweise gar nicht von den Parteien angesprochen haben.

3.2.5 Mündlichkeitsgrundsatz

§ 128 ZPO

Nach der Vorstellung des Gesetzgebers muss die Verhandlung im Zivilprozess grundsätzlich **mündlich** stattfinden, § 128 Abs. 1 ZPO. Ein Unterfall der mündlichen Verhandlung ist die Verhandlung im Wege der Bild- und Tonübertragung, § 128a, bei der Parteien, Prozessbevollmächtigte, Zeugen oder Sachverständige per **Videokonferenz** an der Verhandlung teilnehmen.

Nicht mündlich verhandelt werden muss in den folgenden Fällen:

- Bei einem Streitwert, der 600,00 Euro nicht übersteigt, kann das Gericht das **Verfahren nach billigem Ermessen** bestimmen, muss allerdings auf Antrag mündlich verhandeln.
- Mit **Zustimmung der Parteien** kann auf die mündliche Verhandlung verzichtet und im schriftlichen Verfahren entschieden werden, § 128 Abs. 2 ZPO.
- Bei Entscheidungen nur noch über die Kosten, § 128 Abs. 3 ZPO
- Bei Entscheidungen, die nicht Urteile sind, z. B. Beschlüsse, § 128 Abs. 4 ZPO.

3.2.6 Beschleunigungsgrundsatz

Nach der Vorstellung des Gesetzgebers soll der Zivilprozess möglichst in einem einzigen mündlichen Verhandlungstermin, dem „Haupttermin", erledigt werden, § 272 Abs. 1 ZPO. Hierzu ist es notwendig, dass alles, was die Parteien zur Sache vorzubringen haben (alle „Angriffs- und Verteidigungsmittel"), in den vorbereitenden Schriftsätzen vorgetragen wurde und Beweismittel benannt wurden, damit insbesondere Zeugen und Sachverständige zum Termin geladen werden können.

Um dies zu erreichen, sieht die ZPO verschiedene Mittel vor, u. a. die Möglichkeit, den Parteien Fristen zur Einreichung von Schriftsätzen zu setzen, §§ 273 ff. ZPO. Dadurch kann sichergestellt werden, dass nach einem bestimmten Zeitpunkt keine neuen Gesichtspunkte mehr vorgetragen werden. Das Gericht hat allerdings eine Hinweis- und Aufklärungspflicht, § 139 ZPO, und muss die Parteien möglichst frühzeitig auf unzureichenden Vortrag hinweisen. Werden Schriftsatzfristen nicht eingehalten, kann verspätetes Vorbringen der Parteien gemäß § 296 ZPO zurückgewiesen werden, d. h., es wird bei der Entscheidung des Gerichts nicht mehr berücksichtigt, wenn der Rechtsstreit dadurch verzögert würde.

§§ 273 ff. ZPO

§ 296 ZPO

BEISPIEL

In einem Rechtsstreit wird nach Ablauf aller vom Gericht gesetzter Fristen am Tag vor der mündlichen Verhandlung noch ein Zeuge als Beweismittel benannt. Dieser Zeuge kann nicht mehr rechtzeitig zum Termin geladen werden. Würde das Gericht ihn noch anhören, müsste ein neuer Termin anberaumt werden, der Rechtsstreit würde sich also verzögern.

Die Prozessförderungspflicht der Parteien, § 282 ZPO, verbietet es den Beteiligten, Tatsachenbehauptungen oder Beweismittel zurückzuhalten, etwa um der Gegenseite die Möglichkeit zu nehmen, sich darauf einzustellen.

3.3 *Ablauf des Verfahrens vor der mündlichen Verhandlung*

Ist die Klage erhoben (bzw. hat nach Einspruch gegen den Vollstreckungsbescheid der Übergang ins streitige Verfahren stattgefunden) und ist der Gerichtskostenvorschuss eingezahlt, muss das Gericht über die weitere Vorgehensweise entscheiden. Hier gibt es mehrere denkbare Vorgehensweisen.

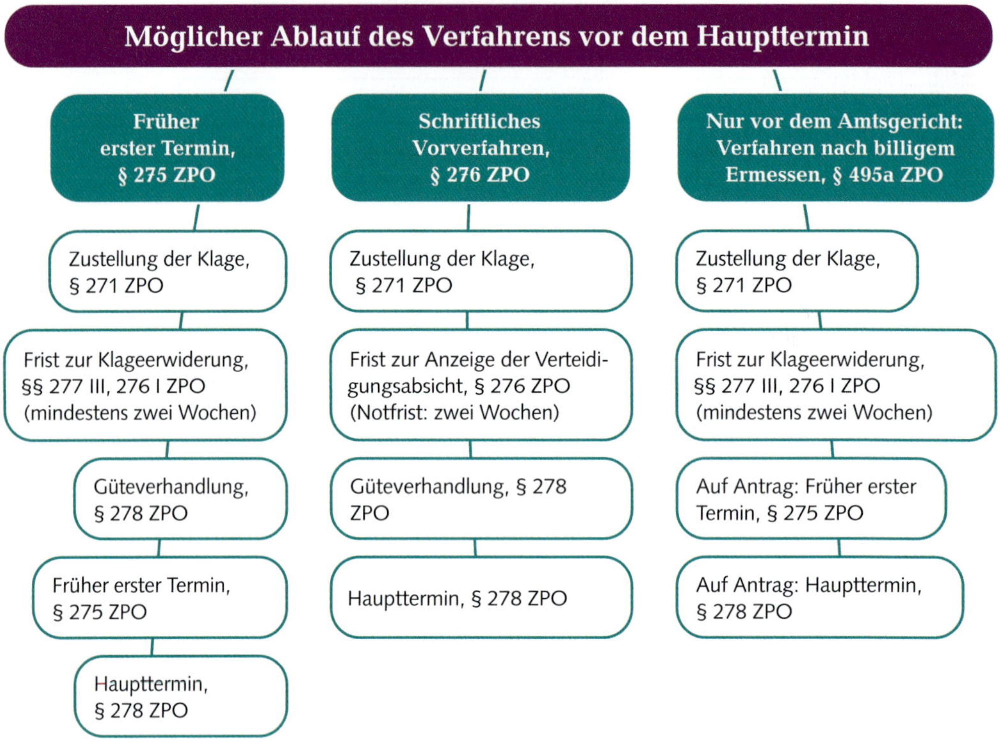

Unabhängig davon, welche prozessuale Vorgehensweise das Gericht wählt, wird es in jedem Fall zunächst die Zustellung der Klageschrift an den Beklagten zustellen lassen, § 271 ZPO.

3.3.1 Früher erster Termin

§ 275 ZPO

Ist anzunehmen, dass umfangreicher Schriftverkehr nicht erforderlich sein wird, z. B. bei rechtlich und tatsächlich einfachen Angelegenheiten, kann das Gericht einen frühen ersten Termin anberaumen, § 275 ZPO. In diesem Fall werden die Parteien zum Verhandlungstermin geladen, der Beklagte kann gleichzeitig aufgefordert werden, eine **Klageerwiderung** einzureichen, also einen Schriftsatz, in dem er sich mit dem Vorbringen des Klägers in der Klageschrift auseinandersetzt. Zwischen Zustellung der Klage an den Beklagten und frühem ersten Termin muss eine **Frist von mindestens zwei Wochen,** die **„Einlassungsfrist"** liegen, § 274 Abs. 2 ZPO, auch die Frist zur Einreichung einer Klageerwiderung muss mindestens zwei Wochen betragen, §§ 277 Abs. 3, 276 Abs. 1 ZPO.

In Verfahren vor dem Landgericht wird der Beklagte darauf hingewiesen, dass er sich durch einen zugelassen Rechtsanwalt vertreten lassen muss, § 271 Abs. 2 ZPO. Außerdem wird der Beklagte aufgefordert, in der Klageerwiderung anzugeben, ob einer Entscheidung der Sache durch den Einzelrichter Gründe entgegenstehen. Beim Landgericht ist „das Gericht" grundsätzlich eine **Kammer,** bestehend aus drei Richtern. Aus prozessökonomischen Gründen ist allerdings die Entscheidung durch eines der Mitglieder der Kammer, dem **Einzelrichter,** der Regelfall, § 348 Abs. 1 S. 1 ZPO.

3.3.2 Schriftliches Vorverfahren

Bei komplizierten oder umfangreichen Sachverhalten wird der Haupttermin in der Regel durch ein schriftliches Vorverfahren vorbereitet, § 276 ZPO. In diesem Fall wird der Beklagte mit der Zustellung der Klageschrift zunächst aufgefordert, innerhalb einer **Notfrist von zwei Wochen** schriftlich anzuzeigen, ob er sich gegen die Klage verteidigen möchte. Diese **Verteidigungsanzeige** kann sehr knapp ausfallen. Allerdings kann eine Notfrist nicht verändert, also insbesondere nicht verlängert werden – die Frist darf also auf keinen Fall versäumt werden, sonst kann – wenn der Kläger dies in der Klageschrift beantragt hat – ohne Weiteres ein Versäumnisurteil gegen den Beklagten ergehen.

§ 276 ZPO

LF 3 | 1.3.5.1

Für die inhaltliche Auseinandersetzung mit der Klage in der **Klageerwiderung** kann zusätzlich, wie beim Vorverfahren mit frühem ersten Termin, eine Frist von mindestens zwei Wochen gesetzt werden. Diese Frist kann auf Antrag verlängert werden, § 224 ZPO.

3.3.3 Verfahren nach billigem Ermessen

In Verfahren vor dem Amtsgericht, in denen der Streitwert nicht höher als 600,00 EUR ist, ist das Gericht berechtigt, das Verfahren „nach billigem Ermessen" zu bestimmen, es ist also nicht an die vorgenannten Vorschriften gebunden. Das bedeutet in der Regel, dass bei einfachen und – wegen des geringen Streitwerts – weniger bedeutsamen Verfahren auf eine mündliche Verhandlung verzichtet und ausschließlich schriftlich verhandelt wird. Ausnahmsweise kann in diesem Fall also ohne mündliche Verhandlung ein Urteil ergehen. Auf Antrag muss aber eine mündliche Verhandlung durchgeführt werden. Gegen Urteile, die einen Streitwert von bis zu 600,00 EUR haben, ist auch die Berufung nicht zulässig, § 511 Abs. 2 ZPO.

3.3.4 Güteverhandlung, Mediation

§ 278 ZPO

Egal, ob früher erster Termin anberaumt oder ein schriftliches Vorverfahren durchgeführt wurde, in jedem Falle ist vor der Hauptverhandlung eine Güteverhandlung durchzuführen, § 278 ZPO. Das Gericht soll nämlich in jeder Lage des Verfahrens auf eine **gütliche Einigung** hinwirken, § 278 Abs. 1 ZPO. Der Gütetermin kann unmittelbar vor der Hauptverhandlung oder dem frühen ersten Termin stattfinden. Zur Durchführung sollen die Parteien persönlich geladen werden. Wenn beide (alle) Parteien nicht erscheinen, wird das Ruhen des Verfahrens angeordnet, § 278 Abs. 4 ZPO. Das Gericht erörtert mit ihnen den Sach- und Streitstand und lotet die Möglichkeit eines Vergleichs zur schnelleren und günstigeren Streitbeendigung aus.

Von der Güteverhandlung kann nur dann abgesehen werden, wenn

- sie erkennbar aussichtslos erscheint oder
- bereits ein Einigungsversuch vor einer außergerichtlichen Gütestelle stattgefunden hat.

§ 1 MediationsG

Neben der Möglichkeit, in der Güteverhandlung auf einen Vergleich hinzuwirken, kann das Gericht den Parteien außerdem eine **Mediation** oder andere Form der außergerichtlichen Konfliktbeilegung vorschlagen. Eine Mediation ist gemäß § 1 des Mediationsgesetzes ein vertrauliches und strukturiertes Verfahren, bei dem Parteien mithilfe eines oder mehrerer Mediatoren freiwillig und eigenverantwortlich eine einvernehmliche Beilegung ihres Konflikts anstreben. Als Mediation fungiert eine unabhängige und neutrale Person ohne Entscheidungsbefugnis, die die Parteien durch die Mediation führt, § 1 Abs. 2 MediationsG. Entschließen sich die Parteien zur Durchführung eines solchen außergerichtlichen Einigungsversuchs, wird das Ruhen des gerichtlichen Verfahrens angeordnet.

Scheitert die Güteverhandlung oder erscheint eine Partei nicht persönlich, wird dies protokolliert und die **streitige Verhandlung** schließt sich an – entweder der frühe erste Termin oder die Hauptverhandlung nach schriftlichem Vorverfahren, § 279 Abs. 1 ZPO.

3.4 Die streitige Verhandlung

§ 137 ZPO

Die „eigentliche“ streitige mündliche Verhandlung beginnt gemäß § 137 ZPO mit der **Stellung der Anträge.** Die Anträge bestimmen, wie bereits dargestellt, worüber das Gericht entscheiden kann, § 308 ZPO. Mehr, als von den Parteien beantragt, kann nicht zugesprochen werden, dies betrifft insbesondere Früchte, Zinsen und andere Nebenforderungen.

Nach Stellung der Anträge können die **Parteien zur Sach- und Rechtslage vortragen.** Anschließend entscheidet das Gericht, ob es in der Lage ist, aufgrund des nun vorliegenden Streitstandes ein Urteil zu fällen. Unter Umständen muss den Parteien noch die Möglichkeit gegeben werden, auf Vorbringen der Gegenseite zu reagieren, welches ihnen nicht rechtzeitig vor dem Termin zugegangen ist, § 283 ZPO. Dazu wird ihnen eine **Frist zur Einreichung eines Schriftsatzes** eingeräumt und gleichzeitig ein Termin zur Verkündung einer Entscheidung anberaumt.

§ 283 ZPO

Ist die Sache **entscheidungsreif,** kann das Gericht unmittelbar ein Urteil verkünden. Während Mandanten, die keine Erfahrung mit Zivilprozessen haben, meistens erwarten, dass der Rechtsstreit bereits mit Abschluss der (ersten) Verhandlung beendet ist, kommt ein Urteil direkt im Anschluss an die mündliche Verhandlung in der Realität aber nur äußerst selten vor. Selbst, wenn das Gericht bereit ist, ein Urteil zu fällen, wird dies in den allermeisten Fällen auf schriftlichem Wege oft Wochen, manchmal Monate nach der Verhandlung erfolgen.

3.5 *Die Beweisaufnahme*

In sehr vielen Fällen wird jedoch der Sachverhalt von den Beteiligten so widersprüchlich dargestellt, dass allein aufgrund des Tatsachenvortrags eine Entscheidung nicht möglich ist. Vielmehr muss dann eine **Beweisaufnahme** zur weiteren Klärung dessen erfolgen, das das Gericht seiner Entscheidung zugrunde legen kann.

BEISPIEL

Ein Internet-Versandhandel hat ein Mobiltelefon an einen Kunden versandt und ihm gleichzeitig eine Rechnung geschickt, die nicht bezahlt wurde. Der Kunde wendet ein, das Telefon sei mangelhaft und der Versandhandel habe sich geweigert, das Gerät zu reparieren oder gegen ein mangelfreies Gerät auszutauschen. Deshalb sei er zur Zurückhaltung des Kaufpreises berechtigt. Das klagende Unternehmen erwidert, das Gerät sei überhaupt nicht defekt.

Hier muss, z. B. durch Zeugenvernehmung oder Sachverständigengutachten, geklärt werden, ob ein Mangel der Kaufsache vorliegt.

Eine Beweisaufnahme kann entweder direkt im Haupttermin stattfinden, wenn Beweismittel, wie z. B. Zeugen, vor Ort sind. Andernfalls ergeht ein **Beweisbeschluss,** §§ 358 f. ZPO, und es wird ein neuer Termin zur Beweisaufnahme anberaumt.

§ 358 ZPO

Ein Beweisbeschluss muss enthalten:

1. **die Bezeichnung der streitigen Tatsachen, über die der Beweis zu erheben ist;**
2. **die Bezeichnung der Beweismittel unter Benennung der zu vernehmenden Zeugen und Sachverständigen oder der zu vernehmenden Partei;**
3. **die Bezeichnung der Partei, die sich auf das Beweismittel berufen hat.**

BEISPIEL

I. Es soll Beweis erhoben werden über die Behauptung des Beklagten, das streitbefangene Mobiltelefon (genaue Bezeichnung) sei bereits bei Ablieferung mangelhaft gewesen.

II. Die Erhebung des Beweises soll erfolgen durch Vernehmung des Zeugen …, vom Beklagten benannt.

III. Die Ladung des Zeugen ist davon abhängig, dass der Beklagte für den von ihm benannten Zeugen einen Auslagenvorschuss in Höhe von … Euro bei Gericht einzahlt oder eine Verzichtserklärung vorlegt.

Frist: 2 Wochen.

IV. Termin zur Beweisaufnahme und Fortsetzung der mündlichen Verhandlung wird bestimmt auf …

Im Beweisbeschluss ist oftmals neben dem Termin zur Beweisaufnahme auch eine Frist zur Einzahlung von Kostenvorschüssen genannt. Stattdessen kann auch von einem Zeugen oder Sachverständigen im Vorwege auf Kostenerstattung verzichtet werden und die entsprechende Verzichtserklärung bei Gericht eingereicht werden. Unterbleibt aber beides innerhalb der vom Gericht gesetzten Frist, findet die Beweisaufnahme nicht statt. Es ist also wichtig, eingehende Beweisbeschlüsse sorgfältig im Hinblick auf alle darin möglicherweise enthaltenen Fristen und Termine durchzulesen und diese zu notieren.

Zur Beweiserhebung stehen nach der Zivilprozessordnung fünf Beweismittel zur Verfügung:

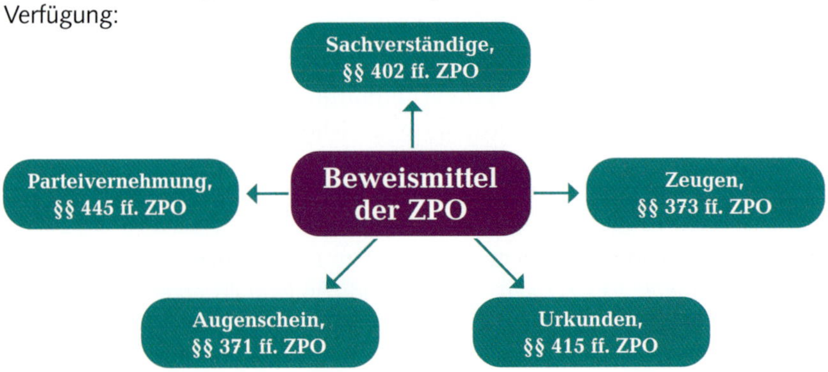

Mehr als diese Beweismittel sieht das Gesetz nicht vor, die Aufzählung ist **abschließend.**

Gemäß § 286 ZPO hat das Gericht eine **freie Beweiswürdigung** vorzunehmen, also unter Berücksichtigung des gesamten Inhalts der Verhandlungen und des Ergebnisses einer etwaigen Beweisaufnahme nach **freier Überzeugung** zu entscheiden hat, ob eine tatsächliche Behauptung für wahr oder für nicht wahr zu erachten sei.

§ 286 ZPO

BEISPIEL

Obwohl der einzige Zeuge im Verfahren einen Vorgang, wie von einer Partei dargestellt, bestätigt hat, kann das Gericht sich entscheiden, einen anderen Sachverhalt als Entscheidungsgrundlage zu nehmen, wenn es den Zeugen aufgrund der gesamten Umstände für nicht glaubwürdig erachtet.

3.5.1 Sachverständige

Der Begriff „Sachverständiger/Sachverständige" ist nicht geschützt, das bedeutet, grundsätzlich kann jeder, der aufgrund seiner Ausbildung oder Erfahrung vom Gericht für geeignet erachtet wird, als Sachverständiger Gutachten erstatten, um Tatsachen zu beurteilen oder Erfahrungssätze darzulegen.

BEISPIEL

Ob das Mobiltelefon im oben geschilderten Fall tatsächlich defekt ist, könnte z. B. ein Elektroingenieur beurteilen, genauso aber ein erfahrener Fachhändler, der mit Geräten dieser Art regelmäßig zu tun hat.

Gemäß § 404 ZPO trifft das Gericht die Auswahl des Sachverständigen. Sind dem Gericht selbst keine geeigneten Sachverständigen bekannt, so wird oftmals die zuständige Kammer, z. B. die jeweilige Industrie- und Handelskammer, gebeten, einen Sachverständigen zu benennen. Das Gericht kann aber auch die Parteien auffordern, Sachverständige vorzuschlagen, § 404 Abs. 2. Falls sich die Parteien des Rechtsstreits auf einen Sachverständigen einigen, hat das Gericht sich daran zu halten, es kann jedoch zuvor die Auswahl der Sachverständigen beschränken.

§ 404 ZPO

Der Sachverständige erhält zur Erstellung seines Gutachtens die Gerichtsakte und weitere notwendige Unterlagen. Wenn es erforderlich ist, kann er den Gegenstand, über den ein Sachverständigengutachten erstellt werden soll, untersuchen. Seine Ergebnisse kann er entweder mündlich vor Gericht darlegen, oder – dies ist der Regelfall – er erstattet zunächst ein schriftliches Gutachten, § 411 ZPO, und erläutert dies, sofern das Gericht es für notwendig erachtet, mündlich. Der Sachverständige hat die Pflicht, vor Gericht zu erscheinen, dort wahrheitsgemäß auszusagen und sein Gutachten zu beeiden (§ 410 ZPO).

Wie oben schon dargestellt, ist das Gericht an den Inhalt des Sachverständigengutachtens nicht gebunden; es kann in freier Beweiswürdigung andere Tatsachen oder Geschehensabläufe als wahr unterstellen, § 286 ZPO.

3.5.2 Parteivernehmung

Wenn keine anderen Beweismittel vorhanden sind, oder durch andere Beweismittel ein Beweis nicht vollständig geführt werden konnte, besteht die Möglichkeit, den **Gegner** des Rechtsstreits zur Sache zu vernehmen, § 445 ZPO.

§ 445 ZPO

BEISPIEL

Im Rechtsstreit wird der Kaufpreis eingeklagt. Der Beklagte behauptet, diesen bereits in bar der Klägerin übergeben zu haben. Zeugen hierfür sind nicht vorhanden. Die Klägerin kann als Partei wie eine Zeugin vernommen werden.

Die beweispflichtige Partei kann auch beantragen, **sich selbst zu vernehmen.** Dies ist allerdings nur mit Zustimmung des Gegners möglich, § 447.

Auf den ersten Blick erscheint die Vernehmung der gegnerischen Partei, wie z. B. in unserem Beispiel, wenig erfolgversprechend. Allerdings ist zu berücksichtigen, dass falscher Tatsachenvortrag, z. B. in Schriftsätzen, zwar strafrechtlich relevant sein kann, (als – versuchter – Prozessbetrug, § 263 StGB), dies aber bei der Einreichung von Schriftsätzen in der Regel von den Parteien nicht als reale Gefahr wahrgenommen wird. Werden sie dagegen vor Gericht persönlich vernommen, werden sie unmittelbar vor ihrer Aussage über die Strafbarkeit einer falschen Aussage belehrt. Insbesondere für den Fall, dass die Aussage nach § 452 ZPO zu beeiden ist, droht bei Falschaussage eine Haftstrafe von mindestens (!) einem Jahr, § 154 Abs. 1 StGB. Diese Strafdrohung, zusammen mit einer intensiven Befragung durch das Gericht oder die gegnerische anwaltliche Vertretung, kann im einen oder anderen Fall durchaus dazu führen, dass sich eine Partei eines Besseren besinnt und die bislang falsch vorgetragenen Tatsachen richtigstellt. Die Parteivernehmung bleibt dennoch immer das letzte und am wenigsten erfolgversprechende Beweismittel.

3.5.3 Augenschein

§§ 371 ff. ZPO

Bei der Inaugenscheinnahme, §§ 371 ff. ZPO, verschafft sich das Gericht einen eigenen Eindruck, in dem es den Gegenstand, hinsichtlich dessen Beweis erhoben werden soll, persönlich wahrnimmt – sei es durch Sehen, Hören, Tasten, Ausprobieren. Dies erfolgt oftmals anlässlich eines Ortstermins, kann aber auch dadurch geschehen, dass dem Gericht der streitige Gegenstand vorgelegt wird.

BEISPIEL

In einem Prozess nach einem Verkehrsunfall sind die unterschiedlichen Verursachungsbeiträge der Beteiligten streitig. Zur Beurteilung der Sichtverhältnisse an der Stelle, an der der Unfall geschah, wird diese vom Gericht in Augenschein genommen.

3.5.4 Urkundenbeweis

Eines der wichtigsten und oftmals das zuverlässigste Beweismittel ist der Urkundenbeweis, §§ 415 ff. ZPO. Urkunden sind die „Verkörperung eines Gedankens mit rechtlich relevantem Inhalt", es kann sich hierbei also um Verträge, Quittungen, Schuldscheine, Testamente etc. handeln. Auch elektronische Dokumente können gemäß § 416a ZPO als Beweismittel herangezogen werden.

§ 415 ff. ZPO

Zu unterscheiden ist hinsichtlich des **Ausstellers** und der **Beweiskraft** zwischen **öffentlichen** und **privaten** Urkunden.

Öffentliche Urkunden sind diejenigen, die von einer öffentlichen Behörde oder einer mit öffentlichem Glauben versehenen Person, also z. B. einem Notar, im Rahmen ihrer Amtsbefugnisse erstellt werden, private Urkunden sind alle anderen, also z. B. Verträge, die ohne Hinzuziehung eines Notars von den Beteiligten aufgesetzt wurden. Steht fest, dass es sich bei dem Dokument, das dem Gericht vorliegt, um eine öffentliche Urkunde handelt, ist zugleich gemäß § 415 ZPO der Beweis für die in der Urkunde dokumentierten Vorgänge geführt.

BEISPIEL

Dem Gericht liegt ein von einem Notar beurkundeter Kaufvertrag vor, in dem beide Parteien erklären, der Kaufpreis sei bereits zuvor in bar bezahlt worden. Damit hat der Käufer den Beweis dafür geführt, dass er bezahlt hat. Der Verkäufer müsste, wollte er sich hiergegen erfolgreich wenden, beweisen, dass der Vorgang falsch beurkundet wurde.

Durch private Urkunden, § 416 ZPO, ist dagegen nur bewiesen, dass die Parteien die in der Urkunde enthaltenen Erklärungen abgegeben haben.

BEISPIEL

In obigem Beispiel liegt lediglich eine handschriftlicher Kaufvertrag vor, in dem die Kaufpreiszahlung in bar bestätigt wird. Damit ist nur der Beweis dafür geführt, dass Käufer und Verkäufer dies so erklärt haben; nicht bewiesen ist dagegen die Zahlung an sich. Das Gericht kann allerdings in freier Beweiswürdigung annehmen, dass dies der Fall war, weil z. B. anders nicht zu erklären wäre, wieso dies in der Urkunde schriftlich festgehalten wurde.

3.5.5 Zeugenaussage

§§ 373 ff. ZPO

Zum Beweis relevanter Tatsachen können schließlich im Prozess Personen als Zeugen nach den Vorschriften der §§ 373 ff. ZPO vernommen werden.

EXKURS

„Zeugen sind schlechte Beweismittel"

Obwohl vordergründig anzunehmen wäre, dass die Vernehmung von Zeugen, die streitige Tatsachen selbst wahrgenommen haben, die zuverlässigste Art der Beweiserhebung sein sollte, entspricht dies, wie wissenschaftlich seit Langem hinlänglich belegt ist, nicht den Tatsachen. Die Gehirnforschung zeigt, dass Menschen bereits im Zeitpunkt ihrer Wahrnehmungen Hypothesen über den Geschehensablauf bilden.

Beispiel: Der „Knallzeuge"

Ein Mann steht an einer roten Ampel und ist mit seinem Smartphone beschäftigt. Als es vor ihm zum Zusammenstoß zweier Fahrzeuge kommt, hebt er den Kopf und sieht einen schwarzen BMW mit dunklen Scheiben und einen gelben japanischen Kleinwagen ineinander verkeilt. Der Fahrer des BMW ist ein junger Mann, Fahrerin des Kleinwagens ist eine Frau mittleren Alters. Der Zeuge folgert messerscharf: „Der BMW muss zu schnell gefahren sein!" Als er von der Polizei zum Geschehen vernommen wird, berichtet er glaubwürdig und zutiefst von seiner Aussage überzeugt, er habe den BMW mit hoher Geschwindigkeit heranbrausen hören. Tatsächlich hat er das Unfallgeschehen überhaupt nicht wahrgenommen, weil er von seinem Smartphone abgelenkt war. Dies ist ihm aber schon wenige Minuten nach dem Unfall nicht mehr bewusst.

Liegt zwischen der Wahrnehmung und der Zeugenvernehmung ein längerer Zeitraum, so entfernt sich die Erinnerung von der tatsächlichen Wahrnehmung immer weiter, was durch Gespräche über das Geschehen, Informationen aus der Presse über einen Vorfall und dergleichen weiter begünstigt wird. Das Fatale aus Sicht der Wahrheitsfindung ist, dass dieser Vorgang **unbewusst** geschieht. Ein Zeuge kann also vor Gericht komplett unzutreffende Tatsachen berichten, ohne dass ihm dies selbst bewusst ist. Es liegen also keinerlei Anzeichen dafür vor, dass der Zeuge lügt; subjektiv sagt er die reine Wahrheit. In einer kürzlich veröffentlichten Studie* hat es eine Wissenschaftlerin sogar fertiggebracht, eine Vielzahl von Probanden durch geschickte Fragetechnik dazu zu bringen, Straftaten zu gestehen, die sie nie begangen haben.

Wie Sachverständige, für die weitgehend dieselben Regeln wie für Zeugen gelten (§ 402 ZPO), müssen Zeugen vor Gericht **erscheinen,** § 377 Abs. 111 ZPO, und **wahrheitsgemäß aussagen.** Ihre Aussage müssen sie unter Umständen im Nachhinein beeiden, §§ 391 f. ZPO. Über die strafrechtlichen Folgen einer Falschaussage werden sie vor der Vernehmung durch das Gericht belehrt. Personen, die das 16. Lebensjahr noch nicht vollendet haben, werden nicht vereidigt, § 393 ZPO.

Erscheint ein Zeuge, der ordnungsgemäß geladen wurde, nicht zum Termin und kann dies nicht entschuldigen, so kann gegen ihn ein Ordnungsgeld oder Ordnungshaft verhängt werden, gegebenenfalls kann er zwangsweise (z. B. durch die Polizei) vorgeführt werden, § 380 ZPO. Ihm werden jedenfalls die Kosten, die durch sein Fernbleiben entstehen, auferlegt.

Ein **Zeugnisverweigerungsrecht** steht den in § 383 ZPO genannten **Personen** zu, also u. a. Ehegatten und Verlobten, allen in gerader Linie und bis zum dritten Grad in Seitenlinie Verwandten und Verschwägerten, sowie Geistlichen, Journalisten, Rechtsanwälten etc. Aus **sachlichen** Gründen können Zeugen gemäß § 384 ZPO die Aussage u. a. verweigern, wenn ihnen ein unmittelbarer vermögensrechtlicher Schaden oder die Strafverfolgung droht oder wenn sie ein Kunst- oder Gewerbegeheimnis offenbaren müssten.

Die Zeugenvernehmung gestaltet sich so, dass nach der Ermahnung zur Wahrheitspflicht der Zeuge oder die Zeugin (die einzeln unter Abwesenheit eventueller anderer Zeugen vernommen werden) zur Person befragt wird. Anschließend soll im Zusammenhang über den Vorgang berichtet werden, bevor nötigenfalls Einzelfragen gestellt werden. Den Parteien kann, ihren Anwälten muss gestattet werden, Fragen an die Zeugen zu richten, § 397 ZPO.

3.6 Unterbrechung, Aussetzung und Ruhen des Verfahrens

Bei Eintreten bestimmter Umstände kann das gerichtliche Verfahren (automatisch) unterbrochen werden oder auf Antrag ausgesetzt werden bzw. ruhen.

* *Julia Shaw, University of Bedfordshire, and Stephen Porter, University of British Columbia,* ***Constructing Rich False Memories of Committing Crime,*** *Psychological Science Online First, published on January 14, 2015 as doi:10.1177/0956797614562862*

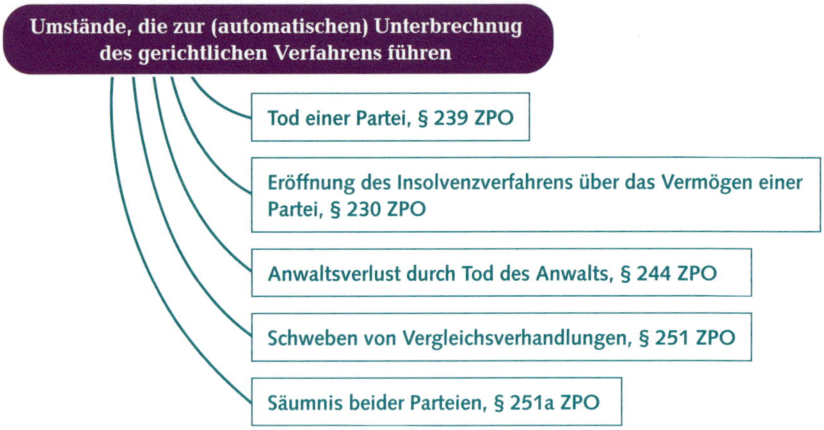

§§ 239 ff. ZPO

Ist das Verfahren unterbrochen oder ausgesetzt, so ist der Lauf aller Fristen ausgesetzt, diese beginnen bei Aufnahme des Verfahrens erneut in voller Dauer zu laufen, § 249 ZPO.

Bei Ruhen des Verfahrens, § 251 ZPO, laufen lediglich die in § 233 ZPO genannten Notfristen und Begründungsfristen weiter.

3.7 Abschluss des Verfahrens

Für den Abschluss des erstinstanzlichen Verfahrens kommen zwei Möglichkeiten in Betracht: durch ein **Urteil** oder auf andere Art und Weise.

3.7.1 Abschluss des Verfahrens ohne Urteil

Da die Gerichte gehalten sind, in jeder Lage des Verfahrens auf eine gütliche Einigung hinzuwirken, werden viele Prozesse durch einen Vergleich beendet, weshalb ein Urteil dann nicht mehr nötig ist. Aber auch die Klagerücknahme oder die Erledigung der Hauptsache beendet das Verfahren ohne Urteil.

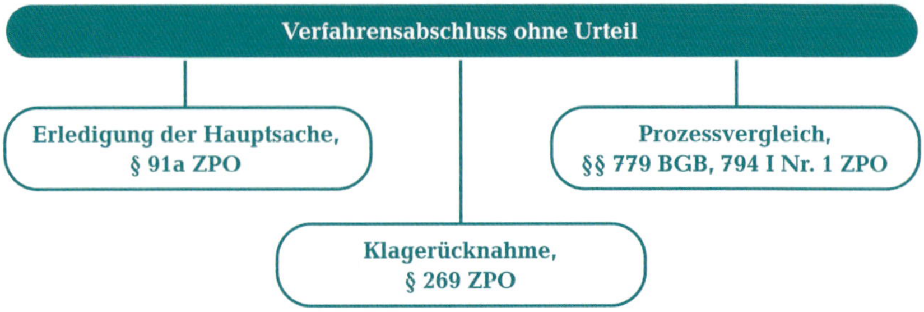

3.7.1.1 Erledigung der Hauptsache

Mitunter kommt es vor, dass der Anspruch, den der Kläger mit der Klage verfolgt, durch den Beklagten erfüllt wird, so z. B. durch Zahlung des eingeklagten Geldbetrages oder Erbringung der gewünschten Leistung. Würde jetzt das Verfahren ohne Veränderung fortgesetzt werden, würde der Kläger den Rechtsstreit verlieren, da der eingeklagte Anspruch ja durch Erfüllung erloschen ist, § 362 BGB. Um dies zu vermeiden, muss der Kläger die **Erledigung der Hauptsache** erklären. Er möchte dann lediglich noch die Kosten des Verfahrens geltend machen.

Der Beklagte hat zwei Möglichkeiten: Er kann der Erledigung **widersprechen;** in diesem Fall muss das Gericht über die Sache insgesamt entscheiden. Erklärt der Beklagte **ebenfalls die Erledigung** bzw. stimmt der Erledigungserklärung zu, so muss das Gericht gemäß § 91a ZPO lediglich noch über die Kosten des Verfahrens entscheiden. Hierbei wird es „unter Berücksichtigung des bisherigen Sach- und Streitstandes nach billigem Ermessen" einen Beschluss erlassen, wobei im Prinzip geprüft wird, wie der Rechtsstreit ausgegangen wäre, hätte der Beklagte die eingeklagte Leistung nicht zwischenzeitlich erbracht.

§ 91a ZPO

BEISPIEL

Wiederum wird ein Kaufpreis eingeklagt, der Beklagte verteidigt sich mit der Behauptung, das verkaufte Gerät sei mangelhaft gewesen. Schließlich zahlt er doch den Kaufpreis, die Beteiligten erklären übereinstimmend die Hauptsache für erledigt. Hier prüft das Gericht u. a., ob die Behauptung der Mangelhaftigkeit zutreffend war. Falls nicht, muss der Beklagte die Verfahrenskosten tragen. Hat er aber zu Recht die Zahlung verweigert, trifft den Kläger die Kostenlast.

3.7.1.2 Klagerücknahme

Da der Zivilprozess nur durch den Kläger eingeleitet und auf sein Betreiben durchgeführt wird, kann er sich auch bis zur rechtskräftigen Entscheidung dazu entschließen, von der Klage wieder Abstand zu nehmen. Er muss hierzu gegenüber dem Gericht die Klagerücknahme erklären, § 269 ZPO. Dies kann **ohne Zustimmung** des Beklagten nur bis zum Beginn der mündlichen Verhandlung, also **vor Antragstellung,** geschehen; sind die Anträge gestellt, kann die Klage nur mit Zustimmung des Beklagten zurückgenommen werden. Dies ist unter anderem dadurch begründet, dass eine zurückgenommene Klage im Prinzip jederzeit erneut eingereicht werden kann und der Beklagte daher ein Interesse daran haben kann, die Sache dauerhaft „vom Tisch" zu bekommen.

§ 269 ZPO

Wird die Klage zurückgenommen, muss grundsätzlich der Kläger die bis dahin angefallenen Kosten des Verfahrens tragen, § 269 Abs. 3 ZPO. Allerdings kann das Gericht sie auch dem Beklagten auferlegen. Ist der Anlass zur Klageerhebung

vor Rechtshängigkeit weggefallen und wird die Klage daraufhin zurückgenommen, entscheidet das Gericht (vergleichbar der Erledigung der Hauptsache, s.o.) nach billigem Ermessen unter Berücksichtigung des bisherigen Sach- und Streitstandes über die Kostentragungspflicht.

BEISPIEL

Gegen einen in Zahlungsverzug befindlichen Schuldner wird, nachdem er mehrfach erfolglos außergerichtlich zur Zahlung aufgefordert wurde, eine Zahlungsklage gefertigt und bei Gericht eingereicht. Noch vor Zustellung der Klage an den Schuldner zahlt dieser die gesamte Hauptforderung, der Kläger erklärt die Klagrücknahme. Geht das Gericht davon aus, dass der Schuldner im Rechtsstreit unterlegen wäre, wenn er nicht zuvor gezahlt hätte, wird es ihm die Kosten auferlegen.

Nach Rechtshängigkeit, also nach Zustellung der Klage, muss der Kläger, wenn er nicht die Kosten tragen möchte, in diesem Fall die Erledigung der Hauptsache erklären.

3.7.1.3 Prozessvergleich

Das Gericht soll in jeder Phase des Verfahrens eine einvernehmliche Regelung anstreben, genauso wie auch die Parteien sich ohne Zutun des Gerichts über den Streitgegenstand einigen können. Man spricht dann von einem **Vergleich,** wenn ein gegenseitiges **Nachgeben** vorliegt, sei es auch noch so gering, § 779 Abs. 1 BGB. Eine Einigung hat den Vorteil, dass die Ungewissheit des Prozessausganges schnell beseitigt wird und die weiter anfallenden Kosten kalkulierbar bleiben.

§ 779 Abs. 1 BGB

Durch einen Vergleich wird allerdings der Rechtsstreit nur dann beendet, wenn es sich um einen Prozessvergleich im Sinne des § 794 Abs. 1 Nr. 1 ZPO handelt, er muss also im Hinblick auf den gesamten Streitgegenstand oder einen Teil davon **vor einem deutschen Gericht** abgeschlossen werden. Möglich ist auch, dass die Parteien einen Vergleich schriftlich unterbreiten oder einen schriftlichen Vergleichsvorschlag des Gerichts schriftlich annehmen, § 278 Abs. 1 ZPO. Über die **Kosten** des Verfahrens können sich die Parteien entweder verständigen oder, falls keine Regelung getroffen wird, werden diese gemäß § 98 ZPO gegeneinander aufgehoben. Das bedeutet, dass die Parteien ihre eigenen außergerichtlichen Kosten tragen und die Gerichtskosten teilen.

§ 794 Abs. 1 Nr. 1 ZPO

Manchmal bedingen sich die Parteien eine Bedenkzeit aus, der Vergleich wird dann mit einer Widerrufsfrist versehen. Diese Frist muss notiert und überwacht werden, da anschließend der Vergleich rechtskräftig wird. Aus einem rechtskräftigen Prozessvergleich kann gemäß § 794 Abs. 1 Nr. 1 ZPO die **Zwangsvollstreckung** betrieben werden.

3.7.2 Abschluss des Verfahrens durch ein Urteil

Wird der Rechtsstreit nicht vorher anderweitig beendet und ist zur Entscheidung reif, so ergeht ein **Urteil** des Gerichts, § 300 ZPO. Dieses Urteil nennt die ZPO **Endurteil.** Es lassen sich je nach Inhalt und Zustandekommen verschiedene Urteile unterscheiden:

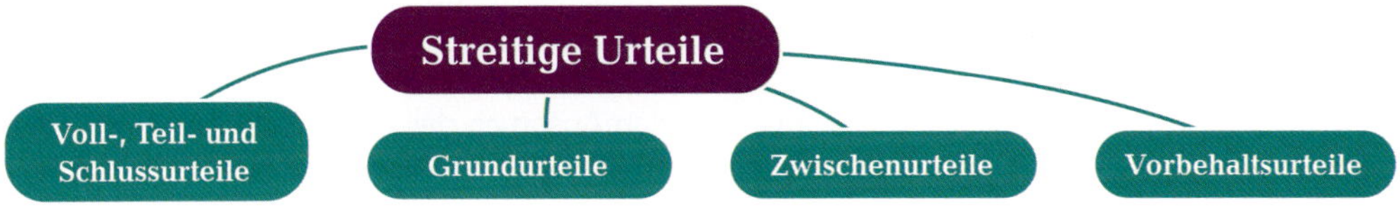

3.7.2.1 Nichtstreitige Urteile

In der Regel ergehen Urteile nach „streitiger Verhandlung", die Parteien haben also sich widersprechende Anträge gestellt. In verschiedenen Fällen kommt es aber vor, dass entweder nur ein Antrag vor Gericht gestellt wird, oder aber übereinstimmende Anträge gestellt werden.

Versäumnisurteil

Erscheinen Kläger oder Beklagter nicht in der mündlichen Verhandlung oder stellen dort keine Anträge („verhandeln nicht") bzw. erscheinen im Anwaltsprozess ohne Rechtsanwalt, so kann auf Antrag der erschienenen Partei ein **Versäumnisurteil** erlassen werden.

§§ 330 ff. ZPO

Ist der **Kläger** in diesem Sinne nicht erschienen, wird die Klage auf Antrag des Beklagten im Versäumnisurteil **abgewiesen,** § 330 ZPO. Erscheint der **Beklagte** nicht bzw. verhandelt nicht, gilt der Sachvortrag des Klägers als **zugestanden,** das heißt, das Gericht unterstellt, dass der Vortrag des Klägers zutreffend ist, und prüft den geltend gemachten Anspruch auf dieser Basis, § 331 ZPO. Ist allein nach dem Vortrag des Klägers die Klage gerechtfertigt, kann der Beklagte bei Säumnis entsprechend verurteilt werden. Soweit schon der Vortrag des Klägers nicht ausreicht bzw. vom Gericht rechtlich anders beurteilt wird, wird die Klage abgewiesen. Dies nennt man **unechtes Versäumnisurteil.**

BEISPIEL

Klageweise geltend gemacht wird ein Zahlungsanspruch nebst 12 % Zinsen seit einem bestimmten Datum. Der ordnungsgemäß geladene Beklagte erscheint im Termin zur mündlichen Verhandlung nicht, der Kläger beantragt den Erlass eines Versäumnisurteils. Das Gericht prüft den Sachverhalt auf Basis des Vortrags des Klägers. Es kommt zu der Auffassung, dass zwar der Zahlungsanspruch besteht, aber nach dem eigenen Vortrag des Klägers der Zinssatz in dieser Höhe nicht gerechtfertigt ist. Es wird dann Versäumnisurteil nur insoweit erlassen, wie es den Anspruch für gegeben hält.

Gegen ein Versäumnisurteil steht der säumigen (= nicht erschienenen) Partei der **Einspruch** zu, § 338 ZPO, der innerhalb einer **Notfrist von zwei Wochen** ab Zustellung des Versäumnisurteils eingelegt werden muss. Wird Einspruch eingelegt, wird das Verfahren in den Stand zurückversetzt, der vor der Säumnis bestand, § 342 ZPO.

Anerkenntnisurteil

§ 307 ZPO

Erkennt der Beklagte vor Gericht den Anspruch des Klägers ganz oder teilweise an, ergeht ein **Anerkenntnisurteil,** § 307 ZPO. Die Anerkennung des Anspruchs während des Verfahrens mag auf den ersten Blick ungewöhnlich erscheinen: hätte nicht der Beklagte wesentlich günstiger frühzeitig den Anspruch außergerichtlich anerkennen und womöglich erfüllen können? Tatsächlich aber kann es Gründe geben, die den Beklagten erst zu einem späteren Zeitpunkt zur Änderung seines Standpunktes bewegen, z. B. eine geäußerte Rechtsauffassung des Gerichts oder die Tatsache, dass neue Gesichtspunkte erst im Prozess aufgetaucht sind. Schließlich werden im realen Leben auch bestehende Ansprüche gelegentlich wider besseres Wissen bestritten, z. B. um einen Zahlungsaufschub zu erzwingen; ändert sich dann später z. B. die Finanzlage des Beklagten, kann der Anspruch eingeräumt werden.

Verzichtsurteil

§ 306 ZPO

Neben der Erledigungserklärung und der Klagerücknahme kann der Kläger den Prozess auch dadurch beenden, dass er auf den Anspruch verzichtet. Es ergeht dann ein **Verzichtsurteil,** § 306 ZPO. Anders als bei der Klagerücknahme wird durch ein Verzichtsurteil dem Kläger die Möglichkeit genommen, den gleichen Streitgegenstand anschließend erneut prozessual geltend zu machen. Durch das Urteil wird endgültig festgestellt, dass der fragliche Anspruch nicht besteht.

3.7.2.2 Streitige Urteile

Voll-, Teil- und Schlussurteile

§ 301 ZPO

Bei den streitigen Urteilen unterscheidet man danach, ob der **gesamte** Streitgegenstand oder nur ein **Teil** davon mit dem Urteil entschieden werden, nach **Voll-** oder **Teilurteilen,** § 301 ZPO. Das (Teil-)Urteil, mit dem der letzte Teil des Streitgegenstandes erledigt wird, nennt man **Schlussurteil.**

Grund-, Zwischen- und Vorbehaltsurteile

In einem **Grundurteil** entscheidet das Gericht über die Frage, ob ein Anspruch grundsätzlich besteht. Die **Höhe** des Anspruchs wird darin noch nicht festgehalten. Dies kann z. B. dann in Betracht kommen, wenn Ansprüche sich noch nicht abschließend beziffern lassen, z. B. weil der Heilungsverlauf nach einer Verletzung noch nicht abschließend zu beurteilen ist.

BEISPIEL

Nach einem Verkehrsunfall, bei dem der Kläger verletzt wurde und absehbar dauerhaft erwerbsgemindert bleiben wird, macht dieser Schmerzensgeld und Verdienstausfall geltend. Die gegnerische Haftpflichtversicherung bestreitet, dass ihr Versicherungsnehmer den Unfall verursacht hat. Es ergeht ein Grundurteil, in dem die prinzipielle Haftung der Versicherung für den Schaden bestätigt wird. Aufgrund dieses Urteils steigt die Versicherung in die Regulierung ein, eine Entscheidung über die Höhe des Schadens ist anschließend gar nicht mehr notwendig.

Zwischenurteile ergehen über „Zwischenstreite", § 303 ZPO, z. B. über die Frage der Zuständigkeit des angerufenen Gerichts.

Im **Urkundenprozess,** also einer besonderen Prozessart, in der lediglich Urkunden (also Dokumente) als Prozessmittel zugelassen sind, kann ein Vorbehaltsurteil ergehen, in dem der Kläger einen vorläufig vollstreckbaren Titel erhält, aber gleichzeitig dem Beklagten vorbehalten bleibt, später noch seine Rechte geltend zu machen, indem er Urkunden vorlegt, § 599 ZPO.

3.8 Zusammenfassung und Aufgaben

ZUSAMMENFASSUNG

Rechtshängigkeit

Die Klage wird durch die Zustellung **rechtshängig.** Die Rechtshängigkeit hat sowohl materiell-rechtliche als auch prozessuale Folgen – so z. B. die Hemmung der Verjährung oder die Tatsache, dass die Klage anschließend nicht mehr bei einem anderen Gericht anhängig gemacht werden kann.

Verfahrensgrundsätze

Nach Rechtshängigkeit entscheidet das Gericht, in welcher Weise das Verfahren geführt werden soll. Dabei muss es die unter anderem aus der historischen Erfahrung heraus entwickelten **Verfahrensgrundsätze,** wie den Anspruch auf rechtliches Gehör, den Öffentlichkeitsgrundsatz und den Beschleunigungsgrundsatz, beachten.

Verfahrensdurchführung

Das Verfahren kann auf unterschiedliche Arten durchgeführt werden: durch **frühen ersten Termin, schriftliches Vorverfahren** oder, sofern die Voraussetzungen dafür gegeben sind, **nach billigem Ermessen des Gerichts.** Ist eine **Beweisaufnahme** erforderlich, so wird diese unter Verwendung nur der Beweismittel, welche die Zivilprozessordnung kennt, durchgeführt.

Ende des Verfahrens

Wird während des Verfahrens der eingeklagte Anspruch erfüllt, der Kläger nimmt die Klage zurück oder die Parteien vergleichen sich, endet das Verfahren ohne Urteil. Andernfalls beendet das Gericht das Verfahren durch ein **Urteil.**

AUFGABEN

1. Welche Folgen hat die Rechtshängigkeit? Nennen und erläutern Sie die materiell-rechtlichen und prozessualen Folgen.

2. Schildern Sie bitte kurz den Ablauf des Verfahrens mit frühem ersten Termin und des schriftlichen Vorverfahrens.

3. Unter welchen Voraussetzungen kann das Gericht das Verfahren nach billigem Ermessen bestimmen?

4. Welche Beweismittel kennt die ZPO?

5. Nennen und erläutern Sie bitte mindestens drei Urteilsarten.

4. VERGÜTUNGSABRECHNUNG UND KOSTENFESTSETZUNG

4.1 Grundlagen der Vergütungsabrechnung

Im Informationsband für das erste Ausbildungsjahr haben Sie bereits ausführlich die Grundlagen der Vergütungsberechnung der Rechtsanwälte kennengelernt, sodass die Abrechnung des erstinstanzlichen Verfahrens, mit der sich dieser Abschnitt beschäftigt, keine besondere Schwierigkeit für Sie darstellen sollte. Bitte lesen Sie zur **Wiederholung** die Seiten 408 ff. im ersten Band und beantworten Sie folgende Fragen.

◂ LF 4 | 3

AUFGABEN

1. In welchen Gesetzen werden Rechtsanwaltsgebühren und Gerichtskosten geregelt?

2. a. Erläutern Sie den Begriff „Angelegenheit".
b. Geben Sie je ein Beispiel für „dieselbe Angelegenheit" im Sinne des § 16 RVG und „verschiedene Angelegenheiten" im Sinne des § 17 RVG.

3. Wie wird der Gegenstandswert ermittelt, wenn
a. in einer Klage Haupt- und Nebenforderungen geltend gemacht werden?
b. in einer Klage mehrere selbstständige Ansprüche (Klagehäufung) geltend gemacht werden?

4. Wie kann ein Anwalt vorgehen, wenn er den für seine Gebühren maßgeblichen Gegenstandswert nicht aus dem gerichtlich festgesetzten Gebührenstreitwert ableiten kann?

5. Wie wirkt es sich auf die Geschäfts- oder Verfahrensgebühr aus, wenn der Anwalt in einer Angelegenheit mehrere Auftraggeber vertritt?

4.1.1 Gebühren im erstinstanzlichen Verfahren

Die Gebühren, die im erstinstanzlichen Verfahren anfallen können, sind in Teil 3, Abschnitt 1, des Vergütungsverzeichnisses (VV), Anlage 1 zu § 2 Abs. 2 RVG, geregelt.

Hierbei handelt es sich lediglich um

› die **Verfahrensgebühr,** Nr. 3100 ff. VV RVG und
› die **Terminsgebühr,** Nr. 3104 ff. VV RVG.

Daneben kann wie bei der außergerichtlichen Tätigkeit noch eine

› **Einigungsgebühr,** Nr. 1003 VV RVG

entstehen.

Hinzu kommen, ebenfalls wie bei der außergerichtlichen Tätigkeit, die **Auslagen,** die dem oder den Auftraggebern in Rechnung gestellt werden.

4.1.1.1 Die Verfahrensgebühr

Gemäß Teil 3 VV RVG, Vorbemerkung 3 i.V.m. Nr. 3100 VV RVG, erhält der Anwalt, dem ein **unbedingter** Auftrag als Prozess- oder Verfahrensbevollmächtigter erteilt worden ist, eine **1,3 Verfahrensgebühr.** Zunächst ist also die Frage zu klären, ob bereits bei Mandatserteilung ein Klageauftrag erteilt wurde, oder zuvor evtl. noch eine **Geschäftsgebühr** angefallen ist. Zur Abgrenzung lesen Sie bitte noch einmal **S. 473 ff.** des Bandes für das erste Ausbildungsjahr.

LF 4 | 3.5.3.2 ▸

Höhe der Verfahrensgebühr

Bei der Verfahrensgebühr handelt es sich nicht um eine Satzrahmengebühr wie bei der Geschäftsgebühr, sondern um eine **Festgebühr.** Diese Gebühr kann sich nur dadurch verändern, dass sie sich durch **mehrere Auftraggeber** gemäß Nr. 1008 VV RVG erhöht oder in den Fällen der Nr. 3101 VV RVG **ermäßigt** wird. Dies ist im erstinstanzlichen Verfahren der Fall, wenn

1. der **Auftrag endet,** bevor der Rechtsanwalt die Klage, den ein Verfahren einleitenden Antrag oder einen Schriftsatz, der Sachanträge, Sachvortrag, die Zurücknahme der Klage oder die Zurücknahme des Antrags enthält, eingereicht oder bevor er einen gerichtlichen Termin wahrgenommen hat;

BEISPIEL

Der Gläubiger einer Geldforderung beauftragt den Rechtsanwalt, Zahlungsklage gegen den Schuldner einzureichen. Nachdem die Klage gefertigt und bei Gericht eingereicht wurde, meldet sich der Mandant telefonisch und teilt mit, dass zwischenzeitlich eine Zahlung des Schuldners in voller Höhe eingegangen ist; das Verfahren müsse nicht durchgeführt werden.

2. **Verhandlungen vor Gericht zur Einigung der Parteien oder der Beteiligten oder mit Dritten über in diesem Verfahren nicht rechtshängige Ansprüche geführt werden; der Verhandlung über solche Ansprüche steht es gleich, wenn beantragt ist, eine Einigung zu Protokoll zu nehmen oder das Zustandekommen einer Einigung festzustellen (§ 278 Abs. 6 ZPO).**

BEISPIEL

Zwischen zwei Unternehmen gibt es mehrere Streitigkeiten wegen nicht bezahlter Rechnungen. Im gerichtlichen Verfahren wegen einer Rechnung kommt es zu Verhandlungen auch über nicht eingeklagte Rechnungen und die Parteien einigen sich auf eine Gesamtzahlung.

In den Fällen der Nr. 3101 VV RVG erhält der Anwalt lediglich eine **0,8 Verfahrensgebühr** (im zweiten Beispiel bezogen auf die nicht rechtshängigen Forderungen). Bitte vergleichen Sie auch S. 422 f. des Bandes für das erste Ausbildungsjahr. Diese 0,8 Verfahrensgebühr wird als „Differenzverfahrensgebühr“ bezeichnet.

Anrechnung vorher entstandener Gebühren

In bestimmten Fällen legt das RVG fest, dass Gebühren, die vor der Verfahrensgebühr entstanden sind, auf diese angerechnet werden.

Anrechnung einer vorher entstandenen Geschäftsgebühr

Wie ebenfalls schon in Lernfeld 4 ausgeführt, ist für den Fall, dass der Anwalt zunächst auftragsgemäß außergerichtlich für den Auftraggeber tätig wird und erst anschließend ein Klageverfahren eingeleitet wird, die Geschäftsgebühr auf die Verfahrensgebühr anzurechnen. ◂ LF 4 | 3.5.3.4

Gemäß Vorbemerkung 3 Abs. 4 VV RVG wird die Geschäftsgebühr **zur Hälfte, maximal in Höhe von 0,75,** auf die Verfahrensgebühr eines anschließenden Klageverfahrens angerechnet.

BEISPIEL

In einer durchschnittlich schwierigen und umfangreichen Angelegenheit wird zunächst ein Betrag in Höhe von 3.400,00 EUR außergerichtlich geltend gemacht, anschließend Klage in gleicher Höhe eingereicht.

1. Gebühren für die außergerichtliche Tätigkeit

Gegenstandswert: 3.400,00 Euro

1,3 Geschäftsgebühr gem. §§ 2, 13, 14 i. V. m. Nr 2300 VV RVG	383,50 Euro	
Post- und Telekommunikationspauschale gem. Nr. 7002 VV RVG	20,00 Euro	
		403,50 Euro

LERNFELD 10

BEISPIEL

2. Gebühren für die gerichtliche Tätigkeit

Gegenstandswert: 3.400,00 Euro

1,3 Verfahrensgebühr gem. §§ 2, 13 i. V. m. Nr. 3100 VV RVG	383,50 Euro
–0,65 Geschäftsgebühr gem. Vorb. 3 Abs. 4 VV RVG	–191,75 Euro
Post- und Telekommunikationspauschale gem. Nr. 7002 VV RVG	20,00 Euro
	211,75 Euro

Die Post- und Telekommunikationspauschale darf zweimal in Ansatz gebracht werden. Beachten Sie die Begrenzung der Anrechnung auf 0,75: War die Angelegenheit also umfangreich oder schwierig und es wurde eine höhere Geschäftsgebühr als 1,5 in Ansatz gebracht, wird diese nicht zur Hälfte, sondern nur in Höhe von 0,75 angerechnet.

Anrechnung bei vorangegangenem Mahnverfahren

Ist dem streitigen Verfahren ein Mahnverfahren vorangegangen, ist hierfür eine 1,0 Verfahrensgebühr nach Nr. 3305 VV RVG entstanden. Legt nun der Antragsgegner Widerspruch gegen den Mahnbescheid oder Einspruch gegen den Vollstreckungsbescheid ein und das Verfahren geht in das Klageverfahren über, so entsteht eine 1,3 Verfahrensgebühr, Nr. 3100 VV RVG. Allerdings muss hierauf gemäß Zusatz zu Nr. 3305 VV RVG die 1,0 Verfahrensgebühr angerechnet werden.

BEISPIEL

Wegen einer Geldforderung in Höhe von 2.100,00 Euro wird ein Mahnverfahren eingeleitet; der Antragsgegner legt Widerspruch ein.

1. Gebühr für das Mahnverfahren

Gegenstandswert: 2.100,00 Euro

1,0 Verfahrensgebühr gem. §§ 2, 13, i.V.m. Nr 3305 VV RVG	235,50 Euro

2. Gebühr für das streitige Verfahren

Gegenstandswert: 2.100,00 Euro

1,3 Verfahrensgebühr gem. §§ 2, 13 i.V.m. Nr. 3100 VV RVG	306,15 Euro
–1,0 Verfahrensgebühr gem. Nr. 3305 VV RVG	–235,50 Euro
	306,15 Euro

Verfahrensgebühr bei Einzeltätigkeiten

Die Verfahrensgebühr entsteht für das Betreiben des Geschäfts einschließlich der Information. Durch sie wird also grundsätzlich ein umfassender Auftrag abgegolten. Umfasst dagegen der Auftrag nur einzelne Tätigkeiten, ist die Verfahrensgebühr nach Teil 3, Abschnitt 4, wie folgt reduziert:

Einzeltätigkeit	Gebührensatz
Führung des Verkehrs der Partei/Beteiligten mit dem Verfahrensbevollmächtigten, Nr. 3400 VV RVG	Entsprechend der dem Verfahrensbevollmächtigten zustehenden Verfahrensgebühr, **höchstens 1,0**
Terminsvertretung, Nr. 3401 VV RVG	**Hälfte** der dem Verfahrensbevollmächtigten zustehenden Verfahrensgebühr
Sonstige Einzeltätigkeiten, Nr. 3403 VV RVG	**0,8**
Schreiben einfacher Art	**0,3**
Vorzeitige Beendigung des Auftrags in den Fällen der Nr. 3400 (Verkehrsanwalt) oder 3401 (Terminsvertreter), Nr. 3405 VV RVG	**höchstens 0,5**

4.1.1.2 Die Terminsgebühr

Eine **1,2 Terminsgebühr** entsteht, wenn im gerichtlichen Verfahren Verhandlungstermine wahrgenommen werden, Nr. 3104 VV RVG. Sie entsteht auch bei mehreren Verhandlungsterminen nur einmal. Außerdem entsteht sie auch **ohne Verhandlung,** wenn in einem Verfahren, für das mündliche Verhandlung vorgeschrieben ist, im Einverständnis mit den Parteien oder Beteiligten oder gemäß § 307 oder § 495a ZPO ohne mündliche Verhandlung entschieden oder in einem solchen Verfahren ein schriftlicher Vergleich geschlossen wird.

Terminsgebühr im Säumnisverfahren

Wenn in einem Termin eine Partei nicht erschienen oder nicht ordnungsgemäß anwaltlich vertreten wird und nur ein Antrag auf **Versäumnisurteil,** Versäumnisentscheidung oder zur Prozess-, Verfahrens- oder Sachleitung gestellt wird, erhält der erschienene Anwalt lediglich eine **0,5 Terminsgebühr,** Nr. 3105 VV RVG.

Terminsgebühr bei Einzeltätigkeit

Wird dem Anwalt kein umfassendes Mandat zur Prozessführung erteilt, sondern er nimmt lediglich an einem Termin teil, erhält er gemäß Nr. 3402 VV RVG die Terminsgebühr nur in der Höhe, die einem Verfahrensbevollmächtigten zustehen würde.

4.1.1.3 Die Einigungsgebühr

LF 4 | 3.4
LF 9

Wenn es im Rahmen einer gerichtlichen Auseinandersetzung zu einer vergleichsweisen Einigung kommt, entsteht – bei Verfahren erster Instanz – eine **1,0 Einigungsgebühr,** Nr. 1003 VV RVG. Wegen der Einzelheiten der Einigungsgebühr wird hier auf Lernfeld 4 (S. 450 ff.) und Lernfeld 9 verwiesen.

4.1.2 Höchstwert der Gebühren gemäß § 15 III RVG

§ 15 Abs. 3 RVG sieht eine **Höchstgrenze** für Fälle vor, in denen für Teile des Streitgegenstandes unterschiedliche Gebührensätze anzuwenden sind.

BEISPIEL

In einem gerichtlich protokollierten Vergleich werden neben den klageweise geltend gemachten, rechtshängigen Ansprüchen in Höhe von 20.000,00 EUR auch Ansprüche in Höhe von weiteren 12.500,00 EUR mitverglichen, die nicht Gegenstand der Klage waren. Für die rechtshängigen Ansprüche entsteht eine 1,3 Verfahrensgebühr und eine 1,0 Einigungsgebühr, für die nicht rechtshängigen eine 0,8 Verfahrensgebühr **(Differenzverfahrensgebühr, Nr. 3101 Ziff. 2 VV RVG)** und eine 1,5 Einigungsgebühr.

Hier entstehen zwar **gesondert berechnete Gebühren,** jedoch **nicht mehr, als die aus dem Gesamtbetrag der Wertteile nach dem höchsten Gebührensatz berechnete Gebühr.**

BEISPIEL

Im vorstehenden Beispiel fallen an:

1,3 Verfahrensgebühr aus 20.000,00 EUR gem. §§ 2, 13 i. V. m. Nr. 3100 VV RVG	1.133,60 EUR	
0,8 (Differenz-)Verfahrensgebühr aus 12.500,00 EUR, Nr. 3101 Ziff. 2 VV RVG	565,60 EUR	
Summe		**1.699,20 EUR**
→ **Abgleich gem. § 15** Abs. 3 **RVG – nicht mehr als 1,3 Gebühr aus 32.500,00 EUR**	**1.428,70 EUR**	
1,0 Einigungsgebühr aus 20.000,00 EUR gem. §§ 2, 13 i. V. m. Nr. 1003 VV RVG	872,00 EUR	
1,5 Einigungsgebühr aus 12.500,00 EUR, Nr. 1000 VV RVG	1.060,50 EUR	
Summe		**1.932,50 EUR**

BEISPIEL

→ Abgleich gem. § 15 Abs. 3 **RVG – nicht mehr als 1,5 Gebühr aus 32.500,00 EUR** **1.648,50 EUR**

Da sowohl bei den Verfahrensgebühren, wie bei den Einigungsgebühren der Höchstwert des § 15 Abs. 3 ZVG überschritten wäre, wird jeweils dieser Wert, **die höchste in Betracht kommende Gebühr aus der Summe der Wertteile,** in Ansatz gebracht.

4.2 Kostenfestsetzung

4.2.1 Das Kostenfestsetzungsverfahren

Ist das Verfahren abgeschlossen, wird auf Antrag festgesetzt, welche Kosten eine Partei der anderen zu erstatten hat. Bei vollständigem Unterliegen einer Partei trägt diese die Kosten der anderen Partei vollständig, bei teilweisem Obsiegen und Unterliegen findet eine anteilige **Kostenausgleichung** statt, §§ 92, 106 ZPO.

§§ 92, 106 ZPO

Im Rahmen des Kostenfestsetzungsverfahrens nach § 104 ZPO können gemäß § 91 ZPO die im Rahmen des gerichtlichen Verfahrens entstandenen **Gebühren, Auslagen und sonstige Aufwendungen,** wie z. B. Gerichts- und Sachverständigenkosten, festgesetzt werden. Hinzu kommen die **Parteikosten,** für welche die Vorschriften des Justizvergütungs- und -entschädigungsgesetzes entsprechend herangezogen werden, § 91 Abs. 1 S. 2 ZPO.

§§ 91, 104 ZPO

Der **Kostenfestsetzungsantrag** entspricht inhaltlich der anwaltlichen Vergütungsberechnung. Er beginnt z. B. mit folgender Formulierung:

BEISPIEL

„Es wird beantragt, die Kosten gegen den Verfahrensgegner gemäß §§ 103 ff. ZPO festzusetzen."

Nach der Auflistung der festzusetzenden Kosten endet der Antrag wie folgt:

BEISPIEL

„Es wird beantragt, alle weiter gezahlten Gerichtskosten hinzuzusetzen und den festzusetzenden Betrag verzinslich ab Antragstellung mit 5 Prozentpunkten über dem Basiszinssatz festzusetzen (§ 104 Abs. 1 ZPO) und eine sofort vollstreckbare Ausfertigung des Beschlusses mit dem Vermerk des Zustellungsdatums zu erteilen."

Findet eine Kostenausgleichung statt, wird der Gegner aufgefordert, eine eigene Kostenberechnung einzureichen, § 106 Abs. 1 ZPO.

Aus dem Kostenfestsetzungsbeschluss kann gemäß § 794 Abs. 1 Nr. 2 ZPO die Zwangsvollstreckung betrieben werden.

4.2.2 Rechtsbehelfe

MERKE

Über **Rechtsmittel** entscheidet die **nächsthöhere Instanz,** über **Rechtsbehelfe dieselbe Instanz.**

§ 104 Abs. 3 ZPO

Werden die beantragten Kosten nicht oder nicht vollständig vom Gericht festgesetzt, so hat der Antragsteller grundsätzlich die Möglichkeit, gem. § 104 Abs. 3 ZPO **sofortige Beschwerde** zu erheben. Allerdings ist zu beachten, dass nach § 567 ZPO dafür der **Beschwerdegegenstand 200,00 EUR** übersteigen muss. Der Beschwerdegegenstand im Kostenfestsetzungsverfahren ist die **Differenz zwischen dem beantragten und dem tatsächlich festgesetzten** Betrag. Wird der Wert von 200,00 EUR nicht erreicht, kann innerhalb einer Frist von zwei Wochen **Erinnerung** gemäß § 11 Abs. 2 Rechtspflegergesetz eingelegt werden. Hilft der Rechtspfleger der Erinnerung nicht ab, ändert also den Kostenfestsetzungsbeschluss nicht, so legt er die Erinnerung dem Richter vor, der darüber unanfechtbar entscheidet.

§ 569 ZPO

Für die Einreichung der **sofortigen Beschwerde** bei dem Gericht, das den Kostenfestsetzungsbeschluss erlassen hat, gilt gemäß § 569 ZPO eine **Notfrist von zwei Wochen.**

4.3 Forderungskonto

Um nach Abschluss des Kostenfestsetzungsverfahrens einen Überblick über die Forderung des Mandanten gegen den Gegner zu haben und als Voraussetzung für eine eventuelle Zwangsvollstreckung, wird – in der Regel softwaregestützt – ein Forderungskonto angelegt, in dem die festgesetzten Kosten nebst taggenauen Zinsen, aber auch eventuelle Zahlungseingänge verzeichnet werden.

§§ 366, 367 BGB

Bei **Teilzahlungen** sind die §§ 366, 367 BGB zu beachten:

- Bei **mehreren gleichartigen Forderungen** wird grundsätzlich die getilgt, die der **Schuldner bestimmt.**
- Trifft er keine Bestimmung, wird nach § 366 Abs. 2 BGB zunächst die fällige Schuld, unter mehreren fälligen Schulden diejenige, welche dem Gläubiger geringere Sicherheit bietet, unter mehreren gleich sicheren die dem

Schuldner lästigere, unter mehreren gleich lästigen die ältere Schuld und bei gleichem Alter jede Schuld verhältnismäßig getilgt.

- Werden Hauptleistung, Zinsen und Kosten geschuldet (wie es der Regelfall ist), so werden gemäß § 367 BGB Zahlungen zunächst auf die Kosten, dann auf die Zinsen und dann auf die Hauptforderung verrechnet.

FORDERUNGSKONTO Akte: 1/16 Stand: 17.02.16

Gläubiger:
Lydia Lern, Einsteinstraße 16d, 10409 Berlin
vertr. d. Herrn Rechtsanwalt Dr. Reinhardt Recht, Kurfürstendamm 147, 10709 Berlin
Konto: Postbank Berlin, IBAN DE67100100100095135782 BIC PBNKDEFFXXX

Schuldner:
Annelie Akte, Am Schlossplatz 5, 14770 Brandenburg

Nr.	Datum	Betrag €	Buchungstext	unverz. Kosten	K. Zinsen	verz. Kosten	H. Zinsen	H. Forderg.
	11 Kaufvertrag vom 10.10.15							
1	01.11.15	2.500,00	Hauptforderung	0,00	0,00	0,00	0,00	2.500,00
			5 %-Punkte über Basiszins					
	11 Kaufvertrag vom 10.10.15							
2	01.01.16	2.500,00	Hauptforderung	0,00	0,00	0,00	17,71	5.000,00
			5 %-Punkte über Basiszins					
3	17.02.16	15,00	Mahnkosten	15,00	0,00	0,00	44,77	5.000,00
	17.02.2016		Basiszins: −0,83 %					

Kumulierte Beträge

Gesamtkosten	15,00 €	unverzinsliche Kosten	15,00 €
anfängliche HF	5.000,00 €	Hauptforderungszinsen	44,77 €

GESAMTFORDERUNG 5.059,77 € per 17.02.2016 zzgl. Tageszinsen 0,56 € ab dem 18.02.2016

unverzinsliche Kosten:	15,00 €	
Hauptforderung:	2.500,00 €	nebst Zinsen 5 %-Punkte über Basiszins
Hauptforderung:	2.500,00 €	nebst Zinsen 5 %-Punkte über Basiszins
Summe ohne Zinsen:	5.015,00 €	
Zinsen auf Hauptforderungen:	44,77 €	Tageszinsen: 0,56 €

4.4 Kostenfestsetzung gegen den Auftraggeber

Bei Gebühren und Auslagen, die in einem gerichtlichen Verfahren entstanden sind, ist genau wie gegen den Gegner auch die Kostenfestsetzung gegen den eigenen Mandanten möglich, § 11 RVG. Dies wird z. B. dann von Bedeutung, wenn man die unterlegene Partei vertreten hat und diese nicht zahlungswillig ist. Für außergerichtlich entstandene Kosten kommt dies nicht in Betracht, hier bleibt nur ein Mahn- oder Klageverfahren.

4.5 Zusammenfassung und Aufgaben

ZUSAMMENFASSUNG

Gebühren im erstinstanzlichen Verfahren (Normalfall)

- **1,3 Verfahrensgebühr**
- **1,2 Terminsgebühr**
- **Evtl. 1,0 Einigungsgebühr**

Die Verfahrensgebühr

- erhöht sich bei **mehreren Auftraggebern.**
- verringert sich bei **vorzeitiger Beendigung des Auftrags** oder wenn nur **einzelne Tätigkeiten** zu erbringen sind.

Die Terminsgebühr

- verringert sich im Säumnisverfahren und bei **einzelnen Tätigkeiten.**

Beachte

- **Anrechnung** bei **vorangegangener außergerichtlicher Tätigkeit** und bei **vorangegangenem Mahnverfahren.**
- **Differenzverfahrensgebühr (0,8)** bei gerichtlicher Einigung auch über Streitgegenstände, die nicht Gegenstand des gerichtlichen Verfahrens waren
- **Höchstwert** nach § 15 Abs. 3 RVG.

AUFGABEN

Bitte erstellen Sie in den folgenden Fällen die Vergütungsberechnung einschließlich der Auslagen(-pauschale), die Berechnung der Umsatzsteuer ist nicht erforderlich.

1. Der Rechtsanwalt erhält Klageauftrag zur Geltendmachung von 5.000,00 EUR. Nach mündlicher Verhandlung ergeht ein entsprechendes obsiegendes Urteil.

2. Wiederum wird Klageauftrag über 5.000,00 EUR erteilt. Vor Klageerhebung werden 3.000,00 EUR vom Gegner bezahlt, der Klage über 2.000,00 EUR wird nach mündlicher Verhandlung stattgegeben.

3. Es wird Klage über 4.000,00 EUR eingereicht. Der ordnungsgemäß geladene Beklagte erscheint im Termin nicht, auf Antrag ergeht ein Versäumnisurteil.

4. Es wird Auftrag zur außergerichtlichen Geltendmachung von 4.000,00 EUR erteilt. Nach erfolglosen Verhandlungen mit dem Gegner wird auftragsgemäß Klage über 4.000,00 EUR erhoben, nach mündlicher Verhandlung wird die Klage abgewiesen.

5. Es wird Auftrag zur Durchführung eines gerichtlichen Mahnverfahrens wegen einer Summe von 10.000,00 EUR erteilt. Der Gegner legt Widerspruch ein, im streitigen Verfahren ergeht nach mündlicher Verhandlung ein obsiegendes Urteil.

6. Es wird Klageauftrag über 8.500,00 EUR erteilt. Im Termin zur mündlichen Verhandlung wird diese Forderung und eine nicht eingeklagte weitere Forderung in Höhe von 5.000,00 EUR durch Vergleich zwischen den Parteien erledigt.

5. FRISTVERSÄUMUNG UND WIEDEREINSETZUNG IN DEN VORIGEN STAND

LF 3 | 1.3.5.2

5.1 Fristversäumung

Eine der wichtigsten Aufgaben der Rechtsanwaltsfachangestellten in der Kanzlei ist die Führung des Fristenkalenders sowie die Fristenkontrolle. Eine Fristversäumung im Rechtsstreit kann den Verlust des Prozesses und die Haftung der Kanzlei gegenüber dem Mandanten bedeuten.

Werden gesetzliche prozessuale Fristen **versäumt**, so

- ist die Partei mit der vorzunehmenden Rechtshandlung ausgeschlossen, § 230 ZPO,
- tritt das Fristversäumnis ohne Androhung allein durch Zeitablauf ein, § 231 Abs. 1 ZPO,
- entstehen u. U. Kostennachteile, §§ 95, 97 Abs. 2, 344 ZPO,
- wird evtl. die Zuständigkeit des Gerichts durch rügeloses Einlassen begründet, § 39 ZPO,
- wird die Einwilligung in die Klageänderung vermutet, § 267 ZPO.

Zu den **wichtigsten Fristen im erstinstanzlichen Verfahren,** die nicht versäumt werden dürfen, gehören

- die **Einlassungsfrist,** § 274 ZPO,
- die **Klageerwiderungsfrist,** § 275 Abs. 1 ZPO und
- die **Frist zur Stellungnahme auf die Klageerwiderung,** § 275 Abs. 4 ZPO.

5.2 Wiedereinsetzung in den vorigen Stand

Wurde eine **Notfrist** oder die **Frist zur Begründung der Berufung,** der **Revision,** der **Nichtzulassungsbeschwerde** oder der **Rechtsbeschwerde** oder die Frist des § 234 Abs. 1 zur Wiedereinsetzung in den vorigen Stand versäumt, so besteht die Möglichkeit, beim Gericht einen **Antrag auf Wiedereinsetzung in den vorigen Stand** zu stellen, § 233 ZPO. Hat dieser Antrag Erfolg, wird die Partei so behandelt, als hätte sie die **versäumte Handlung rechtzeitig** begangen.

§§ 233 ff. ZPO

Damit die Wiedereinsetzung gewährt wird, müssen bestimmte Voraussetzungen vorliegen.

Wiedereinsetzung in den vorigen Stand

Voraussetzungen

- **Kein Verschulden bei der Fristversäumung**
- **Fristgerechter Antrag**
- **Fristgerechte Nachholung der Prozesshandlung**

5.2.1 Kein Verschulden an der Fristversäumung

an der Fristversäumung

Gemäß § 233 ZPO darf den Anwalt **kein Verschulden** an der Fristversäumung treffen. Zur Frage, ob eine Frist unverschuldet versäumt wurde, gibt es langjährige, umfangreiche Rechtsprechung, die sich vor allem mit der Frage beschäftigt, wie das Büro und die Abläufe innerhalb des Büros organisiert werden müssen, um Fristversäumnisse weitgehend auszuschließen.

Grundsätzlich trifft die **Partei** des Rechtsstreits das Verschulden an der Fristversäumung. Das Verschulden des **Prozessbevollmächtigten** wird der Partei zugerechnet, genauso wie dem Anwalt das Verschulden seiner **Mitarbeiter** gemäß § 278 BGB zugerechnet wird. Eine Fristversäumung kann also nicht allein dadurch entschuldigt werden, dass die Frist von einem Mitarbeiter oder einer Mitarbeiterin versäumt wurde.

Vielmehr ist nach der Rechtsprechung das Verschulden der Mitarbeiter dem Anwalt nur dann **nicht zuzurechnen,** wenn er organisatorisch alles unternommen hat, um Fehler bei der Fristenkontrolle zu vermeiden.

Dazu gehört, dass Tätigkeiten wie die

- Eintragung von Terminen im Kalender und
- die Berechnung von Fristen und deren Eintragung im Kalender

nur Mitarbeiterinnen oder Mitarbeitern übertragen werden darf,

- die sorgfältig ausgewählt wurden,
- denen klare Arbeitsanweisungen erteilt wurden,
- die mehrjährige Erfahrung haben,
- deren Tätigkeit regelmäßig und ordnungsgemäß überwacht wird und
- an deren Zuverlässigkeit aufgrund ihres bisherigen Verhaltens keine Zweifel bestehen.

Diese Auflistung ist nicht abschließend, sondern soll nur eine Vorstellung davon geben, welch strenger Maßstab hier angelegt wird.

Liegen diese Voraussetzungen vor, so ist ein Fristversäumnis der Partei nicht zuzurechnen.

5.2.2 Fristgerechter Antrag

Der Antrag auf Wiedereinsetzung in den vorigen Stand muss innerhalb der in § 234 ZPO genannten Fristen bei Gericht eingereicht werden. Generell beträgt die Frist **zwei Wochen** und **einen Monat,** wenn die Frist zur Begründung der Berufung, der Revision, der Nichtzulassungsbeschwerde oder der Rechtsbeschwerde versäumt wurde. **Fristbeginn** ist der Tag, an dem das Hindernis behoben wurde, in der Regel also der Zeitpunkt, an dem Kenntnis von der Fristversäumung erlangt wird. **Längstens** kann die Wiedereinsetzung innerhalb eines Jahres von dem Ende der versäumten Frist beantragt werden, § 234 Abs. 3 ZPO.

Der Antrag muss in der Form der versäumten Prozesshandlung gestellt werden, § 236 Abs. 1 ZPO, und die Angabe der die Wiedereinsetzung begründenden Tatsachen enthalten. Diese müssen glaubhaft gemacht werden. Praktisch wird dem Antrag oftmals eine eidesstattliche Versicherung der Mitarbeiterin oder des Mitarbeiters beigefügt, der die Frist versäumt hat. Hierin wird beschrieben, wie es zu der Fristversäumung kommen konnte.

5.2.3 Fristgerechte Nachholung der Prozesshandlung

Innerhalb der genannten (zwei-Wochen- oder Monats-Frist) muss auch die versäumte Prozesshandlung nachgeholt werden, § 236 Abs. 2 S. 2 ZPO. Wird dies nicht eingehalten, ist die Frist im Zweifel unrettbar versäumt.

5.3 *Zusammenfassung und Aufgaben*

ZUSAMMENFASSUNG

Die Eintragung und Überwachung der Fristen ist deshalb von so großer Bedeutung, weil ein Fristversäumnis den Verlust eines Verfahrens und die Haftung des Anwaltes zur Folge haben kann.

Wurde eine Frist versäumt, so kann die entsprechende Prozesshandlung nur dann nachgeholt werden, wenn

- das Büro richtig organisiert ist, sodass die Anwältin oder den Anwalt kein Verschulden an der Fristversäumung trifft,
- fristgerecht ein Wiedereinsetzungsantrag gestellt wird und
- die versäumte Handlung fristgerecht nachgeholt wird.

AUFGABEN

1. Welche Angaben gehören zu einem vollständigen Wiedereinsetzungsantrag?

2. Nennen Sie die Voraussetzungen dafür, dass Wiedereinsetzung gewährt werden kann.

3. Welche Frist ist für einen Wiedereinsetzungsantrag einzuhalten, wenn die Einlegung der Berufung versäumt wurde?

4. Innerhalb welcher Maximalfrist kann ein Wiedereinsetzungsantrag gestellt werden?

5. Ab wann laufen die Fristen zur Wiedereinsetzung?

LERNFELD 10A

Kauf- und Übergabeverträge für Grundstücke vorbereiten und abwickeln

1. GRUNDSTÜCK UND GRUNDBUCH

§ 905 BGB

Ein Grundstück ist ein räumlich abgegrenzter Teil der Erdoberfläche, der im Kataster der Gemeinde und im Grundbuch beim Amtsgericht eingetragen ist.

Das **Kataster** gibt Auskunft über Lage, Größe und Nutzungsart des Grundstücks und ist damit Grundlage für dessen Bewertung, z. B. bei der Erhebung der Grundsteuer oder der Belastung des Grundstücks im Rahmen einer Kaufpreisfinanzierung durch ein Kreditinstitut.

Das **Grundbuch** gibt Auskunft über die Eigentumsverhältnisse am Grundstück und darüber, welche Rechte dritter Personen bestehen.

Vor der Beurkundung eines Grundstückskaufvertrags muss geklärt werden, ob die verkaufende Partei auch Eigentümerin oder Eigentümer des Grundstücks ist und welche Belastungen des Grundstücks die kaufende Partei zu übernehmen hat. Diese Informationen erhält eine Person, die ein **berechtigtes Interesse** nachweisen kann. Berechtigtes Interesse liegt immer dann vor, wenn ein Grundstück zum Verkauf steht und jemand das Grundstück tatsächlich erwerben möchte.

Das Grundbuch wird bei dem Amtsgericht geführt, in dessen Zuständigkeitsbereich das Grundstück liegt. In der Regel holt sich das beauftragte Notariat einen Grundbuchauszug ein.

1.1 Aufbau und Inhalte des Grundbuchs

§ 3 GBO

Für jedes Grundstück ist ein besonderes „Grundbuch" angelegt, es besteht aus insgesamt fünf Teilen:

- **Aufschrift (Deckblatt):** Hier werden wesentliche Daten zur Bezeichnung des Grundbuchblattes eingetragen. Dazu gehören der Amtsgerichtsbezirk, das Grundbuchamt, die Nummer des Grundbuchbandes sowie die Blattnummer.
- **Bestandsverzeichnis:** Eingetragen werden Angaben über die Gemarkung, Flur, Flurstück, Wirtschaftslage, Lage und Größe. Hieraus ist ersichtlich, dass ein Grundstück aus einem Flurstück besteht. Flurstück ist der katasterrechtliche Begriff des Grundstücks. Ein Grundstück kann auch aus mehreren Flurstücken bestehen. Diese Daten werden aus dem Kataster übernommen.

Amtsgerichtsbezirk	**Grundbuchamt**	**Grundbuch von**	**Bestandsverzeichnis**
Stuttgart	**Stuttgart**	**Stuttgart**	**Einlegeblatt 1**

Lfd. Nr. der Grd.st.	Bish. lfd. Nr. der Grd. st.	Bezeichnung der Grundstücke und der mit dem Eigentum verbundenen Rechte			Größe		
		a) Gemarkung					
		b) Karte	Flurstück	c) Wirtschaftsart und Lage	ha	a	m^2
1	2	3			4		

Amtsgerichtsbezirk	**Grundbuchamt**	**Grundbuch von**	**Nummer**	**Bestandsverzeichnis**
Stuttgart	**Stuttgart**	**Stuttgart**		**Einlegeblatt 1 R**

Bestand und Zuschreibung		Abschreibungen	
Zur lfd. Nr. der Grd.st		Zur lfd. Nr. der Grd.st	
5	6	7	8

Drei Abteilungen

- **Abteilung 1:** Hier sind die Eigentumsverhältnisse verzeichnet. Wer wurde wann aus welchem Grund Eigentümerin oder Eigentümer des Grundstücks.

Amtsgerichtsbezirk	**Grundbuchamt**	**Grundbuch von**	**Nummer**	**Erste Abteilung**
Stuttgart	**Stuttgart**	**Stuttgart**		**Einlegeblatt**

Lfd. Nr. der Eintragungen	Eigentümer	Lfd. Nr. der Grd.st.	Grundlage der Eintragung
1	2	3	4

- **Abteilung 2:** Eingetragen werden Lasten und Beschränkungen, u. a. beschränkte persönliche Dienstbarkeiten, Grunddienstbarkeiten, Reallasten, Vorkaufsrechte, Vormerkungen. Veränderungen und Löschungen bezüglich der Rechte werden ebenfalls im Grundbuch erfasst.

Amtsgerichtsbezirk	**Grundbuchamt**	**Grundbuch von**	**Nummer**	**Zweite Abteilung**
Stuttgart	**Stuttgart**	**Stuttgart**		**Einlegeblatt 1 R**

Lfd. Nr. der Eintragungen	Lfd. Nr. der belasteten Grd.st.	Lasten und Beschränkungen
1	2	3

Amtsgerichtsbezirk	**Grundbuchamt**	**Grundbuch von**	**Nummer**	**Zweite Abteilung**
Stuttgart	**Stuttgart**	**Stuttgart**		**Einlegeblatt 1 R**

Veränderungen		Löschungen	
Lfd. Nr. der Spalte 1		Lfd. Nr. der Spalte 1	
4	5	6	7

Dienstbarkeiten

Beschränkte persönliche Dienstbarkeit	Grunddienstbarkeit
Die Berechtigung liegt bei einer Person.	Die Berechtigung liegt beim Eigentümer des herrschenden Grundstücks.
Sie ist nicht übertragbar.	Wird das Grundstück veräußert, geht sie auf die erwerbende Partei über.
Sie erlischt mit dem Tod der berechtigten Person und geht somit nicht auf Erben über.	Da sie am Grundstück hängt, geht sie bei Tod des Eigentümers auf die Erben über.
Beispiel: Herr Jung räumt Frau Alt in seinem Zweifamilienhaus für die Erdgeschosswohnung ein Wohnungsrecht auf Lebzeiten ein. Somit ist Frau Alt berechtigt, Teile des Grundstücks (die Erdgeschosswohnung) bis zu ihrem Tod zu nutzen. Herr Jung hat diese Nutzung zu dulden.	*Beispiel:* Der Vater von Herrn Jung hat dem Eigentümer des Nachbargrundstücks die Nutzung des Weges, der zu dem Nachbargrundstück über sein Grundstück führt, eingeräumt. Dieses Recht ist an das Grundstück gebunden, um dem jeweiligen Eigentümer des Nachbargrundstücks die Nutzung zu sichern.

§ 100 BGB, § 1035 ff. BGB

Anstelle des Wohnungsrechts könnte Frau Alt auch ein **Nießbrauch** am Grundstück eingeräumt werden. Dieser berechtigt zur Nutzung des gesamten Grundstücks und verpflichtet zur Kostentragung.

MERKE

Ein Grundstück, das mit einer Dienstbarkeit belastet ist, wird als dienendes Grundstück bezeichnet. Das Grundstück, das von der Nutzung profitiert, ist das herrschende Grundstück.

Das Wohnungsrecht (= beschränkte persönliche Dienstbarkeit) berechtigt nur zu einer Teilnutzung.

Ist zugunsten einer bestimmten Person ein Nießbrauch eingetragen, berechtigt dieser zur Nutzung des gesamten Grundstücks und verpflichtet zur Lastentragung.

Weitere Belastungen in Abteilung 2

Auflassungsvormerkung

Wird eingetragen, um die kaufende Partei des Grundstücks zwischen Beurkundung des Kaufvertrags und Auflassung vor der Eintragung weiterer Belastungen oder anderweitigem Verkauf zu schützen.

Vorkaufsrecht

Erlaubt der berechtigten Person im Falle des Grundstückverkaufs, dieses Recht auszuüben und das Grundstück zu erwerben. Der Verzicht auf Nutzung des Vorkaufsrechts muss eingeholt werden.

Reallast

Regelmäßig oder Unregelmäßig wiederkehrende Rentenzahlung, beispielsweise hat Frau Karahan ihr Grundstück für 200.000 Euro an Herrn Mai verkauft. 160.000 Euro hat Herr Mai sofort bezahlt.

Die restlichen 40.000 Euro bezahlt er in unregelmäßigen Abständen als Rentenzahlung.

- **Abteilung 3:** Eingetragen sind **Grundpfandrechte:**
  - Hypotheken,
  - Grundschulden,
  - Rentenschulden.

Amtsgerichtsbezirk Stuttgart		**Grundbuchamt Stuttgart**	**Grundbuch von Stuttgart** **Nummer** **Dritte Abteilung Einlegeblatt**
Lfd. Nr. der Eintragungen	Lfd. Nr. der belasteten Grd.st.	Betrag	Hypotheken, Grundschulden, Rentenschulden
1	2	3	4

Amtsgerichtsbezirk Stuttgart		**Grundbuchamt Stuttgart**	**Grundbuch von Stuttgart**	**Nummer**	**Dritte Abteilung Einlegeblatt**
Veränderungen			Löschungen		
Lfd. Nr. der Spalte 1	Betrag		Lfd. Nr. der Spalte 1	Betrag	
5	6	7	8	9	10

Hypothek	Grundschuld
ist die Belastung eines Grundstücks zur Sicherung einer bestimmten Forderung.	ist die Belastung eines Grundstücks zur Sicherung einer bestimmten Geldsumme.
ist akzessorisch. Es besteht: › ein untrennbarer Anspruch aus Darlehensgewährung und dinglichem Anspruch aus der Hypothek; › ein schuldrechtlicher Anspruch wegen Forderung aus Rechtsgeschäft und dinglicher Anspruch wegen Sicherung durch Hypothek.	ist abstrakt, d.h. kein rechtlicher Zusammenhang zwischen schuldrechtlichem und dinglichem Anspruch aus der Grundschuld, weshalb die Grundschuld als Sicherheit für mehrere auch nacheinander entstehende Forderungen in unterschiedlicher Höhe dienen kann.

Beide Grundpfandrechte ermöglichen im Wege der Zwangsvollstreckung, dass das Grundstück verwertet, d.h. „zu Geld gemacht werden kann".

Die **Rentenschuld** ist eine besondere Form der Grundschuld und kann in der Weise bestellt werden, dass zu regelmäßig wiederkehrenden Terminen eine bestimmte Geldsumme aus dem Grundstück zu zahlen ist.

Für beide Grundpfandrechte gilt, dass die gängige Form bei der Eintragung die Briefhypothek bzw. Briefgrundschuld sind.

Die Grundpfandrechte entstehen durch:

› Einigung zwischen Gläubiger (Berechtigter des Grundpfandrechtes) und
› Schuldner (gehört das belastete Grundstück) sowie
› Ausstellung des Briefes durch das Grundbuchamt und
› Aushändigung des Briefes an den Gläubiger.

Wird das Grundpfandrecht gelöscht, muss der Brief zusammen mit der Löschungsbewilligung des Gläubigers sowie dem formlosen Löschungsantrag des Eigentümers dem Grundbuchamt vorgelegt werden.

Die Gesetzgebung sieht grundsätzlich die Briefgrundschuld oder Briefhypothek vor. Ist im Grundbuch nur Hypothek oder Grundschuld eingetragen, handelt es sich um ein Pfandrecht mit Brief. Ist vermerkt **„ohne Brief“,** existiert keiner. In diesem Fall handelt es sich um eine Buchgrundschuld oder Buchhypothek.

§§ 46 GBO, 17 GBV

Eigentumswechsel und nicht mehr gültige Belastungen müssen im Grundbuch nachvollzogen werden können und sichtbar sein. Eintragungen, die nicht mehr gültig sind und gelöscht wurden, werden daher **rot** unterstrichen.

AUFGABEN

1. Ermitteln Sie mithilfe des Grundbuchauszugs die Größe des Grundstücks, die Lage, das Flurstück, den Eigentümer sowie die aktuellen Belastungen in Abteilung 2 und 3.

2. Woraus ist ersichtlich, dass Belastungen nicht mehr bestehen?

Amtsgerichtsbezirk Esslingen | **Grundbuchamt Ostfildern** | **Grundbuch von Ostfildern** | **Bestandsverzeichnis Einlegeblatt 1**

Lfd. Nr. der Grd.st.	Bish. lfd. Nr. der Grd. st.	Bezeichnung der Grundstücke und der mit dem Eigentum verbundenen Rechte			Größe		
		a) Gemarkung					
		b) Karte	Flurstück	c) Wirtschaftsart und Lage	ha	a	m²
1	2	3			4		
1	1	Flur 7	717	Hof- und Gebäudefläche, Kaiserstraße 34, 73760, Ostfildern		5	80

»

»

Amtsgerichtsbezirk	Grundbuchamt	Grundbuch von	Nummer	Erste Abteilung
Esslingen	Ostfildern	Ostfildern		Einlegeblatt

Lfd. Nr. der Eintragungen	Eigentümer	Lfd. Nr. der Grd.st.	Grundlage der Eintragung
1	2	3	4
1	Franz Lang, geb. am 14.11.1916, Köln	1	Aufgelassen am 03.04.1958, eingetragen am 05.05.1958
2	Herbert Kurz, geb. am 13.12.1949, Stuttgart	1	Aufgelassen am 23.06.1972, eingetragen am 04.07.1972

Amtsgerichtsbezirk	Grundbuchamt	Grundbuch von	Nummer	Zweite Abteilung
Esslingen	Ostfildern	Ostfildern		Einlegeblatt 1 R

Lfd. Nr. der Eintragungen	Lfd. Nr. der belasteten Grd.st.	Lasten und Beschränkungen
1	2	3
1	1	Wohnungsrecht auf Lebzeiten für Frau Bertha Lang, geb. am 25.05.1925

Amtsgerichtsbezirk	Grundbuchamt	Grundbuch von	Nummer	Erste Abteilung
Esslingen	Ostfildern	Ostfildern		Einlegeblatt

Veränderungen		Löschungen	
Lfd. Nr. der Spalte 1		Lfd. Nr. der Spalte 1	
4	5	6	7
		1	Gelöscht am 24.04.1989

Amtsgerichtsbezirk	Grundbuchamt	Grundbuch von	Nummer	Dritte Abteilung
Esslingen	Ostfildern	Ostfildern		Einlegeblatt

Lfd. Nr. der Eintragungen	Lfd. Nr. der belasteten Grd.st.	Betrag	Lasten und Beschränkungen
1	2	3	4
1	1	50.000 Euro	Grundschuld ohne Brief zu fünfzigtausend Euro für die S-Kasse Esslingen mit 8 % Zinsen bewilligt am 24.07.2003, eingetragen am 05.08.2003

1.2 Rangverhältnisse im Grundbuch

§ 879 BGB

Der Rang eines Rechts ist im Falle der Zwangsvollstreckung ausschlaggebend. Der Rang ergibt sich aus:

- der zeitlichen Reihenfolge der Eintragung innerhalb einer Abteilung,
- dem Datum der Eintragung, wenn Rechte in verschiedenen Abteilungen eingetragen sind.

BEISPIEL

In Abteilung 3 im Grundbuch sind folgende Rechte eingetragen:

Rang 1: Hypothek über 100.000 Euro zugunsten der S-Kasse, die mit 80.000 Euro valutiert, Rang 2: Grundschuld über 40.000 Euro zugunsten der L-Bank.

Die Zwangsversteigerung ergibt einen Erlös in Höhe von 100.000 Euro. Somit wird Rang 1 zugunsten der S-Kasse in voller Höhe befriedigt. Rang 2 zugunsten der L-Bank erhält die restlichen 20.000 Euro.

Sind Rechte in verschiedenen Abteilungen am selben Tag eingetragen worden, stehen sie auf demselben Rang.

BEISPIEL

Folgende Grundbuchauszüge zeigen, dass die Rechte in Abteilung 2 am selben Tag eingetragen wurden → gleicher Rang.

Das Recht in Abteilung 3 wurde ebenfalls am selben Tag eingetragen → gleicher Rang.

Amtsgerichtsbezirk	Grundbuchamt	Grundbuch von	Nummer	Zweite Abteilung
Esslingen	Ostfildern	Ostfildern		Einlegeblatt 1 R

Lfd. Nr. der Eintragungen	Lfd. Nr. der belasteten Grd.st.	Lasten und Beschränkungen
1	2	3
1 2	1 1	Wohnungsrecht auf Lebzeiten für Frau Malak el Halibi, geb. am 03.01.1947, eingetragen am 17.12.2014 Grunddienstbarkeit (Wegerecht) zugunsten der Ökostrom GmbH, eingetragen am 17.12.2014

BEISPIEL

Amtsgerichtsbezirk	Grundbuchamt		Grundbuch von	Nummer Dritte Abteilung
Esslingen	Ostfildern		Ostfildern	Einlegeblatt

Lfd. Nr. der Eintragungen	Lfd. Nr. der belasteten Grd.st.	Betrag	Hypotheken, Grundschulden, Rentenschulden
1	2	3	4
1	1	80.000 Euro	Grundschuld ohne Brief zu achtzigtausend Euro für die L-Bank mit 4 % Zinsen, bewilligt am 24.10.2014, eingetragen am 17.12.2014

Ein Rang kann durch eine sogenannte **Rangänderung** auch verändert werden. Damit diese eintreten kann, müssen:

- sich die Gläubiger des zurück- und vortretenden Rechts einigen,
- die Gläubiger die Eintragung der Rangänderung im Grundbuch veranlassen.
  Dazu bedarf es:
  - eines formlosen Antrags in schriftlicher Form,
  - der Bewilligung des zurücktretenden Gläubigers in öffentlich-beglaubigter Form und
  - der Zustimmung des Grundstückseigentümers, wenn ein Grundpfandrecht (Grundschuld, Hypothek) betroffen ist, in öffentlich-beglaubigter Form.

2. GRUNDSTÜCKSKAUFVERTRAG

2.1 Zustandekommen und Inhalt eines Grundstückskaufvertrags

LERNFELD 10A

Für einen Grundstückskaufvertrag ist gem. **§ 311 b BGB** die **notarielle Beurkundung** vorgeschrieben.

§§ 311 b BGB, 17 BeurkG

Ein Grundstückskauf stellt für einen Verbraucher in der Regel eine hohe finanzielle Belastung dar. Durch die notarielle Beurkundung wird sichergestellt, dass gem. § 17 Beurkundungsgesetz

- eine Belehrung erfolgt,

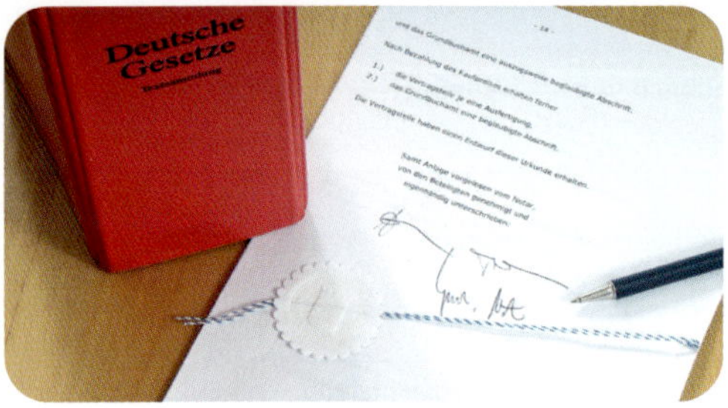

- vor unbedachten Schritten gewarnt wird,
- die Erklärungen eindeutig formuliert sind und
- durch die Urkunde ein sicherer Beweis vorliegt.

§ 433 BGB

Die vertragstypischen Pflichten aus einem Kaufvertrag sind gem. § 433 BGB für den

Kaufende (auch Erwerbende) genannt
- Abnahme der Sache
- Zahlung des Kaufpreises

Verkaufende (auch Veräußernde) genannt
- Übergabe der Sache
- Eigentum an der Sache verschaffen
- Sache muss frei von Sach- und Rechtsmängeln sein; Sachmängel sind in § 434 BGB beschrieben, Rechtsmängel in § 435 BGB erläutert.

Ein Grundstückskaufvertrag ist unterteilt in …

Verpflichtungsgeschäft (schuldrechtlicher Anspruch)

Erfüllungsgeschäft (sachenrechtlicher Anspruch)

§§ 433, 925, 929, 873 BGB

Bei einem Grundstückskaufvertrag erfolgt die Übereignung des Grundstücks gem. **§ 873 BGB** durch Einigung und Eintragung in das Grundbuch.

Auflassung (ersetzt die Einigung § 925 BGB)

wird notariell beurkundet

Eintragung ins Grundbuch (ersetzt die Übergabe)

Voraussetzung für die Eintragung:
- Formloser Antrag
- Ausfertigung der Auflassung
- Vorlage behördlicher Genehmigungen

Mindestinhalt des Grundstückskaufvertrags gem. § 433 BGB

- Erwerbende und Veräußerende
- Objekt
- Kaufpreis
- Datum, Unterschriften
- Siegel und Unterschrift des Notars

erweitert um

- a. Vertretungsregelung, wenn erforderlich
- b. Grundbuchstand
- c. Regelung zur Kaufpreisfälligkeit
- d. Regelung zu Besitzübergang
- e. Gewährleistung
- f. Vormerkung der Auflassung
- g. Vorkaufsrechte
- h. Kostentragung – Grunderwerbsteuer
- i. Erschließungskosten
- j. Hinweise
- k. Vollmachten

Die zusätzlichen Inhalte eines Kaufvertrages verhelfen zu klaren, eindeutigen Regelungen.

2.2 Erläuterung der erweiterten Inhalte

zu a. Vertretung

Kauft beispielsweise ein Ehepaar ein Grundstück je zur Hälfte und eine Person ist am Beurkundungstermin verhindert, kann die Beurkundung trotzdem erfolgen. Der anwesende Ehepartner handelt mit einer Vollmacht für den verhinderten Teil. In diesem Fall wird der Vertrag mit Beurkundung wirksam. Liegt keine Vollmacht vor, bleibt der Vertrag bis zur Genehmigung bzw. Zustimmung durch die verhinderte Person schwebend unwirksam.

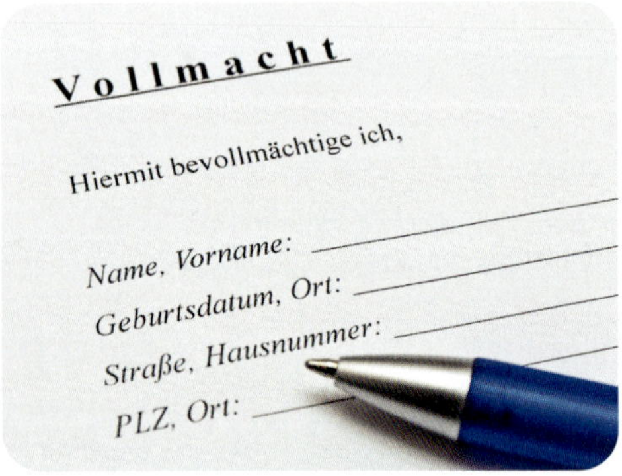

Vertretung durch Vollmacht wird als **gewillkürte Vertretung** bezeichnet. Die Vollmacht muss gem. § 167 Absatz 2 BGB nicht in derselben Form vorliegen wie das Hauptgeschäft, also nicht notariell beurkundet. Allerdings verlangt das Grundbuchamt die öffentlich beglaubigte Form, § 29 GBO.

Neben der gewillkürten Vertretung ist auch die **Vertretung kraft Gesetzes** von Bedeutung. In diesen Fällen bestimmt das Gesetz, wer zur Vertretung berechtigt ist.

Die wichtigsten **Vertretungen bei natürlichen Personen:**

Eltern	Bei unter 18-Jährigen
Vormund, wenn die Eltern verstorben sind oder die elterliche Sorge nicht ausüben können oder dürfen	Bei unter 18-Jährigen
Betreuer	Bei Volljährigen, die wegen körperlicher oder geistiger Schädigungen ihre eigenen Interessen nicht wahrnehmen können.

Zur **Vertretung kraft ihres Amtes** sind berechtigt:

Insolvenzverwaltung	Agiert für den Insolvenzschuldner, denen zwar das Eigentum gehört, die aber keine Verfügungsgewalt mehr über das Grundstück haben.
Testamentsvollstreckung	Agiert für die Erben; diese sind Eigentümer ohne Verfügungsgewalt.

Wichtige **Vertretungen bei juristischen Personen bzw. bei Kapital- und Personengesellschaften:**

Vertreten durch die Geschäftsführung	Gesellschaft mit beschränkter Haftung (GmbH)
Vertreten durch den Vorstand	Aktiengesellschaft (AG)
Vertreten durch alle Gesellschafter **Ist ein Gesellschafter nicht einzelvertretungsberechtigt, ist dies im Handelsregister einzutragen.**	Offene Handelsgesellschaft (OHG)
Vertreten durch die Komplementäre (= persönlich haftende Gesellschafter) **Auch hier ist jeder einzelvertretungsberechtigt. Abweichungen sind ebenfalls ins Handelsregister einzutragen.** **Kommanditisten sind von der Vertretung und Geschäftsführung ausgeschlossen.**	Kommanditgesellschaft (KG)

zu b. Grundbuchstand

Notare sind verpflichtet, den aktuellen Grundbuchstand in die Urkunde des Grundstückskaufvertrages aufzunehmen. So wird in der Regel gewährleistet, dass das Eigentum der verkaufende Partei gehört und somit über das Grundstück verfügen darf. Darüber hinaus wird die kaufende Partei über bestehende Belastungen informiert.

zu c. Kaufpreisfälligkeit

Die Regelung enthält,

- bis wann der Kaufpreis zu zahlen ist,
- ob der Kaufpreis direkt an die Verkaufenden zu entrichten ist oder
- beim Notar hinterlegt bzw. auf ein Treuhandkonto bei einer Bank einbezahlt wird. Diese Möglichkeit besteht, wenn die Bank als Gläubiger aus der Kaufpreissumme befriedigt wird.

Mit den Regelungen zur Kaufpreisfälligkeit soll erreicht werden,

- dass die kaufende Partei den Kaufpreis zahlt und damit der Eigentumserwerb für sie abgesichert ist,
- dass die Kaufenden zuerst den Kaufpreis erhalten haben, bevor das Eigentum am Grundstück übergeht.

Die Eigentumsumschreibung kann beantragt werden, sobald

- der Kaufpreis eingegangen ist,
- notwendige Löschungsbewilligungen bezüglich Grundpfandrechten oder sonstigen auf dem Grundstück lastenden Rechten vorliegen,
- die Verzichtserklärung der Stadt erteilt wurde und
- die steuerliche Unbedenklichkeitsbescheinigung vom Finanzamt vorliegt.

§§ 854, 446 BGB

zu d. Besitzübergang

Mit dem Besitzübergang, der zeitlich vor der Eigentumsumschreibung liegen kann, gehen Nutzen, Lasten, die Gefahr des zufälligen Untergangs und der zufälligen Verschlechterung sowie die Haftung auf den Käufer über.

Ab dem Tag der Besitzübergabe sind laufende Kosten von den Kaufenden zu tragen.

MERKE

Besitz bedeutet die tatsächliche Gewalt über eine Sache.

Eigentum bedeutet die rechtliche Gewalt über eine Sache.

§§ 433, 434, 435 BGB

zu e. Gewährleistung – Haftung bei Sach- und Rechtsmängeln

Die Verkaufenden kommen ihrer Verpflichtung gem. § 433 BGB nach, das Objekt frei von Mängeln zu übergeben. Zudem kann die Haftung für weitere, nicht sichtbare Sachmängel ausgeschlossen werden oder eine Regelung getroffen werden, dass bestimmte Belastungen übernommen werden.

Zu den Rechtsmängeln bei Grundstückskaufverträgen zählen beispielsweise

Beschränkte persönliche Dienstbarkeit und Nießbrauch	Selbst wenn diese Rechte durch den Tod der berechtigten Person nicht mehr existieren, sind sie zu löschen. Ansonsten liegt ein Rechtsmangel vor.
Grundpfandrecht, im Rang nach der Auflassungsvormerkung für Kaufende	Gegenüber den Verkaufenden liegt ein Rechtsmangel vor, auch wenn die Löschung von einer berechtigten Person verlangt werden kann.
Nutzungsrechte, z. B. bestehender Mietvertrag (nicht im Grundbuch eingetragen!)	Ist der Mietvertrag nicht gekündigt, geht er auf die Erwerbenden über; in der Regel mit Besitzübergang.

§§ 883, 885 BGB

zu f. Auflassungsvormerkung

Eine Auflassungsvormerkung schützt Kaufende davor, dass ab deren Eintragung in Abteilung 2 im Grundbuch des Grundstücks bis zur Eigentumsumschreibung die verkaufende Partei das Grundstück nicht anderweitig verkaufen kann und keine weiteren Belastungen mehr eingetragen werden können. Die Auflassungsvormerkung wird in der Regel im Rang vor den anderen Rechten eingetragen.

zu g. Vorkaufsrechte

Nach dem Baugesetzbuch steht den Gemeinden ein Vorkaufsrecht zu. Die Gemeinde kann dieses Vorkaufsrecht nutzen, wenn das Allgemeinwohl betroffen ist. Dies kann dann der Fall sein, wenn über einen Teil des zu verkaufenden Grundstücks eine neue Straße führen soll. In diesem Fall kann die Gemeinde für diesen begrenzten Teil des Grundstücks ihr Vorkaufsrecht geltend machen. Folge ist, dass der Kaufvertrag nicht vollumfänglich zustande kommen kann.

§§ 24, 28 BauGB

Damit eine Eigentumsumschreibung erfolgen kann, muss der Verzicht dieses Vorkaufsrechts vorliegen, die sogenannte Vorkaufsrechtsverzichtserklärung. Existiert kein Vorkaufsrecht, wird ein Negativattest erteilt.

Weitere Vorkaufsrechte, wie beispielsweise für den Eigentümer des Nachbargrundstücks, können in der Abteilung 2 des Grundbuchs eingetragen sein. Auch der Verzicht auf diese muss für die Umschreibung vorliegen.

zu h. Kostentragung – Grunderwerbsteuer

Verkaufende und Kaufende einigen sich im Grundstückskaufvertrag darauf, wer die mit der Urkunde verbundenen Kosten trägt. Für die Grunderwerbsteuer ist dies der Käufer, der in aller Regel auch die Notarkosten übernimmt. Löschungskosten für Belastungen im Grundbuch werden vom Verkäufer übernommen, da er verpflichtet ist, das Grundstück lastenfrei zu übergeben.

© blende11.photo – Fotolia.com

zu i. Erschließungskosten

Sind nach dem Baugesetzbuch noch Erschließungskosten oder sonstige Anliegerkosten offen oder fallen nach dem Besitzübergang an, trägt diese die kaufende Partei.

© fefufoto – Fotolia.com

zu j. Hinweise

Notare weisen die Beteiligten darauf hin, dass

- **alle vertraglichen Vereinbarungen beurkundungspflichtig** sind.
- Nebenabreden können dazu führen können, dass das gesamte Rechtsgeschäft nichtig wird.
- alle Beteiligten gesamtschuldnerisch für die Kosten der Beurkundung haften.
- die Spekulationsfrist greift und der Verkaufserlös zu versteuern ist, wenn das Grundstück innerhalb von zehn Jahren verkauft wird.

zu k. Vollmachten

Damit die Angestellten des Notariats den Vollzug selbstständig betreiben können, erteilen die Beteiligten (Verkaufende und Kaufende) ihnen Vollzugsvollmacht. Somit handeln die Angestellten im Namen der Beteiligten.

AUFGABEN

1. Erläutern Sie, weshalb ein Grundstückskaufvertrag notariell beurkundet werden muss.
2. Nennen Sie die Mindestinhalte eines Grundstückskaufvertrags.
3. „Die Mindestinhalte reichen bei einem Grundstückskaufvertrag nicht aus. Er muss ausführlicher sein.“ Nehmen Sie hierzu Stellung.

2.3 Vollzug des Grundstückskaufvertrags

In der Regel werden Notare mit dem Vollzug (= Abwicklung) des Kaufvertrags beauftragt. Vollzug bedeutet, dass das Notariat sowohl den Schriftverkehr mit dem Grundbuchamt als auch mit Behörden und Banken führt. Normalerweise erhalten Notare von den Beteiligten (Veräußernde und Erwerbende) auch den Auftrag, die Kaufpreiszahlung und die Umschreibung zu überwachen. Wichtig ist, dass die notwendigen Genehmigungen eingeholt werden, bevor die Umschreibung erfolgt. Der Kaufvertrag muss von den Notarfachangestellten, die mit dem Vollzug betraut sind, genau gelesen werden, denn er enthält die Anweisungen,

› welche Rechte gelöscht werden bzw. welche bestehen bleiben,
› welche Genehmigungen erforderlich sind und
› welche Grundbuchanträge zu stellen sind.

Checkliste für den Vollzug

Anzeigepflichten:

Veräußerungsanzeige: mit amtlichem Vordruck gegenüber dem zuständigen Finanzamt. Nach Bezahlung der Grunderwerbsteuer durch die Kaufenden erteilt das Finanzamt die sogenannte Unbedenklichkeitsbescheinigung. Die Vorlage dieser beim Grundbuchamt ist Voraussetzung für die Umschreibung.

Mitteilungspflicht nach dem BauGB: Der zuständige Gutachterausschuss wird über jeden Verkaufsvorgang durch Zusendung einer einfachen Abschrift informiert.

Rechtsgeschäftliche Genehmigungen:	Wird eine beteiligte Person **vollmachtlos vertreten,** bedarf es der Genehmigung durch die vertretene Person, damit der Vertrag wirksam wird. Diese Genehmigung muss gem. § 29 Grundbuchordnung (GBO) in notariell beglaubigter Form vorgelegt werden. Bis zur Genehmigung ist der Vertrag gem. § 177 Absatz 1 BGB schwebend unwirksam.
	Lebt ein Ehepaar im Güterstand der **Zugewinngemeinschaft** und verfügt ein Ehepartner alleine über sein Grundstück, benötigt dieser **gem. § 1365 BGB** die **Genehmigung des anderen.** Dadurch soll verhindert werden, dass die wirtschaftliche Lage der ehelichen Gemeinschaft bedroht wird.
	Die wichtigsten gesetzlichen Genehmigungen im Überblick: (in den einzelnen Bundesländern können unterschiedliche Regelungen vorliegen)
	Land- und forstwirtschaftliche Grundstücke bedürfen gem. Grundstücksverkehrsgesetz (GrstVG) der Genehmigung der zuständigen Behörde.
	Sanierungsrechtliche Genehmigungen: Städte und Gemeinden können Sanierungsgebiete ausweisen. Bei den betroffenen Grundstücken erfolgt eine Eintragung in Abteilung 2 des Grundbuchs. Wird versäumt, die Genehmigung bei der zuständigen Gemeinde einzuholen, ist der Vertrag unwirksam.
Vorkaufsrechtsverzichtserklärung (Negativattest):	Gem. § 28 Baugesetzbuch (BauGB) verzichtet die Gemeinde auf ihr Vorkaufsrecht. Macht die Gemeinde ihr Vorkaufsrecht geltend, kommt der Kaufvertrag nicht oder nur in Teilen mit den Kaufenden zustande.
Grundbuchanträge:	Betreffen in den meisten Fällen Anträge zur Eintragung einer Auflassungsvormerkung, der Eigentumsumschreibung oder Löschung von Belastungen, die nicht von den Kaufenden übernommen werden. Grundbuchanträge sind formlos zu stellen, die Löschungsbewilligungen der Berechtigten sind in öffentlich-beglaubigter Form vorzulegen. Der **Antrag zur Auflassung** (Umschreibung) kann dann gestellt werden, wenn alle notwendigen rechtsgeschäftlichen und gesetzlichen Genehmigungen sowie die Unbedenklichkeitsbescheinigung vorliegen.

2.4 *Möglichkeiten der Kaufpreiszahlung*

Die Kaufpreiszahlung erfolgt entweder direkt zwischen Kaufenden und Verkaufenden oder bei besonderem berechtigten Interesse durch Hinterlegung auf einem Anderkonto. Notare sind ist in beiden Fällen dafür verantwortlich,

- dass die Fälligkeit sowie der Zeitpunkt der Ein- bzw. Auszahlung festgelegt werden,
- dass der Eintritt der jeweiligen Bedingung überwacht wird.

Aufgaben von Notaren bei

Direkter Zahlung

Vorrangige Aufgabe ist die Kaufpreisüberwachung durch Fälligkeitsmitteilung.

Voraussetzungen für die Fälligkeitsmitteilung ergeben sich aus der Urkunde, i. d. R.:

- Eingetragene Auflassungsvormerkung
- Vorliegen der erforderlichen Genehmigungen
- Vorliegen des Negativattests
- Löschungsunterlagen liegen vor, ggf. erfolgt die Löschungsbewilligung von eingetragenen Grundpfandrechten unter Treuhandauflage.

Kaufende bezahlen die notwendigen Beträge, sodass von der Löschungsbewilligung nach Mitteilung durch die Bank Gebrauch gemacht werden kann.

Abwicklung über Notaranderkonto

Immer dann, wenn ein berechtigtes Sicherungsinteresse der Beteiligten vorliegt.

Dies kann der Fall sein, wenn nicht klar ist, ob der Kaufpreis ausreicht, um Belastungen abzulösen.

Der Kaufvertrag enthält eine Verwahrungsanweisung. Diese regelt, wo der Kaufpreis hinterlegt wird und wie er auszuzahlen ist. Gem. § 54 BeurkG muss aus ihr hervorgehen:

- wer anweist (Käufer),
- wer empfängt (Verkaufende, Gläubiger) sowie
- die Bedingungen für die Verwahrung (Zeitpunkt der Einzahlung, Berechtigter für die Zinsen, Bank) und
- die Voraussetzungen für die Auszahlung

Weitere Aufgaben:

Direkte Zahlung:

Nach Eintritt der Fälligkeitsvoraussetzungen wird die Fälligkeit den Kaufenden mitgeteilt.

Information der Verkaufenden und Bitte um Mitteilung des Zahlungseingangs.

Notaranderkonto:

Einrichtung eines Notaranderkontos bei einem Kreditinstitut im Amtsbezirk des Notariats. Für jedes Verwahrgeschäft ist ein Konto einzurichten.

Treuhandauflagen, die mit einem Verwahrgeschäft einhergehen, sind zu beachten.

Weiterer Vollzug:

Direkte Zahlung:

Erklärung der Auflassung oder Übersendung der Ausfertigung, welche die Auflassung enthält, jeweils mit Antrag auf Umschreibung.

Löschung der abzulösenden Belastungen.

Notaranderkonto:

Bei Verfügungen über das Notaranderkonto sind alle Verwahranweisungen und die Voraussetzungen für die Auszahlung zu beachten.

Für den weiteren Vollzug gelten dieselben Bedingungen wie bei der direkten Bezahlung.

EXKURS

Verwahrungsverzeichnis

Das Verwahrungsverzeichnis ist ein Verzeichnis über die Aufbewahrung und Weitergabe von Geld, Wertpapieren und Kostbarkeiten an Dritte. Dieses Fremdgeld wird auf einem Notaranderkonto verwahrt.

Vorschriften für Verwahrungsgeschäfte gem. BeurkG und NotAktVV

- Bargeld darf nicht zur Verwahrung angenommen werden.
- Verwahrung darf nur aufgrund einer schriftlichen Verwahrungsanweisung erfolgen.
- Die Hinterlegung von Geld erfolgt auf einem Notaranderkonto. Für jede Masse wird ein eigenes Notaranderkonto geführt.
- Über Notaranderkonten dürfen nur der Notar oder die amtlich bestellte Vertretung verfügen.
- Verwahrungen sind im Verwahrungsverzeichnis aufzunehmen.
- Zusätzlich muss eine Anderkontenliste = Liste aller Anderkonten für jede Masse geführt werden.

AUFGABEN

1. Erläutern Sie das Verwahrungsverzeichnis.
2. Wer darf über ein Notaranderkonto verfügen?
3. In welchem Fall wird ein Notaranderkonto benötigt?

2.5 Grundzüge der Kostenberechnung beim Grundstückskaufvertrag

Die Ermittlung der Kosten erfolgt nach dem Gerichts- und Notarkostengesetz (GNotKG).

Für die Kostenrechnung werden der Geschäftswert und die Beurkundungsgebühr ermittelt. Die darüber hinaus anfallenden Zusatzgebühren und Auslagen werden nach den Vorschriften des GNotKG ermittelt. Auf diese wird in diesem Zusammenhang nicht gesondert eingegangen.

LF 9A | 6

§§ 46, 47, 53, 93, 97, 109 GNotKG

Der Vertrag enthält ...

eine Erklärung über den Kauf = **Hauptgegenstand**	**weitere Erklärungen,** die der Erfüllung, Sicherung oder sonstigen Durchführung des Kaufvertrages dienen.
GW ergibt sich aus: › dem **Kaufpreis** gem. **§§ 97 Abs. 1, 47** GNotKG › dem **Verkehrswert,** wenn dieser höher als der Kaufpreis ist, gem. **§§ 97 Abs. 1, 47, 46** GNotKG › dem **Kaufpreis,** der aus einer regelmäßig wiederkehrenden Leistung besteht. In diesem Fall wird mit dem Verkehrswert verglichen. Gem. **§§ 97 Abs. 1, 46, 52** (mit entsprechenden Absätzen) › dem Kaufpreis, der aus einer **Geldzahlung** und weiteren **übernommenen Leistungen** wie Erschließungskosten oder Wohnrecht besteht, die hinzugerechnet werden. Gem. **§§ 97 Abs. 1, 47** GNotKG	Das können sein: › Eintragung und Löschung der Auflassungsvormerkung › Auflassung › Vollzugsvollmacht für Angestellte › Unterwerfung unter die Zwangsvollstreckung gegenüber den Verkaufenden › Belastungsvollmacht für Kaufende › Übernahme einer Grundschuld durch Kaufende › Löschungserklärung zur Lastenfreistellung **→ gem. § 109 Abs. 1, Nr. 1 i. V. mit § 93 GNotKG gegenstandsgleich** Dies bedeutet, dass die Geschäftswerte nicht addiert werden und keine eigenständige Berechnung vorgenommen wird. *Beachte:* Grunddienstbarkeiten sind stets gegenstandsverschieden!

→ Die Beurkundungsgebühr ist eine Verfahrensgebühr und wird aus dem Hauptgegenstand nach Nr. 21100, 2,0 – Gebühr, mindestens 120 Euro ermittelt!

MERKE

Mit der Beurkundungsgebühr sind alle gewöhnlichen Arbeiten, wie die Anzeige an das Finanzamt und den Gutachterausschuss sowie der Verkehr mit dem Grundbuchamt, zum Vollzug des Kaufvertrages abgegolten. Vergleiche hierzu die Vorbemerkungen KV 2.1 Absatz 2, Nr. 1 + 2.

Vollzugsgebühr

§ 112 GNotKG

Damit die Umschreibung im Grundbuch erfolgen kann, müssen zwingend verschiedene Genehmigungen und/oder Bescheinigungen vorgelegt werden. Der Notar holt diese in der Regel auftragsgemäß ein und prüft sie.

Eingeholt und geprüft werden beispielsweise folgende Bescheinigungen und Genehmigungen:

- die Unbedenklichkeitsbescheinigung des Finanzamtes
- die Genehmigung nach dem Grundstücksverkehrsgesetz*
- das Negativattest der Gemeinde*

- die Genehmigung der Gemeinde bei einem eingetragenen Sanierungsvermerk*
- Lastenfreistellungsunterlagen (Löschungsbewilligungen, z. B. bei Banken)
- familiengerichtliche Genehmigungen
- die Zustimmungserklärung des Ehepartners gem. § 1365 BGB
- von privatrechtlichen Vorkaufs- und Wiederkaufsrechten

Geschäftswert: gem. § 112 GNotKG

Der Geschäftswert ergibt sich aus dem Verfahrenswert des Kaufvertrages; unbedingt zu beachten ist, ob weitere Erklärungen vorhanden sind.

Gebühr: Nr. 22110 Vollzugsgebühr (0,5)

Die Vollzugsgebühr ist unabhängig von der Anzahl der Tätigkeiten, d. h., ein Entwurf ist damit abgegolten.

MERKE

Bei einfachen Tätigkeiten wie der Einholung von behördlichen Genehmigungen (in der Aufzählung mit * gekennzeichnet) gilt:

KV Nr. 22112 je Tätigkeit (0,5), aber maximal 50 Euro; insgesamt nicht mehr als bei KV Nr. 22110 berechnet wird.

➔ Vorgehensweise: Berechnung der Gebühr nach KV Nr. 22110 und mit 22112 vergleichen.

Betreuungsgebühr

§ 113 GNotKG

Die Betreuungsgebühr fällt für weitere Tätigkeiten von Notaren an, die für den Vollzug notwendig sind, aber nicht von der Vollzugsgebühr abgedeckt werden. Sie kann nur aufgrund eines besonderen Auftrages für die in der GNotKG aufgezählten Tätigkeiten verlangt werden.

Beispiele für solche Tätigkeiten sind:

- Mitteilung der Kaufpreisfälligkeit
- Überwachung des Auflassungsvollzugs, hierzu gehören u. a.:
  - bei vereinbarter enthaltener Auflassung nur auszugsweise Ausfertigungen herauszugeben
  - eine auftragsgemäße Bewilligung der Auflassung durch Eigenurkunde des Notars
  - Vorlage zur Umschreibung beim Grundbuchamt erst dann, wenn bestimmte Voraussetzungen erfüllt sind, z. B. die Zahlung des Kaufpreises

› Prüfung der Voraussetzungen für die Auszahlung hinterlegter Gelder

Geschäftswert: gem. § 113 GNotKG

Gebühr: Nr. 22200 Betreuungsgebühr (0,5) (einmalig)

Treuhandgebühr

Diese Gebühr erhalten Notare für die Beachtung von Auflagen durch einen nicht unmittelbar an dem Beurkundungsverfahren Beteiligten.

Das Notariat holt beispielsweise die Löschungsbewilligung bei einer Bank ein. Diese macht zur Auflage, dass als Ablösung ein bestimmter Betrag an sie zu zahlen ist.

Geschäftswert: gem. § 113 Abs. 2 GNotKG

Der Wert des Sicherungsinteresses (der Ablösesumme der Treuhandauflage) ist ausschlaggebend.

Gebühr: Nr. 22201 Treuhandgebühr (0,5)

Die Treuhandgebühr entsteht für jede Treuhandauflage gesondert. Sie fällt somit mehrmals an.

Erzeugung der XML-Strukturdaten

Notare können für die Erstellung der XML-Strukturdaten neben der Vollzugsgebühr eine gesonderte Gebühr verlangen. Diese fällt immer dann an, wenn die Einreichung an das Grundbuchamt auf elektronischem Weg erfolgt.

Geschäftswert: gem. § 112 GNotKG Verfahrenswert

Gebühr: Nr. 22114 Strukturdaten (0,3) max. 250 Euro, einmalig

BEISPIEL

Notar Dr. Kowalczyk beurkundet einen Grundstückskaufvertrag zwischen Herrn Alt und Frau Blume zum Preis von 150.000 Euro. Der Verkehrswert würde 200.000 Euro betragen. Im Kaufvertrag wird die Auflassung sofort mit beurkundet, die Angestellten erhalten Vollzugsvollmacht. Notar Dr. Kowalczyk wird beauftragt, das Negativattest nach § 28 BauGB und die Löschungsbewilligung über die Grundschuld zu 100.000 Euro unter Treuhandauflage einzuholen. Die Bank macht die Lastenfreistellung davon abhängig, dass an sie ein Betrag in Höhe von 50.000 Euro zu zahlen ist.

BEISPIEL

Notar Dr. Kowalczyk wird ferner damit beauftragt und bevollmächtigt, die Fälligkeit des Kaufpreises nach Eintritt der im Kaufvertrag festgelegten Fälligkeitsvoraussetzungen mitzuteilen. Zudem soll er den Auflassungsvollzug überwachen.

Das zuständige Grundbuchamt nimmt Grundbuchanträge ausschließlich elektronisch entgegen. Ermitteln Sie die Gebühren ohne Auslagen und USt.

Lösung:

Grundstückskaufvertrag – Verfahrensgebühr

Grundstückskaufvertrag – Gebühren		
Nr. 21100 (2,0)	Beurkundungsverfahren GW §§ 97 Abs. 1, 46, 47 200.000 Euro	870,00 Euro
Nr. 22110 (0,5)	Vollzugsgebühr GW § 112 200.000 Euro	217,50 Euro
Nr. 22114 (0,3)	XML-Datei GW § 112 200.000 Euro	130,50 Euro
Nr. 22200 (0,5)	Betreuungsgebühr GW § 113 Abs. 1 200.000 Euro	217,50 Euro
Nr. 22201 (0,5)	Treuhandgebühr GW § 113 Abs. 2 **50.000 Euro** *	82,50 Euro

Verwahrungsgebühren

§ 124 GNotKG

Verwahrungsgebühren entstehen, wenn der Kaufpreis zur Sicherstellung von den Kaufenden auf ein Konto des Notars (Anderkonto) eingezahlt und der Notar beauftragt wird, den Betrag nach Anweisung an die Berechtigten auszuzahlen. Für **jeden** ausgezahlten Betrag werden Verwahrungsgebühren fällig.

Geschäftswert: gem. § 124 GNotKG

Gebühr: Nr. 25300 (1,0) je Auszahlung

Falls der Auszahlungsbetrag größer als 13 Millionen Euro ist, werden 0,1 % des Betrages, mindestens 15 Euro gem. § 34 Abs. 5 GNotKG fällig. Eine Höchstgebühr gem. § 35 Abs. 2 wird nicht berechnet.

§§ 47, 110 GNotKG

MERKE

Sonderfall: Bestellung einer Grunddienstbarkeit oder beschränkten persönlichen Dienstbarkeit als Teil des Kaufvertrages

Grunddienstbarkeiten sind an das Grundstück gebunden und werden gem. § 47 GNotKG zum Kaufpreis hinzugerechnet. Gem. § 110 2 b sind sie grundsätzlich **nicht gegenstandsgleich,** weshalb eine Einzelabrechnung durchgeführt und mit der Gesamtberechnung verglichen werden muss.

Beschränkte persönliche Dienstbarkeiten wie ein Wohnrecht sind an eine bestimmte Person gebunden. Bezieht sich die persönliche Dienstbarkeit auf Verkaufende oder Kaufende, muss diese Leistung gem. § 47 GNotKG zum Kaufpreis hinzugerechnet werden. Die Bestellung selbst in der Urkunde ist gem. § 109 GNotKG gegenstandsgleich.

Angebot und Annahme

Ein Kaufvertrag kann auch durch die getrennte Beurkundung von Angebot und Annahme zustande kommen. In diesem Fall liegen zwei einseitig beurkundete Erklärungen vor.

Angebot: GW gem. §§ 97 Abs. 1, 47; Gebühr Nr. 21100 (2,0) mindestens 120 Euro, Vorbemerkung 2.1.1 (1.)

Annahme: GW gem. §§ 97 Abs. 1, 47; Gebühr Nr. 21101 (Nr. 1) (0,5) mindestens 30 Euro

MERKE

Falls eine Zwangsvollstreckungsunterwerfung oder andere einseitige Erklärungen bei der Annahme enthalten sind, wird wegen Gegenstandsgleichheit die Gebühr Nr. 21200 (1,0) berechnet.

BEISPIEL 1

Herr Windig aus Kampen auf Sylt bietet Frau Ruhig aus Kassel eine Ferienwohnung zum Preis von 153.000 Euro an. Frau Ruhig hat aus beruflichen Gründen keine Möglichkeit nach Sylt zu fahren, weshalb Herr Windig auf Sylt ins Notariat geht und das Angebot beurkunden lässt.

Lösung:

Angebot Kaufvertrag		
Nr. 21100	Beurkundungsgebühr (2,0)	708,00 Euro
	GW gem. §§ 97 Abs. 1, 47 153.000,00 Euro	

BEISPIEL 2

Frau Ruhig geht in Kassel ins Notariat. Dort wird die Annahme beurkundet. Weitere Erklärungen sind nicht enthalten.

Lösung:

Annahme Kaufvertrag		
Nr. 21101	Beurkundungsgebühr (0,5)	177,00 Euro
	GW gem. §§ 97 Abs. 1, 47 153.000,00 Euro	

Aufhebung von Kaufverträgen

Ist die Finanzierung bei einem Kaufvertrag nicht wie geplant möglich, dann muss der Vertrag rückgängig gemacht werden.

GW gem. §§ 97 Abs. 1, 47; Gebühr Nr. 21102 (Nr. 2) (1,0) mindestens 60 Euro

BEISPIEL

Ein Grundstückskaufvertrag über 50.000 Euro wurde mit Auflassung beurkundet. Da die Finanzierung nicht erfolgen konnte, muss der Kaufvertrag aufgehoben und die Löschung der Auflassungsvormerkung beantragt werden.

Lösung:

Aufhebung Kaufvertrag		
Nr. 21102	Beurkundungsgebühr (1,0)	165,00 Euro
	GW gem. §§ 97 Abs. 1, 47 50.000,00 Euro	

Gebühren beim Grundstückskaufvertrag im Überblick

Nr. 21100 Beurkundungsverfahren (2,0)

mindestens 120 Euro

GW §§ 97 Abs. 1, 47 …

- GW ermittelt sich aus dem Hauptgegenstand bzw. dem Wert des Verfahrens.
- Immer eine Verfahrensgebühr!

Nr. 22110 Vollzugsgebühr (0,5)

einmalig!

oder

Nr. 22110 Vollzugsgebühr (nach 22112) für jede Tätigkeit höchstens 50 Euro

- wenn nur Bescheinigungen nach öffentlich-rechtlichen Vorschriften eingeholt werden müssen, GW § 112 vom Verfahrenswert

Nr. 22114 XML-Daten (0,3)	GW § 112 vom Verfahrenswert › Nur wenn Daten an das Grundbuchamt automatisiert weitergegeben werden müssen.
Nr. 22200 Betreuungsgebühr (0,5)	GW § 113 Abs. 1 vom Verfahrenswert › einmalig!
Nr. 22201 Treuhandgebühr (0,5)	GW § 113 Abs. 2 Wert des Treuhandauftrages › Je Treuhandauftrag!
Nr. 26000 Unzeitgebühr	30 % der Beurkundungsgebühr max. 30 Euro
Nr. 26001 Erklärung in fremder Sprache	30 % der Beurkundungsgebühr
Nr. 26002 Auswärtsgebühr	50 Euro je angefangene halbe Stunde
Nr. 32001 Doku.pauschale	0,15 Euro pro Seite s/w › Wenn während des Beurkundungsverfahrens beantragt.
Nr. 32002 Doku.pauschale Dateien	1,50 Euro pro Datei
Nr. 32004 + Nr. 32005 Postauslagen	in tatsächlicher Höhe oder Nr. 32005 Postauslagenpauschale 20 Euro
Nr. 32006 + 32007 Fahrtkosten	0,30 Euro pro km mit eigenem Fahrzeug › Nur wenn außerhalb der Gemeinde! oder Nr. 32007 Fahrtkosten mit anderen Verkehrsmitteln › Nur wenn außerhalb der Gemeinde!
Nr. 32011 Auslagen Grundbucheinsicht elektronisch	
Nr. 32014 19 % USt.	
Nr. 32015 Verauslagte Kosten	Gerichtskosten, z. B. vom Grundbuchamt erstellte Kopien des Grundbuches, sind umsatzsteuerfrei!

3. WEITERE GESCHÄFTE

3.1 Wohnungseigentum

§§ 3, 8 WEG

Das Wohnungseigentum wird im Wohnungseigentumsgesetz (WEG) geregelt.

Wohnungseigentum teilt sich auf in Sondereigentum an einer Wohnung und Teileigentum an nicht zu Wohnzwecken dienenden Räumen, wie z. B. Kanzleiräume oder Ladenlokale.

© photowahn – Fotolia.com

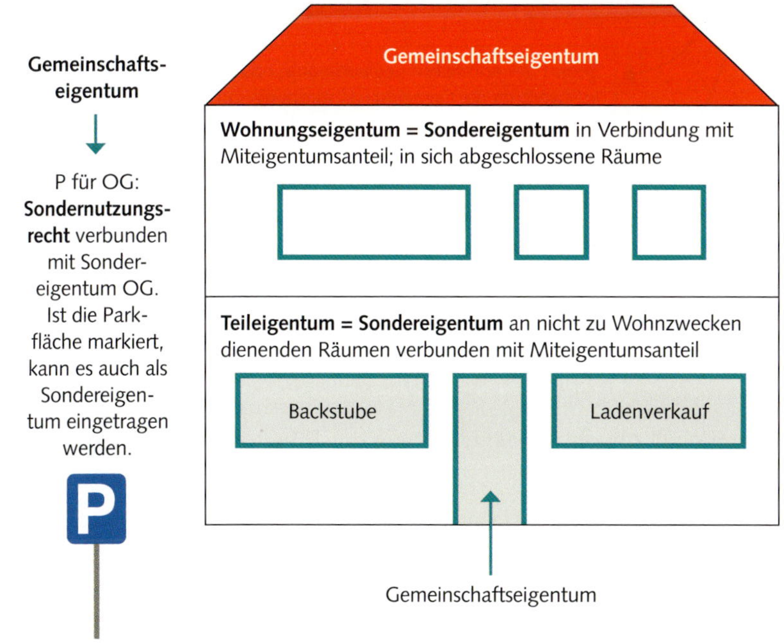

Wohnungseigentum kann entweder gem. **§ 3 WEG durch Teilungsvertrag** zwischen den Grundstückseigentümern oder gem. **§ 8 WEG durch eine einseitige Erklärung** des Eigentümers begründet werden. Wohnungseigentümer haben sowohl Miteigentum am gesamten Grundstück als auch Alleineigentum an dem Wohnungseigentum.

§ 3 WEG
durch Teilungsvertrag der Grundstückseigentümer, nur möglich bei mehreren Eigentümern.

- Die Eigentumsverhältnisse ändern sich, die Wohnungen werden zugeordnet, z. B.: Einem Ehepaar gehört ein 2-Familien-Haus zu je ½.
- Nach der Teilung gehört dem Ehemann die Wohnung im EG, der Ehefrau die Wohnung im OG mit den jeweiligen Miteigentumsanteilen am Grundstück.

Bedarf der notariellen Beurkundung

- Miteigentum am Grundstück wird in Eigentum an einer Wohnung verwandelt (= Sondereigentum + Miteigentumsanteil).

§ 8 WEG
durch einseitige Erklärung des Eigentümers

- Bedarf der notariellen Beglaubigung; notarielle Beurkundung empfehlenswert, da die Gemeinschaftsordnung sonst bei jeder Veräußerung von Sondereigentum verlesen werden muss.
- Trotz Teilung bleiben die Eigentumsverhältnisse bestehen, z. B.: Ein Wohnungsbauunternehmen ist Grundstückseigentümer eines 2-Familien-Hauses; nach der Teilung wird für jede Wohnung ein Wohnungsgrundbuch eingerichtet. Das Eigentum verbleibt an beiden Wohnungen mit Sondereigentum und Miteigentumsanteil bei dem Wohnungsbauunternehmen (oft auch Bauträger genannt).

Vertragsinhalt sowohl für die Errichtung durch Vertrag als auch die Errichtung durch einseitige Erklärung:

› Ermittlung des Grundbuchstands; bestehende Belastungen gehen auf jeden Miteigentumsanteil über.

› Miteigentumsanteil (= Anteil der Wohnungseigentümer am Grundstück) und Sondereigentum werden gebildet. Grundlage sind Aufteilungsplan und Abgeschlossenheitsbescheinigung.

- Gemeinschaftseigentum: alle Grundstücks- und Gebäudeteile, die nicht zum Sondereigentum gehören, z. B. das Grundstück, tragende Teile des Gebäudes, Einrichtungen, die dem gemeinschaftlichen Zweck dienen.
- Sondernutzungsrechte: die ausschließliche Nutzung von Gemeinschaftseigentum liegt bei einzelnen Eigentümern, z. B. an einem Stellplatz. Es kann daran aber auch Sondereigentum bestellt werden.
- Gemeinschaftsordnung: regelt das Verhältnis der Miteigentümer, z. B. Rücklagen für die Instandhaltung, Verwalterbestellung, Eigentümerversammlung.

AUFGABEN

1. Unterscheiden Sie Sondereigentum und Gemeinschaftseigentum.
2. Eine Wohnungsbaugesellschaft möchte die 42 Wohnungen eines von ihr errichteten Wohnkomplexes verkaufen. Erläutern Sie, wie Eigentum an den einzelnen Wohnungen entstehen kann.

3.2 Grundzüge der Kostenberechnung bei Wohnungseigentum

Der Kauf von Wohnungseigentum wird ebenso abgerechnet wie der Kauf von bebauten oder unbebauten Grundstücken.

MERKE

Ein Vorkaufsrecht der Gemeinde besteht nicht.

Von der Gemeinschaftsordnung hängt ab, ob die Einholung der Verwalterzustimmung notwendig ist.

MERKE

Ist der Verwalter bei der Beurkundung anwesend, dann ist die Zustimmung gegenstandsgleich.

Wird der Notar mit der Einholung beauftragt, wird gem. Nr. 22110 (0,5) eine Vollzugsgebühr fällig.

BEISPIEL 1

Frau Lustig und Frau Ernst (Eigentümer zu je ½) teilen ihr mit einem Wohnhaus (2 Wohnungen) bebautes Grundstück gem. § 3 WEG so auf, dass mit dem Miteigentumsanteil zu ½ von Frau Lustig das Sondereigentum an der Wohnung im Erdgeschoss und mit dem Miteigentumsanteil zu ½ von Frau Ernst das Sondereigentum an der Wohnung im Obergeschoss verbunden wird. Der Verkehrswert beträgt 380.000 Euro.

Notar Dr. Kowalczyk wird beauftragt, die Aufteilungspläne zu erstellen und die Abgeschlossenheitsbescheinigung einzuholen. Kostenermittlung ohne Auslagen und USt.

Lösung:

Teilungserklärung nach § 3 WEG		
Nr. 21100	Beurkundungsgebühr (2,0)	1.470,00 Euro
	GW gem. §§ 97 Abs. 1, 42 Abs. 1 380.000,00 Euro	
Nr. 22110	Vollzugsgebühr (0,5)	367,50 Euro
	GW gem. § 112 380.000,00 Euro	

BEISPIEL 2

Die Immo GmbH teilt ihr unbebautes Grundstück in 47 Eigentumswohnungen gemäß vorliegenden Plänen auf. Das Grundstück hat einen Wert von 180.000 Euro, die Baukosten werden auf 1,4 Mio. Euro veranschlagt. Die Aufteilungspläne bringt der Geschäftsführer voll ausgearbeitet zu Notar Sorgfalt mit.

Notar Dr. Kowalczyk beurkundet die Teilungserklärung und die Gemeinschaftsordnung. Er holt auftragsgemäß die Abgeschlossenheitsbescheinigung ein. Kostenermittlung ohne Auslagen und USt.

Lösung:

Teilungserklärung nach § 8 WEG		
Nr. 21200	Beurkundungsgebühr (1,0)	2.695,00 Euro
	GW gem. §§ 97 Abs. 1, 42 Abs. 1 1.580.000,00 Euro	
Nr. 22111 (22112)	Vollzugsgebühr	50,00 Euro
	GW gem. § 112 1.580.000,00 Euro	

3.3 Übergabe- oder Überlassungsvertrag

Eigentümer übertragen durch Übergabe- oder Überlassungsvertrag einen wesentlichen Teil ihres Vermögens, meist ein Grundstück, in der Regel auf zukünftige Erben. Der Grund für die Übergabe zu Lebzeiten liegt meist darin, dass sich der Übergeber in die Altersruhezeit verabschiedet und die Verantwortung schon zu Lebzeiten auf die zukünftigen Erben übertragen möchte. Eine Übertragung kann auch unter steuerlichen Aspekten sinnvoll sein. Für die Übertragung des Eigentums ist wie beim Kaufvertrag die schuldrechtliche Einigung (gem. § 311 b BGB) und die Auflassung (gem. § 925 BGB) notwendig. Im Gegensatz zum Kaufvertrag wird hierbei anstelle von Veräußerenden und Erwerbenden von **Übergebenden und Übernehmenden** gesprochen. Die vertraglich festgeschriebenen Vereinbarungen betreffen die Leistungspflichten der Übernehmenden bzw. die Rechte der Übergebenden.

Möglicher Inhalt eines Übergabevertrages

Vorbehaltene Rechte

Z. B. Wohnungsrecht: Das Wohnungsrecht benötigt die schuldrechtliche Einigung über die Einräumung, die dingliche Einigung, die Bewilligung und den Eintragungsantrag gem. Grundbuchordnung sowie die Eintragung gem. § 873 BGB.

Altenteil

Pflegeverpflichtung, Rentenzahlungen oder Leistungen über den Tod hinaus wie die **Grabpflege**
Diese Verpflichtungen können unter dem Begriff **Altenteil** ins Grundbuch eingetragen werden.

Rückübertragungsverpflichtung oder Rücktrittsrecht

Diese Regelung wird vereinbart, weil der Übergebende verhindern möchte, dass das Grundstück zu Lebzeiten verkauft wird. Diese Verpflichtung kann im Grundbuch durch eine Vormerkung gesichert werden.

Pflichtteilsverzicht

Existieren mehrere mögliche Erben, entstehen durch die Übergabe eventuell Nachteile, die durch einen beurkundeten Pflichtteilsverzicht aufgefangen werden. Hierbei können auch Ausgleichszahlungen vereinbart werden.

Ein Übergabe- oder Überlassungsvertrag kann als Schenkung, als Schenkung unter Auflagen oder gemischte Schenkung (teilweise Schenkung, teilweise Kauf) ausgestaltet sein.

EXKURS

Schenkung (§§ 516 – 534 BGB)

- Eine Schenkung ist „eine Zuwendung, durch die jemand aus dem eigenen Vermögen einen anderen Teil bereichert, wenn beide Teile darüber einig sind, dass die Zuwendung unentgeltlich erfolgt." (§ 516 Abs. 1 BGB)
- Jede Schenkung ist ein Vertrag, der Angebot und Annahme benötigt. Darüber hinaus ist die notarielle Beurkundung (§ 518 Abs. 1, S. 1 BGB) vorgeschrieben.
- Die schenkende Person haftet nur, wenn Sach- oder Rechtsmängel **arglistig** verschwiegen wurden. Dies rührt daher, dass die beschenkte Person ohne besondere Gegenleistung in den Genuss der Sache kommt. (§§ 523, 524 BGB)
- Eine Schenkung kann wegen Verarmung zurückgefordert (§ 528 BGB) oder wegen groben Undanks (§ 530 BGB) widerrufen werden.
- Rückforderung oder Widerruf sind ausgeschlossen, wenn nach der Schenkung mehr als zehn Jahre verstrichen sind. (§§ 529, 532 BGB)
- Eine Schenkung kann unter einer Auflage erfolgen (§ 525 BGB). Wird diese Auflage nicht erfüllt, kann der Schenker gem. § 527 BGB von dem Schenkungsvertrag zurücktreten.
- Die gemischte Schenkung ist nicht explizit im Gesetz geregelt. Aus diesem Grund ist eine besondere vertragliche Regelung notwendig. Dem Kern nach liegt eine Schenkung vor, weshalb auch hier die oben aufgeführten rechtlichen Regelungen greifen.

Checkliste für den Vollzug des Übergabevertrages:

- Anträge an das Grundbuchamt bezüglich der dinglichen Rechte, die vereinbart wurden.
- Veräußerungsanzeige an das Finanzamt. Diese ist notwendig, auch wenn keine Grunderwerbsteuer unter Verwandten, Ehegatten oder Lebenspartnern anfällt.
- Sind Erbverzichtserklärungen enthalten, muss das Zentrale Testamentsregister informiert werden.

3.4 Grundzüge der Kostenberechnung bei Übergabeverträgen

§§ 46, 48, 52, 97 GNotKG

Grundbesitz wird zu Lebzeiten des Erblassers übergeben.

unentgeltlich

GW gem. §§ 97 Abs. 1, 46 Abs. 2, 3 GNotKG

Gebühr Nr. 21100 (2,0)

entgeltlich

Austauschvertrag gem. § 97 Abs. 3 GNotKG

Hier werden die Übergeber- und Übernehmerleistungen einander gegenübergestellt. **Der höhere Wert wird angesetzt.**

Gem. **§ 48 GNotKG** ist die Übergabe eines landwirtschaftlichen Betriebs privilegiert → **4-facher Einheitswert**

Übergebende: gem. **§ 46 Abs. 1** GNotKG wird der Verkehrswert als GW angesetzt.

Übernehmende:

- Wohnrecht, Rente, Nießbrauch GW gem. § 52 Abs. 1, 4 GNotKG
- Grabpflege, Begräbniskosten GW gem. § 36 Abs. 1, 3 GNotKG
- Ausgleichszahlung an Geschwister GW gem. § 97 Abs. 1 GNotKG
- Schuldübernahme GW gem. § 97 Abs. 1 GNotKG

Gebühr Nr. 21100 (2,0)

BEISPIEL

Frau Selmani übergibt ihrer Tochter Melisa ihr Anwesen mit der Gärtnerei im Wert von 895.000 Euro. Allerdings sind noch Verbindlichkeiten in Höhe von 280.000 Euro vorhanden.

Meslia verpflichtet sich, ihrer Mutter auf Lebenszeit eine monatliche Rente in Höhe von 2.500 Euro brutto zu bezahlen. Zudem übernimmt sie die Verbindlichkeiten.

Berechnen Sie den Geschäftswert.

BEISPIEL

Lösung:

Übergeber:		
§§ 97 Abs. 1, 46 Abs. 1		895.000,00 Euro
Übernehmer:		
Rente gem. § 52 Abs. 1, 4 (2.500 · 12 · 5)	150.000,00 Euro	
Verbindlichkeiten gem. § 97 Abs. 1	280.000,00 Euro	
	430.000,00 Euro	

In diesem Fall beträgt der Geschäftswert (GW) 895.000,00 Euro, da der höhere Geschäftswert anzusetzen ist.

AUFGABE

1. Erklären Sie an einem Beispiel, in welchem Fall es sinnvoll ist, einen Übergabevertrag zu schließen.

3.5 Zusammenfassung

ZUSAMMENFASSUNG

Kauf- oder Übergabevertrag

Eigentum und Besitz an Grundstücken kann durch einen Kauf- oder Übergabevertrag übergehen. Eine Sonderform ist der Übergang von Wohnungseigentum.

Erbfolge

Ein Übergabevertrag nimmt die Erbfolge vorweg.

Einigung und Eintragung

Eigentum an Grundstücken geht durch Einigung (= Auflassung) und Eintragung über.

Notarielle Beurkundung

Jeder Eigentumsübergang ist notariell zu beurkunden.

Grundbuch

Für jedes Grundstück wird ein eigenes Grundbuch geführt.

Wohnungsgrundbuch

Für Wohnungseigentum wird ein Wohnungsgrundbuch geführt.

Notarkostenrechnung

Jeder Eigentumsübergang löst eine Notarkostenrechnung aus.

Stichwortverzeichnis

B

D

E

F

G

L

M

N

O

P

W

Z